Digital transformation of
enterprises driven by industrial Internet

工业互联网赋能的
企业数字化转型

肖鹏　李方敏　等著

工业互联网技术与安全湖南省重点实验室

电子工业出版社
Publishing House of Electronics Industry
北京·BEIJING

内容简介

本书从"道、法、术"三个层面，系统地阐述了企业为什么要进行数字化转型，如何进行数字化转型，以及工业互联网的体系框架及实施方法。

第一篇数字化转型之"道"，共 3 章，从创新理论的角度提出了数字化转型的定义，并基于这一定义，介绍了企业数字化转型的核心框架和实施过程体系。第二篇数字化转型之"法"，共 4 章，介绍了数字化转型的顶层设计方法。第三篇数字化转型之"术"，共 6 章，介绍了工业互联网的体系框架及实施方法。第四篇数字化转型之实践，共 7 个案例，涉及钢铁、机械制造、工程机械、家电、化工等领域，旨在通过对案例的分析，为企业通过工业互联网实现数字化转型提供研究和实践参考、借鉴。

本书可以作为 EMBA、MBA、信息管理专业硕士的教材，也可以作为政府研究数字经济的相关人员及产业政策的决策者、企业高层决策者、企业高级技术主管（CIO、CTO 等），以及其他从事数字经济及数字化转型人员的参考书。

未经许可，不得以任何方式复制或抄袭本书之部分或全部内容。
版权所有，侵权必究。

图书在版编目（CIP）数据

工业互联网赋能的企业数字化转型 / 肖鹏等著. —北京：电子工业出版社，2023.3
ISBN 978-7-121-44979-6

Ⅰ．①工⋯ Ⅱ．①肖⋯ Ⅲ．①数字技术－应用－企业管理 Ⅳ．①F272.7

中国国家版本馆 CIP 数据核字（2023）第 017559 号

责任编辑：王　静　　　　特约编辑：田学清
印　　刷：北京雁林吉兆印刷有限公司
装　　订：北京雁林吉兆印刷有限公司
出版发行：电子工业出版社
　　　　　北京市海淀区万寿路 173 信箱　　邮编：100036
开　　本：787×980　1/16　印张：24.5　字数：488.4 千字　彩插：24
版　　次：2023 年 3 月第 1 版
印　　次：2023 年 3 月第 1 次印刷
定　　价：138.00 元

凡所购买电子工业出版社图书有缺损问题，请向购买书店调换。若书店售缺，请与本社发行部联系。联系及邮购电话：(010) 88254888，88258888。
质量投诉请发邮件至 zlts@phei.com.cn，盗版侵权举报请发邮件至 dbqq@phei.com.cn。
本书咨询联系方式：(010) 51260888-819，faq@phei.com.cn。

本书编委会

肖 鹏　李方敏　叶 明　杨 宁　刘桂志

案例编者

美的集团数字化转型之路　金江

首钢股份利用工业大数据分析进行全流程过程质量管控　张国红　孙光银

美擎工业互联网平台驱动智能制造　金江

基于数字孪生的热处理车间远程运维解决方案　邢镔　龙萍

工业互联网赋能，点亮全球重工行业首座"灯塔工厂"　树根互联

汉云工业互联网平台助力泰隆减速机加速数字化转型　黄凯　王焕

贵州磷化工业互联网应用　杨晓勇　李显军

推荐语
Foreword

技术进步是经济增长的源泉,但完成工业化进程或者进入后工业化时代的国家如何继续保持高速增长是我们必须要面对的挑战。幸运的是,数字技术的高速发展给我们安上了后工业化时代经济增长的引擎。数字技术所具有的非竞争性、强外部效应等特点,使得它超越传统的工业技术,能更加有效地推动经济增长。本书从宏观和微观的视角,系统地阐述了企业为什么要进行数字化转型和如何进行数字化转型,既有理论的探索又有现实的指导意义,对正在从事数字化转型的企业或者从事数字化转型研究的学者具有很好的参考价值,值得一读。

何平 清华大学经济管理学院副院长,金融系系主任

在消费互联网已经非常发达和物联网应用日益广泛的背景下,工业互联网是数字化转型的主战场,数字经济发展的重要领域。本书直面工业互联网的构建,从"道、法、术"三个层面给出实用性数字化转型的方向、方法和应用案例,对相关概念和理论做了系统性梳理,对具体应用和实用方法做了系统、全面的介绍。本书最突出的特点是内容丰富、系统且全面,既有数字化转型的必要管理理论视角和分析框架,也覆盖相关技术方法和标准,理论与实务应用相结合,对于全面理解工业互联网具有很好的借鉴价值。

毛基业 中国人民大学商学院教授,原院长,博士生导师

推荐语

现代生产率悖论反映出数据作为新的生产要素具有极其可观的经济价值。数据要素区别于传统生产要素的特性——虚拟性和非竞争性，突显了其对提高生产效率的乘数作用，使其成为最具时代特色的生产要素。为充分体现数据的价值、实现数据创新，要求对数据要素进行数字化使用，并对传统要素进行数字化改造，形成更高阶、更高质量的生产要素组合，推动经济社会的数字化转型发展，促进社会生产力水平的持续提高。本书对于读者理解数字时代经济和组织演变的底层逻辑，尤其是工业互联网时代企业进行数字化转型与组织变革的思路和方法具有参考价值。

易靖韬 中国人民大学商学院副院长，教授，博士生导师

传感技术的发展与 5G 技术的出现催生了工业互联网，企业的生产制造的发展经历了模拟化—数字化—智能化，这是突破性的流程创新，将其结合企业市场与产品创新等，会极大地提高企业的竞争力。本书从战略、组织、技术不同层面详细讲述了工业互联网赋能的企业数字化，适合企业各层面的管理人员参考与借鉴。

成栋 中国人民大学商学院教授，博士生导师

企业数字化转型是大势所趋，也为国家一系列政策之风所鼓励，肖鹏教授等所著的《工业互联网赋能的企业数字化转型》一书察势观风，把工业互联网作为使能器和赋能器，从基本的概念、理论和方法等层面，对企业数字化转型进行了系统的研究和总结，尤其是提供了不同行业的众多企业实践案例，是企业数字化转型的"道、法、术、器、势、风"有机集成。本书不仅可以作为管理实践者参考，也可以作为 MBA/EMBA 的教材。

刘杰 复旦大学管理学院教授，博士生导师

企业数字化转型的核心是价值创造能力的创新，工业互联网平台能够带动企业向数据驱动型创新体系和发展模式转变，促进企业构建新的价值生态。此书全面阐述了

数字化转型的内涵和实施方法，以及工业互联网的核心要素，从管理学理论出发，提出了很多独特的观点和方法，值得企业在数字化转型征程上参考与借鉴，强烈推荐给大家。

余威　首钢股份有限公司副总工程师

应对不确定性，是企业家面临的挑战，也是企业家的责任。数字化是方法论和工具，工业互联网是数字化的关键抓手之一，能够帮助企业家洞悉企业经营的细节，寻求发展的新方法、新路径，更科学、全面地做出决策，从而成功应对不确定性。本书从"道""法""术"三个层面详细阐述了企业数字化转型的方法论，理论框架非常清晰，包含了很多系统性的思考和观点，同时融合了众多优秀企业的实践案例，值得正在进行数字化转型和将要启动数字化转型或者导入工业互联网的企业借鉴。

余海峰　美云智数 CEO

企业数字化转型是大势所趋，是重塑企业核心竞争力的必由之路。本书作者深入调研，从"道""法""术""实践"四个维度进行了相关阐述。本书为企业管理者更加全面地认知和推进数字化转型提供参考，值得品读、借鉴。

张启亮　徐工汉云技术股份有限公司创始人，CEO

工业互联网技术是工业企业数字化转型的驱动力，提升了产业链上下游全要素、全价值链的效率，催生了新的业态和模式。本书构建了较为完整的数字化转型理论体系和方法论框架，尤其对工业互联网的体系结构和设计方法做了较为完整的描述，并有具体的实践案例分析。对处于数字化转型中的或即将掀起数字化转型大潮的企业管理者，以及从事数字化转型、工业互联网的研究者来说，具有很好的参考、借鉴意义。

祝守宇　航天科工集团航天云网公司副总经理

数字技术为什么能推动新时期的经济增长？传统制造业的数字化转型探索，积累了哪些经验？信息技术公司现阶段是否有能力对传统行业的数字化转型赋能？

本书基于经济学、管理学、计算机科学、信息科学等多领域的理论角度，探讨了数字化转型的本质和系统方法论；并结合工业互联网的技术体系，介绍了企业数字化转型之路径；书中多个工业企业的数字化转型案例，更为企业管理者和数字化转型从业者的实践提供了有效借鉴。特别推荐给大家仔细研读。

向峥嵘　博士，联动优势科技有限公司副总裁

序 一
Introduction 1

自 2012 年 GE 首次提出工业互联网以来，伴随着第四次工业革命的浪潮，工业互联网技术及其应用在各国得到了高速发展。工业互联网的本质是由新一代信息技术与工业系统全方位深度融合形成的产业和应用生态，是工业智能化发展的关键综合信息基础设施。其以机器、原材料、控制系统、信息系统、产品及人之间的网络互联为基础，通过对工业数据进行全面深度感知、实时传输交换、快速计算处理和高级建模分析，实现智能控制、运营优化和生产组织变革。工业互联网不是单一的技术，涉及多项基础技术的组合，如工业网络、工业安全、云计算、工业大数据、人工智能等，其应用必将促进这些基础技术的发展。工业互联网技术通过人机协同、机器与机器之间的协同，解决了单个设备优化达到极限及局部最优不等同于全局最优的问题，它通过全局协同来提升全要素、全产业链、全价值链的效率，对工业企业的降本增效具有极大的推动作用。

消费互联网经历了 20 年的高速发展，解决了信息不对称和商品销售渠道不畅的问题，现已进入发展瓶颈期，对经济的拉动效应趋缓。我国于 2016 年提出了供给侧改革，目的是通过制度改革、技术创新提高供给侧效率，提升人民福祉。而工业互联网作为技术创新的手段，对供给侧生产力的提升具有巨大推动作用，是数字经济时代的"新基建"，其对经济的拉动作用在不久的将来必将凸显。

技术和市场是相互促进的，缺一不可。市场的需求促进技术的进步，而技术的发展推动市场需求的增长。工业互联网出现的时间并不长，市场并不明朗，商业化之路还在探索中。本书作者从数字经济和企业数字化转型的框架出发，先对工业互联网平台的商业模式进行了探索，并构建了具体的业务场景，从业务视角来映射工业互联网平台的功能框架。然后参考云平台及工业互联网的体系框架、相关标准，进行了 SaaS 层、PaaS 层、边缘层的设计，并针对工业机理如何设计工业 PaaS 层功能进行了详细描述。工业互联网的网络是基础，数据是核心，安全是保障，本书针对工业互联网的网络特点、协议及工业标识解析进行了详细介绍；针对工业安全，尤其是设备侧的安全和一般的办公网络安全不同的特点，融合了通用的安全框架和工业互联网的安全框架，构建了工业企业的安全体系框架，对工业企业如何构建安全体系具有指导作用。工业大数据和一般的消费大数据不同，其复杂的工业机理决定了其应用涉及多学科的交叉融合，本书针对工业大数据的应用场景，提出了一套业务建模、算法选用方法，对工业大数据在设备预测性维护、质量控制等领域的应用具有指导意义。总体来讲，本书是一本比较系统的数字化转型方法及工业互联网体系框架设计的指导手册，对从事相关工作的企业界人士及学者具有重要的借鉴意义。

中国工程院院士　廖湘科

序 二
Introduction 2

2016年9月,"数字经济"第一次作为全球性的核心议题在G20杭州峰会上讨论,并通过了全球性的数字经济合作倡议《G20数字经济发展与合作倡议》,自此我国开启了数字经济发展的大潮!数字经济是继农业经济、工业经济之后的又一主要经济形态,得到了党和政府的高度重视,从多次的政治局重要会议到政府年度工作报告都把发展数字经济作为重要议题。近年来,我国数字经济取得了长足的发展。中国信息通信研究院发布的《中国数字经济发展报告(2022年)》显示,2021年我国数字经济规模达到45.5万亿元,高于GDP名义增速3.4个百分点,占GDP比例为39.8%。

企业是社会的器官,国家数字经济的发展有赖于企业数字化水平的提升。一方面数字企业通过数字技术赋能传统企业促进数字产业化,另一方面传统企业通过融合数字技术推动产业数字化,从而推动国家的数字经济发展。云计算、大数据、人工智能、区块链、虚拟现实和增强现实、物联网、工业互联网等技术和实体经济的融合不仅能提升全要素、全产业链、全价值链效率,实现降本增效,还能催生出新的产品、新的模式、新的业态,实现高质量发展。

尽管数字经济和企业数字化转型已经成为大多数人的共识,尤其是大部分企业已经意识到数字化转型的必要性,并且着手行动了。但是,还有相当一部分企业仍然裹足不前,犹豫观望。一方面源于企业高层对数字化转型的认识不足,认为自己所处的行业离数字化还差得远,看不到未来的趋势;另一方面,数字化转型本质上是一个创新的过程,具有高度的不确定性,不愿意承担失败的风险;再者就是缺乏系统的方法论指导,不知道从何处下手。

序二

  本书作者先从创新管理理论出发，提出了数字化转型的概念、框架；接着从产业发展的演变趋势和企业第二曲线创新的角度指出了数字化转型的必要性；并从数字化转型战略、业务创新、数字化治理、系统性解决方案四个视角提出了企业如何进行数字化转型的方法论体系；最后以工业互联网为"术"详细讲解了企业如何通过技术驱动商业模式创新的过程。本书是一本难得的企业数字化转型的系统性方法论指导手册，衷心期盼本书的出版能让企业从中获益，加速推动企业数字化转型。

中国工程院院士、湖南工商大学党委书记 陈晓红

前 言
Preface

自从杭州 G20 峰会上首次提出数字经济以来，我国一直把数字经济和数字化转型作为推动经济高质量发展的抓手。因为教学和咨询的需要，早些年笔者一直致力于数字化转型的研究。随着研究案例的增多，笔者发现大家对数字化转型的概念缺乏统一的认识及缺少系统的方法论指导，于是萌生出写一本书的念头，希望能系统地介绍企业数字化转型的概念、原理、方法及实践。

"道、法、术"是老子《道德经》中的思想精髓，道以明向，法以立本，术以立策。"道"是自然法则，是天道，是第一性原理；"法"是做事的方法，是策略，是原则；"术"是做事的具体操作方法，是使用的手段。"术"要符合"法"，"法"要基于"道"，"道、法、术"三者兼备才能做出最好的策略。本书从"道、法、术"三个层面，系统地阐述了企业为什么要进行数字化转型，以及如何进行数字化转型，在"术"层面选取工业互联网技术作为企业数字化转型的手段，具体介绍如下。

第一篇"数字化转型之'道'"，共 3 章。

本篇先针对当前企业数字化转型概念的混乱，从创新理论的角度提出了数字化转型的定义。基于这一定义，提出了企业数字化转型的核心框架和实施过程体系，并针对大家所关心的"信息化"和"数字化转型"的区别提出了本书的观点。

接着从宏观经济和企业创新的角度阐述了企业数字化转型的必要性。在宏观角度上，介绍了生产函数及基本索洛经济增长模型、扩展索洛经济增长模型及内生增长模型，用数学模型论证了技术进步是经济增长的源泉，指出了数字经济的本质。从技术哲学角度论述了技术的本质及技术和经济的关系，技术进步和国家竞争力的关系。在微观角度上，基于科斯的交易成本理论阐述了企业的本质，基于波特的竞争优势理论和第二增长曲线理论解释了企业基业长青的原因。

第二篇"数字化转型之'法'"，共4章。

本篇先阐述了数字化转型的顶层设计方法。数字化转型不同于信息化，因此数字化转型战略属于业务战略。企业数字化转型过程在本质上是业务创新的过程，针对创新的特点，提出了数字化转型的战略规划的方法论。

然后针对数字化转型的不确定性特点，基于创新管理理论，提出了企业数字化转型的决策模式、组织架构和绩效管理，如充分决策授权、小步试错、快速决策，用敏捷型组织替代臃肿的组织，用OKR+360°考核方法替代KPI的考核方法等。同时，考虑到传统企业的文化氛围不利于创新，提出了个人、组织和领导者创新文化氛围的塑造方法。

针对转型新颖度比较大的产品和服务转型、商业模式转型，提出了相应的转型方法。从商业模式的定义出发，讲述了商业模式的创新过程，并重点介绍了平台型商业模式的特点、优势和构建方法，如何通过适当的运营和收费模式来激发网络效应。产品创新过程就是把创意转化为商品的过程。因此，必须采用建立—衡量—学习的方法。把产品变成商品必须采用一系列营销工具，针对不同的创新程度，采用不同的营销工具，如细分法、原型法、市场实验法等。

第三篇"数字化转型之'术'"，共6章。

消费互联网经历了高速发展的20年，解决了信息的不对称和商品销售渠道不畅的问题，现已进入了发展瓶颈，但在供给侧的效率提升和产品创新方面还有巨大的空间，因此本书选取工业互联网技术作为企业数字化转型之"术"。

本篇先介绍了工业互联网的基本概念及产生的背景、各国工业互联网发展概况；然后介绍了工业互联网的体系框架及实施方法，企业如何通过工业互联网平台探索新的商业模式，实现数字化转型。

第四篇"数字化转型之实践"，共 7 个案例。

本篇征集了钢铁、机械制造、工程机械、家电、化工等领域的数字化转型案例，旨在通过对案例的分析，为企业通过工业互联网实现数字化转型提供研究和实践参考、借鉴，以期达到"它山之石，可以攻玉"的效果。

本书在写作过程中得到了中国人民大学商学院毛基业教授、易靖韬教授、成栋教授等的帮助，在此表示衷心的感谢！同时感谢为本书提供详细案例参考的各家企业。

肖鹏

2022 年 10 月于北京

目 录
Contents

第一篇 数字化转型之"道" / 1

第 1 章 数字化转型的概念和框架 / 2

1.1 概念之谜 / 2

1.2 本书对数字化转型的定义 / 4

1.2.1 创新的概念 / 4

1.2.2 创新方式的分类 / 5

1.2.3 创新生命周期 / 7

1.2.4 创新管理 / 9

1.2.5 数字化转型的定义 / 10

1.3 数字化转型的框架 / 11

1.4 信息化和数字化转型的区别 / 13

1.4.1 信息 / 13

1.4.2 信息化 / 14

1.4.3 信息经济 / 16

1.4.4 数字化 / 17

1.4.5 数字经济 / 19

1.4.6 信息化和数字化转型的区别 / 21

本章参考文献 / 24

第 2 章 数字化转型的本质 / 25

2.1 经济增长理论 / 25

2.1.1 基本概念 / 25

2.1.2 新古典经济增长模型 / 26

2.1.3 内生增长模型 / 34

2.1.4 经济增长源泉的核算 / 41

2.2 技术的本质 / 42

2.2.1 技术的基本概念 / 42

2.2.2 技术的内涵 / 44

2.2.3 技术域 / 44

2.2.4 技术的起源及进化 / 46

2.2.5 技术进步与经济增长 / 50

2.2.6 技术进步与国家竞争力 / 53

2.3 数字技术的特点 / 55

2.4 数字技术的经济特点 / 57

2.4.1 数据要素的经济特点 / 57

2.4.2 数字技术的经济功能 / 59

2.5 企业获取可持续性增长的动力 / 64

2.5.1 企业的本质 / 64

2.5.2 企业竞争优势 / 67

2.5.3 企业第二曲线 / 73

2.5.4 企业创新的驱动力 / 75

2.6 数字技术在企业创新方面的优势 / 75

本章参考文献 / 77

第 3 章 企业实施数字化转型面临的机会和挑战 / 78

3.1 数字化时代企业的机会 / 78

3.2 企业数字化转型面临的挑战 / 80

3.2.1 管理层认识不足 / 81

3.2.2 缺乏顶层设计 / 82

3.2.3 缺乏组织和文化变革 / 83

3.2.4 缺少系统的方法论指导 / 84

本章参考文献 / 85

第二篇 数字化转型之"法" / 87

第 4 章 企业数字化转型顶层设计 / 88

4.1 企业战略 / 88

4.1.1 战略 / 88

4.1.2 战略管理 / 96

4.2 信息化战略管理 / 96

4.3 数字化转型战略管理 / 104

4.3.1 理性主义战略派还是渐进主义战略派 / 104

4.3.2 锚定转型方向 / 105

4.3.3 创新领导者还是跟随者 / 108

4.3.4 技术推动型创新还是客户需求拉动型创新 / 108

4.3.5 平衡现在和未来 / 109

4.3.6 轻量级的战略规划 / 111

本章参考文献 / 116

第 5 章 数字化治理 / 118

5.1 基于信息化战略的 IT 治理 / 118

5.1.1 IT 治理的概念 / 118

5.1.2 IT 治理的方法 / 119

5.2 基于数字化转型战略的治理 / 120

5.2.1 不确定性下的决策 / 120

5.2.2 轻量级数字化治理 / 122

5.2.3 价值度量标准 / 123

5.2.4 建立数字化组织 / 125

5.2.5 绩效管理 / 133

5.2.6 塑造数字化创新文化 / 137

5.2.7 创新网络和开放式创新 / 140

本章参考文献 / 142

第 6 章 管理数字化转型实施过程 / 144

6.1 商业模式转型过程管理 / 144

6.1.1 商业模式的基本概念 / 144

6.1.2 创新商业模式过程管理 / 147

6.1.3 平台型商业模式创建 / 151

6.2 产品转型过程管理 / 155

6.2.1 产品开发过程管理 / 155

6.2.2 技术和市场对产品商业化的影响 / 158

6.2.3 产品商业化 / 160

6.3 服务转型过程管理 / 162

本章参考文献 / 164

第 7 章 以技术为核心 / 165

7.1 数字企业的演进 / 165

7.2 制定技术战略 / 166

7.3 数字技术发展趋势 / 167

本章参考文献 / 172

第三篇 数字化转型之"术" / 173

第 8 章 工业互联网概况 / 174

8.1 工业互联网的概念及产生背景 / 174

8.2 工业互联网的体系架构 / 176

8.2.1 工业互联网体系架构依赖的标准 / 176

8.2.2 美国工业互联网参考架构 / 177

8.2.3 德国工业互联网参考架构 / 178

8.2.4 日本工业互联网参考架构 / 179

8.2.5 中国工业互联网参考架构 / 179

8.2.6 工业互联网平台参考架构 / 183

8.2.7 智能制造体系架构 / 185

8.3 工业互联网涉及的产业 / 186

8.4 我国工业互联网发展概况 / 187

8.4.1 我国工业互联网产业经济发展概况 / 187

8.4.2 我国工业互联网的发展成效 / 188

8.4.3 我国工业互联网平台概况 / 189

8.5 企业工业互联网应用路径和模式 / 191

本章参考文献 / 192

第 9 章 工业互联网平台商业模式 / 194

9.1 工业互联网平台商业模式现状 / 194

9.2 工业互联网平台商业模式探索 / 197

9.3 欧冶云商商业模式分析 / 200

9.3.1 公司概况 / 200

9.3.2 平台商业模式介绍 / 200

9.3.3 平台主要交易模式介绍 / 203

9.3.4 平台模式分析 / 206

本章参考文献 / 207

第 10 章 工业互联网平台架构 / 208

10.1 工业互联网平台的业务场景 / 208

10.2 工业互联网平台的设计方法 / 212

10.3 工业互联网平台的架构视图 / 214

10.4 工业互联网平台的功能视图 / 216

10.5 工业互联网平台 SaaS 层设计 / 218

10.5.1 工业互联网平台 SaaS 层架构设计 / 218

10.5.2 工业互联网平台 SaaS 层应用的工程实现方式 / 222

10.6 工业 PaaS 层设计 / 228

10.6.1 工业 PaaS 层设计方法 / 228

10.6.2 工业 PaaS 层实现方法 / 229

10.6.3 工业机理建模 / 230

10.7 工业互联网平台部署架构 / 232

本章参考文献 / 233

第 11 章 工业大数据分析 / 235

11.1 工业大数据概述 / 235

11.2 工业大数据分析方法 / 236

11.3 业务建模方法 / 242

11.4 工业大数据分析算法 / 246

11.4.1 统计分析算法 / 246

11.4.2 机器学习算法 / 247

11.4.3 时序数据挖掘算法 / 251

11.5 基于工业大数据分析的设备健康管理 / 252

11.5.1 设备故障预测与健康管理概念 / 252

11.5.2 设备故障预测与健康管理分析方法 / 254

11.5.3 设备故障预测与健康管理分析主题 / 255

本章参考文献 / 257

第 12 章 工业互联网边缘计算 / 258

12.1 边缘计算简介 / 258

12.2 边缘计算的用户关注点分析 / 258

12.3 边缘计算的功能分析 / 259

12.4 边缘计算的实现 / 261

12.4.1 边缘计算的总体架构 / 261

12.4.2 边缘节点 / 262

12.4.3 边缘管理器 / 263

12.4.4 边缘管理服务 / 263

12.5 边缘计算的实现 / 264

12.5.1 边缘节点的软件实现 / 264

12.5.2 边缘节点的硬件实现 / 270

12.6 边缘计算的建设要点 / 271

12.7 边缘计算的应用案例 / 272

本章参考文献 / 273

第 13 章 工业互联网网络体系 / 274

13.1 工业互联网网络 / 274

13.1.1 工业互联网网络相关标准 / 275

13.1.2 工业互联网常用技术 / 276

13.1.3 工业互联网常用协议 / 283

13.2 工业互联网标识解析 / 293

13.2.1 标识解析标准体系 / 293

13.2.2 标识解析体系架构 / 298

13.2.3 标识解析体系现存问题和发展趋势 / 299

13.2.4 企业建立标识解析体系需要考虑的方面 / 300

13.3 工业互联网网络规划 / 301

13.3.1 工业互联网网络规划的步骤 / 301

13.3.2 典型的工业互联网网络规划模型 / 302

本章参考文献 / 307

第 14 章 工业互联网安全体系 / 308

14.1 工业互联网安全概述 / 308

14.1.1 工业信息安全 / 308

14.1.2 工业互联网安全 / 309

14.2 工业互联网面临的安全风险 / 312

14.2.1 工业互联网安全事件 / 312

14.2.2 工业互联网存在的安全风险 / 314

14.3 工业互联网安全框架 / 316

14.3.1 防护对象视角 / 318

14.3.2 防护措施视角 / 319

14.3.3 防护管理视角 / 319

14.4 工业互联网安全防护对象 / 321

14.4.1 设备 / 321

14.4.2 控制 / 322

14.4.3 应用 / 323

14.4.4 网络 / 324

14.4.5 数据 / 325

14.5 工业互联网安全体系建设指南 / 326

14.5.1 工业互联网安全框架建设 / 326

14.5.2 工业企业 IT 层和 OT 层安全体系建设的关系 / 327

14.5.3 工业互联网安全管理体系建设 / 328

14.5.4 工业互联网安全技术体系建设 / 335

14.5.5 工业互联网安全运营体系建设 / 346

本章参考文献 / 356

第四篇　数字化转型之实践 / 357

第 15 章　工业互联网应用案例介绍 / 358

15.1　美的集团数字化转型之路 / 358
15.1.1　美的集团数字化转型之实践 / 358
15.1.2　美的集团数字化转型之组织变革 / 360
15.2　首钢股份利用工业大数据分析进行全流程过程质量管控 / 361
15.2.1　公司介绍 / 361
15.2.2　业务痛点 / 361
15.2.3　主要解决方案 / 362
15.2.4　实施效果 / 374
15.3　美擎工业互联网平台驱动智能制造 / 375
15.3.1　公司介绍 / 375
15.3.2　业务痛点 / 376
15.3.3　主要解决方案 / 376
15.3.4　实施效果 / 381
15.4　基于数字孪生的热处理车间远程运维解决方案 / 383
15.4.1　公司介绍 / 383
15.4.2　业务痛点 / 383
15.4.3　主要解决方案 / 384
15.4.4　方案详细介绍 / 385
15.4.5　方案实施过程 / 390
15.4.6　实施效果 / 396
15.5　工业互联网赋能，点亮全球重工行业首座"灯塔工厂" / 400
15.5.1　公司介绍 / 400
15.5.2　业务痛点 / 401
15.5.3　主要解决方案 / 401
15.5.4　实施效果 / 406
15.6　汉云工业互联网平台助力泰隆减速机加速数字化转型 / 407
15.6.1　公司介绍 / 407
15.6.2　业务痛点 / 407
15.6.3　主要解决方案 / 408
15.6.4　实施效果 / 413
15.7　贵州磷化工业互联网应用 / 414
15.7.1　公司介绍 / 414
15.7.2　业务痛点 / 415
15.7.3　主要解决方案 / 415
15.7.4　实施效果 / 419

第一篇

数字化转型之"道"

第1章 数字化转型的概念和框架

1.1 概念之谜

近年来，无论是国家还是企业都在提倡全面数字化转型，各媒体也在不遗余力地宣传数字化转型，因此人们对"数字化转型"一词耳熟能详。由于没有相关的国家或者国家标准化组织给予"数字化转型"权威的定义，因此大多数人或组织根据自己的需要来定义"数字化转型"，其中很多定义是从数字技术的角度给予解释的，并没有从业务的角度给予诠释。有很多企业从自身商业利益出发，提出了有利于出售自己产品和服务的"数字化转型"概念，这在一定程度上加剧了这一概念的混乱度，让企业对于如何实现数字化转型更加迷茫。

根据相关资料，数字化转型的概念最早是由咨询机构 Gartner（高德纳，又译为顾能公司）于 2012 年提出来的。Gartner 对数字化转型的定义是"Digital transformation can refer to anything from IT modernization (for example, cloud computing), to digital optimization, to the invention of new digital business models. The term is widely used in public-sector organizations to refer to modest initiatives such as putting services online or legacy modernization. Thus, the term is more like 'digitization' than 'digital business transformation.'"［数字化转型可以指从 IT 现代化（如云计算），到数字优化，再到数字化业务模式的创新。在公共服务领域该术语被广泛用于表示采取适度的举措，如将服务在线化或使旧的业务现代化。因此，该概念更像是"数字化"而不是"数字化业务转型"。］。

后来很多企业提出了自己的有关"数字化转型"的概念。

- 凯捷咨询对数字化转型的定义是"Digital transformation (DT)—the use of technology to radically improve performance or reach of enterprises—is becoming a hot topic for companies across the globe. Executives in all industries are using digital advances such as analytics, mobility, social media, and smart embedded devices——and improving their use of traditional technologies such as ERP—to change customer relationships, internal processes, and value propositions."（数字化转型——利用技术从根本上提高企业的绩效或影响力，正成为全球公司的热门话题。各行各业的高管都在利用分析、移动、社交媒体和智能嵌入式设备——并改进他们对 ERP 等传统技术的使用，来改变客户关系、内部流程和价值主张。）。
- 波士顿咨询对数字化转型的定义是"企业在产品、运营或业务模式上以数字化为特征，发生实质性的形态变化"。
- 华为公司在《华为行业数字化转型方法论白皮书（2019）》中对数字化转型的定义是"通过新一代数字技术的深入运用，构建一个全感知、全链接、全场景、全智能的数字世界，进而优化再造物理世界的业务，对传统管理模式、业务模式、商业模式进行创新和重塑，实现业务成功"。
- 中关村信息技术和实体经济融合发展联盟在其发布的《数字化转型 参考架构》中对"数字化转型"的定义是"顺应新一轮科技革命和产业变革趋势，不断深化应用云计算、大数据、物联网、人工智能、区块链等新一代信息技术，激发数据要素驱动潜能，打造提升信息时代生存和发展能力，加速业务优化升级和创新转型，改造提升传统动能，培育发展新动能，创造、传递并获取新价值，实现转型升级和创新发展的过程"。

虽然各企业对"数字化转型"定义的概念不同，但总体上有一个共性，即通过数字技术实现业务变革，但对变革的方向和程度并没有确切定义，那么人们不免有如下几个疑问。

- 是彻底的改变才可以称为"转型"，还是局部的创新就可以称为"转型"？
- 是用数字技术支撑管理变革就算数字化转型，还是需要推动业务变革才算数字化转型？如果用数字化技术支撑管理变革就算数字化转型，那么在提出"数字化转型"概念前就有很多企业在不断地通过信息化技术提升管理效率，这岂不让人迷惑不解？

另外，信息化概念早已深入人心，很多企业已经实施了多年信息化。

- 数字化转型和信息化的关系是什么？它们有何异同？
- 企业原来没有使用 ERP，现在通过使用 ERP 实现了流程固化和创新；企业原来通过传统的线下渠道销售商品，现在通过电商平台销售商品，到底属于信息化，还是属于数字化转型？

诸如此类问题一直困扰着大家。

在建立一种方法论体系、理论框架时，很多人常常会忽略对概念进行清晰定义，以及对其赖以成立的假设条件进行设定。但在建立框架前先清晰地定义概念有助于避免产生歧义和不必要的争论，清晰地告诉使用者该框架成立的边界条件，可以让使用者知道该框架在什么条件下适用，有利于防止框架的误用、滥用。

本书将从企业创新的角度对企业数字化转型进行定义，并在此定义的基础上构建企业数字化转型的实施框架及方法论体系。

1.2 本书对数字化转型的定义

1.2.1 创新的概念

"创新"来自拉丁语 innovate，意思是"改变"，即"创造新事物"。

在经济学领域，"创新"概念是由经济学家约瑟夫·熊彼特提出的。他认为，创新就是建立一种新的生产函数，即生产要素的重新组合。创新一共包含五种情况。

- 创造新的产品。
- 采用新的生产方式。

- 开辟新的市场。
- 开拓原材料或半成品供应基地。
- 在产业中采用新的组织，如创造垄断或打破垄断。

约瑟夫·熊彼特在《经济发展理论》一书中提出了著名的"创造性破坏"观点，认为创新是经济发展的原动力。

著名的管理大师彼得·德鲁克认为，创新是使人力资源和物质资源拥有更大的物质生产能力的活动；任何改变现存物质财富创造潜力的方式都可以称为创新；创新是创造一种资源。

创新是企业改善市场环境的重要手段，是提升企业核心竞争力的根本途径。

从宏观角度来看，创新分为制度创新和技术创新两大体系。例如，政府层面的制度创新有工会制度的产生、社会保障制度和国有企业制度的建立等，企业内部的制度创新有企业分配制度的改革、企业激励体系的改革等。技术创新学派的核心思想是通过引入新的技术实现生产要素的重新组合，包括组合成新产品和组合方式的变化，如工艺技术的改进、通过数字技术和其他要素融合实现的创新等。本书后面谈的都是技术创新。

1.2.2 创新方式的分类

根据乔·蒂德和约翰·贝赞特两位教授的观点，创新从空间维度上可以被划分为产品创新（Product Innovation）、流程创新（Process Innovation）、定位创新（Position Innovation）、范式创新（Paradigm Innovation），简称"4P模型"。

- 产品创新：组织提供的产品和服务的变化，无论对产品进行微小的改进，还是创造出全新的产品。
- 流程创新：改变组织产品生产和交付方式。
- 定位创新：改变产品的市场定位，或者用现有产品开辟一个全新的市场。

- 范式创新：组织商业体系框架和规则的变化，通常是指商业模式的创新。

图 1-1 按照空间维度划分的创新类型

创新维度之间的界限往往是模糊的，在很多情况下既有产品创新，也有流程创新，产品创新和流程创新也有可能演变为范式创新。图 1-1 所示为按照空间维度划分的创新类型。

根据新颖程度，创新可以划分为渐进式创新和突破式创新。

- 渐进式创新：指连续性的、微小的改变，如产品质量的改进、产品功能的增多等。大多数企业的创新是以渐进的方式进行的，其本质是按照"做得更好"的思路对产品或流程进行改进。
- 突破式创新：指突变式的、非连续性的、产品或模式的彻底改变。突破式创新又分为延续性创新和破坏性创新。延续性创新是指基于现有技术的创新，如模拟电视由普通电视向高清电视转变的创新；破坏性创新是指用有别于现有的技术体系的产品创新，初始时的产品性能低于市场现有主流产品的性能，一旦其突破某个临界点，就会颠覆主流产品。例如，数字电视在刚出现时很多性能不如模拟电视，之后随着技术的成熟，逐步取代了模拟电视，直至最后颠覆了模拟电视。

根据创新的层面，创新可以划分为组件层面创新和架构层面创新。有些创新改变了组件层面，有些创新改变了整个系统架构。例如，汽车的单个零件的改变和整个汽车底盘和框架的改变；新能源汽车用电池代替燃油发动机，汽车结构发生了很大的改变。

按照行动方式，创新可以划分为主动创新和模仿创新。主动创新是指企业主动采取行动，创造新的产品、服务、模式或采用新的生产流程。模仿创新是指某家企业创造出新的产品、服务、模式或新的生产流程后，其他企业以它为榜样，相继生产同样的产品、服务，或者采用相同的生产流程。

1.2.3 创新生命周期

不同行业的创新侧重点不一样，在一般情况下，新兴产业侧重于产品创新，成熟产业侧重于流程创新。阿伯内西和厄特巴克开发了创新生命周期模型，他们把创新模式分为流变、过渡、成熟三个发展阶段，如图1-2所示。

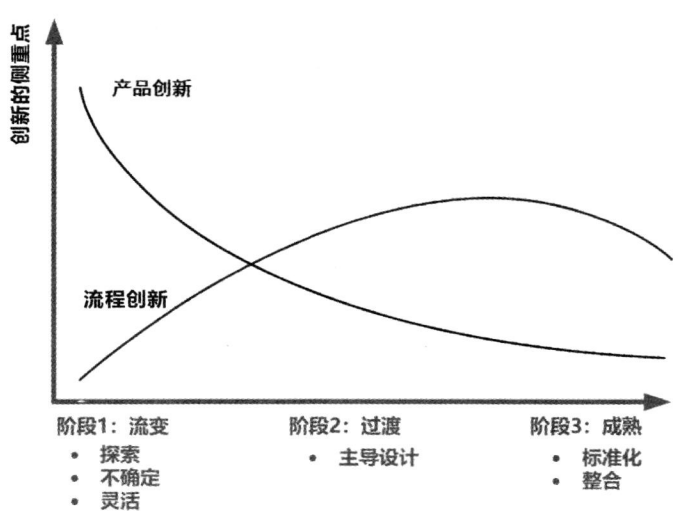

图 1-2　创新生命周期模型

在非连续条件下，即在全新的技术或市场出现时，存在一个流变阶段（又称酝酿阶段）。这个阶段存在很大的不确定性，主要有以下两个维度。

- 目标维度：新的配置是什么，哪些人需要这些配置？
- 技术维度：如何利用新的技术性知识来创造和实现资源配置？

流变阶段的特征是新技术与旧技术共存且两者快速提升。在这一阶段常常可以观察到帆船效应，即成熟的技术加快自己的改进速度，以应对新技术的挑战。例如，在数字照相机刚刚出现时，数字照相机和传统的光学照相机共存，同时传统的光学照相机厂商拼命改进其产品以保住市场地位。

没有人知道技术手段和市场需要的"正确"配置是什么，因此许多市场参与者（包括大量新创企业）进行了大量实验（其中有许多实验失败）和快速学习。随着实验成果的积累，主导设计逐渐形成，游戏规则逐渐确定。

出现主导设计并且创新的侧重点转向模仿和开发的阶段被称为过渡阶段。这一阶段的特征是创新选项越来越多地集中于一组核心功能的可能性；创新的兴趣及其带来的资源越来越多地聚焦于主导设计的可能性；关键特征日益稳定，实验目标转向排除缺陷和完善主导设计；创新的侧重点从根本概念的开发转向产品差异化，以及更稳定、更廉价、更优惠、更多样等。

随着创新概念的进一步成熟，渐进式创新变得更重要，创新的侧重点转向成本等因素。这意味着围绕这些产品成长起来的行业日益将注意力转向规模经济和流程创新，以降低成本，提高生产率。此阶段的产品创新更多的是通过定制化来满足特定客户的特殊需求。这一阶段称为成熟阶段。

随着现有产品越来越成熟，创新的空间变得越来越小，外部新的创新的可能性正在出现。新技术的出现对现有规则带来挑战，创新进入下一个周期。

创新生命周期各阶段的特征如表 1-1 所示。

表 1-1 创新生命周期各阶段的特征

特征	流变阶段	过渡阶段	成熟阶段
竞争重点	产品性能	产品差异化	降低成本
创新的驱动因素	客户需求信息，技术投入	通过扩展内部的技术能力来创造机会	降低成本、提高质量方面的压力
创新的主要类型	产品功能和性能的改变	重大的流程改进	渐进式的产品创新和流程创新
产品线	多样性，通常包括定制的设计	包括至少一种稳定或主导设计	大多数是无差异的标准产品
生产流程	灵活但是低效，目标带有试验性，而且经常变化	越来越严格和明确	高效，通常变得资本集约化，并且流程相对严格

1.2.4 创新管理

创新是一个复杂的、充满不确定性的过程,因此创新管理非常重要。创新管理模型如图 1-3 所示。创新管理的核心内容包括:创新战略、创新组织、创新过程。其中,创新过程包括如下内容。

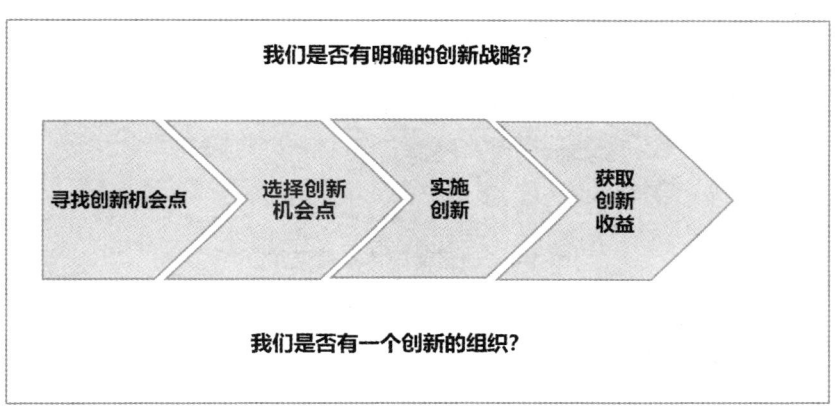

图 1-3 创新管理模型

- 分析内部环境、外部环境,处理相关信息,分析创新带来的挑战和机遇,寻找创新机会点。
- 从众多创新机会点中进行选择。
- 将潜在的创新机会点转化为新的产品或服务,并应用于内部市场和外部市场。
- 从创新中获取收益。

国际标准化组织(International Organization for Standardization,IOS)颁布了创新管理标准 ISO 56002:2019。根据该标准可知,创新能力包括理解和响应环境变化的能力、追求新机会的能力,以及利用组织内部的知识和创造力的能力。创新管理体系是一组相互联系、相互作用的要素,以实现价值为目标。整个体系框架包括组织环境、领导作用、策划、支持、运行、绩效评价、改进等。图 1-4 所示为创新管理体系框架图。

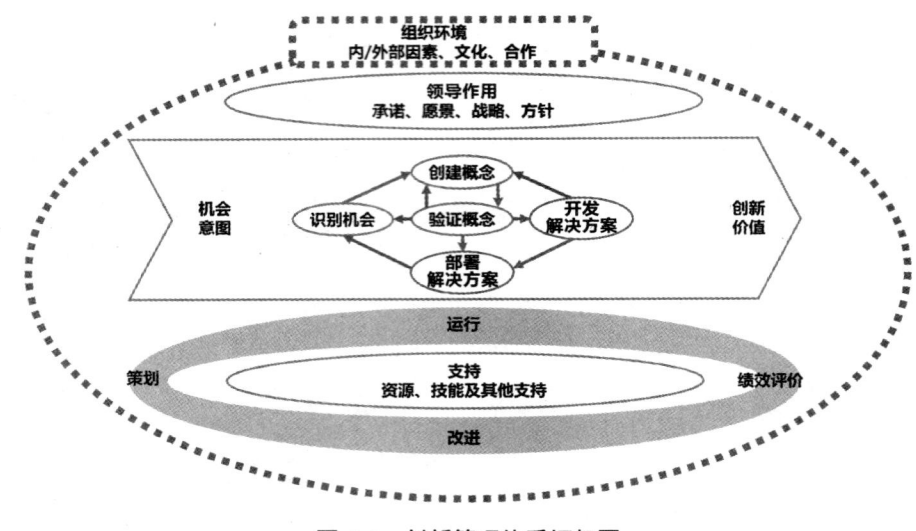

图 1-4　创新管理体系框架图

1.2.5　数字化转型的定义

综上所述，如果我们从企业创新的角度来定义企业数字化转型，那么"**企业数字化转型**"就是指利用数字技术和传统生产要素的组合，改变现有生产要素的组合方式；或者利用新的生产方式实施旧组合，改变生产流程，创造新的产品和服务，开辟新的市场；或者创造新的商业模式，从而达到提高企业竞争力的目的。

从空间维度，创新分为产品创新、流程创新、定位创新、范式创新；基于此，企业数字化转型可以分为运营创新、产品和服务创新、商业模式创新 3 个维度。

- 运营创新：主要通过数字技术改进生产方式，提高生产效率，提高产品质量，降低成本，通过成本领先获得竞争优势。
- 产品和服务创新：利用数字技术和传统的物理产品融合，或者用数字化产品替代传统的物理产品，创造新产品满足客户需求，通过产品差异化获得竞争优势。
- 商业模式创新：利用数字技术重构企业的商业模式，如构建企业价值网络，打造网络平台经济。

1.3 数字化转型的框架

由于企业数字化转型是企业利用数字技术进行创新的过程,因此可以参考创新管理体系框架来构建企业数字化转型的框架。

ISO/IEC/IEEE 42010:2011 标准提供了构建体系框架的方法,描述了构建体系框架的核心。我们可以参照 ISO/IEC/IEEE 42010:2011 标准来描述数字化转型的框架。

数字化转型参考架构总体框架从主要视角和过程方法两个维度来描述数字化转型,如图 1-5 所示。

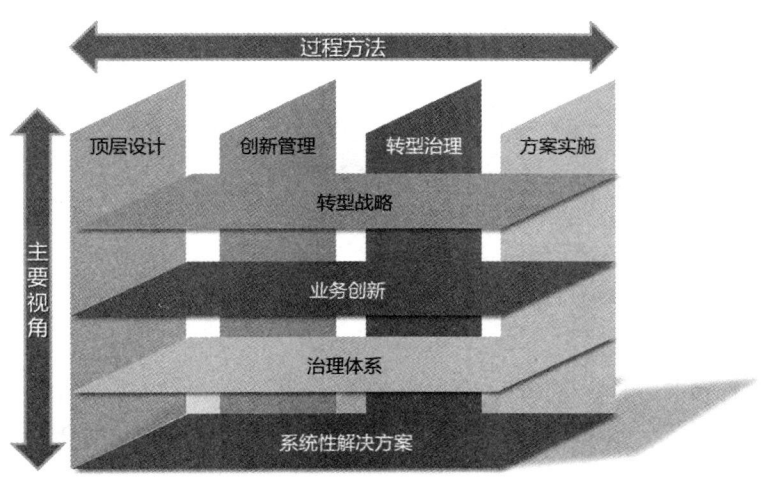

图 1-5　数字化转型参考架构总体框架

基于主要视角维度,可以从四个视角,即转型战略、业务创新、治理体系、系统性解决方案,来描述数字化转型。

- **转型战略视角**:企业应制定数字化转型战略,并将其作为组织发展战略的重要组成部分，而不是仅仅作为信息化职能战略；还应将数字技术驱动组织业务创新贯穿组织发展战略全局。

- **业务创新视角**：组织应积极探索数字技术的赋能或驱动作用，充分利用数字技术进行运营创新、产品和服务创新、商业模式创新，推动传统业务创新转型升级，实现业务数字化；同时，培育发展数字新业务，通过产品/服务数字化和产品全面服务化，构建开放合作的价值网络，打造网络平台经济，获取网络效应，创造新的商业模式。
- **治理体系视角**：包括数字化创新的组织、体制机制、管理制度、组织文化四个方面。企业应构建围绕数字化转型的新型复合型组织，不同的转型维度要采用不同的组织架构，转型程度越大的创新，组织架构越应该灵活。加大数字化核心人才队伍建设，打造核心竞争优势。同时为保障创新的顺利开展，企业应设立相应的保障制度，并有完善的制度。组织应积极营造创新的文化氛围。
- **系统性解决方案视角**：包括业务、应用、数据、技术四个方面。组织一方面应充分分析现有业务，应用新一代信息技术找到优化流程和产品/服务的改进机会点；另一方面应寻找通过数字技术创造新的产品和服务的机会点。围绕这些创新机会点，策划实施产品功能级、系统级解决方案，包括应用架构、数据架构、技术架构等，推动新型能力和业务创新持续运行和不断改进。

基于过程方法维度，可从顶层设计过程、创新管理过程、转型治理过程、方案实施过程。

- **顶层设计过程**：包括数字化转型战略分析过程、数字化转型战略选择过程、数字化转型战略实施过程、数字化转型战略评价和改进过程。这是轻量级的战略规划，重点是划定大致的转型方向和投入资源，不能像传统的战略规划那样做出中长期规划。
- **创新管理过程**：包括数字化创新机会点搜寻、创新机会点选择、数字化解决方案实施、创新价值获取、创新绩效评价及持续改进。针对不同创新类型及创新的新颖程度采用不同的过程管理方法。
- **转型治理过程**：包括组织、激励体系、决策机制、文化氛围的构建过程。数字化治理往往采用轻量级的决策模式，在创新过程中应采用假想—测试—转向的模式，要避免采用成熟业务的决策模式。突破式创新往往需要全新的组织和体制机制保障。只要企业制定了数字化转型战略，就需要根据数字化转型战略目标构建相应的数字化组织。该组织应由同时具有业务能力和数字技术能力的人才构成。数字化组织的构建包括定位调整数字化组织、招聘人才及构建激励体系。与此同时，应建立相应的容错机制，以充分鼓励创新；鼓励质疑，以营造创新的文化氛围。

- **方案实施过程**：针对业务创新机会点开发数字化解决方案，包括概念阶段的测试和验证，以及验证通过后的大规模推广阶段。复杂的产品和服务创新及平台商业模式创新需要有非常复杂的数字化系统支撑。这一过程包括规划、设计、开发、部署、持续改进。从数字技术角度来讲，包括应用架构、数据架构和技术架构等内容。

1.4 信息化和数字化转型的区别

信息化、数字化、数字化转型之间的区别，往往是大家困惑的地方。大多官方文件经常把这些概念放在一起，前面说信息化后面又说数字化，让人摸不着头脑。下面对相关概念进行解释。当然，很多时候它们之间的区别并不明显。

1.4.1 信息

世界是由物质、能量、信息组成的。在广义上，信息被认为是物质的一种属性，是物质的存在方式和运动状态的表现形式。信息按照内容可以被划分为自然信息和社会信息等；按照载体可以被划分为实物信息、文献信息、电子信息等 [其中实物信息是指以自然物质为载体的信息（如用烽火传递信息），电子信息是指以电子为载体的信息]；按照信息传递方向可以被划分为纵向信息、横向信息、网状信息等。

最早把信息当作科学对象进行研究的领域是通信领域。

R. V. L.哈特莱于1928年发表的《信息传输》将信息理解为"选择通信符号的方式"。

信息论的奠基人C. E. 香农在其论文《通信的数学原理》中将信息定义为"用来消除不确定性的东西"。

控制论的奠基人N. 维纳在《控制论》中指出"信息就是人们在适应外部世界，并把这种适应反作用于外部世界的过程中，同外部世界进行交换的内容的名称"。

朗高（G. Longo）在其专著《信息论：新的趋势与未决问题》中将信息定义为"反映事物的形成、关系和差别的东西，包含在事物的差异中，而不是事物本身"。

我国信息论学者将信息定义为"物质运动状态和过程及关于这种状态和过程的知识，其作用在于消除观察者在认识上的不确定性，其数值以消除不确定性的大小来度量，或者等效地用新增知识的多少来度量。"

信息的价值是通过信息的运动实现的。信息在运动过程中，通过跨越时空实现了时间和空间的价值。信息运动的三个要素为信源（信息发送者）、信宿（信息接收者）和载体（信息传播的媒介）。信息从信源出发，经过信息通道传送给信息接收者。信息在传播过程中，通过媒介的各种不同运动和变化形态，来表示信息源和信宿之间相互联系、相互作用的内容。

信息循环是信息运动的基本形式。信息接收者作为主体，信源作为客体。信息从信源出发，信息接收者接收来自信源的信息，并对信息进行加工，根据最终结果做出相应行动。

1.4.2　信息化

信息是物质运动的表现形式，本来就存在，按理说不应该存在"化"的过程。日本学者梅棹忠夫于1963年在《论信息产业》一文中将"信息化"定义为"通信现代化、计算机化和行为合理化的总称"。"通信现代化"是指社会活动中的信息交流在现代通信技术基础上进行的过程；"计算机化"是指社会组织和组织间信息的产生、存储、处理（或控制）、传递等广泛采用先进计算机技术和设备管理的过程（现代通信技术是在计算机控制与管理下实现的）；"行为合理化"是指人类按公认的合理准则与规范实施的过程。根据这个定义可知，信息化实际上是指用现代通信技术和计算机技术处理信息的过程。1997年，我国召开的首届全国信息化工作会议，把信息化定义为"培育、发展以智能化工具为代表的新的生产力并使之造福于社会的历史过程"。

完整的信息化内涵包含以下四个方面。

- 信息网络体系：大量信息资源、各种专用信息系统及其公用通信网络和信息平台的总称。
- 信息产业基础：信息科学技术的研发、开发，信息装备的制造，软件的开发与利用，各类信息系统的集成及信息服务。
- 社会支持环境：现代工农业生产，以及管理体制、政策法律、规章制度、文化教育、道德观念等生产关系和上层建筑。
- 效用积累过程：劳动者的素质、国家的现代化水平和人们的生活质量不断得到提高，精神文明和物质文明不断得到进步。

信息化的层次可以分为以下几种。

- 产品信息化：是信息化的基础，有两层含义。一层含义是产品所含各类"比特"比重日益增大，"原子"比重日益减少，产品属性由"原子"（代表物理世界）属性向"比特"（代表数字世界）属性迈进；另一层含义是越来越多的物理产品被嵌入智能化元器件，使产品具有越来越强的信息处理功能。
- 企业信息化：是国民经济信息化的基础，是指企业在生产经营过程中广泛使用信息技术，并大量培养信息化人才，完善信息服务，加速信息系统建设。
- 产业信息化：是指农业、工业、服务业等传统产业广泛利用信息技术，大力开发和利用信息资源，建立各种类型的数据库和网络，实现产业内各种资源、要素的优化与重组。
- 国民经济信息化：是指在经济大系统内实现统一的信息大流动，使金融、贸易、投资、计划、通关、营销等组成一个大信息系统，使经济的四个环节（生产、流通、分配、消费）通过信息进一步连成一个整体。
- 社会生活信息化：是指包括经济、科技、教育、军事、政务、日常生活在内的整个社会体系采用先进的信息技术，建立各种信息网络，大力开发与人们日常生活有关的信息内容，丰富人们的精神生活，拓展人们的活动时空。

清华大学教授侯炳辉对企业信息化的定义是"广泛利用电子信息技术，实现生产、管理自动化"。也有学者认为企业信息化是指"企业以现代信息技术为手段，以开发和利用信息资源为对象，以改造企业的生产、管理和营销等业务流程为主要内容，以提升企业经济效益和竞争力为目的的动态发展过程"。从信息经济学的角度定义，企业信息化是"信息逐步成长为经济重要投入要素或依赖资源，信息要素的价值不断得到发挥和利用，信息价值在企业生产经营效益中的比重不断扩大的过程或状态"。

1.4.3　信息经济

"信息经济"的概念是随着经济信息化和信息经济化的发展而被提出的。美国经济学家马尔萨克于 1959 年发表了《评信息经济学》一文。该文首次提到"信息经济"一词。美国经济学家马克卢普和波拉特认为，信息经济是国民经济中所有与信息从一个模式向另一个模式转换有关的经济活动领域。从信息产品的角度出发，美国经济学家霍肯认为，信息经济是指降低产品和劳务中的物质消耗，提高智能和信息比重的经济。他认为信息经济的本质不是通过大量消耗能源和原材料制造产品，而是充分利用信息和知识，来减少能源消耗。美国学者加雷斯利认为信息经济是建立在以信息为商品的基础上的一种新型经济形式。我国学者马费成教授认为，信息经济是一种与物质经济相对应的经济结构，是与信息从一种形态向另一种形态转换有关的经济活动的总称。这些活动包括信息的生产、加工、存储、流通、分配、利用的各个领域和各个环节。

信息经济包含两个方面：一方面是狭义经济，是指信息产业部门本身的经济，不涉及同时存在的农业、非信息的制造业和服务业等其他经济部门；另一方面是广义信息经济，是指信息社会的经济，代表一种信息产业居主导地位的社会经济形态，比较强调信息产业与其他非信息产业之间的联系和协调，是我们日常所说的"信息经济"，衡量指标是信息产业创造的价值在国民生产总值中的占比。

信息经济具有以下特点。

- 信息经济是信息化知识密集型经济。
- 信息经济是虚拟经济。
- 信息经济是创新型经济。
- 信息经济是再生型经济。
- 信息经济是低耗高效型经济。

信息产业是指将信息转变为商品的行业，不仅包括计算机软/硬件及通信产业，还包括传统的报纸、书刊、音像制品等。

可以将信息产业分为如下四种类型。

- 生产和分发信息及文化产品的行业。
- 提供传递或分发这些产品及数据或通信方法的行业。
- 处理数据的行业。
- 计算机和通信设备制造业。

1.4.4 数字化

"数字化"是一个外来词，对应英文是 digitization 或 digitalization，由 digital 一词派生而来。digital 源自拉丁语 digitus，是手指或脚趾的意思。digitize 是动词，原意是用手指计数，在计算机出现后，digitize 特指将某种对象转换为数字序列，即数字化。《牛津英汉双解词典》对 digitize 的解释是 "to put information into a digital form that can be easily read and processed by a computer"（把信息转变成计算机易于理解和处理的数字形式）。

Gartner 官网对 digitization 的定义是 "Digitization is the process of changing from analog to digital form, also known as digital enablement. Said another way, digitization takes an analog process and changes it to a digital form without any different-in-kind changes to the process itself"（数字化是从模拟形式转变为数字形式的过程，又称数字使能。换句话说，数字化通过模拟采样过程把对象转变为数字形式，无须对处理对象做任何改变）；对 digitalization 的定义是 "Digitalization is the use of digital technologies to change a business model and provide new revenue and value-producing opportunities; it is the process of moving to a digital business"（数字化是使用数字技术改变商业模式并提供新的收入和价值创造机会，是数字化转型的过程）。

而 SAP 公司在其官网上对 digitalization 的定义是 "Digitization is a relatively straightforward concept to understand. Any time you translate something – for example, by scanning a photo or a document – into bits and bytes, you are digitizing that object. Scanning a document into a digital archive creates a digitized version, encoded with ones and zeroes, without altering what is written in the document or activating it in a process"［数字化是一个相对容易理解的概念，每当您将某物（如扫描照片或文档）转换为位和字节时，您就是在将该对象数字化。将文档扫描到数字档案中会创建一个用 1 和 0 编码的数字化版本，无须更改文档中的内容或在过程中激活它］。SAP 对 digitalization 的定义是 "The upfront effort required to digitize objects and assets positions businesses and industries to carry out digitalization. Data from throughout the organization and its assets is processed through advanced digital technologies, which leads to fundamental changes in business processes that can result in new business models and social change"（数字化对象和资产需要进行的前期工作使企业和行业能够进行数字化。来自整个组织及其资产的数据通过先进的数字技术进行处理，会导致业务流程发生根本变化，从而产生新的业务模式和社会变革）。

按照 Gartner 公司和 SAP 公司的观点，digitization 和 digitalization 这两个词是有区别的。前者仅仅是把模拟对象转换成数字形态，后者不仅把模拟对象以数字形态表示，还通过数字技术实现了业务模式或经济的变革，是前者带来的效果。基于此，digitalization 实际上是 "数字化转型" 的意思，这也许就是国内很多人认为 "数字化"

应该翻译成英文 digitization 而不是 digitalization 的原因。

综上所述，"信息化"对应的概念是"数字化转型"，而不是"数字化"。很多官方报告为了满足文字的对称性，会把"数字化转型"简称为"数字化"。所以我们在看报告时要联系上下文来确定文中提及的"数字化"是指"数字化"还是指"数字化转型"。

1.4.5 数字经济

"数字经济"这一术语最早由美国 IT 咨询专家 Don Tapscott 在 1996 年出版的专著 *The Digital Economy* 中提出，后来麻省理工学院媒体实验室的创立者尼古拉·尼葛洛庞将"数字经济"描述为"利用比特而非原子的经济"。该定义指出了数字经济基于网络的经济本质。

各国家（或地区）对数字经济的定义不一样。

美国对于"数字经济"的定义侧重于将其视为可测量的电子商务与信息技术产业之和。1999 年 6 月，美国商务部发表了《新兴数字经济》报告。该报告把电子商务及使电子商务成为可能的信息技术产业看作数字经济的两个方面，具体表述为电子商务是一种进行交易的手段；信息技术产业是数字经济变革的发动机，是支持电子商务的基础。1999 年 10 月，美国统计局明确了数字经济的具体范围，包括网络网际、电子商务、电子化企业及网络交易。

英国侧重于从产出的角度理解"数字经济"。英国国家经济和社会研究委员会认为数字经济通过人、过程和技术发生复杂关系，创造社会经济效益。英国国家经济和社会研究院认为"数字经济"是指各类数字化投入带来的全部经济产出。其中，数字化投入包括数字技能、数字设备（软/硬件和通信设备）及用于生产环节的数字化中间品和服务。随着信息技术的发展，"数字经济"概念的内涵和外延发生了很大变化。

俄罗斯联邦政府委员会于 2017 年 1 月 23 日提交了一份关于发展数字经济项目的提议。该提议将数字经济定义为以保障国家利益为目的，在生产、管理、行政等过程中普遍使用数字技术或信息技术的经济活动。

韩国对数字经济的定义更泛化,直接将其定义为以包括互联网在内的信息通信产业为基础进行的所有经济活动,包括电子交易、互联网购物、搜索服务等。

2016 年,我国在 G20 集团峰会上提出,数字经济是指以使用数字化的知识和信息为关键生产要素、以现代信息网络为重要载体、以信息通信技术的有效使用为效率提升和经济结构优化的重要推动力的一系列经济活动。

为统计和衡量数字经济发展水平,国家统计局在《数字经济及其核心产业统计分类（2021）》中将数字产业分为五大类,具体包括 32 个中类,156 个小类（见表 1-2）。

表 1-2 数字产业分类表

大类名称	中类名称
数字产品制造业	计算机制造、通信及雷达设备制造、数字媒体设备制造、智能设备制造、电子元器件及设备制造、其他数字产品制造业
数字产品服务业	数字产品批发、数字产品零售、数字产品租赁、数字产品维修、其他数字产品服务业
数字技术应用业	软件开发、电信、广播电视和卫星传输服务、互联网相关服务、信息技术服务、其他数字技术应用业
数字要素驱动业	互联网平台、互联网批发零售、互联网金融、数字内容与媒体、信息基础设施建设、数据资源与产权交易、其他数字要素驱动业
数字化效率提升业	智慧农业、智能制造、智能交通、智慧物流、数字金融、数字商贸、数字社会、数字政府、其他数字化效率提升业

数字经济的核算方式如下:

$$Y = A(\text{Nu}_{\text{ICT}}, \text{Nu}_{\text{OCT}}, \text{Resi}) F\{G(K_{\text{ICT}}, \text{ETC}_{\text{ICT}}), K_{\text{NICT}}, M, H, L\}$$

式中,Y 表示产出;A 表示全要素生产率;Nu_{ICT} 表示信息通信技术进步;Nu_{OCT} 表示除信息通信技术外其他类型的技术进步;Resi 表示除技术进步外的其他影响产出效率的因素（如体制机制改进等）;F 表示生产函数;G 表示信息经济资本存量计算函数;K_{ICT} 表示以数量计量的信息经济资本存量;ETC_{ICT} 表示包含在信息经济资本存量里的信息通信技术进步;K_{NICT} 表示非信息经济资本存量;M 表示中间投入;H 表示人力资本;

L 表示劳动人数。

信息经济和数字经济在范围上有重叠的部分，也有各自独有的部分。信息经济既包括用现代计算机和通信等信息处理技术处理信息的经济，也包括传统的信息处理技术，即情报经济；数字经济不仅包括信息经济中现代计算机和通信处理的经济，也包括数字控制领域、数字娱乐消费领域，以及数字要素融合产生的新的业态，但不包括传统的信息处理技术。

1.4.6 信息化和数字化转型的区别

从前面的概念可以看出，信息化的侧重点是用现代计算机和通信技术来处理信息，以消除信息的不对称性，提高效率，降低不确定性。

数字化是指用现代计算机和通信技术把对象转变成计算机可以处理的二进制数字的过程，被处理的对象不仅仅是信息，而是所有可以数字化的对象，包括社会对象和自然对象。

数字化转型是指通过将要素对象数字化实现业务转型。因此，数字化转型的外延比信息化大得多，实际上包含信息化。但二者间的边界是模糊的，较难界定，下面我们从管理领域角度和业务领域角度来进行区分。

一般意义上的企业是指专门从事商品生产和商品交互，并以营利为目的的经济组织。企业经营一般可以划分为业务活动和管理活动。业务活动是指直接创造价值的活动，如营销活动、生产活动、物流活动等；管理活动是指企业因存在分工，而需要协调业务活动中的人的行为，如人力资源管理活动，其目的是提高业务价值创造活动的效率。法国管理学家亨利·法约尔将管理分为计划、组织、指挥、协调、控制五大要素。管理的五大要素贯穿各项业务活动。

波特在分析企业竞争优势时，把价值分为企业价值链和企业上/下游价值链，企业价值链和企业上/下游价值链统称为价值系统，如图 1-6 所示。

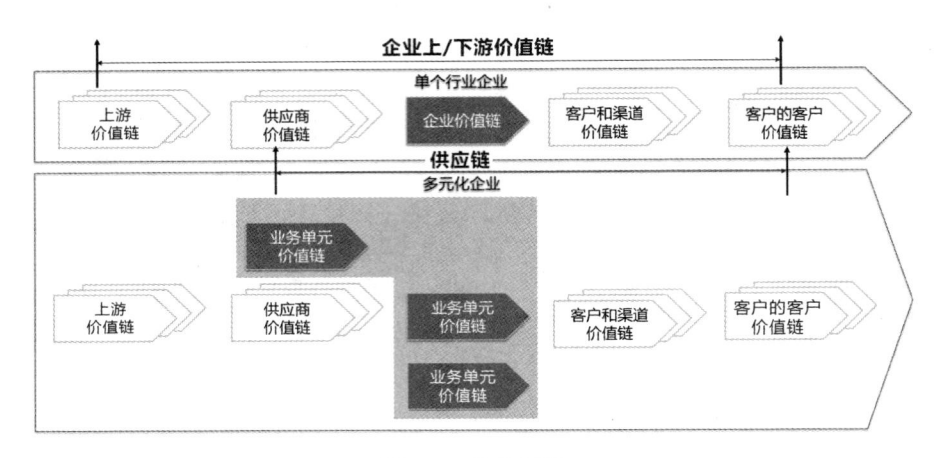

图 1-6 价值系统

企业内部价值链可以划分为主要活动和辅助活动,其中,主要活动包括设计、生产、营销、物流(入厂物流和出厂物流)和服务等;辅助活动包括企业基础设施、财务、人力资源、技术创新、采购等。不同行业、不同企业的主要活动和辅助活动不同。另外,波特把采购活动作为辅助活动,笔者认为把它归为主要活动比较好,笔者对波特的通用价值链模型进行了适当修改,得到如图 1-7 所示的能代表典型产品制造型企业的企业价值链。

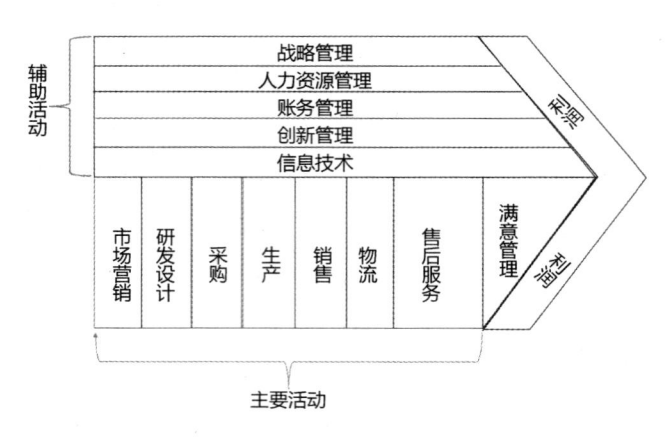

图 1-7 企业价值链

因此,通过数字技术来提升管理效率,可以划分至信息化范畴;通过数字技术来提升业务活动效率、提升客户价值、优化供应商价值链或整个价值体系，可以划分至数字化转型范畴。由于管理活动贯穿业务活动，因此若按照管理活动和业务活动来区分信息化和数字化转型，则无法把业务活动中的管理活动分离出来，如市场营销活动中的营销活动策划其实属于管理活动，那么相应的客户关系管理是属于信息化范畴，还是属性数字化转型范畴呢？故按照波特的价值链模型来划分比较清晰，**即用数字技术来提升辅助活动效率归为信息化范畴，用数字技术来改变主要业务活动归为数字化转型范畴**。另外，从连接的对象来讲，信息化主要通过信息的有效传递来实现人与人的连接，而数字化不限于人与人的连接，还包括人与物（设备）的连接，物（设备）与物（设备）的连接。

按照以上界定，实施人力资源管理系统、财务管理系统都属于信息化范畴。因此，不可以将人力资源数字化转型理解为因实施了人力资源管理系统而提高了人力资源管理的效率，而应该理解为在业务上要实现或正在实施数字化转型，为了与业务数字化转型相匹配，对人力资源的政策、组织、人员、绩效管理方式做了相应变革。

上面从价值创造的过程中区分信息化和数字化转型，下面从价值交付的角度来区分信息化和数字化转型。判断是不是数字化转型应看最终交付给客户的产品或服务是否融合或融入了数字技术，即产品和服务数字化。而这种产品的变化往往容易演变为商业模式的变化，如产品服务化、数字化平台经济。例如，早期的汽车没有融入数字技术，完全靠手动操作和机械控制，后来逐渐把电子控制装置和机械控制结合，到现在的辅助驾驶及无人驾驶，数字技术要素的比重逐渐超过机械物质要素，成为产品的核心。产品数字化演变示意图如图 1-8 所示。

当然，也可以根据业务创新的新颖程度及方式来区分信息化和数字化转型，即通过数字技术实现流程创新可以划分至信息化范畴，通过数字技术实现产品及商业模式创新可以划分至数字化转型范畴。

上面讲述的划分方法不是绝对的，有些过程既可以划分至信息化范畴，也可以划分至数字化转型范畴。**数字化转型和信息化的本质区别在于不确定性大小不一样**。数字化转型的不确定性远大于信息化的不确定性，因此，二者采用的战略方法和实施过程的管理方法是不一样的。总体来讲，信息化属于职能战略，而数字化转型属于企业业务发展战略，属于公司战略。本书后面章节主要是基于以上界定来建立数字化转型的方法论和体系框架的。

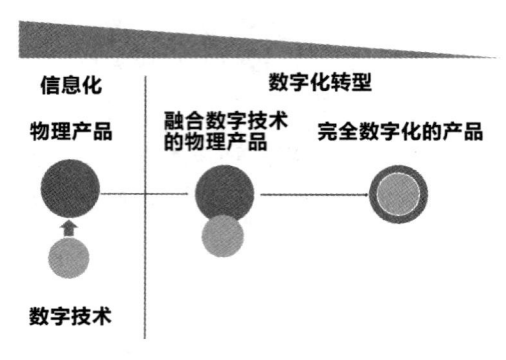

图 1-8　产品数字化演变示意图

本章参考文献

[1] Gartner Inc. Gartner Glossary:Digital Transformation[DB/OL]. [2022-08-01].
[2] 郭彦丽，陈建斌. 信息经济学（第 2 版）[M]. 北京：清华大学出版社，2019.
[3] 迈克尔·波特. 竞争优势[M]. 陈丽芳，译. 北京：中信出版社，2021.
[4] 迈克尔·波特. 竞争战略[M]. 陈小悦，译. 北京：华夏出版社，2004.
[5] 乔·蒂德，约翰·贝赞特. 创新管理（第 6 版）[M]. 陈劲，译. 北京：中国人民大学出版社，2020.
[6] JACQUELINE PRAUSE. DigitizationVSdigitalizationByJacquelinePrause[R/OL]. [2022-08-01].
[7] ISO 56002:2019 [S].
[8] 中关村信息技术和实体经济融合发展联盟. 数字化转型　参考架构[S].

第 2 章 数字化转型的本质

要理解数字化转型的本质，必须从宏观的经济学角度和微观的企业创新角度来探究。

2.1 经济增长理论

中国自改革开放以来经济得到高速发展，与此同时，传统的生产要素投入驱动的经济增长模式越来越难以持续。

一方面传统的生产要素的边际收益递减，每增加单位基本生产要素的投入对 GDP 的贡献递减，最终将导致经济增长停滞；另一方面经济增长不能以牺牲环境为代价，有效和合理地利用资源环境才能造福于人类。因此，必须以全要素生产率驱动的经济增长模式取代传统要素投入驱动的经济增长模式。实践证明，利用新一代数字技术驱动的产业变革可以使全要素生产率大幅提升，从而驱动经济高质量发展。下面用经济增长理论来解释，为什么只有技术进步才能驱动经济可持续性增长。

2.1.1 基本概念

经济学上通常用 GDP（Gross Domestic Product，国内生产总值）来衡量一个经济体在单位时间（一般是一年）内所有最终产品和服务的总产出或总收入。GDP 分为名义 GDP 和实际 GDP，名义 GDP 是不考虑物价上涨因素，采用现货价格来衡量的产品和服务的市场价值；实际 GDP 是考虑物价上涨因素，采用名义 GDP 除以相比较年份的物价上涨指数。在一般情况下，统计部门公布的 GDP 数据是名义 GDP。收入核算把 GDP 分为四大类支出，即投资（I）、消费（C）、政府购买（G）、进出口净值（NX）。若用 Y 表示 GDP，则 GDP 可以用如下表达式进行计算：

$$Y = I + C + G + \text{NX} \tag{2-1}$$

式（2-1）表明了 GDP 在不同用途中的配置，但无法反映经济增长的源泉及影响经济增长的因素。因此，经济学家引入了生产函数，即增长核算，来解释产出增长中的各部分归因于哪些生产要素。

一个经济体的 GDP 取决于其投入生产要素的数量，以及把生产要素转化为产出的能力。最基本的生产要素有资本和劳动，资本可以简单理解为厂房、设备等劳动工具，劳动是用劳动力者的工作时间来衡量的。经济学中用生产函数来表示资本和劳动投入和产出关系。假定只有两个生产要素，资本 K 和劳动力 L，则生产函数可以表述为

$$Y = F(K, L) \tag{2-2}$$

常用的生产函数是柯布-道格拉斯生产函数，其表达式为

$$Y = F(K, L) = AK^{\alpha} L^{\beta} \tag{2-3}$$

式中，A 是一个大于 0 的参数，表示可利用的技术生产率；如果资本和劳动的规模报酬不变，那么 $\alpha + \beta = 1$。

其他生产函数有

$$Y = F(K, L) = AK^{\rho} + L^{\gamma/\rho} \quad （不变替代弹性生产函数） \tag{2-4}$$

式中，$\rho \leq 1$ 且 $\neq 0$；$\gamma > 0$。

$$Y = F(K, L) = \min(AK, BL) \quad （里昂惕夫生产函数） \tag{2-5}$$

2.1.2 新古典经济增长模型

新古典经济学派能较好地解释经济增长的源泉，其中最为著名的是诺贝尔经济学奖

获得者罗伯特·索洛提出的索洛经济增长模型，下面主要介绍索洛经济增长模型。

1. 基本索洛经济增长模型

（1）基本假设条件。

- 劳动力和技术水平保持不变。
- 两部门经济（消费者和生产者，不考虑外贸和政府采购）。
- 生产函数为 $Y = F(K, L)$，其中，Y 表示产出；K 表示资本存量；L 表示劳动力。
- 规模报酬不变，所有投入要素增加相同百分比会使产出增加相同百分比，即 $xY = F(xK, xL)$。
- 每一种投入要素的边际产出为正，并且边际产出递减。
- 满足稻田条件，即若投入要素趋于零，则投入要素的边际产出趋于无穷大；若投入要素趋于无穷大，则投入要素的边际产出趋于零。

（2）人均 GDP 生产函数。

通常用人均 GDP 生产函数衡量人均产出和人均投入要素之间的关系。规模报酬不变，也就是增加一定倍数的投入要素，会得到相同倍数的边际产出。因此，得到如下公式：

$$Y/L = F(K/L, 1) \tag{2-6}$$

令 $y = Y/L$，$k = K/L$，则人均 GDP 生产函数可以写成如下形式：

$$y = f(k) \tag{2-7}$$

式（2-7）表明人均产出只与人均资本存量有关。

图 2-1 所示为人均 GDP 生产函数曲线，表明随着人均资本存量的增加，人均产出增幅越来越小，最后趋于某一个稳定水平。

（3）人均消费函数。

假设个人可支配收入（Disposable Personal Income，DPI）就是国民收入（Y），则有

$$S = sY$$

式中，S 表示储蓄；s 表示储蓄率。

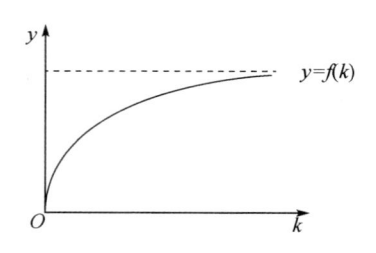

图 2-1 人均 GDP 生产函数曲线

由 DPI=$C+S$，DPI=Y，可得

$$C = (1-s)Y \quad (2\text{-}8)$$

等号两边同时除以 L，得到人均量：

$$c = (1-s)y \quad (2\text{-}9)$$

由于 $y = c + i$（两部门经济），那么由式（2-9）可得

$$i = sy = sf(k) \quad (2\text{-}10)$$

式（2-10）表明投资与产出成正比。

由式（2-9）和式（2-10）可得

$$c = f(k) - sf(k) \quad (2\text{-}11)$$

从式（2-10）可以看出，投资也取决于储蓄率，储蓄率越高，投资水平越高，相应的产出也越高；从式（2-11）可以看出，储蓄率越高，国民可支配收入部分用于消费越少，国民的消费福利越低。

（4）产出、消费和投资的关系。

图 2-2 所示为产出、储蓄和消费关系示意图，直观地表示了产出、储蓄和消费的关系。

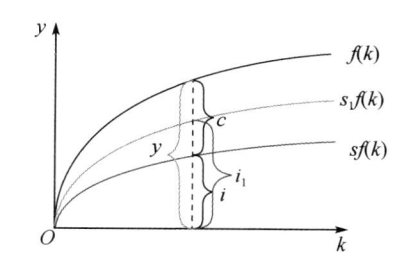

图 2-2 产出、储蓄和消费关系示意图

（5）资本折旧。

资本会随着使用磨损及时间流逝而减少，这被称为资本折旧。假定资本每年以固定的比率 δ 折旧，则由式（2-10）可以得出，投资、折旧与资本的关系如下：

$$\Delta k = i - \delta k = sf(k) - \delta k \tag{2-12}$$

式中，Δk 表示资本增量。

（6）经济稳态。

人均资本和人均产出不变的状态被称为经济稳态，即 $\Delta k=0$，$\Delta y=0$，则有

$$sf(k) = \delta k \tag{2-13}$$

投资、资本折旧和经济稳态关系示意图如图 2-3 所示。

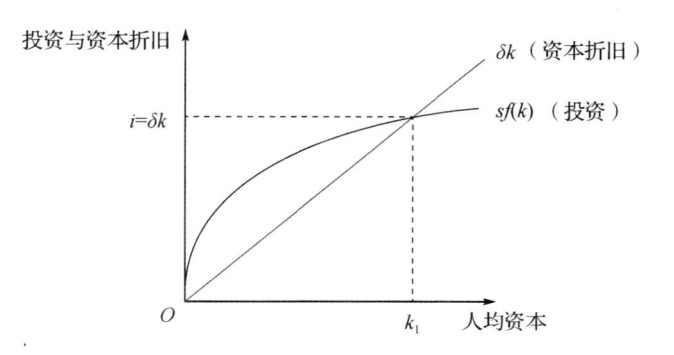

图 2-3 投资、资本折旧和经济稳态关系示意图

储蓄率对稳态水平的影响如图 2-4 所示。图 2-4 表明储蓄率越高,稳态水平下的人均生产率和人均资本存量越高。

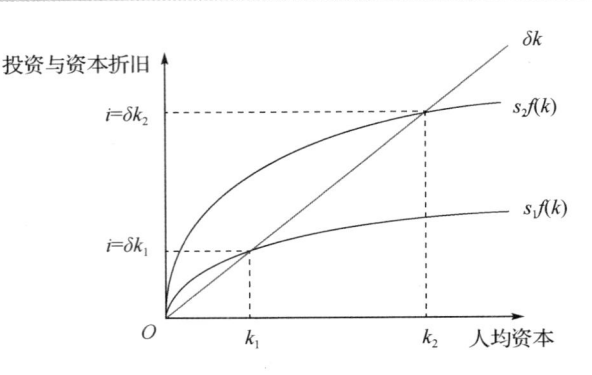

图 2-4 储蓄率对稳态水平的影响

(7)资本积累的黄金律水平。

长期消费水平最高的稳定状态被称为资本积累的黄金律水平。

假定稳定状态的人均资本为 k^*,由于 $c=y-i$,则有 $i^*=sf(k^*)=\delta k^*$,那么稳态下的消费、投资和资本折旧间的关系为

$$c^* = f(k^*) - \delta k^* \tag{2-14}$$

实际上,求稳态下的消费最大值可以转化为求稳态下该函数的一阶导数为 0 的解,即 $dc/dk = df/dk - \delta = 0$,即 $df/dk = \delta$。令 $MPK = df/dk$,那么 MPK 就是资本的边际产出:

$$MPK = \delta \tag{2-15}$$

式(2-15)表明,在资本积累的黄金律水平下,资本的边际产出等于资本折旧。**在资本积累的黄金律水平下消费水平最高,消费者福利最高,人们的幸福感最强。**

2. 扩展的索洛经济增长模型

基本索洛经济增长模型假定技术水平和人口水平保持不变,只考虑资本变化对生产的影响。在达到稳态以前,资本的增加会提高人均生产率,但随着资本的边际收益递

减，人均资本存量和人均产出趋于稳定，即人均产出维持在固定水平，经济不再增长。要解释一个经济的持续增长必须引入扩展的索洛经济增长模型，即**考虑人口增长和技术进步的影响**。

（1）人口增长的影响。

假设人口以固定速率 n 增长，即 $(dL/dt)/L = n$。

由于 $\dfrac{dk}{dt} = d(K/L)/dt = (1/L)(dK/dt) - (K/L^2)(dL/dt)$，$dK/dt = I - \sigma K$，因此 $\Delta k = i - (\delta + n)$，$k = sf(k) - (\delta + n)k$。

由于在稳态时 $\Delta k = 0$，因此有

$$sf(k) = (\delta + n)k \tag{2-16}$$

有人口增长时的投资、资本折旧和稳态的关系示意图如图 2-5 所示，图中 k^* 对应的 A 点为稳态点。

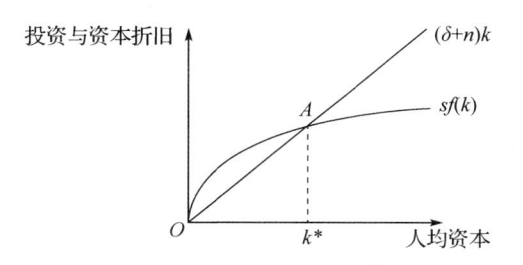

图 2-5 有人口增长时的投资、资本折旧和稳态的关系示意图

> 在有人口增长的稳态下，人均资本和人均产量是不变的，若人口以固定速率 n 增长，则总资本和总产量也以固定速率 n 增长。但人均投资由 σk 提高到 $(\sigma + n)k$，因此人均消费减少。人口增长率为 n_1 的经济体和人口增长率为 n_2 的经济体相比（$n_1 > n_2$），在稳态时人均资本由 k_0 下降到 k^*，如果储蓄率相同，那么人口增长率高的经济体人均资本存量更低。可见，人口增长率的变动对人均收入只有水平效应，没有增长效应。

人口增长率对经济稳态的影响示意图如图 2-6 所示。

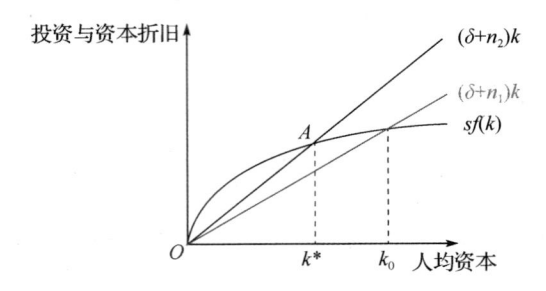

图 2-6　人口增长率对经济稳态的影响示意图

由于在稳态时有

$$i = sf(k) = (\delta + n)k^*$$

$$c = y - i = f(k^*) - (\delta + n)k^*$$

因此，求稳态下的消费最大值可以转化为求稳态下该函数的一阶导数为 0 的解，即

$$\mathrm{d}k = \mathrm{d}f / \mathrm{d}k - (n + \delta) = 0$$

可得

$$\mathrm{MPK} = \delta + n \tag{2-17}$$

式（2-17）表明，对于有人口增长情况的黄金律水平，资本的边际产出=资本折旧率+人口增长率。

（2）技术进步的影响。

如果技术进步不改变资本的产出比，就称之为哈罗德中性技术进步，也就是劳动增强型技术进步。用 E 表示技术进步引起的劳动生产率的提高，称为劳动效率。随着技术的进步，劳动效率逐步提高，每小时工作生产的产品和服务更多。由于技术进步，原来 L 个单位的劳动力现在相当于 $L \times E$ 个劳动力（称 $L \times E$ 为效率工人），生产函数变为

$$Y = F(K, L \times E) \quad (2\text{-}18)$$

假使技术进步使 E 以固定速率 g 增长，由于人口以固定速率 n 增长，因此 $L \times E$ 以 $n+g$ 速率增长。

设 $Y/(L \times E) = y'$（每效率工人人均产出），$K/(L \times E) = k'$（每效率工人人均资本存量），则有技术进步的生产函数（效率工人的人均生产函数）可以表述为

$$y' = f(k') \quad (2\text{-}19)$$

在有人口增长和技术进步的稳态下，$\Delta k' = 0$，即

$$sf(k') = (\delta + n + g)k' \quad (2\text{-}20)$$

有人口增长和技术进步的稳态示意图如图 2-7 所示。

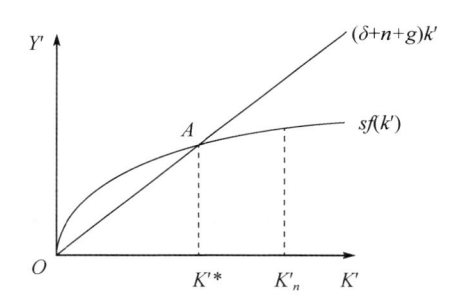

图 2-7 有人口增长和技术进步的稳态示意图

> 引入技术进步后，尽管效率工人人均产出和人均资本存量没有变化，但人均产出和总产出分别以 g 和 $n+g$ 的速率增长。扩展索洛经济增长模型表明技术进步是经济长期持续增长的源泉。

有技术进步时的稳态点的各项指标变化表如表 2-1 所示。

表 2-1 有技术进步时的稳态点的各项指标变化表

变量	公式	增长率
效率工人人均资本	$k' = K/(E \times L)$	0

续表

变量	公式	增长率
效率工人人均产出	$y' = Y/(E \times L) = f(x)$	0
人均资本存量	$k = K/L = k' \times E$	g
人均产出	$y = Y/L = y' \times E$	g
总产出	$Y = y \times (E \times L)$	$n+g$

索洛经济增长模型表明，人均收入的持续增长必定来自技术进步，不存在技术进步的经济体最终将收敛到人均增长为0的稳态。索洛经济增长模型认为技术进步是外生的，没有解释技术进步的因素。因此，有必要引入内生增长模型来解释技术进步的因素。

2.1.3 内生增长模型

1. AK 模型

最简单的内生增长模型是 AK 模型，其生产函数如下：

$$Y = AK \qquad (2\text{-}21)$$

式中，A 为反映技术水平的常数；K 为资本存量。式（2-21）所示的生产函数没有表现资本收益递减，这是 AK 模型和索洛经济增长模型的根本区别。索洛经济增长模型只考虑了物质资本，没有考虑人力资本及知识资本，即广义资本。

假设储蓄率为 s，资本折旧率为 δ，则资本累积方程为

$$\Delta K = sY - \delta K \qquad (2\text{-}22)$$

代入生产函数，变换后得到

$$\Delta Y/Y = \Delta K/K = sA - \delta \qquad (2\text{-}23)$$

式（2-23）表明，只要 $sA > \delta$，即使没有外生的技术进步，经济也会持续增长，不会趋于稳态，原因是 K 被视为广义资本。例如，阿罗（Arrow）提出的干中学模型表明

生产和投资的经验能提高生产率，而且通过知识生产者之间的溢出效应，某个生产者的学习可以提高他人的生产率。

AK 模型揭示了为什么放弃资本收益递减规律能够导致内生增长，但是存在如下缺陷。

- AK 模型过于简单，直接放弃资本收益递减规律不符合人们的常识。
- AK 模型不能预测绝对收敛或条件收敛，而条件收敛是经验规律。如果仅将 K 视为物质资本，那么 AK 模型的生产函数显然不符合经验规律。若将 K 理解为包括人力资本在内的广义资本概念，则 AK 模型的生产函数可大体解释通。
- AK 模型直接放弃资本收益递减规律似乎过于突兀，不过，内生增长模型在很大程度上可以归结为 AK 模型的形式。这些模型虽然在个体水平上存在收益递减，但因存在外部性或溢出效应，而在总量水平上表现出不变收益或递增收益。

对于 AK 模型不符合经验规律，即条件收敛预测，我们可以对 AK 模型进行简单的扩展，从而在保留资本收益不变特征的同时恢复模型的收敛性质。这是多数凸性增长模型的实际做法。新古典生产函数有收敛性质，AK 模型的生产函数能够产生内生增长，将二者结合在一起，就可以得到既有内生增长又有收敛性质的经济增长模型 $y = Ak + bk^a$。

2. 两部门模型

两部门模型假设经济有两个部门，一个部门是制造型企业，另一个部门是研究型大学。制造型企业生产产品和服务，用于消费和实物资本投资，研究型大学生产一种称为"知识"的生产要素，随后两个部门可以免费使用这种生产要素。这个经济由制造型企业的生产函数、研究型大学的生产函数及资本积累方程来描述，具体如下：

$$Y = F\left[K,(1-u)LE\right] \quad \text{（制造型企业的生产函数）} \quad (2\text{-}24)$$

$$\Delta E = g(u)E \quad \text{（研究型大学的生产函数）} \quad (2\text{-}25)$$

$$\Delta K = sY - \delta K \quad \text{（资本的积累方程）} \quad (2\text{-}26)$$

式中，u 为研究型大学的劳动力比例；$1-u$ 为制造型企业的劳动力比例；E 为知识存量（决定了劳动效率）；g 为表明知识增长如何取决于大学中的劳动力比例的函数。假定制造型企业的规模报酬不变，如果制造型企业的实物资本和效率工人数 $(1-u)LE$ 翻倍，那么产品和服务 Y 也翻倍。

两部门模型和 AK 模型一样，在没有外生增长的情况下产生持续增长。两部门模型中的增长的动力来自内生，因为研究型大学创造知识的脚步不会停止。研究型大学中劳动力的比例 u 决定了知识存量的增长，因此两部门模型说明研发作为公共投入决定了技术的进步率。但两部门模型并没有解释清楚为什么企业在利润的驱动下投入研发也能推动经济增长，换言之两部门模型解释不了企业研发对经济的推动作用。

3. 干中学模型和知识溢出模型

保罗·罗默（P. Romer）、卢卡思（Lucas）等人提出了知识溢出模型，他们先假定知识创新是投资的副产品，然后利用阿罗的设定来消除资本收益递减倾向。假定企业 i 的生产为劳动增强型技术进步，则生产函数可以表示为

$$Y_i = F(K_i, A_i L_i) \tag{2-27}$$

式中，L_i 和 K_i 是传统要素投入；A_i 是企业可获得的知识。

这里引入如下两个假设。

- 干中学模型通过每家企业的净投资发挥作用，企业资本存量增加会导致其知识存量 A_i 相应增加。
- 每家企业的知识都是一种公共产品，而且每家企业都能以零成本获取这种产品，某种知识一旦被发现，就可以瞬间在整个经济体内传播。

基于上述假设，如式（2-27）所示的生产函数可以改写为

$$Y_i = F(K_i, KL_i) \tag{2-28}$$

如果 K 和 L_i 恒定不变，那么每家企业都会存在收益递减，如果每家企业都扩张 K_i，那么 K 会相应地提高，并会带来所有企业生产力提高的溢出效应。就整个社会水平而

言，资本具有不变社会回报，即当 L 固定时，K_i 和 K 共同扩张，资本的这种不变社会回报生产内生增长。

卢卡思认为，知识是通过人力资本创造和传播的，K_i 表示一家企业雇佣的人力资本，K 表示一个行业或国家雇佣的人力资本总水平。在这种情况下，溢出效应涉及聪明人之间的相互作用。

知识具有非竞争性特点，在一定程度上存在排他性（知识产权、专利保护等），因此，溢出效应是固有的，但知识的溢出是缓慢的，创新者在一定时期内具有竞争优势。这种竞争优势吸引企业投资于人力资本、知识资本等。

4．产品种类增加型模型

产品种类增加型技术进步表现为产品种类不断增多，称为基础创新，类似于开创了一个新行业。产品种类增加型模型中存在三类行为人，即最终产品的生产企业、研发企业、居民。

（1）最终产品的生产企业。

最终产品的生产企业能获得某种技术，使其能将劳动和几种中间投入结合起来生产最终产品，并将产品投入市场，那么企业 i 的生产函数可以表示为

$$Y_i = AL_i(1-\alpha)\sum_{j=1}^{N}X_{ij} \tag{2-29}$$

式中，$0<\alpha<1$；Y_i 为产出；L_i 为劳动投入；X_{ij} 为购买的第 j 种中间品；N 为中间品的种类数；A 为生产率或效率的总体度量。对突破式创新而言，一种新产品既不是现有产品的替代品，也不是现在产品的互补品，即第 j 种中间品的边际产出和使用的中间品的种类数无关。假定中间品可以用同一种实物单位计量，且所有中间品的使用数量相同，那么式（2-29）可以改写为

$$Y_i = AL_i(1-\alpha)(NX_i)\alpha N^{1-\alpha} \tag{2-30}$$

式（2-30）表明，当给定 L_i 和 NX_i 时，因为 $N>1$，所以当 N 增加时，Y_i 增加，即随着

技术的进步，中间品数量的增多，总产出增加。因此，以 N 的持续增加为表现形式的技术进步规避了要素收益递减的倾向，即资本的边际收益不递减。

（2）研发企业。

N 的增加要求有某种技术的进步，而技术的进步有赖于研发企业的投入。研发企业的投入面临两个阶段的决策。

- 是否投入研发。如果未来预期的净现值高于预先支付的研发，那么企业将有动力投入研发。
- 企业将新技术或中间品卖给最终产品的生产企业的最优价格。

第一阶段的决策有赖于第二阶段的定价，因此可以从第二阶段入手来求解模型。

新的创意和设计必须付出高昂的成本，而创意和知识往往是非竞争性的，当一种发明能免费让其他企业使用时，总体效率是最优的，但企业将丧失投入研发的动力。为了激发创新，企业必须得到某种补偿。这种补偿就是建立一种制度框架，利用专利、保密等方式使研发企业获得垄断权，其获得的垄断权租金流是企业投入研发的动力。研发企业由发明出的第 j 种中间品获得的收益现值为

$$V(t) = \int_t^\infty \pi_j e^{-r(v-t)} dv \tag{2-31}$$

式中，π_j 是在时间点 v 的利润流；r 是平均利率。

企业在各时间点的收益等于价格 $P_j(v)$ 乘以销售的产品的数量，利润流等于收益减成本。假设边际成本和平均成本为常数，则利润流为

$$\pi_j(v) = \left[P_j(v) - 1\right] X_j(v) \tag{2-32}$$

$$X_j = \sum_j X_{ij}(v) = \left[A\alpha / P_j(v)\right] 1/(1-\alpha) \sum_j L_j = L\left[A\alpha / P_j(v)\right] 1/(1-\alpha) \tag{2-33}$$

式中，$X_j(v)$ 是生产企业 i 需求的总量；L 是总劳动力。

利润流最大的价格就是垄断价格：

$$P_j(v) = P = 1/\alpha$$

最后得到的研发企业在时间点 t 的利润的净现值为

$$V(t) = LA^{1/1-\alpha}\alpha^{2/(1-\alpha)}\int_t^\infty e^{-r(v-t)}dv$$

如果在时间点 t 的利润的净现值大于或等于研发成本，那么研发企业因为能获得补偿，将有投入研发的动力。

5. 质量阶梯模型

在产品种类增加型模型中，新产品的出现不淘汰现有产品。而质量阶梯模型的一个重要特点是，一个新产品或方法在得到改善时，倾向于淘汰已有产品或技术，即新产品是现有产品的替代品。假设不同质量的同种中间投入是完全替代的，那么一种高质量等级的中间投入将完全挤出低质量等级的中间投入。因此，成功的发明者沿质量维度倾向于消除或"摧毁"前任的垄断权，该过程被称为**创造性破坏**。

质量阶梯模型假设经济体中存在三个部门，即最终产品的生产企业、研发企业及消费者。

（1）最终产品的生产企业。

最终产品的生产企业需要从研发企业购买中间品，共有 N 种中间品，N 不变，因此最终产品的生产企业的生产函数为

$$Y_i = AL_i(1-\alpha)\sum_{j=1}^N \left(\widetilde{X_{ij}}\right)^\alpha \quad (2\text{-}34)$$

式中，L_i 是劳动投入量；$0 < \alpha < 1$；$\widetilde{X_{ij}}$ 是第 j 种中间品的质量调整量。各种中间品的潜在级别沿着质量阶梯排列，假定起始质量为 1，随后的阶梯为 $q, q^2, \cdots, q^k$，部门内产品质量的提高来自研究工作的成果。

如果企业 i 的所有中间品的物理需求量为 X_{ij}，那么中间品投入的质量调整量为

$$\widetilde{X_{ij}} = q^k X_{ij} \quad (2\text{-}35)$$

质量调整后的生产函数为

$$Y_i = AL_i(1-\alpha)\sum_{j=1}^{N}\left(q^k X_{ij}\right)^{\alpha} \quad (2\text{-}36)$$

企业 i 在利润最大化条件下对第 j 种中间品的总需求为

$$X_{ij} = L\left[A\alpha q^{\alpha k}/P_j\right]^{1/(1-\alpha)} \quad (2\text{-}37)$$

（2）研发企业。

研发企业的决策和产品种类增加模型中的研发企业的决策一样，分为两个阶段。第一阶段决定是否研发及研发的投资是多少，第二阶段决定研发在投入市场后以什么样的价格出售给最终产品的生产企业。

先讨论第二阶段，产品的定价、利润和生产。部门的创新是以质量改进的形式表现的，且质量的改进是 q 的整数倍，则研发企业获得的垄断利润流公式为

$$\pi(K_j) = (P_j - 1)X_j \quad (2\text{-}38)$$

最优价格为

$$P_j = P = 1/\alpha \quad (2\text{-}39)$$

那么第 j 种中间品的生产总量的决定公式为

$$X_j = LA^{1/(1-\alpha)}\alpha^{2/(1-\alpha)}q^{k(1-\alpha)} \quad (2\text{-}40)$$

根据以上几个公式可以计算出研发企业的利润流为

$$\pi(k_j) = \overline{\pi}q^{k\alpha/(1-\alpha)} \quad (2\text{-}41)$$

式中，$\overline{\pi}$ 是常数，称为基本利润流。

如果利率 r 不变，那么研发企业投入研发的净现值可以表示为

$$V(k_j) = \pi(k_j)\left[1 - e^{-rT_j}\right]/r \quad (2\text{-}42)$$

式（2-42）表示创新者得到的奖励，取决于在利润流 π 和梯级 j 条件下研发企业的垄断持续时间。

企业 i 的总产出为

$$Y = LA^{1/(1-\alpha)}\alpha^{2/(1-\alpha)}q^{k(1-\alpha)}\sum_{j=1}^{N}q^{k\alpha/(1-\alpha)} \qquad (2\text{-}43)$$

将总质量定义为 $Q = \sum_{j=1}^{N}q^{k\alpha/(1-\alpha)}$，则

$$Y = LA^{1/(1-\alpha)}\alpha^{2/(1-\alpha)}q^{k(1-\alpha)}Q \qquad (2\text{-}44)$$

式中，Y 是总质量的函数。该式说明总质量提升会提高产出，即经济会增长。

2.1.4 经济增长源泉的核算

前面提到技术进步会使劳动效率提升，产品种类增加，产品质量提高，因此，技术进步实际上是改善了生产函数。基于此可以把生产函数改写成如下形式：

$$Y = AF(K, L) \qquad (2\text{-}45)$$

式中，A 为当前技术水平的衡量指标，称为全要素生产率。

包含资本增加、劳动增加及技术进步的经济增长方程为

$$\Delta Y / Y = \alpha \Delta K / K + (1-\alpha)\Delta L / L + \Delta A / A \qquad (2\text{-}46)$$

即产出增长=资本的贡献+劳动的贡献+全要素生产率的贡献。

全要素生产率无法直接算得，需要借助 $\Delta A / A$ 采用间接方法计算，其中，$\Delta A / A$ 被称为索洛残差：

$$\Delta A / A = \Delta Y / Y - (1-\alpha)\Delta L / L - \alpha \Delta K / K \qquad (2\text{-}47)$$

通过分析前面内容可知，物质资本和人口增长都只有水平效应，没有增长效应。由于物质资本的边际收益递减，单纯的物质资本的投入将使人均产出趋于稳态。虽然产出随人口增长而增长，但人均产出随人口增长率的增加而减少，人均福利减少，**只有提高全要素生产率才能使人均产出增加，并且不会进入稳态，即经济可持续性增长。**如果把资本看作广义资本，技术进步就是投资结果。

2.2 技术的本质

前面从经济学定量角度解释了技术进步是经济增长的源泉,接下来从定性角度对其进行解释。我们对机械技术、计算机技术、电机技术等并不陌生,但很少思考为什么技术进步能推动经济持续增长。常有人说,某企业是传统企业,没有什么技术含量;建筑施工企业属于劳动密集型产业,也没有什么技术含量,等等。难道这些企业真的没有"技术"吗?这些企业使用的工程机械、施工工艺难道不属于技术吗?诸如此类问题,促使我们探索技术的本质。

2.2.1 技术的基本概念

以前并没有人对"技术"进行确切的定义,直到经济学家布莱恩·阿瑟在《技术的本质》一书中对技术做了三种定义。

- 技术是实现人的目的的手段,是一种装置、一种方法或一个流程。
- 技术是实践和元器件的集合。
- 技术是可供某种文化中利用的装置和工程实践的集合。

第一种定义是技术的基础定义,指的是单个技术;第二种定义是对技术的复数的定义,指的是很多技术的集合或工具箱,如电子技术、生物技术;第三种定义指的是人类创造物质文化的手段的总和。技术思想家凯文·凯利称第三种定义为"技术元素"。上述三种定义的意义不同,所属范畴也不同。

按照以上定义,技术具有如下三个基本原理。

- 所有技术都是某种组合,如汽车由轮胎、底盘、发动机、控制装置等组合而成。
- 组成技术的每一个组件是更微缩的技术,如汽车的发动机由缸体、连杆、电喷装置等组成。

- 所有技术都利用了某一种或几种自然效应或自然现象，如汽油发动机利用了燃烧汽油使缸体内的空气温度升高，空气随着温度升高而膨胀，从而推动活塞运动这一自然现象。

技术是一个目的性系统，是为了解决某个问题或满足某种需求而采用的装置、方法和流程。"装置属于技术"比较容易理解，但"流程和方法属于技术"不容易理解。类似于大家容易理解"收音机是技术"，但不容易理解"炼化流程是技术"。实际上，收音机和炼化装置分别是按照流程处理电磁波信号和相应化学物质的。信号处理和炼化流程需要通过某种物理设备来实现，我们可以把这种物理设备看作执行一系列操作的装置。例如，我们用计算机代码来编写某种流程和操作方法，用计算机硬件执行相应流程和操作方法，这种软件和硬件结合体也是技术。有时我们在谈论"技术"时说的是具体的装置，但实际指的是该装置涉及的流程和方法。例如，谈到斜拉桥，往往指的是建造斜拉桥的方法。

我们在解剖动物时，会发现动物是由一个个系统构成的，每个系统是由多个器官构成的，每个器官是由多个组织构成的，各组织是由很多个细胞组成的。同理，如果我们对技术进行分解，会发现类似的情况。任何技术都是由很多微小的技术围绕某个核心技术组成的，微小的技术是由更微小的技术集成的。例如，喷气发动机由一组核心组件（包括进气道、压缩机、燃烧室、涡轮和尾喷管），以及以核心组件为核心的多个复杂的子系统（如燃料输送系统、压缩机防熄火系统、涡轮叶片冷却系统等）组成。为什么技术是由集成件或单个零件结构化地组织起来的呢？因为将技术的构件模块化可以更好地预防不可预知的变动，并且构件在模块化后允许单独改进每个模块，无须对整个系统进行改造，这样做在工程实践中是最经济的，并且简化了设计过程，当一个复杂的系统由一堆不可分割的零件组成时，如果把复杂系统分解成一个个子系统或模块，每个子系统或模块由不同的团队来设计，那么整个复杂系统的设计就要简单得多。基于此，技术具有层级结构，整体的技术是树干，主集成是枝干，次级集成是枝条，基本零件是更小的分支。

2.2.2 技术的内涵

技术的本质是什么呢？古人通过摘果子和打猎充饥，偶然间，他们发现石块与石块相碰会产生火花，受到启发后发明了钻木取火技术。钻木取火技术不断进化，火石、火柴、打火机等相继被发明，直到现在的电子打火技术。钻木取火利用物体间摩擦产生热量，温度上升到木头的燃点，从而产生火。**从本质上来看，技术就是捕捉到并加以利用的自然现象的集合**。在这里，自然现象可以看作技术的"基因"。前面说过，技术是为了解决某个问题或满足某种需求而采取的手段，**可以换一种说法来表达技术的本质，即技术是对自然现象的有目的的编程**。大量的自然现象被捕捉，并被封装在各种各样的装置中，从而形成各种技术，这些技术组合又形成新技术。例如，汽车能行驶是因为汽车发动机通过机械传动装置把力传递给轮胎，轮胎和地面摩擦，推动汽车前进。汽车是由很多个子系统组成的，每个子系统都利用了一种或几种自然现象。

有些自然现象能被直接被观察到，如苹果总是往地上掉；有些自然现象必须借助技术手段才能被观察到，如电磁波的反射。后者往往需要借助科学探索，而科学探索离不开技术手段（实验仪器）。即使使用技术手段观察到的自然现象可以采用理论推演方法预测，最终的检验也离不开技术。因此，科学和技术的关系就是，科学提供观察自然现象的手段，以发现新的可供技术利用的自然现象；技术提供进行科学探索的工具。但科学和技术绝不是简单的先后关系，在形成系统的科学前，人类一直在发明和利用技术，技术是通过科学和经验构建的。大自然中存在很多自然现象簇，如光学现象、化学现象、电学现象、量子现象、分子生物学的遗传现象，很多自然现象已经被应用于技术。

2.2.3 技术域

自然现象簇（多种自然现象的集合）在被开发并加以利用以后，就形成了技术聚集。有的技术聚集是基于机械的、化学的、电子的、量子的，有的技术聚集是基于相同的目的或为解决相同的问题的。例如，因为电动汽车需要电池、逆变器、电动机、底盘、机械传动装置，或者自动驾驶的感知系统、控制系统等，所以这些机械的、电动的、电子的技术集成在一起。这种技术聚集称为域。一项技术界定一个产品或一种工艺（如汽车电机），而一个域不界定任何产品，但它构成了一群技术，一组互相支撑的装置（如电子技术）。

工程中的设计是从选择一个域开始的，通过选择合适的元器件，来构建一个设备、一座桥或一栋建筑物等，这个选择过程称为"域定"。由于域内技术元素的进化，针对特定的目的域有多种选择方案。在数字控制技术出现以前，飞机设计师只能在机械和液压技术范围内选择控制机翼和稳定器的方案；在数字控制技术出现以后，飞机设计师可以采用电传操作技术方案。引入数字技术组成的新的控制系统大大降低了驾驶员的操作难度，提高了控制精准度和反应速度。这种重新采用不同技术元素来解决特定域的问题被称为"重新域定"。实际上，飞机控制系统经历了一次创新，即实施了技术组件的新组合。重新域定之所以强大，不仅在于它提供了更有效的实现相同目的的手段，更在于它提供了超越现在的域的更强大的功能。在雷达出现以前，飞机的监测是通过听觉灵敏的人来处理巨大的声反射镜收集到的远距离的飞机声音来实现的。相比而言，利用无线电技术的雷达实现飞机监测要容易得多，并且观察范围远远超过前者。

把域内的元素组合成一种具体技术需要遵循特定的语法规则，就像计算机程序是把语句用语法规则组合起来一样。一个域的语法决定了它的元素如何被组装在一起，以及在什么情况下被组装在一起。因此，有了机械学、电子学、电力学、水力学及基因工程等。当然这些语法规则不是人为定义出来的，而是来源于自然现象的。例如，机械原理、水力学符合牛顿经典力学，电力学符合电动力学，等等。不同域的功能差异很大，如电子域的子域——数字域，可以对任何可以数字化的对象进行操作，无论建筑物、机械设备，还是数字照片，甚至航天飞机；"运河域"的功能相对简单，仅仅用于把物品从一个地方运输到另一个地方。一个域能完成某个目的的难易程度称为这个域的能力。例如，在传递的信息量相同的情况下，纸质媒体从采编到出版，再到发行的过程，比数字媒体难度大、周期长、成本高。

2.2.4 技术的起源及进化

达尔文的生物进化论回答的问题是，新物种是如何产生的。类似地，技术的起源回答的问题是新技术是如何产生的，是如何进化的。由前文可知，任何一个技术都是由更小的技术组合而成的，因此新技术可以是由已有的技术重新组合而成的。但我们发现，马车的组件无论采用什么方式重组也不能得到汽车。这说明，新技术的产生方式除了现有技术的组合，还有其他方式。

第一个被利用的现象是自然界直接呈现的。竹子被削尖后可用于打猎；钻木可以取火。这些原始的工具使新的技术的产生成为可能。例如，用锋利的工具挖空原木可以造出独木舟，烧制瓷土可以制造瓷器。多个单个技术的组合出现了新技术，如将木头和锋利的金属组合可以制造斧子。基于此出现了技术和工艺实践的集群，如采矿、造船、制陶、纺织等。后来依赖技术建立了科学体系，出现了化学、光学、热力学、电学等，更多的自然现象被发现并被应用于技术。技术的巨大领域开始运作，如蒸汽机集群、内燃机集群、炼化集群、电力集群、电子集群等。

当然，技术的产生方式除对现有技术进行组合外，还有发现新的自然现象并对其加以利用，即产生新的发明，也就是根本性的技术创新。例如，汽车相对于马车是一种全新的发明，因为它用蒸汽或燃油代替马作为动力，改变了动力结构。

新技术有两种驱动力，一种是源于一个特定的目的或需求，基于此找到一个可以加以利用的自然现象；另一种是发现了一种新的自然现象，基于此找到它的应用场景。

上面解释了新技术的起源，那么技术是如何进化的呢？

先看单个技术是如何演进的。一项新技术在诞生之初，总是粗糙的、不完善的。随着人们对功能和质量要求的提高，该技术被不断改进。技术进化有两种机制：一种是内部替换，是指用更好的组件更换已有的阻碍功能提升的组件；另一种是结构深化，是指增加更多组件来提升功能。设计人员可以通过更换阻碍功能提升的组件或更换更好的材料达到技术进化的目的。例如，喷气式发动机自被发明至今，设计人员不断在用更强、更耐热的合金材料零件替代原有零件。当然，改进单个零件可能需要对系统中的其他部件进行相应调整，因此整体结构必须进行改进。设计人员还可以通过在现有系统中添加新的组件，来突破现有技术障碍。例如，要想让喷气式发动机获得更大的推力，需要采用更好的燃料来提高燃烧温度，相应地，喷气发动机叶片的工作温度会更高，甚至超过材料的极限熔点。为了解决这个问题，必须额外添加冷却系统，而冷却系统的添加需要更多组件的支持，如温度传感装置、冷却控制系统等。随着部件替换和结构深化，技术一步步地进化。如果遇到某个难题，技术的发展将停滞，直到发现新的能解决这个问题的自然现象。就技术进化的作用而言，结构深化比内部替换作用大。

单个技术可以进化，那么技术体，即技术域，如何进化呢？**技术域不是简单的单个技术的汇总，而是关于设备、方法、实践的族群，其中技术是连贯的整体，其形成与发展具有与单个技术不同的特征**。域的形成有两种模式：一种模式类似于晶体结晶，是围绕核心技术联合而成的；另一种模式是从现象簇中建构的。一个新的技术域在刚开始形成时（相当于晶核刚刚形成时），关键的核心功能还很弱，技术域的发展遇到了技术瓶颈，只要突破这种瓶颈就会获得重大的商业价值，就会吸引更多参与者投身其中，包括投资人、发明者、创业者等。随着核心技术的突破，新兴的技术域慢慢进入青春期，投资者、创业者、研发者投身其中，市场上慢慢出现了围绕该技术域的公司，形成围绕该技术域的产业。在投资者和媒体的推动下，产业变得狂热，甚至形成泡沫。例如，19世纪40年代中期的英国人们对铁路很狂热，最后泡沫破裂。随着技术的成熟，技术域慢慢进入稳定成长阶段。早期的狂热竞争结束，大多数公司死亡，幸存者成长为大企业。同时，企业由早期的高额利润回归到正常利润。每一个技术域都有一个核心技术，当一个技术域的核心技术发生根本性改变时，该技术域就会发生变异。例如，晶体管取代电子管，使得电子技术域发生了根本改变。

技术可以进化，那么技术是否可以自我进化呢？答案是肯定的。前面说过技术产生于已有的技术的组合，也就是说组合已有的技术使产生新技术成为可能，新的单个技术的发明和现有技术组合可以形成更多组合技术。每一项新技术都基于现有技术。例如，若没有高精度的机床，则无法生产出喷气式发动机，更先进的机床来自现有机床的加工，即机器产生机器。这种现象可以用"自创生"一词来表达，即"自我创造"或"自身涌现"的意思。

随着单个技术的增加，技术组合的可能性逐渐增大。一般来说，如果一个技术集合体内有 N 种技术元素，那么组合方式就有 2^N-N-1 种，组合的可能性呈指数增长。当然，并不是每种可能的技术组合都是有意义的，有的技术组合并不能解决目的问题；有的技术组合不具备经济学意义；还有一些技术组合自身可能成为新的技术组合的元素，如晶体管的组合可以构成逻辑电路，而不同逻辑电路的组合可以构成集成电路。技术的进化机制就是"组合进化"，如果新技术会带来更多新技术，那么技术元素的数目在超过一定阈值后，组合的可能性将呈爆发式增长。

前面说过新技术的产生既可以来自发现一种新的自然现象，找到它的应用场景；也可以来自为解决某个特定问题或满足某种需求，而找到对应的解决方案。归根结底就是人类的需求产生了机会利基，即技术产生的机会。人类的需求具有多样性，既有物质需求，也有精神需求。而且随着技术的进步，以及物质和精神的丰富，需求会逐渐提高，从而刺激技术进步。尽管技术机会的产生最终来自人类的需求，但技术在进化过程中，往往会产生对技术的需求，这种需求间接产生了机会利基。因为每项技术总是需要其他技术支撑，这些支撑技术又需要次级的支撑技术。例如，汽车的发明激发了一套与之配套的需求的产生，如公路、汽油、加油站及维修服务站的需求；而汽油又激发了进一步需求的产生，如原油开采、炼油厂及输送管道等需求。一个为满足某种需求而出现的新技术往往会产生间接性需求，也就是要解决它的支撑技术，从而产生支撑技术产生的机会。例如，新能源汽车以电池为动力，为了解决电池过热引发的安全问题，激发了 BMS（Battery Management System，电池管理系统）需求的产生。

可以把技术体看作一个网络，这个网络是自我构建的，并且有机地向外部生长。每个技术元素都是网络上的一个节点，每个节点都和指向它的母节点相连。在一定时期内，并不是所有技术元素都能应用于解决需求，即不是所有技术元素都能被应用到经济中。有些技术元素是当前最活跃的，有些技术元素随着时间的推移会消失，如独木舟。随着新的自然现象被捕获并被利用，新的技术元素加入网络，并和现有节点相连。经济决定哪些技术元素被替代，哪些技术元素成为当前的活跃体。

网络的构建通常会经过以下几个步骤。

- 新技术作为新技术元素加入活跃体，成为活跃体中的一个新节点。
- 新技术元素可能取代现有技术元素。
- 新技术元素需要支撑技术及配套方法，这为支撑技术建立了机会利基。
- 当旧的、被替换的技术退出技术体时，它们的配套设施也会随之退出，与之相应的机会利基将一起消失。
- 新加入的技术元素逐渐活跃。
- 社会经济重新调整，围绕新技术元素的产业兴起，最终的产出物成本和价格做出相应变化。

例如，20 世纪 50 年代晶体管进入技术体，取代了真空管，导致真空管工业规模萎缩，乃至退出市场，晶体管基于性能和成本上的优越性，最后致使原来以真空管为核心元件的电子设备因被晶体管取代而降价。

技术能产生、进化，类似于生物进化，因此，可以认为技术具有"生命"的特征。我们所说的"生命"是指实体能够繁殖、生长、反应和适应周围环境，摄入能量和释放能量以保持自身的存在。技术确实符合这些特点，所以是有生命的。但到目前为止技术的产生和繁衍还需要人类发明和创造，离不开人类的干预。因此，技术只不过是珊瑚礁意义上的有机体。

技术朝哪个方向进化并不是事先设计出来的，它具有某种历史偶然性。对于某个特定问题，可能有多种工程技术方案，采用哪种方案是偶然的，这取决于当时的设计师对某些技术的熟悉程度、个人偏好等。一旦选定了某种解决方案，随着更多的人采用，将形成该解决方案的标准工程和标准组件，那么该技术就沿袭下来了。当后人对该技术产生严重的路径依赖时，该技术将不能被轻易替换，否则将付出非常高的代价。例如，围绕 Windows 技术构建的生态体系，若用新的操作系统取代 Windows 操作系统，将产生非常高的成本。技术的进化和生物的进化有很多相同点，也有很多不同点。总体来讲，生物的组合进化是少见的，变异和选择处于第一位；在技术进化中，组合进化是主要方式，而变异进化不常见。

2.2.5 技术进步与经济增长

经济是社会生产关系的总和，是人们在物质资料和非物质资料生产过程中结成的与一定的社会生产力相适应的生产关系的总和。它是产品和服务的"生产、分配和消费系统"。如此看来，可以将经济类比为集装箱，这个集装箱装满了用来解决各种各样的问题的技术模块。新的技术在到来时为某个产业提供新的模块，新的模块取代旧的模块。例如，火车和铁路技术在取代马车后，与运输相关的产业（生产、消费及价格）进行了相应调整，该产业结构发生了变化。

布莱恩·阿瑟对"经济"有不同看法，他在《技术的本质》一书中**将经济定义为"一套安排和活动，社会借助它来满足需求"**。构成经济的整套安排包括所有制度和方法，以及被称为技术的目的性系统，如产权制度、交易制度、公司制度、金融系统、监管体系、法律等。这和前面定义的广义的技术概念是一致的。广义的技术不仅仅是看得见、摸得着的通过捕获自然现象来解决特定问题的手段，还包括与之配套的一系列方法、制度。从这个意义上讲，**经济是以技术为媒介的一系列关于商品和劳务的活动、行为或流动，也就是说，方法、过程和组织的形式构成了经济**。这么说似乎经济和技术完全相同，其实经济包含的活动，如商业策划活动、投资活动、交易活动等，都是经济活动，但不是目的性系统（技术）。因此，**技术决定了经济的结构和框架，而经济中的活动构成了经济体的血液和神经。经济不能独立存在，它依托于技术，会随着技术的变化而重新适应，也会随着技术的变化而重构**。

总结起来，技术集合在一起构成一个结构（技术的第三种定义）创造了称为"经济"的东西。技术创造了经济的结构，经济又决定了哪些技术会加入组合体。技术和经济的关系示意图如图 2-8 所示。

图 2-8 技术和经济的关系示意图

短期内看不到如图 2-8 所示的循环，因为经济在一定时期内是相对固定的。技术的变化引发产业的变化，新的配套的方法、制度代替现有的不适用新的技术要求的制度、方法，原来的经济活动随着技术的变化而变化，最后整个经济结构发生变化。技术从发明到普及需要经历很长一段时间。蒸汽机发明于 18 世纪 60 年代，但直到 19 世纪 20 年代才得到普及；电气技术产生于 19 世纪 70 年代，但是直到 20 世纪 20 年代人们才感受到它对工业的全面影响。不同技术从出现到普及需要的时间不一样，有的需要 5~10 年，有的需要 30~50 年。因为，对一个颠覆性改变来说，只有基础技术的改变是不够的，还需要对那些围绕新技术的活动（企业或商业流程）进行组织，直到这些新技术活动也开始适应我们，才算真正完成经济重构。新技术必须找到新的市场机会，现存的经济结构必须被重构，以利用新技术域，完成变革。美国的工厂从蒸汽动力过渡到电气化用了整整 40 年，美国经济学家保罗·大卫揭示了这个秘密：要想有效地使用电气技术，需要建造新的厂房来替代旧的厂房，需要更高的成本；同时，需要有全新的整合技术来整合新的电气技术和新的建筑布局，这需要时间。因此，由颠覆式新技术引发的经济结构的调整过程是缓慢的，只有跨越长的周期才能观察到经济结构的变化。

当新技术产生时，它是如何改变经济的呢？前面讲过，当一项新技术出现时可能会创造一个新产业，为此需要有和新产业配套的制度，这可能会引发新的技术需求和社会问题，从而创造新的机会利基，而这又会引发进一步的组合变化。用经济的过程来描述此过程就是，当一个新技术进入经济体时，会引发新的安排——技术和新的组织模式，新的安排会引发新的问题，新的问题又会引发新的技术需求。所有变动都按照"问题与解决—挑战与回应"的顺序进行，这就是结构的变化。在第一次工业革命时期，纺织机械的出现代替了以家庭为主的手工作坊。随着机器的大规模应用，分工越来越细，分散的家庭作业方式必须由更大规模的组织来代替，因此产生了对工厂的需求。由于工厂的劳动力大多来自农村，因此需要在工厂附近建造人们居住的地方，工人宿舍和住房随之出现。越来越多的产业工人聚集在一个区域，产生了工业城市。从而出现了一套新的社会组织方式或一套新的制度，如为了解决劳工纠纷及财富分配问题，出现了劳工制度及工会制度。

技术的不断进化促进了经济的演进。每一次新的技术的重大突破都会引发经济结构的重大调整。媒体经常提及的"硬核科技"指的是某个技术体的核心。例如，新能源汽车有三个硬核科技：电池、操作系统、FSD 芯片。当然，这三个硬核科技再往下分也有自己的"核"，直到不可再分为止。在一般情况下，产业的组织及供应链集成是围绕硬核科技展开的，产业聚集会随着硬核科技的转移而转移，也会随着旧的技术体的被取代而消失。技术体的变化会使经济行为、组织、制度发生变化。如果发生的重大技术体变化导致了经济结构的重大调整，就会引发社会形态的变化。历史上发生的三次工业革命都是由技术的重大进步引发的。三次工业革命的比较如表 2-2 所示。

表 2-2　三次工业革命的比较

时期	第一次工业革命 （18 世纪 60 年代开始）	第二次工业革命 （19 世纪 70 年代开始）	第三次工业革命 （20 世纪四五十年代开始）
主要技术发明	1765 年，哈格里斯夫发明"珍妮纺纱机"；棉纺织业出现骡机、水力织布机；采煤（煤炭成为重要能源）、冶金行业出现机器生产；1785 年，瓦特改良蒸汽机，人类进入"蒸汽时代"；工厂出现；1807 年，美国人富尔顿发明汽船；1814 年，英国人史蒂芬孙发明蒸汽机车；1825 年，英国人史蒂芬孙研制火车成功；19 世纪后，美国涌现新的发明：轧棉机、缝纫机、拖拉机、轮船，机器零部件标准化生产方法	电力的广泛运用：19 世纪出现一些电气发明；1866 年，德国人西门子成功研制发电机；1870 年可用发电机问世；电灯、电车、电影放映机问世。 内燃机和新交通工具的创制：19 世纪七八十年代，以煤气和汽油为燃料的内燃机诞生；19 世纪 90 年代，柴油机研制成功；19 世纪 80 年代，德国人卡尔·本茨发明内燃机汽车（石油成为重要的能源）。 新通信手段的发明：19 世纪 70 年代，美国人贝尔发明电话；19 世纪 90 年代，意大利人马可尼成功发明无线电报 化学工业的建立：1867 年，诺贝尔成功研制炸药；19 世纪 80 年代，改良了制造无烟火药的技术；19 世纪 80 年代，塑料、人造纤维等投入生产和实际使用。 在第二次工业革命中，一些老工业部门也有新发展，如冶金、造船、机器制造业，特别是钢铁工业	原子能技术、航天技术、电子计算机、人工合成材料、分子生物学和遗传工程等。 1945 年，美国，原子弹爆炸；1946 年，美国，电子计算机诞生；1947 年，美国，晶体管问世；1954 年，苏联，第一座核电站建成；1957 年，苏联，第一颗人造卫星上天；1960 年，美国，激光器出现；1961 年，苏联，东方号载人宇宙飞船环绕地球一周安全返回地面；1969 年，美国，"阿波罗"11 号登月；1972 年，美国，重组 DNA 生物基因工程成功；1977 年，超大规模集成电路投入使用；1981 年，美国，第一架航天飞机升天；1996 年，英国，克隆羊"多利"诞生；1999 年，美国，首次成功制造出人工 DNA 分子；2000 年，美、日、法、德、英、中，公布人类基因工作草图

续表

时期		第一次工业革命 （18世纪60年代开始）	第二次工业革命 （19世纪70年代开始）	第三次工业革命 （20世纪四五十年代开始）
影响	生产力	大机器生产出现，人类进入"蒸汽时代"	生产力快速发展，人类进入"电气时代"	人类进入"电子时代""信息时代""太空时代"
	经济格局	英国"世界工厂"地位确立，资本主义世界市场初步形成；许多东方国家和地区被卷入资本主义世界市场，开始沦为西方国家的商品市场和原料产地	发达国家加强了对落后地区的资本输出，资本主义世界市场最终确立；刺激了东亚国家民族资本主义的产生	资本主义世界出现三足鼎立的局面，世界经济格局开始向多极化方向发展；东、西方联系更加密切，出现了全球一体化的趋势；科学技术水平的差异，致使发达国家和发展中国家之间的经济差距进一步扩大

2.2.6 技术进步与国家竞争力

有人把技术等同于知识，实际上技术不只是知识，还是一套认知体系，包含某种信念及外部支撑环境。当一个新技术催生了新产业，并为产业找到一块合适的土壤时，它很有可能会驻留在那里。在人们互相交流技术时，当有了新点子时，可能会有人借鉴，并结合自己的点子产生又一个新的点子。这种文化具有浓郁的地域特点，如美国硅谷。如果一个地区或一个国家因为某种新技术形成的体系处于领先地位，其综合竞争力就会强，直到之后出现的新技术及其体系打破这种优势。

演化经济学的原理是指，由于每次技术革命都提供了一套相互关联的、具有通用性的技术和组织原则，并在实际上促成了所有经济活动的潜在生产率的"量子跃迁"。由此可知，技术革命使得整个生产体系得以现代化和更新，从而每50年左右使总的效率水平提高到一个新的高度。技术革命提供的"机会窗口"对国家命运具有决定性的影响。在19世纪末，落后的美国和德国利用第二次工业革命提供的"第二种机会窗口"，实现了跳跃式发展，在电力、电气、重工业等当时的新兴产业上一马当先，迎头赶上并迅速超过英国等老牌工业化国家，而东欧和拉丁美洲却沦为依附型经济。更令人唏嘘的是，英国强大工业力量的衰落。与美国和德国不同，英国虽然是第一次工业革命的领导者，在第二次工业革命开端时期的基础科学和新技术研究方面也具有领先地位，但最终被美国和德国全面赶超，一直到第一次世界大战结束后，英国工业结构依然停留在第一次工业革命时期，其半数以上的出口商品仍是煤、钢铁、机械和纺织业的产品。因此，在新产品方面英国被新工业国家夺走了地盘。英国在传统产业中也逐渐丧失优势。

抓住第二次工业革命，主导技术革命的机会是美国和德国工业出现跳跃式发展、迎头赶上并超过英国这个老牌工业化国家的决定性因素。在19世纪的最后30年，美国迅速发展起一系列新工业部门。其中，电力工业是第三次技术革命中兴起的产业，在这方面，美国从一开始就走在世界前列，到1894年，美国工业产值已居世界第一位。从1871年到第一次世界大战，德国工业实现跳跃式发展，并充分利用第三次技术革命的成就，在钢铁、化学、电气、内燃机等方面走在世界前列，承担了开拓者的角色。到第一次世界大战前夕，德国已在最新技术基础上建立起完整的工业体系，成为欧洲第一工业强国。

德国在第二次工业革命后得到高速发展，并抓住了第三次工业革命的浪潮，经历了高速发展的几十年。然而，在历经2008年全球金融危机后，大多数发达经济体进入"低增长与高失业并存"的"新常态"，新兴经济体的经济发展也遭遇一些不利因素的影响。这两方面因素叠加导致外部需求下降，德国出口略显疲态。

从创新能力方面来讲,德国的排名从欧洲主权债务危机前的第2位在历经全球金融危机后下滑至第13位，而且这种下滑是全面的，投入与产出分别从第10位和第2位下滑至第19位和第8位。德国2013年的专利申请量比2012年下降了4.5%，同期，美国增加了10.8%，排在第2位的日本也微增0.6%，而中国的增速高达15.6%。

21世纪以来，科学应用技术上又一次出现了较大的进步，包括5G、云计算、人工智能、3D打印技术、物联网等。这些数字技术和制造业的结合说明了未来工业的发展的方向，而且这必将带来相关产业的突破和重构，作为全球顶尖的制造业强国的德国敏锐地感知到这种趋势和挑战。

基于上述背景，德国在2011年4月举办的汉诺威工业博览会上提出了"工业4.0"。2013年4月，工业4.0工作组发表了题为《保障德国制造业的未来——关于实施工业4.0战略的建议》的报告，并于2013年12月19日由德国电子电气信息技术协会细化为"工业 4.0"标准化路线图。"工业 4.0"可以简单概括为"一个核心"、"两重战略"、"三大集成"和"八项举措"。

"一个核心"指的是"智能+网络化",即通过信息物理系统（Cyber Physical System, CPS）构建智能工厂,实现智能制造的目的。

"二重战略"指的是"领先的供应商战略"和"领先的市场战略"。

"三大集成"指的是智能工厂内生产的纵向集成、产品全生命周期的横向集成,以及产业链上下游的集成。

"八项举措"指的是实现技术标准化和开放标准的参考体系,建立模型管理复杂的系统,提供一套综合的工业宽带基础设施,建立安全保障机制、创新工作的组织和设计方式,注重培训和持续的职业发展,健全规章制度,提升资源效率。

德国政府、产业界及学术界等纷纷将工业 4.0 列为未来的战略目标,这标志着第四次工业革命拉开了序幕。

为了应对第四次工业革命浪潮,各个国家都制定了自己的国家战略。自历经全球金融危机后,美国意识到"脱实向虚"会使产业空心化,于是在 2010 年,美国发布了《美国制造业促进法案》,提出运用数字制造和人工智能等未来科技重构美国的制造业,之后又发布了重振制造业政策框架、先进制造伙伴计划（AMP）。2013 年 2 月,美国科技委员会发布了《先进制造业国家战略计划》。日本推出了"再兴战略",立足于智能机器人、传感器、数据存储及计算能力的突破,通过工业互联网将供应链、生产过程和仓储物流智能连接起来。韩国制定了"未来增长动力落实计划"。法国提出了"新工业法国"计划。我国在加快推进**信息化与工业化深度融合**,争取迈入制造强国行列。

2.3　数字技术的特点

前面已经证明了技术进步是经济发展的推动力。那么和一般的技术相比,数字技术到底有什么优势让我们把技术发展的重心转移过来呢？有必要对数字技术的特点进行简单说明。

数字技术（Digital Technology）是一项与计算机相伴相生的科学技术，是指借助一定的设备将各种信息，包括图、文、声、像等，转化为计算机能识别的二进制数字"0"和"1"后，进行运算、加工、存储、传送、传播、还原的技术。由于在运算、存储等环节要借助计算机对信息进行编码、压缩、解码等，因此数字技术也被称为数码技术、计算机数字技术等。围绕自然对象的数字化处理形成的技术体构成了数字技术域。

从理论上讲，任何对象及其属性都可以用数字表示。例如，建筑物的外观、内部结构、空间坐标及内部各个组件之间的关系都可以模型化，并用数字符号表示，以便通过计算机进行处理乃至控制。原油及其炼制工艺过程也可以用数字表示，原油的成分、炼制工艺装置及其化学反应过程都可以模型化，并在数字化后被计算机处理。

数字技术所具有的上述特点，使得数字技术域可以连接任何对象。基于数字技术的这个共同属性，可以把机械域和化学域连接起来。例如，化学反应装置是化学反应过程和机械装置的组合体，可以先用数字模型表达化学反应进行的程度，然后利用数字技术控制机械装置以调整相应温度、压力等。移动"比特"比移动"原子"要容易得多，也快得多。这使得域的连接可以跨越时空限制，这是机械域、电气域、化学域这些有形实体技术域不可比的。

数字技术的特点使得任何对象通过和它的组合都变得可编程，装置、设备、组件可以通过编程控制，材料的力学性能和结构可以通过编程改变。新型智能材料和可编码材料有望实现产品的定制化改造。可编码物质是指经过编码的材料，在接收直接命令或感应到预定触发时能改变物理属性。例如，麻省理工学院的研究人员开发了可编码物质系统 ChromoUpdate，它可以用一束光来改变物体的颜色。其原理是将物体涂上光活化染料，紫外线投影仪可以改变染料的反射特性，从而改变物体的颜色。天津大学研发的兼具力致变色、形状可编程和室温自修复能力的新材料，在被拉伸时可以发生颜色变化，即使断开也能重新愈合，具有更长的使用寿命。同时，该材料还拥有记忆编程特性，可以被拉伸成任意二维或三维形状并保持不变，在升温后又可恢复到最初的形状。由塔夫茨大学（Tufts University）、哈佛大学（Harvard University）和佛蒙特大学（University of Vermont）研发的异型机器人，可以像搭积木一样组装干细胞。在一篇于 2021 年 12 月发表的论文中，研究人员见证了这种有机机器人通过推动培养皿中松散的干细胞进行自我复制，建立原始机器人的副本的过程。研究人员认为，这种异型机器人通过编码设定可用于查找癌细胞或捕获海洋中的微塑料等，它的自我复制能力可能对再生医学产生积极影响。

前面讲过，技术主要是通过组合进化的。数字技术的出现使得技术域间的组合方式呈几何级增长。原本不能跨越组合的技术因数字技术变得可能组合；原本功能有限的组合方式因数字技术变得多种多样。

数字技术域和其他域组合会产生新的技术组合体，催生新的产业。数字娱乐产业和金融行业就是典型的数字化应用案例。通过把记账程序和辅助计算程序组合在一起产生了会计电算化，基于此，手工记账被取代。在计算机出现之前，商品市场只有简单的期货和期权，关于期权的定价问题一直没有得到很好的解决，这导致期货市场发展缓慢。后来经济学家布莱克和斯柯尔斯建立了期权定价数学模型，该模型与计算机的计算能力结合很好地解决了期权的定价问题。随之，芝加哥贸易委员会创办了期货交易所，商品衍生品市场由此诞生。

2.4 数字技术的经济特点

2.4.1 数据要素的经济特点

如果想深刻理解数字技术的经济特点，就要先了解如下经济学概念。

- 外部性：是指在社会经济活动中，一个经济主体（国家、企业或个人）的行为影响到另一个相应的经济主体，却没有支付相应的成本或得到相应的补偿。外部性亦称外部成本、外部效应或溢出效应。例如，企业的排污行为影响到周边居民的生活，但居民没有得到补偿；企业的研发成果被其他企业无偿使用，却没有得到相应补偿；等等。

- 正外部性：当一方的经济行为使另一方受益时就是正外部性。在正外部性下，社会收益大于私人收益。
- 负外部性：当一方的经济行为使另一方利益受损时就是负外部性。在负外部性下，社会收益小于私人收益。
- 生产者正外部性：生产者的经济行为使他人受益，却不能从中得到报酬。例如，蜜蜂为生产者传播了花粉；上游居民种树保护水土，下游居民的用水得到保障。
- 消费者正外部性：消费者采取的行动对他人产生有利影响。养花的人为养蜂的人带来了好处，因为花越多蜜蜂的产出越多。
- 生产者负外部性：生产者的行为给他人造成损害，但没有给予他人补偿。例如，上游居民伐木，造成洪水泛滥和水土流失，这对下游的种植、灌溉、运输和工业产生产生了不利影响。
- 消费者负外部性：消费者的行为给他人造成损害，但没有给予他人补偿，如在公共场所吸烟对他人的健康带来影响。
- 非竞争性：是指一个使用者对该物品的消费并没有妨碍其他人对该物品的使用。换言之就是，在一种商品给定的生产水平下，向一个额外消费者提供商品的边际成本为零。例如，在不拥挤的高速公路上，多行驶一辆车并不妨碍别的车辆行驶，也没有增加高速公路的边际成本。

从理论层面来看，传统的土地、劳动力和资本要素一旦被用于某种活动，就不能同时被用于其他活动，即具有竞争性和排他性，而数据和制度等要素，在本质上是知识型要素，可以在任意领域的活动中自由传播，一方使用的同时不妨碍另一方使用，即具有非竞争性。

数据要素（以电子形式表达和储存的信息）具有如下特点。

- 生产性：生产离不开必要的生产要素投入，传统的经济活动依赖于物质资本和劳动力要素投入，而数字经济依赖于人力资本和数据要素投入。数据是一种重要的生产要素，也是非数据生产要素的催化剂。数据要素和传统生产要素的结合和相互作用，可使其价值倍增。

- 非竞争性：数据具有非竞争性。一方对数据的使用并不妨碍任何第三方对数据的使用。数据规模越大、维度越多，其包含的信息密度越高，不同主体对数据的交流与共享不仅不会降低数据的价值，反而会使其创造的价值呈几何级增长。
- 边际成本递减性：数字商品的特点是，只要生成就可以以极低的成本复制、存储、传递，即生产商品的边际成本递减且接近于零。以有形物质为原材料生产出来的商品的边际成本永远不会低于原材料的成本。
- 边际收益递增性：资本、劳动力等传统生产要素的边际收益是递减的，而数字技术的特性使其边际收益递增。
- 强外部效应：从消费的角度来看，数据具有非常大的正外部效应。部分的、孤立的数据蕴含的价值很低，在不同数据分析技术或应用场景下，相同数据的价值可能存在极大的差异。例如，电商平台记录商户的交易信息只是为了保证交易顺利完成，当这些信息被应用到金融的征信服务等领域时，可以创造高得多的价值。
- 强流动性：信息网络的高度发达使得数据的传递效率非常高，消除市场的信息不对称变得容易。

2.4.2 数字技术的经济功能

数字技术的独特性使其在经济增长中发挥的作用有别于一般意义上的技术，其主要功能表现如下。

- **具有促进生产力发展的功能**：第一，数字技术产生的数据是一种独立的生产要素，可以直接创造财富；第二，包含信息技术、通信技术、控制技术的数字技术和传统的机械工具的结合，使得劳动工具智能化，可大大提升劳动生产效率；第三，依赖于数字技术搜索、加工整理出来的信息有助于辅助决策，借助人工智能手段做出的决策可减少决策失误，提升管理效率。
- **具有协调各生产要素，提升生产要素组合效率的功能**：生产要素的不同组合方式具有不同的资源配置效率，信息从生产者到消费者之间的有效传递，有利于资源的合理配置。

- **具有提高消费者剩余和社会总福利的功能**：应用数字技术生产的数字产品，如智能手机、数字娱乐、网络社交工具等，极大地提高了国民生活水平，使得社会总福利增加。
- **具有网络效应**：网络效应就是，在一个网络中某一消费者是否购买或使用这些产品和服务，在很大程度上取决于其他消费者是否购买或使用该产品和服务，如典型的电话网络、微信、QQ等。网络上的用户越多，网络的价值越大。梅特卡夫定律表明，网络的价值等于网络节点数的二次方。如果一个网络中有 n 个人，那么网络对于每个人的价值与网络中其他人的数量成正比，网络对于所有人的总价值与 n^2 成正比。规模经济的增长是线性的，而网络效应产生的经济增长是几何级的。
- **具有正反馈效应**：传统的生产要素随着产量的增加边际收益递减，而边际成本上升。当边际收益大于边际成本时，总产量和总收益增加；当边际收益小于边际成本时，总收益随着产量的增加而减少；当边际收益等于边际成本时，收益最大化，达到市场均衡。在网络经济中，随着产量的增加，边际收益递增，边际成本递减，因此会出现正反馈现象。边际收益等于边际成本的点是正反馈点，在正反馈点左侧，边际收益小于边际成本，企业亏损；在正反馈点右侧，边际收益大于边际成本，企业盈利，边际收益随着产量的增加而增加。

传统的市场均衡与网络正反馈示意图如图2-9所示。

我国经济从改革开放以来经历了高速发展。这种高速发展源于要素投入的增加和全要素生产率的提升。在要素投入方面，一方面来自对基础设施、房地产的大量投资；另一方面来自人口增长红利。在全要素生产率增长方面，我国1980—1989年年均增速为3.9%，1990—1999年年均增速为4.7%，2000—2009年年均增速为4.4%，2010—2018年年均增速约为2.1%。

由传统生产要素投入驱动经济增长的模式越来越难以持续。一方面人口的老龄化及人口增长放缓，使人口增长红利逐渐下降；另一方面物质资本的边际收益递减，长期增长趋于稳态,由传统基建投资拉动的经济很难持续增长。因此,必须提高全素生产率驱动经济增长模式。

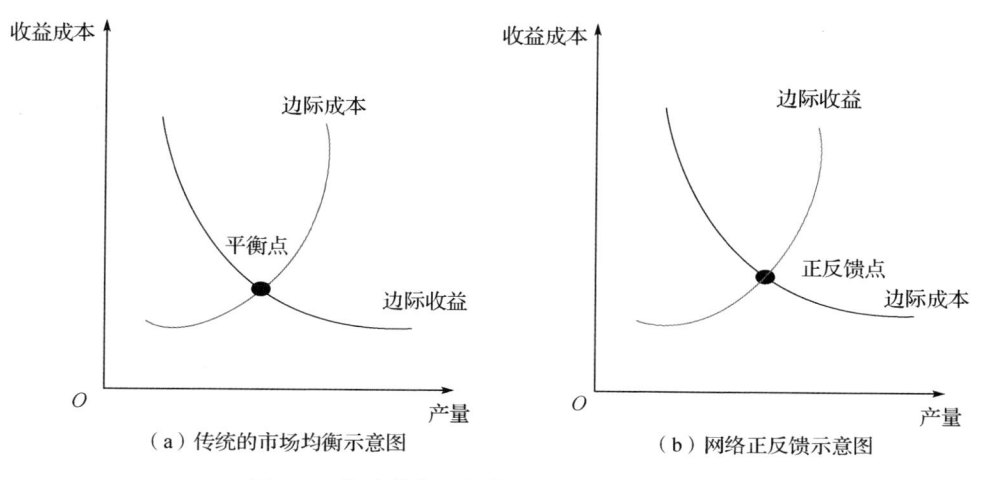

图 2-9 传统的市场均衡和网络正反馈示意图

2017 年,我国提出要着力融合发展,强化向实体经济聚力发力的意识,提高新动能对传统动能的带动作用。以提高质量和核心竞争力为中心,加快利用新技术、新业态改造传统产业,创造更多适应市场需求的新产品、新模式,促进覆盖第一产业、第二产业、第三产业的实体经济蓬勃发展。

新动能的表现形态有如下三点。

(1)要素利用效率的提高。

(2)要素组合效率的提升,不同要素组合带来的规模效率的提升和要素流动配置效率的提升。

(3)要素质量效率的提升。

要素利用效率和要素组合效率的提升,对经济制度提出了更高的要求。

制度是在人们不断交易的过程中形成的规则固化,其作用在于为个体的行动提供一定的方向指引。僵化低效的制度会禁锢要素优化配置,使得经济难以迸发应有的活力。

有效的制度能够提供公平的分配与激励机制，降低交易成本，激发微观主体积极性，提高资源配置效率。

制度要允许新要素对旧要素的渗透、改造和利用，而不是完全弃旧迎新。如果一国政府可以顺应市场化趋势，不断完善市场制度体系，让要素得以实现最优组合，那么要素组合效率会有一个较大提高，这个过程往往伴随着经济结构的变化和经济的较快增长。

要素质量提高是经济发展质量的高级阶段，而技术进步是要素质量提高的必要前提。无论引进新技术、吸收改进已有技术，还是大面积推广新技术，都会带来技术进步，扩大经济动能的边界。

需要强调的是，技术进步需要创新来支撑，这一创新是全面创新，包括企业的创新、市场的创新和政府制度的创新。

要实现技术进步，需要从微观、中观和宏观三个层面全方位优化制度供给，创造有利于创新技术萌生、发展的制度土壤。

经验证明，只有从技术和制度入手，提高非竞争性要素的供给质量，才能掌握"先发优势"，摆脱跟在发达国家后面，依靠模仿发展的追赶姿态，掌握经济增长的主动权。

当下，经济发展已经从对"物"的关注转到对"人"的关注，传统的生产要素由于具有竞争性，对生产率提升的贡献是有限的，但依托人力资本得以发挥的制度和技术要素蕴含着无限的潜力。发挥好这些非竞争性要素的作用，对于培育新动能和发展新经济具有极其重要的意义。

数字技术中的数据要素具有非竞争性，这使得其有能力充当经济发展的新动能。从现阶段来看，经济发展质量的提升和经济增长速度的改变将形成经济发展的新动能。与旧动能相比，经济发展新动能对经济的支撑力会经历一个从弱到强、从小到大的过程，逐步成为经济发展的主要驱动力。

我国自 2016 年提出数字经济以来，为促进数字经济发展，颁布了一系列制度。

数字经济已经成为我国 21 世纪经济增长的重要驱动力。中国信息通信研究院发布的《中国数字经济发展报告（2022 年）》显示，2021 年，我国数字经济规模达到 45.5 万亿元（见图2-10），高于GDP名义增速3.4个百分点，占GDP比例为39.8%。2021年，我国数字产业化规模约为8.4万亿元，同比名义增长11.9%，占数字经济比重约为18%，占GDP比重为7.3%；2021年，我国产业数字化规模达到约37.2万亿元，同比名义增长17.2%，占数字经济比重约为82%，占GDP比重为32.5%（见图2-11）。到"十四五"末期，数字经济占GDP的比例有望超过50%。

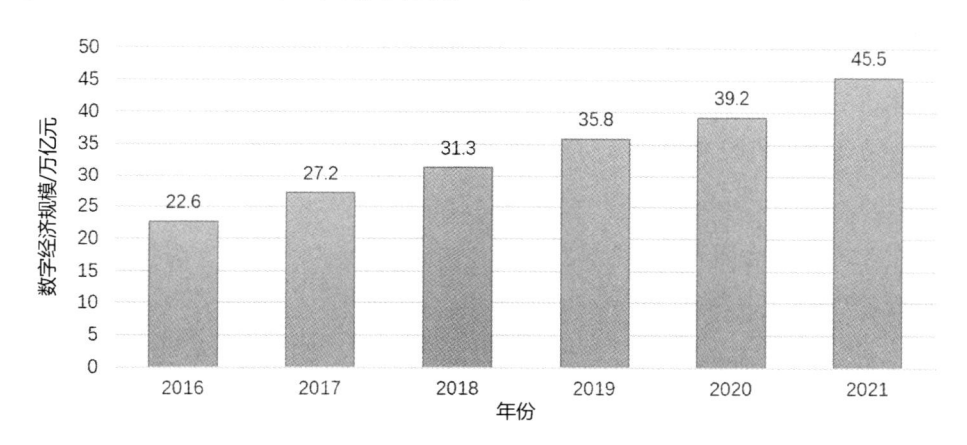

图2-10 我国2016—2021年数字经济规模

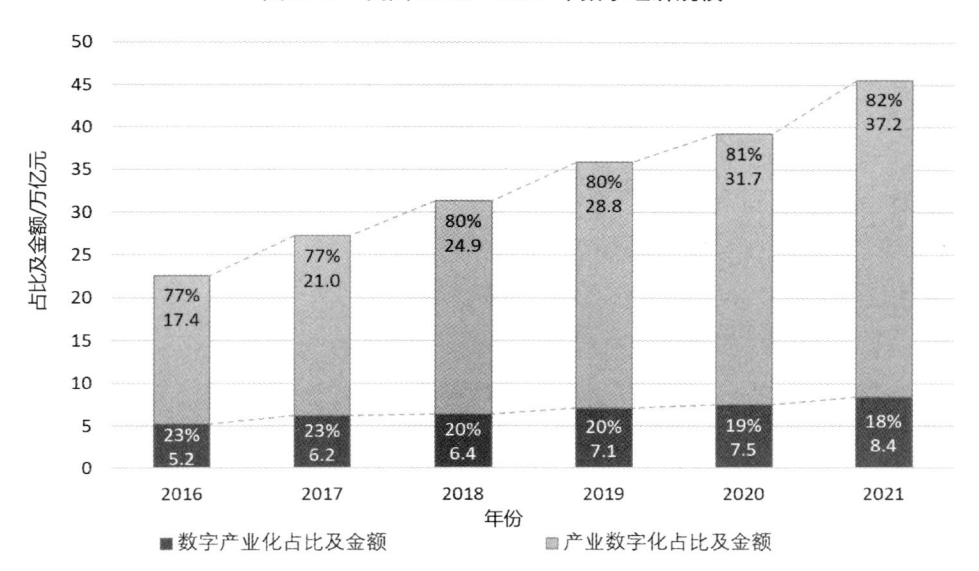

图2-11 我国数字经济内部结构数据

2.5 企业获取可持续性增长的动力

2.5.1 企业的本质

一般人认为企业是专门从事商品生产和商品交换并以营利为目的的经济组织。似乎企业存在的唯一目的是获取利润，追求利润最大化是企业的终极目标。下面从经济学理论的角度来阐述企业的本质。

对于企业本质的研究可以追溯到 18 世纪后期，亚当·斯密在《国富论》《国民财富的性质和原因研究》等著作中对企业进行了研究。他将关注的目光放在劳动分工上，认为劳动分工能够大幅提高生产效率，并提出了劳动分工推动效率的三种原因。他以劳动分工为源头，认为企业是劳动分工的集合，是一个协调组织。亚当·斯密虽然没有专门研究企业的内涵，但是他在《国富论》中将分工、专业化、劳动与工厂联系在一起，开创了研究企业理论的先河。

在企业理论的研究和发展史上，第一个企业理论分析框架是马克思的企业理论。在《资本论》中，马克思从企业的历史起源和两类分工（内部分工和外部分工）出发，将企业的起源、本质及演进过程看作技术、协作、劳动力、资本、竞争和利润等基本经济条件变化的必然反映，认为企业是社会生产力和生产关系不断发展及相互作用的结构。这实现了经济学及企业理论研究的出发点和重点由市场向企业生产过程的转变。马克思在《资本论》中揭示了近代企业和现代企业的基本特征与属性。

- 企业是从事生产活动的基本经济单位，首要功能是高效率地组织生产。
- 企业间既有分工协作也有相互竞争。
- 企业的天性之一就是获取利润。
- 企业是在经营者的统一指挥下运作的。
- 企业具有交易属性。

经济学家罗纳德·哈里·科斯在《企业的本质》中，从市场交易成本理论和企业家理论两个角度阐述了企业的本质。他认为市场的运行是有成本的，通过形成一个组织，并允许某个权威（企业家）来支配资源，能节约某些市场交易成本。例如，交易者和交易者之间订立契约的成本远远大于组织和组织之间订立契约的成本，政府对单个个体征税的成本高于对一个组织征税的成本。他还认为，生产和需求存在不确定性，通过价格机制难以消除不确定性，需要由企业家群体凭自身智慧来判断。

商品是为了满足市场中消费者的需求而生产的，而不是为了满足生产者的需要而产生的。生产者承担了预测消费者需求的责任。当存在不确定性时，决定做什么和怎么做的决策任务比生产过程更重要。当存在不确定性时，一部分人不愿意冒险，而另一部分人甘愿承担风险。自信者和冒险家愿意承担风险，他们保证动摇者和不想冒险的人获得一定固定收入。**因此，后来出现了一个被称为企业家的特殊群体，他们向其他人支付有保证的工资，并以此支配他人的劳动。**

科斯基于交易成本理论阐述了企业规模边界。企业在扩大规模时，在企业内部组织追加交易的成本可能上升。如果在企业内部组织一笔额外交易的成本等于在公开市场上完成这笔交易的所需成本，或者等于由另一个企业家来组织这笔交易的成本，企业规模就达到了边界上限。将数字技术用于企业内部管理，有助于降低在企业内部组织交易的成本，使得企业原有规模边界上限向上移动，企业规模可以比没有使用数字技术时更大。

由此可见，**企业的功能之一是优化资源配置**，企业和市场是两种可以相互替代的**资源配置方式**。企业能够实现社会经济资源的优化配置，降低整个社会的交易成本。**企业存在的根本目的就是降低交易成本**。要在市场外部获得商品或服务的信息，要付出的不仅仅是商品或服务本身的价格，还有其他成本，如搜索信息的成本、谈判成本、监督管理成本、实施成本等。市场信息的不对等性和不完全性使得交易成本非常高。企业应运而生，企业通过整合力量降低交易过程中的成本，实现利益最大化。

约瑟夫·熊彼特在《经济发展理论》中把社会经济活动分为两种类型，即经济循环流转与经济发展。经济循环流转实际上是一种简单再生产过程，是一种静态均衡；经济发展是扰乱静态均衡的动态过程。在静态的经济循环流转中，不存在企业家，没有创新，没有变动，没有发展，任何经济活动都以相同的形式循环往复。

约瑟夫·熊彼特把推动经济发展的内部力量或因素分为三类：社会的消费时尚和爱好、生产要素数量和质量的变化、生产方法的变革，其中生产方法的变革就是**创新**，是经济发展的决定因素。

社会环境及人的天性导致新异事物在出现时总是受到抵制。按照成规旧例，经营企业要比创新容易得多。根据约瑟夫·熊彼特的观点，创新是迈向未知领域的创造性的行动，只有具有超强毅力及非凡才智的人才能担此重任。这种人进行创新的目的不仅是营利，还有征服和战斗，是为了成功而成功。约瑟夫·熊彼特称这些人为"企业家"，推动他们创新的是"企业家精神"。约瑟夫·熊彼特赋予了传统的企业家概念一种新的含义，特别强调企业家的职能就是不断实现"创新"，引进生产要素和生产条件的"新组合"，从而推动社会的经济发展。约瑟夫·熊彼特对于企业家的这一特殊观点与传统企业家职能的不同之处在于，传统企业家的职能是组合生产要素进行生产，不必不断追求新组合；而约瑟夫·熊彼特认为，一个人能否被称为企业家的关键是他是否实现了对生产要素的新组合。

所以，**企业的另一个功能是创新**，即提供更好、更多的产品及服务。创新可能表现为更低的价格，也可能表现为更新、更好的产品，或者表现为提供新的方便性、创造新的需求。创新有时是找到旧产品的新用途。推销员可能成功地把电冰箱推销给因纽特人，用来防止食物因过冷而结冰，该推销员和开发出新产品的人一样也是"创造者"。因纽特人用电冰箱冷藏食物，等于发现了新市场；把电冰箱卖给因纽特人来防止食物因过冷而结冰，事实上等于创造了新产品。从技术层面来看，电冰箱还是旧产品；但从经济角度来看，这种交易是一种创新。

从以上分析可以看出，企业的本质一**是市场替代物**，通过企业组织降低市场交易成本；**二是创新的推动者**。这里不是说利润和营利能力不重要，只是这不是企业和企业活动的目的，而是企业经营的限制性因素。利润不是解释所有企业活动与决策的原因，而是检验企业效能的指标。担任公司董事的人即使对赚钱毫无兴趣，也必须关心企业的盈利能力。企业的问题不在于如何获得最大利润，而在于如何获得充分利润，以应对经济活动的风险，避免倒闭。由于资本存在逐利性，因此企业不可避免地会把追求利润作为终极目标。这种"利己"行为加上"企业家精神"导致了个体企业之间的竞争，为了获取竞争优势，企业之间不断地降低内部组织成本，并创新以获取超额收益。这种竞争在客观上推动了社会经济发展。那么，企业如何在激烈的市场竞争中获取优势呢？下面详细介绍波特的竞争优势理论。

2.5.2 企业竞争优势

1. 产业结构分析和竞争战略

波特认为产业内部的竞争状态取决于五种基本竞争力，这五种基本竞争力作用的结果决定该产业的最终利润潜力，即现有企业之间的竞争、新进入者的威胁、供应商的议价能力、客户的议价能力、替代品的威胁。波特的五力模型如图2-12所示。

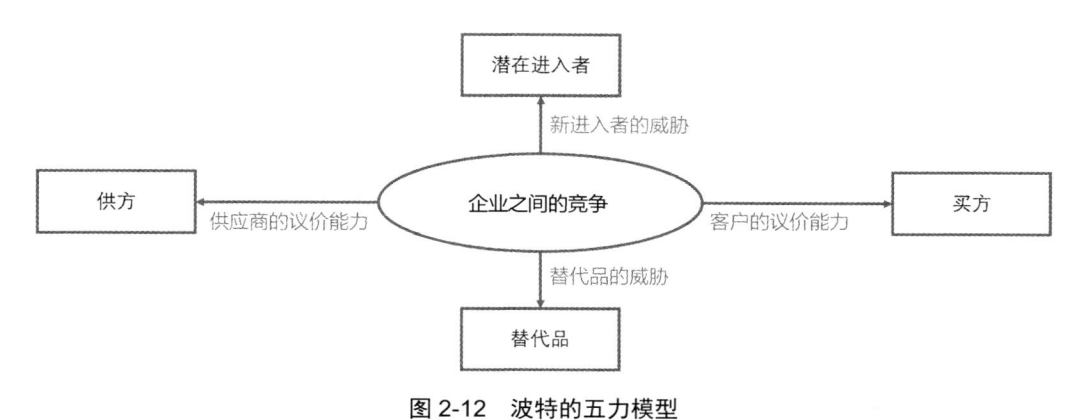

图2-12 波特的五力模型

（1）新进入者的威胁。

对一个产业来说，新进入者的威胁的大小取决于进入壁垒和潜在进入者可能遭遇到行业内企业的反击之间的相互作用力。产业的进入壁垒越高，潜在进入者的进入难度越大。进入壁垒源共有六种，具体如下。

- 规模经济：规模经济表现为在一定时期内产品的单位成本随总产量的增加而下

降。规模经济的存在增加了新进入者进入的难度，迫使新进入者一开始就不得不大规模生产，从而遭受现有企业的抵制；或者小规模生产，从而导致长时间亏损。**数字技术有助于降低盈亏平衡时的经济规模。**
- 产品差异化：产品差异化构成了进入壁垒，迫使新进入者耗费大量资金降低现有企业的客户忠诚度。
- 资本需求：有些行业前期需要大量的资金投入，从而构成了进入壁垒。
- 转换成本：客户从现有的供应商转入新的供应商需要的成本，如员工培训成本、新的辅助器具的投入成本等。
- 渠道：现有企业建立了成熟的产品销售渠道，从而对新进入者构成渠道壁垒。
- 学习或经验曲线：在某些行业中，由于工人们随着经验的积累会改进工作方法，提高效率，因此产品的生产成本随着公司累积经验的增加而下降。先进入者积累的经验往往对后进入者构成壁垒。利用数字技术固化生产经验，形成知识体系，有助于降低经验曲线，降低进入壁垒。

（2）企业之间的竞争。
- 众多势均力敌的竞争对手：当一个行业中存在众多势均力敌的竞争对手时，竞争程度比较激烈。
- 产业增长缓慢：因为产业中的企业急于寻求快速扩大市场份额，增长缓慢的产业比增长快速的产业的竞争程度要激烈得多。
- 高固定成本或高库存成本：当产业中的固定成本较高时，企业为了充分利用产能，摊薄固定成本，往往采用激进的降价策略。
- 退出壁垒：当退出壁垒很大时，很多企业即使亏损也要留在产业内，从而加剧行业的竞争。

（3）替代产品的威胁。

从广义上看，一个产业中的所有公司都与生产替代品的产业中的公司存在竞争，如传统的石油公司和新能源公司。替代品限制了一个产业中的公司的利润上限，如果石油的价格上涨，那么新能源企业就会有价格优势，有利于促使消费者采用新能源。

（4）客户的议价能力。

以下几种情况会使客户的议价能力增强。

- 相对于卖方的销量而言，买方的购买量占比很大。
- 客户转换成本低。
- 若提供的产品对客户产品的质量无重大影响，则客户的议价能力强；反之，若提供的产品对客户产品的质量有重大影响，则客户的议价能力弱。
- 客户掌握了充分的市场信息。

（5）供应商的议价能力。

以下几种情况会使供应商的议价能力增强。

- 供应商的行业集中度比客户的集中度高。
- 供应商的产品没有替代品。
- 企业并非供应商的主要客户。
- 企业对供应商产品存在依赖。
- 企业离开供应商的转换成本很高。

根据五种力量的不同，企业可以选择成本领先战略、差异化战略或集中战略（细分市场的成本领先战略和细分市场的差异化战略），如图 2-13 所示。成本领先战略要求企业积极地建立起达到有效规模的生产设施，在经验基础上全力以赴降低成本，严格控制管理费用，以及最大限度地降低研发、服务、营销、生产等方面的成本。差异化战略是指企业提供的产品、服务或商业模式和竞争对手相比有差异，避免同质化竞争。集中战略是指在某个细分领域或某个区域市场建立优势。

竞争范围	成本	差异化
全产业范围	成本领先战略	差异化战略
细分市场	细分市场的成本领先战略	细分市场的差异化战略

图 2-13 波特的竞争战略模型

2. 成本领先优势

波特把企业的成本驱动要素分为十大类。

- **规模**：价值活动的成本受制于规模经济或规模不经济。规模经济源自管理得当，使得企业具有在更大的规模上以更高的效率执行不同活动的能力，或者摊销广告、研发、营销等费用的能力。通常情况下，生产规模扩大，生产活动的复杂度上升，从而导致额外的协调和管理成本上升。当产量增加时，如果产生的收益小于协调管理增加的成本，就会产生规模不经济。**企业竞争的优势就是充分利用数字技术提高规模经济到规模不经济的拐点。**
- **学习及其溢出效应**：学习及经验的积累使得效率提升，所以价值活动成本会随着时间的流逝逐渐下降。长期学习能够从多方面完善成本机制，降低产品成本。企业中的熟练工人或专家担任另一个相同业务的企业顾问，或者跳槽到其他企业，会导致其经验在行业内溢出。**借助数字技术建设知识系统及用工业软件及控制技术把工业经验积累起来，能大大提高行业的溢出效应，降低企业的学习曲线。**
- **产能利用模式**：重资产行业（如钢铁行业）的活动成本受产能利用率的影响。企业固定成本占总成本比例越高，对产能利用率越敏感。产能利用率变化的企业的成本比产能利用率保持稳定的企业的成本高。**借助数字技术预测销售，有利于合理地组织生产，使产能利用率保持稳定。**
- **关联**：企业活动的关联分为内部关联和供应商及渠道价值链之间的纵向关联。企业内部活动关联存在于直接活动和间接活动之间（生产加工和设备维护）、质量保证活动和其他活动之间，以及为实现相同目标而采用的不同形式的活动之间（市场营销和销售活动）。价值链内部的活动相互关联，改变其中某个活动的成本会降低总成本，或者提升其中某个活动的成本会降低其他活动的成本和总成本。供应商关联指的是由供应商执行本应由企业承担的活动，对成本有重要影响的供应商关联包括供货频率和时效，甚至产品的包装方式等。对于多元化企业，企业内部不同业务单元间的相互关系影响着成本。例如，两个不同的业务单元共享销售渠道能降低营销成本。**通过数字技术实现供应商和渠道协同、企业内部多产业之间共享渠道等能降低成本。**

- **相互关系**：企业内部不同业务单元之间的相互关系影响着成本。业务单元之间共享某个价值活动能够降低成本，如共享营销活动。
- **一体化**：价值活动的垂直一体化水平影响企业的成本。例如，是自建物流，还是社会物流。一体化可以从多方面降低成本，如后向一体化可以避免和议价能力很强的供应商打交道，前向一体化可以降低渠道成本，等等。
- **时机**：价值活动的成本有时受时机影响，如市场上率先创立某品牌的企业可能在保持品牌声誉方面的成本较低。创新的先行者可能有先发优势，但跟随者也有很多好处，如风险较低、可以享受先发者的成果、避免投入巨大的研发成本等。
- **独立于其他要素的权衡性政策**：价值活动的成本受企业策略选择影响，如不提供餐饮服务的航空公司不受机场餐饮价格变化的影响。
- **地理位置**：成本受价值活动的地理位置影响。不同地域的劳动成本、工资水平、税率有较大差别。
- **制度因素**：价值活动受政府政策影响，如税收政策、劳工政策等。

表 2-3 所示为部分成本驱动要素对价值活动的影响示例。

表 2-3 部分成本驱动要素对价值活动的影响示例

成本驱动要素	运营			物流		订单处理	
	原材料存货	半成品存货	生产设施	物流设施	成品存货	信息系统	应收账款
规模	购买规模	工厂规模	设施规模	设施规模	区域规模	市场规模	订单规模
学习及其溢出效应	—	建厂经验	建造设施经验	—	—	—	—
关联	供应商交付日期和包装	—	—	渠道仓库的地理位置	渠道存货水平	—	渠道支付政策
产能利用模式	—	季节性/生产周期性	季节性/生产周期性	季节性/装运周期性	需求波动	—	—
一体化	—	垂直一体化	垂直一体化	垂直一体化	—	—	—
时机	—	—	建设日期	技术选择时机	—	技术选择时机	—
制度因素	安全存货、供应商付款日期安排	安全存货、老化或养护要求、生产率的稳定性	生产技术建造设施的速度	物流技术老化或养护要求	—	系统技术	支付手段

对于企业而言，要想获取成本领先优势，必须分析企业所在的价值活动及其成本驱动要素，找到可以优化成本的价值活动，**通过数字技术降低成本**。例如，对于快销品，营销成本占比很大，传统的广告模式成本高，效果不佳，有必要采用数字化营销手段来降低成本。

3. 差异化优势

企业如果能为客户创造独一无二的产品或服务，就能超越竞争对手获取竞争优势，实际上这就是企业为客户创造价值的能力。差异化的来源包括产品的差异化、渠道的便利性、模式的优越性等。

产品的差异化是企业间差异化的主要方式。产品的差异化包括功能差异较大或质量优劣显著。对于最终消费品而言，功能差异化更容易获得客户的喜欢。例如，模拟电视与数字电视相比，数字电视更受欢迎，因为数字电视的信号是双向传播的，观众可以根据自己的喜好从海量节目库中选择节目。客户通过纸质媒体获取信息的速度慢，因此使用数字媒体的企业有很大优势。如果客户不是最终产品的消费者而是中间产品的生产者，那么产品的差异化表现为是否有利于改进他们交付给客户的产品价值。例如，企业生产的普通机床不如全自动数控机床对客户的价值大，因为全自动数控机床更容易提高生产率和产品质量。

渠道的便利性也是企业间差异化的重要方式。同样是零售行业，传统的线下商场、门店的便利性就不如在线商城，前者受地理位置限制，陈列的商品和销售的商品品种有限，而后者可以陈列海量商品，而且客户可以随时随地进行购买。

模式的优越性是影响企业竞争优势的最大要素。就大型机械设备而言，如果直接销售，对于客户来讲，一次性投资大，固定成本高，不利于改善现金流结构；若改用出租模式，则可以大大降低客户的固定成本占比，优化其现金流结构。另外，直接销售模式不如平台型产品销售模式有竞争优势，因为平台型产品销售模式是交易撮合，只有信息流和资金流，没有物流，而信息流和资金流容易通过数字技术实现，比组织实体商品容易得多。即使同样是平台型产品销售模式，也有所不同，如拼多多是拼单模式，其通过聚集多人拼单来销售商品；而淘宝是先聚集商品，消费者再通过平台来选择商品。

成本领先战略通常是现有成熟业务之间的竞争，而差异化战略通常是创造了差异化的产品或模式，但这种差异化通常是现有的目标市场的差异化。当企业的现有业务增长遇到瓶颈，或者为了保持基业长青，必须积极探索新的市场时，就需要寻找企业第二曲线。接下来详细介绍企业第二曲线。

2.5.3 企业第二曲线

领先企业在遭遇某种形式的市场变化和技术变化时，为什么无法保持领先地位，甚至被淘汰出局？

伊士曼柯达公司（Kodak，以下简称柯达）自1880年成立以来，一直在全球影像行业中保持领先地位。在数字时代到来时，柯达没有及时调整产品战略，依然把胶片和胶卷作为主要市场。2000年，柯达的数字产品只卖到30亿美元，仅占其总收入的22%。2002年，柯达的产品数字化率只有25%左右，而竞争对手富士公司已达到60%。与此同时数字照相机领域涌现出一大批后进入者，他们没有历史包袱，凭借后发优势，迅速抢占市场份额。柯达传统影像部门的销售利润在2000年为143亿美元，在2003年锐减至41.8亿美元，跌幅超过70%！2013年，柯达因亏损37亿美元，不得不宣布破产。无独有偶，模拟手机和数字手机巨头摩托罗拉和诺基亚在智能手机时代也被淘汰出局。

因未能顺应技术发展趋势而倒闭的现象并不只存在于高科技企业，在传统产业也很常见。20世纪60年代以前，挖掘机的机械臂是靠线缆来控制的，线缆控制的机械臂转动半径大、单铲容积大，适用于大规模土方作业，但不适用于巷道挖掘作业。第一台液压挖掘机于1947年由英国的杰西博公司发明，这种挖掘机在早期并不灵活，机械臂的旋转角度只有180°，铲斗容积只有0.25立方米，远小于主流的线缆挖掘机铲斗容积。但其因为体积小、液压臂伸缩灵活，特别适合挖掘狭窄沟渠，尤其适用于城市巷道作业。当时的主流大型挖掘机厂商并没有重视这一技术变化趋势，依然坚持线缆挖掘机技术。随着液压挖掘机技术越来越成熟，液压挖掘机的单铲容积逐渐接近线缆控制挖掘机，机械臂旋转角度也达到360°，且不易出现故障，慢慢由低端市场侵袭高端市场，最后完全取代线缆挖掘机，以前领先的挖掘机企业纷纷被淘汰出局。

由阿伯内西和厄特巴克的产品全生命周期理论可知，任何产品都会经历导入期、成长期、成熟期、衰退期，这是外部环境变化导致的，是企业无法控制的。有些产品生命周期长，有些产品生命周期很短。因此企业必须制订长远的产品战略，即使现有产品处于巅峰时期，也要未雨绸缪，积极探索新的产品和模式。美国未来学院院长杨·莫里森根据阿伯内西的产品全生命周期理论，在其《第二曲线》一书中提出了第二曲线理论。他认为第一曲线就是企业在熟悉的环境中开展传统业务经历的企业全生命周期，第二曲线就是企业面对未来的新技术、新的消费者和新的市场经历的一条全新的企业生命周期。第一曲线和第二曲线示意图如图2-14所示。

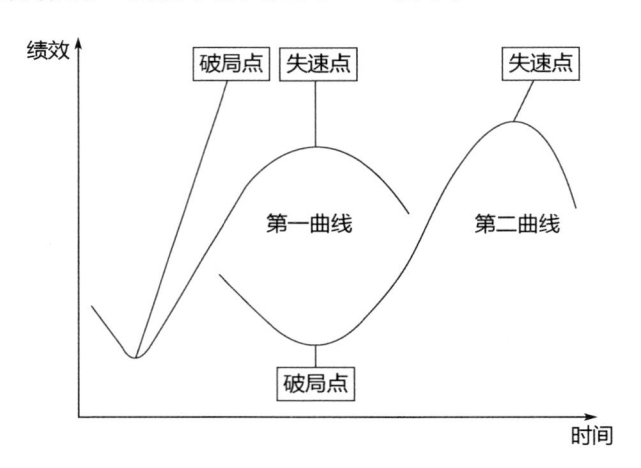

图2-14 第一曲线和第二曲线示意图

企业必须在第一曲线的失速点（极限点）出现以前找到第二曲线。如果企业没有找到第二曲线，那么将在达到第一曲线失速点后停滞不前直至衰落。例如，燃油汽车市场其实已经过了失速点，燃油汽车时代的优势企业，如通用汽车、丰田汽车等慢慢被电动汽车企业超越。企业一方面要围绕现有业务进行连续性创新，以延长现有业务的生命周期；另一方面要实现突破式创新，找到第二曲线，顺利完成企业的过渡。

2.5.4 企业创新的驱动力

俗话说"人无远虑，必有近忧"。创新为企业带来竞争优势表现在如下两个方面：第一，新产品的推出会使企业的市场业绩表现得更好；第二，成熟产品必须在价格、质量等方面取得竞争优势。

短期内企业的竞争一方面来自现有业务范围内的企业之间的竞争，这种竞争主要是成本领先的竞争，成本领先优势往往是通过流程创新降低各个活动的成本要素实现的；另一方面来自差异化竞争，差异化优势表现在产品和商业模式上，产品差异化主要是通过创新提高产品功能和质量，商业模式创新主要是通过技术创新构建差异化的为客户创造价值的模式，如互联网平台经济。

从长期来看，企业必须持续创新才能获得可持续性发展。从前面分析的情况来看，因为产品是有生命周期的，所以提供某一产品的企业也是有生命周期的，要想企业基业长青，必须在现有产品进入衰退期前找到新的产品或模式，否则将被淘汰出局。

新技术的出现使得现有产品市场逐步减小，甚至消失，这迫使企业进行创新。例如，数字技术的发展使得影像行业中的企业不得不放弃传统的光学照相机生态体系，转而拥抱数字照相机生态体系。客户对产品的需求发生变化也驱动了企业创新，如客户对智能手机的需求迫使企业放弃传统的功能手机。政府政策的变化迫使企业为了合规而采取创新，如碳达峰和碳中和政策迫使企业慢慢放弃生产传统的燃油汽车，改为生产新能源汽车。

前面几点都是基于企业利益驱动的创新，并非所有创新都源于利润驱动，企业家的精神——勇于冒险和创新精神，也是驱动企业创新的内在动力。正是企业家追求实现个人价值而寻求的主动创新，创造了某种形式的社会价值。

2.6 数字技术在企业创新方面的优势

企业技术创新的方式有很多，采用的技术手段也有很多。过去大多传统企业通过提高传统生产工艺水平来达到创新的目的，却忽视了数字技术创新的作用。例如，钢铁企业在过去几十年的创新都是围绕炼钢工艺进行的，如把冶炼由平炉改为转炉，由焦炭炼钢改为电炉炼钢，等等。建筑施工企业过去的重大改进都是围绕施工工艺、工程材料、工程设备等方面进行的。不可否认，这些技术的创新推动了整个行业的高速发展，为整个社会带来了福利。然而，任何物理的或单个设备的改进都是有极限的，随着改进接近天花板，微小改进的代价越来越巨大，带来的收益越来越少。

从最终消费者需求方面来讲，客户对个性化的需求越来越高。衣、食、住、行及精神需求高度依赖数字技术，第一代互联网满足了人们的信息消费和数字娱乐，第二代互联网解决了商品交易问题，基于移动互联网技术满足了人们的便捷出行。随着人工智能、大数据、云计算、物联网、5G等新一代数字技术的出现，万物互联成为可能，物理世界和虚拟世界融为一体成为可能。消费者不再满足于简单的信息交流，开始追求全方位的沉浸式体验。新一代数字娱乐产品将取代现在的信息终端和数字产品，这给企业的产品创新带来了巨大的机会。

从生产方面来讲，数字技术域广泛链接和快速流动的特点，使得它可以和所有物质的生产要素组合成新的产品，或者通过新的组合来改变生产方式。人和机器之间的交互、机器和机器之间的交互组成的网络化协同，可以突破传统的单个设备性能的瓶颈，从局部优化达到全局最优。特别是当这种链接发生在整个产业链的上下游间时，其威力更加巨大。例如，对于炼钢行业，通过炉前快速测温，结合专家系统知识及人工智能建模，能大大优化炼钢工艺，不仅能提高铁水质量，还能降低能耗。通过数字技术链接产业链上下游企业，能够大大降低产业链上各企业的组织成本和交易成本。这种通过数字技术创新带来的收益要高于传统的工艺改进带来的收益。

随着数字化基础设施的成熟，更快的网络、更大的算力、更多的数据将为传统企业赋能。在探索创新的方式上，企业要充分利用新一代数字化基础设施优势，顺势而为，抓住新一波数字化发展浪潮，探索企业新的业务增长点，提高企业竞争力。如果说以前数字化使企业活得更好，那么未来数字化是企业生存之根本。

本章参考文献

[1] 丁纯，李君扬. 德国"工业4.0"：内容、动因与前景及其启示[J]. 德国研究，2014，29（4）：49-66.

[2] 贾根良. 第三次工业革命与新型工业化道路的新思维[J]. 中国人民大学学报，2013，27（2）：43-52.

[3] 苏京春，许静. 论经济增长中的非竞争性要素[J]. 财政科学，2019，（3）：9-18.

[4] N. 格里高利·曼昆. 宏观经济学（第10版）[M]. 卢远瞩，译. 北京：中国人民大学出版社，2020.

[5] N. 格里高利·曼昆. 经济学基础（第7版）[M]. 梁小民，梁砾，译. 北京：北京大学出版社，2017.

[6] 布莱恩·阿瑟. 技术的本质[M]. 曹东溟，王健，译. 浙江：浙江人民出版社，2018.

[7] 郭彦丽，陈建斌. 信息经济学（第2版）[M]. 北京：清华大学出版社，2019.

[8] 克莱顿·克里斯坦森. 创新者的窘境[M]. 胡建桥，译. 北京：中信出版社，2020.

[9] 罗伯特·J. 巴罗，夏威尔·萨拉·伊·马丁. 经济增长（第2版）[M]. 夏俊，译. 上海：上海人民出版社，2010.

[10] 罗伯特·S. 平狄克，丹尼尔·L. 鲁宾费尔德. 微观经济学（第9版）[M]. 李彬译，译. 北京：中国人民大学出版社，2020.

[11] 迈克尔·波特. 竞争优势[M]. 陈丽芳，译. 北京：中信出版社，2021.

[12] 迈克尔·波特. 竞争战略[M]. 陈小悦，译. 北京：华夏出版社，2004.

[13] 约瑟夫·熊彼特. 经济发展理论[M]. 郭武军，吕阳，译. 北京：华夏出版社，2015.

[14] 埃森哲公司. 技术展望报告2022[R/OL]. 2022[2022-08-01].

[15] 中国信息通信研究院. 中国数字经济发展报告（2022）[R/OL]. 2022[2022-08-01].

第 3 章　企业实施数字化转型面临的机会和挑战

3.1　数字化时代企业的机会

每一次工业革命的产生都是因为落后的劳动生产力与人们日益增长的物质文化需求之间的矛盾，而每一次工业革命中都诞生了一大批伟大的企业。新一轮科技革命和产业变革将带来千载难逢的机会，数字技术将引领并带动传统产业向高端化、绿色化、数字化升级，会催生新业态、新模式、新产业，以及开辟新的赛道。

消费互联网时代颠覆了很多传统行业，传统媒体向数字媒体转变，随之而来的是很多报纸、杂志的消失，出版印刷行业也受到很大的冲击。数字电视取代模拟电视，传统的模拟电视生产厂商衰落，甚至消失，数字电视生产厂商崛起。功能手机被智能手机取代，这使得诺基亚、摩托罗拉等手机巨头生产厂衰落，被苹果、三星等巨头生产厂取代。电商平台的出现使得传统线下的零售巨头相继出局，取而代之的是亚马逊、阿里巴巴、京东等线上销售平台企业。

消费互联网时代解决了信息不对称的问题，并满足了人们数字娱乐的需求。随着网民数量达到天花板及消费互联网流量红利的消失，在消费者渠道侧的创新机会逐渐减少，但在产品的生产供给侧存在巨大的创新空间，一方面随着消费升级，消费者对个性化商品的需求越来越高，对个性化定制和柔性生产提出了挑战；另一方面在生产制造环节降本增效还有很大的提升空间。最终消费者对个性化商品及数字化产品的需求被传递给直接制造者，而直接制造者又对上游原材料及中间品生产企业提出了要求，如对智能设备的需求、对售后服务的需求等。这种需求的层层传递驱动产业链上的上下游企业用数字技术改造每一个价值链环节。传统行业对数字化改造的需求又驱动数字企业研发更多的数字软/硬件产品。这些需求为传统企业和数字原生企业带来了巨大的机会，可以预测，在这个即将到来的产业互联网时代，将会诞生更大的数字融合巨头企业。

（1）对于制造业，因为数字技术具有连接和融合的特点，所以设备互联和产业互联将打破传统的产业分工模式。基于产业互联网平台和工业互联网平台的企业，将推动全要素、全产业链、全价值链的全面链接和协同优化。数据要素驱动先进制造业的全方位演进，将部分替代传统制造方式。在产业结构层面，数字技术融合传统要素，将衍生出融合型新业态。

（2）在能源领域，碳达峰和碳中和政策对节能减排提出了高要求。能源领域应通过深入应用数字技术，整合清洁能源产业结构，提高能源转换和配置效率，提升能源企业对市场的响应和适应能力。在新业态方面，数字化技术将有效推动电力和算力的融合发展，向"源—网—荷—储"发展。智慧电网、智慧管网是企业发展的机会。

（3）对于现代服务业，新消费、新医疗、新金融是重点发展领域。在产业结构层面，要全面打通科技创新、产业发展、金融服务、物流服务等创新链、服务链及生态链。在新模式新业态方面，要培育供应链金融、健康管理等现代服务新模式，满足人民日益增长的个性化需求。因此，数字技术和医疗、金融、消费等领域的结合将催生新的机会，也将给传统金融企业、医疗健康企业及线下零售店创造新的机会点。

（4）在城市治理领域，对宜居城市、智慧城市提出了更高的要求。围绕满足个性化出行、运输、医疗、教育、安防等城市生产生活需求，政府要开展多种城市民生服务一体化。在城市功能层面，数字技术的融合应用可以有效推动城市生态功能、社会功能、经济功能、服务功能、创新功能的智能化升级，激活传统城市新动能，形成集城市应用层、平台层、智慧感知层的总体架构。智慧城市的需求将给围绕城市提供公共服务的传统企业带来新的机会，如与城市供热、供水、城市燃气及交通运输等相关的企业。

面对这场数字化转型的大浪潮，有的企业善于洞察，勇于突破，率先引入数字技术和工具，进行自我重构和变革，并取得了可喜的成果。

中国宝武钢铁集团有限公司敏锐地发现了新一代数字技术带来的产业机会，在"十三五"时期提出了数字化转型战略,以及以"共建高质量钢铁生态圈"为使命,紧紧围绕"一基五元"进行产业布局:以钢铁制造业为基础,新材料产业、智慧服务业、资源环境业、产业园区业、产业金融业协同发展;在钢铁主业的基础上,重点发展智慧服务业。在积极扶持宝信股份的数字产业的基础上,孵化产业工业互联网平台企业欧冶云商股份有限公司(以下简称欧冶云商)。欧冶云商一直致力于构建集钢铁交易、物流、加工、知识、数据和技术等综合服务为一体的钢铁产业工业互联网平台。欧冶云商利用互联网、物联网、区块链等新一代信息技术,整合交易、仓储、运输、码头、加工等服务资源,为钢厂、终端用户、贸易服务商、仓储服务商、承运商、加工中心等钢铁产业链上的合作伙伴提供"以交易服务为入口,物流服务为基础,知识服务为增值手段,数据和信息技术应用为核心能力"的一站式综合性服务,从而提升钢铁交易、运输、仓储、交付、售后等各个环节的效率。截至 2020 年年底,欧冶云商营收 750 亿元,实现利润 3 亿元。这是典型的制造业数字化转型的成功案例。

其他类似的新业务孵化案例有航天云网科技发展有限责任公司(下文简称航天云网)孵化的航天云网 INDICS 工业互联网平台、徐工集团工程机械有限公司(下文简称徐工机械)孵化的汉云工业互联网平台、三一集团有限公司(下文简称三一集团)参与孵化的根云工业互联网平台、海尔智家股份有限公司(下文简称海尔智家)孵化的卡奥斯(COSMOPlat)工业互联网平台(下文简称卡奥斯),这些新的数字产业都取得了很好的成绩。

3.2　企业数字化转型面临的挑战

有些有前瞻性的企业已经开始投入数字化转型并取得了很好的成绩;有些企业虽然已投身其中,但因为对数字化转型的价值和目标没有达成共识,也没有找到正确的转型路径,仍在探索中。还有很多企业深陷焦虑之中,尚未看清数字化转型的趋势,亟待获得指引。

企业数字化转型确实充满了巨大的挑战,总结起来,有如下几个方面。

3.2.1 管理层认识不足

很多企业都低估了新技术革命对产业的冲击,从看不起、看不懂,到最后来不及,从而丧失机会。

1996年,美国麻省理工学院媒体实验室主任尼古拉·尼葛洛庞帝撰写了《数字化生存》一书。他在书中描写了未来的数字化时代生活。他认为"比特"与"原子"相比更容易移动,而且"比特"可以低成本复制,因此企业未来竞争的优势取决于其业务由"原子"转换成"比特"的难易程度。他预言了传统媒体的消失,数字电视对模拟电视的取代(哪怕是高清晰模拟电视),以及虚拟现实及人工智能产业的出现。

现在这些预言一一实现了。也许有人会说,我就是生产消费品,"比特"解决不了饥饿问题,代替不了"原子",所以并非所有产品都可以用"比特"来代替。也许在短期内某种"原子"产品无法用"比特"来代替,但在生产产品的过程中或在销售产品的过程中"原子"是否可以被"比特"代替?未来构成产品的密码是否可以用"比特"来表示、存储、传递到客户端再还原成物理形态的产品?消费互联网的高速发展成就了一批伟大的企业,但也淘汰了很多传统企业。究其原因,很多是因为企业看不懂技术发展对本产业的潜在冲击,尤其是那些正处于产业巅峰期的企业。

图3-1所示为根据创新能力划分的公司群体,展示了公司管理层对创新必要性的认识和管理能力的关系。

- A型公司对创新的必要性并不知情,他们没有能力认识到创新的必要性。
- B型公司认识到创新的必要性,但并不知道如何创新,或者因为资源有限,对技术变化带来的威胁缺乏关键的应对经验。
- C型公司对创新的必要性有高度认识,在实施新项目、采取战略推进的过程中有很强的能力。
- D型公司对技术发展趋势有前瞻性,他们积极主动创新,并有很好的创新管理能力。

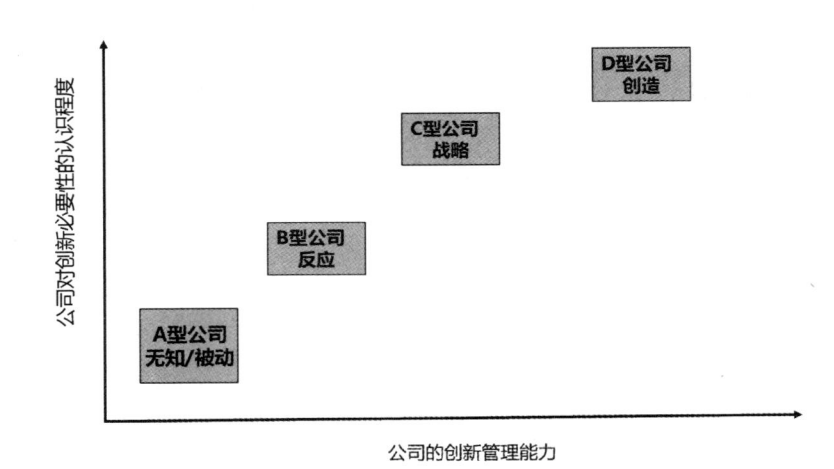

图 3-1　根据创新能力划分的公司群体

尽管数字化转型已被提出好几年了,但很多传统企业的管理层对其认识仍不到位,基本上还是从技术的角度或从信息化支撑的角度来看待数字化转型,而不是从业务战略的角度来认识数字化转型。例如,其认为使用 ERP 就是数字化转型,而不从业务维度去分析如何通过数字技术创新业务。有些传统企业的管理层缺乏前瞻性的认识,对新技术出现对现有业务造成的潜在冲击缺乏危机意识,他们并没有意识到新技术的出现有可能颠覆现有业务。例如,新能源智能汽车的出现对传统的燃油汽车产生了巨大的冲击,如果你是生产燃油发动机及其相关零部件的企业的管理者,你认为未来五年你的企业还能生存下去吗?没有无人辅助驾驶技术或完全无人驾驶技术的整车厂在未来十年还能生存下去吗?

在不同行业,数字技术对传统产业的冲击力度或颠覆的时间长短不一样。例如,数字技术对建筑施工行业的潜在冲击力度较小,潜在颠覆的时间周期较长,但这并不意味着没有颠覆的可能。但很多建筑施工行业的企业管理层并没有意识到潜在的危机,其在数字化转型的决策上举棋不定。

3.2.2　缺乏顶层设计

有些企业意识到了数字化时代带来的机会和挑战,管理层也有意去推动数字化转型，但往往缺乏顶层设计。对于不确定性的创新过程，无法事先制订清晰的行动计划，需要在摸索中前进，在探索中学习进步。但这并不是说不需要进行转型设计，不需要进行转型管理。实践证明，有明确的转型战略和转型过程管理比没有的成功概率高得多，付出的代价小得多。数字化转型顶层设计实际上是在企业的顶层解决资源配置的问题，解决创新业务和现有成熟业务在资源分配上冲突的原则问题，解决组织的配置问题。企业对于资源会产生路径依赖，会优先把资源配置给对企业价值贡献最大的业务，从而忽视对创新业务的投入。

笔者服务过很多大型企业，尽管他们意识到了企业数字化转型的重要性，但并没有把数字化转型纳入企业公司层战略，并没有从业务战略维度来推行数字化转型，大多把其纳入信息化战略。而信息化战略属于职能层战略，是支撑业务的战略，无法承担业务转型的重任。推动信息化战略的职能部门并没有足够的资源和力度推动业务数字化创新。

3.2.3　缺乏组织和文化变革

意大利著名的哲学家和政治思想家尼可罗·马基雅维利说过："没有什么事情比改变事物的秩序更困难、更危险、更易受到怀疑。既得利益者的反对永远是坚定的，而支持者总是比较温和的。"人的天性是容易安于现状，不喜欢变革的。总体上来讲，人们不喜欢变革的原因大概有以下几类。

- 不知道对自己是否有好处。大多数人最关心的是自己，人们可能对领导提出的变革计划举双手赞成，而实际上采取的是无所谓和走着瞧的态度。
- 不了解能否产生实际效果。

有些变革对业绩的改善是潜移默化的，并非显而易见的，而且对业绩的改善经常存在一定的滞后性，结果也是有好有坏，有些人喜欢从正面看，有些人喜欢从反面看，其中有些结果无法用量化指标来评价，质量管理之父戴明博士说过，"一个组织中，所有起作用的因素中有97%是无法衡量的"。

因此，尽管许多企业提出了转型的蓝图，实际上仍然没有什么进展。正如彼得-圣吉所言,"大多数变革的努力都以失败告终"。一些比较务实的企业家着手改革企业的运行机制,如优化业务流程、更新激励机制、强化预算体系。实践证明,只有少数企业在局部范围内取得了短期进步。归根结底造成这种现象的原因是人的观念没有更新。

要想转型成功,首先应使全员完成文化观念上的改变。

- 通过一系列的宣传活动培养转型文化理念,激发员工创新活力。
- 通过制度创新为员工营造良好的转型环境,形成数字化转型的动力源泉,并培育员工数字化思维。
- 通过数据改变传统的管理思路和模式,习惯用数据说话、用数据决策、用数据管理、用数据创新。

最终要形成自上而下崇尚创新、支持探索、宽容失败的企业文化,以及自下而上勇于探索、拥抱变化、自我颠覆的工作氛围,从而让每个员工在数字化转型的过程中更加积极和主动。

组织和个体一样,是具有惰性的。组织的惰性阻碍了创新。克莱顿·克里斯坦森认为,组织的惰性不仅仅是在于人的观念问题,而在于组织的路径依赖。组织的运行机制是按照现有的成熟业务来设计的,是依照为现有客户创新价值的资源配置来组织的。对于数字化转型,由于技术和产品具有不确定性、客户具有不确定性、市场具有不确定性、收益具有不确定性,因此基于成熟业务的组织架构无法匹配转型的要求。要想成功转型,必须有匹配创新业务的机理式组织。

3.2.4 缺少系统的方法论指导

数字化转型的概念被提出的时间不长,大家还在摸索之中,无论学术研究还是企业实践,都没有总结出系统的方法论。现在企业数字化转型采用的基本上还是信息化的规划和实施的方法论,而信息化的方法论是基于业务战略匹配模型制定的,即业务战略对信息化支撑能力提出要求,信息化战略匹配业务战略。数字化转型是数字技术和传统业务融合的创新过程,数字化本身是业务的部分。数字化转型是业务创新过程,是一个不断试错的过程,是面对不确定性环境的决策过程。

因此，学术研究者和企业家必须总结经验，提炼出一般性的转型方法论，以指导企业的数字化转型，降低企业的试错成本，至少要构建出数字化转型战略管理、转型过程的管理、组织和文化变革管理及数字技术管理等维度的体系框架。

本章参考文献

[1] 金伟林，王侦，吴画斌. 开放式创新平台如何赋能[J]. 特区经济，2020，(5)：67-70.

[2] 尼古拉·尼葛洛庞帝. 数字化生存（20周年纪念版）[M]. 胡冰，范海燕，译. 北京：电子工业出版社，2017.

[3] 乔·蒂德，约翰·贝赞特. 创新管理（第6版）[M]. 陈劲，译. 北京：中国人民大学出版社，2020.

[4] 中关村信息技术和实体经济融合发展联盟，中国企业联合会. 国有企业数字化转型发展指数与方法路径白皮书 2021[R/OL]. 2021[2022-08-01].

第二篇

数字化转型之"法"

第 4 章　企业数字化转型顶层设计

4.1　企业战略

4.1.1　战略

什么是企业战略？大多书中是这样定义的："企业战略是企业为了获取与组织目标及使命相契合的经营成果而制订的高层管理计划。"也有人认为，"企业战略是企业以未来为基准点，为寻求维持持久的竞争优势而做出的有关全局的筹划和谋略"。按照管理学家亨利·明茨伯格的观点，战略至少有如下五种定义。

- 战略是一种计划，类似于方向、指南、通往未来的路线、由此及彼的途径。
- 战略是一种模式，与随时间推移而变化的行为相联系，是行动的结果。
- 战略是一种定位，即特定产品在特定市场中的定位。
- 战略是一种展望，是一个组织做事的基本方式。
- 战略是一种谋略，是为了智取对手而设计的特定谋略。

当前，绝大部分企业都采用"战略是一种高层计划"的定义，并且按照这种定义和方法去规划和实施战略，但很少有人知道其他战略概念及实施方法。

亨利·明茨伯格按照五种战略定义把战略分为十大学派：设计学派、计划学派、定位学派、企业家学派、认知学派、学习学派、权力学派、文化学派、环境学派、结构学派。这十大学派可以分成三类，前三个学派属于从战略本质的整体视角说明的学派，更关注如何明确地表述战略，不关注战略形成过程中的具体工作；第四个至第九个学派对战略形成过程中的具体方面进行了思考，侧重于描述战略的制定和执行过程，较少关注对理想战略行为的描述；第十个学派是其他学派的综合，它将战略制定过程、战略的内容、组织结构和组织所处的情景等聚类，归结成清晰的阶段或时期。

亨利·明茨伯格结合计划、模式、定位和展望的战略定义，得出了四种战略形成的基本方法，如表 4-1 所示。设计学派、计划学派和定位学派属于战略规划过程，企业家学派、设计学派、文化学派和认知学派属于战略愿景过程，学习学派、权力学派和认知学派属于战略风险过程，学习学派和企业家学派属于战略学习过程。

表 4-1　四种战略形成的基本方法

战略内容	战略过程	
	深思熟虑的计划	涌现的模式
有限定位	战略规划	战略风险
宏伟展望	战略愿景	战略学习

下面介绍各学派的主要观点。

1. 设计学派

设计学派认为战略形成是一个孕育过程，其核心就是设计一个制定战略的模型以寻求内部能力和外部环境的匹配，建立匹配是设计学派的核心目标。图 4-1 所示为设计学派的基本模型。

设计学派的局限性在于建立在如下假设的基础上。

- 一个人的大脑能处理所有与战略形成有关的信息。实际情况是，在企业规模小、环境变化小、业务成熟稳定的情况下，人的大脑可以处理战略形成所需要的信息；但在企业规模大并且处于快速多变的环境的情况下，一个人的大脑是无法处理这些信息的。
- 大脑能获得所有与战略形成相关的完整、详细、一手的知识。实际情况是，实践战略规划往往是一个短暂的过程，很难获取战略制定需要的完整信息。
- 在新战略执行过程中环境应保持稳定或至少是可预测的。由此可知，战略家对环境变化的预测能力是战略成败的关键。实际情况是,环境总是快速多变的,没有人能够预测未来。执行战略过程时企业所处环境和制定战略时企业所处环境也许是天壤之别。
- 组织必须能够接受一种中心枢纽式的战略,组织内的成员愿意服从企业战略的安排。

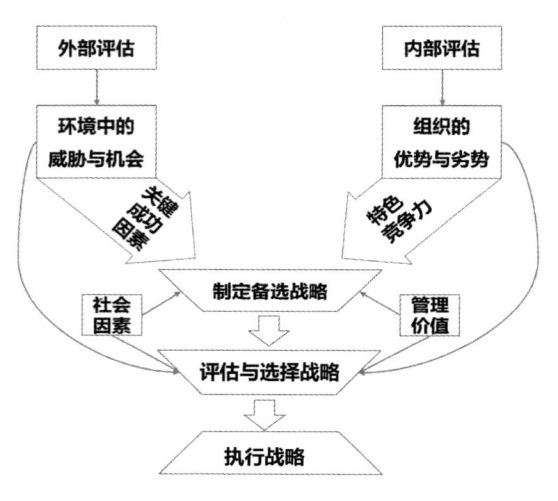

图 4-1 设计学派的基本模型

2. 计划学派

计划学派认为战略形成是一个程序化的过程。该学派把战略规划过程划分为目标确定阶段、外部审查阶段、内部审查阶段、战略评价阶段、战略实施阶段。斯坦纳战略规划模型是典型的计划学派的战略规划模型,如图 4-2 所示。

计划学派的局限性如下。

- 计划学派认为,为了进行战略规划,组织必须预测内部环境和外部环境的变化,控制环境的变化或建立在环境稳定的假设基础上。实际上,只有在某些成熟的领域内的连续性的变化是可预测的,而像战争等突发事件是不可预测的。
- 计划学派认为,战略应该从经营中分离出来,战略规划应该从战略实施中分离出来，战略家也应该从战略目标中分离出来。实现分离的前提条件是，战略制定者能够获取完整的、及时的、准确的信息。事实上无论采用什么信息系统，信息的完整性、及时性和准确性都无法保证。因此，战略制定和战略实施之间是相互联系的、不可分割的。

- 计划学派把战略制定作为一个程序化过程。研究表明战略规划是一个非常复杂的过程，它不仅涉及人类意识中复杂的潜意识过程，还涉及社会发展各方面的内容。

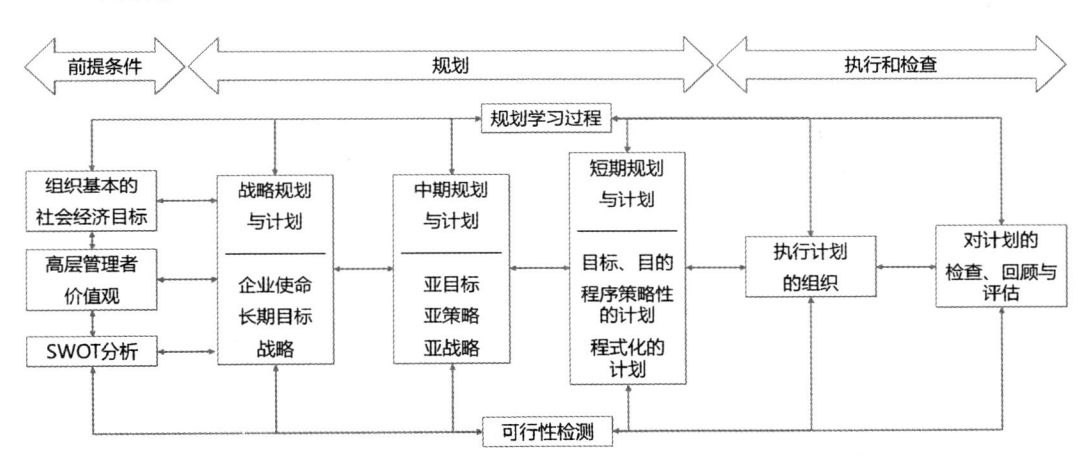

图 4-2　斯坦纳战略规划模型

3．定位学派

定位学派认为战略形成是一个分析过程。该学派不仅强调战略制定过程，也强调战略自身的重要性。设计学派和计划学派都认为，在一个既定的行业中，企业可能实施的战略有无限种，而定位学派认为在一个既定的行业中，可供选择的战略是有限的。

定位学派的代表人物波特认为竞争战略的目的是指导企业采取进攻或防守性行动，帮助企业在产业中建立进退有据的地位，并成功地应付各种竞争威胁，从而为企业赢得超常的投资收益。他根据五种基本竞争力的分析结果，把公司的战略选择分为成本领先战略、差异化战略、集中战略。

定位学派的局限性如下。

- 定位学派继承了设计学派和计划学派的前提条件，因此和设计学派和计划学派有一样的局限性。存在思考与行动相分离，即战略制定是由高级管理人员完成的，战略贯彻也是自上而下进行的，战略执行是由企业员工完成的，因此战略制定过程过于谨慎，忽略了由下向上的演变过程。
- 对行业研究不够，倾向于研究大型的、现有的且成熟的行业，缺乏对于不确定性、不稳定性行业的研究。
- 定位学派认为在战略制定过程中，战略家们应该远离生产、销售这些具体活动，只需在办公室中分析数据，就可以完成战略的制定。实际上，远离一线制定的战略只是空中楼阁。
- 在定位学派中，战略本身被看作一个范围很小的战略重点，被看作通用而非唯一的观念，因此会误导企业追求在细节和整体上通用的行为。另外，战略进程被缩减为一个固定的程序。

4. 企业家学派

企业家学派认为战略形成是一个构建愿景的过程，把战略看作愿景，是对战略的心理描述，产生于或表现在领导者的头脑中。战略的形成过程完全集中在一个领导人身上，而且强调直觉、判断、智慧、经验和洞察力。

企业家学派的前提条件如下。

- 战略存在于企业领导人的心中，是一种观念，更是一种特殊的、长期的方向，是组织未来的一种愿景。
- 战略形成过程最好是一种半意识的思维过程。无论企业领导人是在实际中构思战略，还是通过改进他人的战略并以自己的方式将其内在化，战略形成都应当深深地植根于企业领导人的经验和直觉当中。
- 战略愿景具有延展性。企业家式的战略既是经过深思熟虑的，又是涌现的。在愿景的整体构思上是经过深思熟虑的，但在愿景实施的具体细节上是涌现的。

依赖企业家个人的洞察力制定战略，能够对外部环境的变化快速做出调整，但其存在很大的局限性。

- 企业家学派严重依赖企业家个人的能力。企业家学派完全将个别企业家的行为来形成战略，但从未对战略形成过程进行细致论证。
- 当企业出现困难时，组织只有依赖这些"伟人"才能摆脱困境。
- 在企业家组织模式下，战略和经营的决策权集中在企业家手中。这种结构有助于快速决策和快速执行，但企业家的精力是有限的，因此企业家要么陷于经营细节中，无暇顾及战略；要么制定的战略脱离实际，只是空中楼阁。

5. 认知学派

认知学派认为战略形成是一个心智过程。认知学派借鉴认知心理学的知识去探索企业家战略形成过程的本质，有如下两个分支。

- 其中一个分支是实证主义，认为企业家战略思维是对客观世界的映像。
- 另一个分支是认知学派认为企业家战略是对世界的某种解释，其认知是对世界的创造。

认知学派存在以下局限性。

- 战略形成是一种发生在战略家意识中的认知过程，这种完全依赖个人认知的企业战略有很大的主观性。
- 每个战略家的认知风格会对战略产生重大影响，因此战略具有很大不确定性。

6. 学习学派

学习学派认为组织环境具有复杂和难以预测的特性，因此，战略的制定不是一个严格的计划过程，是个人或群体在开始研究某种情景及组织应对情景的能力时**涌现的过程**。战略的规划建立在描述的基础上，而不是建立在规划的基础上，因此，一些小的决策或行动的长期积累，会导致战略方向发生重大改变。学习学派又分为战略决策的"草根模型"和"温室模型"两大学派。

- 草根模型认为，战略最初像花园里的种子一样，经过不断生长，最后成为被广泛接受的组织战略。本质上只要人们拥有学习能力及可以支持的学习资源，任何地方都可以产生战略。
- 温室模型认为，组织中的首席执行官通过一个有意识的思想过程来形成战略，就像在温室中培育西红柿一样。

学习学派认为战略的形成是一个复杂的过程，组织必须不断学习。在学习中培养反思意识、涌现意识。

学习学派存在以下局限性。
- 在现实中，学习学派可能没有切实的战略，只有一些具体的战术措施。
- 在组织危机期间，学习学派毫无用处，也不适用于稳定的组织情境。
- 学习学派有走向另一个极端的风险，或者导致战略分散，或者干脆不要战略，或者迷失在战略中，甚至导致错误的战略。

7. 权力学派

权力学派认为战略的形成是一个计划、分析、认知学习的过程，也是一个不断协调组织内部个人、集团之间的利益的过程。任何形式的模糊，如环境的不确定性、不同的资源稀缺性等，都有可能导致政治的产生，因此战略的形成与权力有关，与少数人或群体的影响力有关。

权力学派的假设前提如下。
- 战略的形成由权力和政治决定，无论作为组织内部的过程，还是作为其外部环境中组织本身的行为。
- 战略的形成可能是涌现的，采用的形式是定位和手段，而不是展望。

8. 文化学派

文化学派认为战略形成是一个集体思维过程，根植于文化，是受社会文化、企业文化驱动力影响的过程。

文化学派存在以下局限性。
- 战略概念的模糊性，缺乏准确的定性和定量的描述。

- 阻碍组织进行必要的改变，过于强调变化的难度，主张企业一直处于原来的轨道上，维持现状不变。

9. 环境学派

环境学派认为组织是消极被动的，当外界环境发生变化时，组织会花时间应对这种变化，并重新调整自己的计划。战略制定过程可以被看作一种映射外部环境的过程。

环境学派的局限性在于，环境的选择范围过于抽象，战略制定必须选择比较具体的、对企业有实际影响的环境来进行分析和比较，否则会陷入混乱。

10. 结构学派

结构学派描述了既定状态下战略的相对稳定性，同时穿插着偶尔向新战略的显著飞跃。结构学派认为，战略制定是组织由一种状态向另一种状态跃迁的过程，它一方面描述组织，以及组织周围环境的状态及结构；另一方面描述战略制定的过程，即变革。

结构学派的前提假设如下。

- 组织在特定时期内，采用特殊的结构形式，与特殊的环境匹配，产生特殊的行为，从而形成一套特殊的战略。
- 稳定时期偶尔会被一些变革过程打断。
- 战略管理的关键是维持战略的稳定状态，大多数时候是适应性的战略变化，同时应定期识别变革的需要，并在不损害组织的前提下安排好破坏性的变革过程。
- 相应地，战略制定过程可以是概念性的设计，也可以是正式计划；可以是系统分析，也可以是领导愿景；可以是合作学习，也可以是竞争性手段。

概括地总结来看，设计学派、计划学派、定位学派属于客观性、说明性战略，企业家学派、认知学派、学习学派、权力学派、文化学派、环境学派和结构学派偏主观性、描述性战略。

客观性、说明性战略的优点在于企业有明确的目标指引，大家有目标和方向感；有助于聚合众人之力，使大家都朝共同的方向努力；战略决定组织，清晰的战略有利于形成结构清晰的组织架构，降低了目标、方向的模糊性，增加了计划性、有序性。因此，在稳定的行业中，成熟期的企业大多采用这种战略规划方法。

但过早设定目标，在快速多变的环境中容易迷失方向；过分强调组织的一致性，容易使组织陷入"群体思维"，失去创新的动力；过分清晰地界定组织，容易导致组织僵化，失去活力。因此，对于新兴产业、在创新阶段的企业、在创业期的企业，这些战略规划方法是不适用的。

4.1.2 战略管理

企业战略按照层级分为公司战略、业务战略和职能战略。

- 公司战略又分为多元化战略、国际化战略、并购战略、战略联盟。
- 业务战略又分为通用竞争战略和动态竞争战略。
- 职能战略又分为市场战略、采购战略、人力资源战略、财务战略，信息化战略。**数字化战略属于职能战略还是业务战略，是区分是信息化还是数字化转型的关键，也是区分企业是否把数字技术作为企业核心业务要素的关键。**

如果我们把战略侧重于战略进程中理性和说明性的一面，即认可"战略是一种高层计划"的观点，那么战略管理就是企业为了获取竞争力和超额利润而采取的一套约定、决策和行动。具体来说就是战略制定、战略实施、战略控制、战略改进的过程管理。目前，绝大部分传统企业都采用这种战略管理方式，如企业制定的"十四五"规划，基本上都是采用宏观环境分析、战略假设和选择、战略愿景设定、目标分解等步骤，通过绩效管理把目标分解并落实到部门、个人，来实现战略落地的。

但对业务的重大创新、突变式的业务转型必须采用创新战略管理方式。战略形成过程可以借鉴企业家学派、学习学派、认知学派的方法。

4.2 信息化战略管理

如果企业不将数字技术用于创新业务，仅仅用于支撑现有成熟业务，或者支撑辅助价值活动，或者业务的变革属于渐进式创新，尤其是渐进式流程创新，那么企业适合采用信息化战略管理方式。

所谓企业信息化战略就是为了支撑企业战略目标的实现而制定的信息化愿景、目标，以及为了达到信息化目标而采取的策略、高阶行动计划。信息化战略属于企业职能战略。现常用的信息化战略描述是由目标、策略、高阶行动计划及信息系统架构组成的。信息化战略管理就是套用于信息化战略形成、执行、评价及改进过程的规则。图 4-3 所示为公司业务战略和信息化战略的关系。

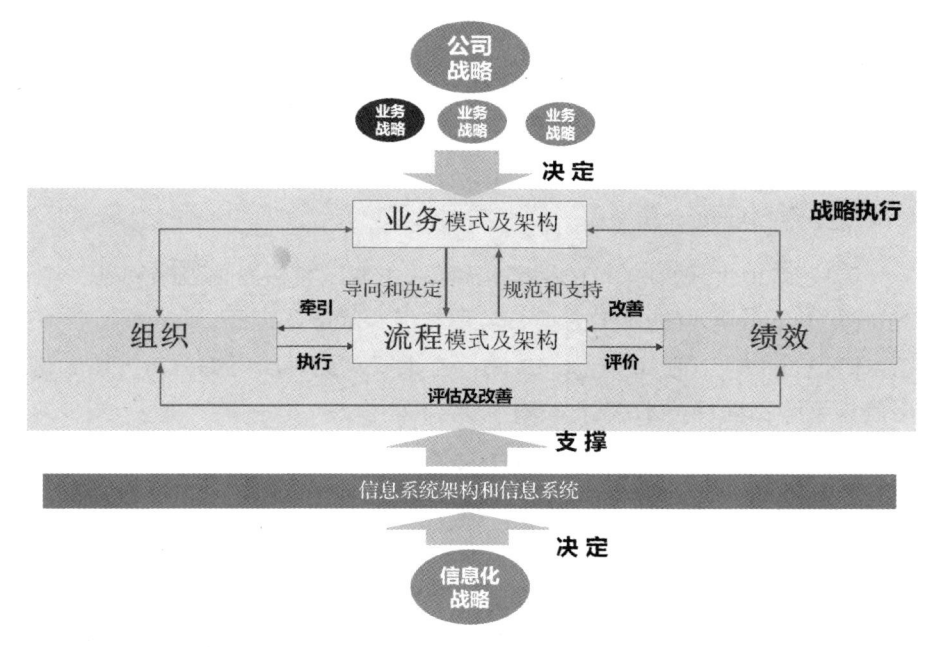

图 4-3 公司业务战略和信息化战略的关系

成熟企业的企业战略管理过程包括战略制定、战略执行、战略评价、战略改进。相应地，信息化战略管理过程包括信息化战略制定、信息化战略执行、信息化战略评价及信息化战略改进。图 4-4 所示为信息化战略管理的 PDCA 循环。

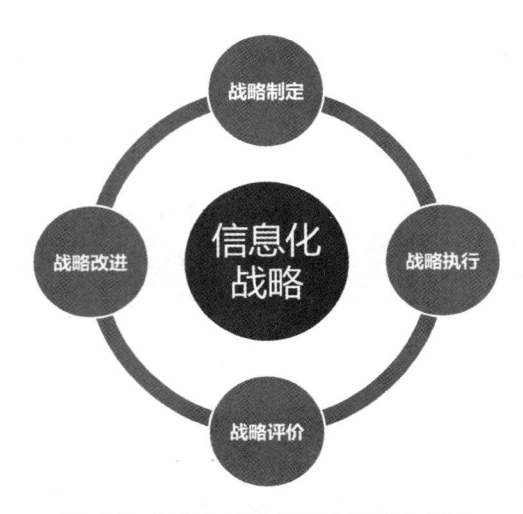

图 4-4 信息化战略管理的 PDCA 循环

信息化战略管理理论一共经历了五个发展阶段。

- 第一阶段是 20 世纪 70 年代的战略萌芽期：主要研究信息化战略规划（Information Strategy Planning，ISP）的方法，实现与组织战略的匹配。
- 第二阶段是 20 世纪 80 年代的战略冲击期：利用外部环境分析方法，识别并利用信息系统和信息技术获得竞争优势的机会。
- 第三阶段是 20 世纪 80 年代至 90 年代的战略匹配期：信息化战略与业务战略在范围、战略宗旨、目标等方面全方位匹配，利用信息系统和信息技术创建企业核心的能力，保持持续增长。
- 第四阶段是 20 世纪 90 年代后的跨组织的战略匹配期：在信息化时代，实现不同企业间大范围的信息化战略和企业战略的匹配。
- 第五阶段是自 2016 年后的数字化战略萌芽期：目前关于数字化战略的理论还处于探索阶段。

比较有影响力的信息化战略理论是"战略匹配模型"。战略匹配模型（Strategy Alignment Model，SAM）是约翰·亨德森（John Handerson）于 1994 年在哈佛商学院提出的，其主要目的是帮助企业检查经营战略与信息系统架构之间的一致性。

SAM 把企业战略规划和信息化战略规划的关系划分为内部、外部两大区域。

- 外部区域是指企业面临的外部竞争环境，如政治方面、经济方面、社会方面及技术方面方面。
- 内部区域包括企业组织结构、整体信息构架和业务流程等。

SAM 由企业经营战略、组织与业务流程、信息技术战略、信息系统架构和流程四大领域构成，如图 4-5 所示。

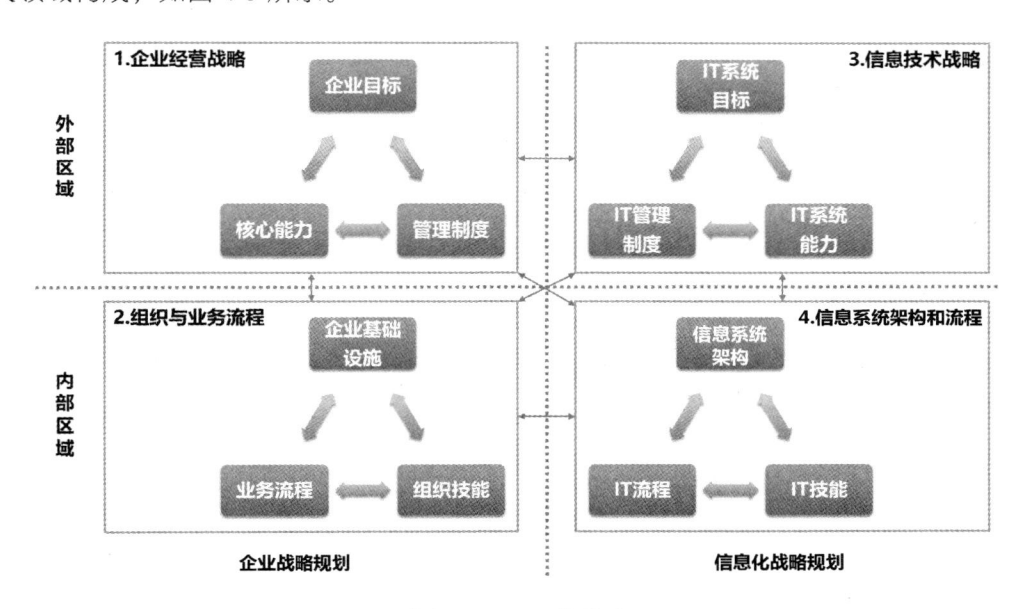

图 4-5 SAM 的构成

包曼（B. J. Bowman）等人通过对信息系统计划实践的观察、相关文献的研究，以及对计划过程方法论的分析，提出了一个基本的、一般性的管理信息系统规划模型。在这个模型中，信息系统的总体规划由三个阶段组成。

- 阶段一：战略计划，在总的组织计划与管理信息系统计划间建立关系。
- 阶段二：组织信息需求分析，识别组织的广泛的信息需求，建立战略性的信息系统的总体结构，指导具体的应用系统开发。
- 阶段三：资源分配，对应用系统开发资源进行管理。

图 4-6 所示为包曼的三阶段模型图。

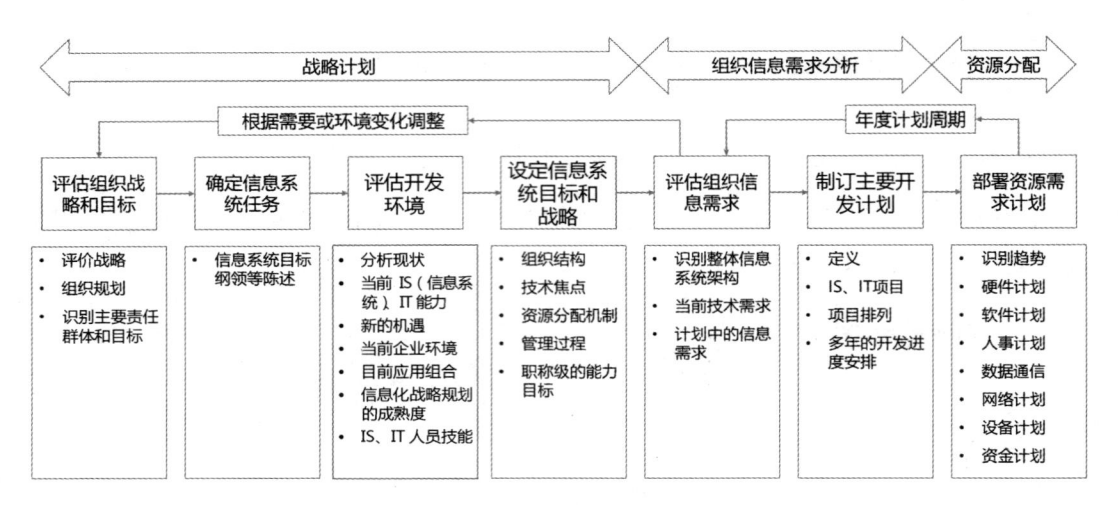

图 4-6 包曼的三阶段模型图

依照包曼的三阶段模型，包曼等人概括性地总结了国际上常用的八种规划和设计方法论，并将它们分别与三个阶段建立了对应关系，如表 4-2 所示。虽然三阶段模型对于管理信息系统总体规划只进行了简单的概括，但对于明确总体规划不同阶段的内涵，以及针对不同阶段方法论的选择有非常重要的指导作用。

表 4-2 包曼规划方法表

阶段	阶段一	阶段二	阶段三
方法	战略集合转移法	企业系统计划法； 关键成功要素法； 企业信息分析与一体化法； 目的一方法分析法	收费制分析法； 投资回收分析法； 以零为基准预算法

随着信息系统规划理论的发展，出现了企业架构理论及方法。20 世纪 80 年代，IBM 的 John Zachman 教授首次提出企业架构的概念体系。后来在美国政府和其他发达国家政府、咨询机构的推动下，企业架构理论得到了长足的发展，先后出现了 DODAF、FEAF、TOGAF、IAF、E2AF 等架构。企业架构的内容包含如下四部分。

- 业务架构：主要是指组织结构、岗位职能和业务流程。

- 信息系统架构：主要是指业务信息原始记录和展现形式。
- 应用架构：主要是指应用系统组成及应用系统间的关系。
- 技术架构：主要是指基础设施。

各大架构中最有影响力且应用最广泛的是由开放式群组（The Open Group）开发的 TOGAF 架构。TOGAF 架构自 1995 年发布以来，历经多次迭代改进。TOGAF 架构主要由架构开发方法、架构内容框架、参考模型、架构开发指引和技术、企业连续统一体、架构能力框架六部分组成。

企业架构框架比较适用于信息化战略规划中的信息系统架构设计，不能解决信息化战略规划要制定的目标、策略及相关的诸如信息化治理等问题。

各大国际咨询公司在总结以上理论的基础上提出了一套自己的规划方法论，包括战略目标确认、现状与需求分析、目标架构设计、规划项目划分、项目设计、实施计划和投资估算等具体任务，该过程基本可以归纳为现状分析、技术展望、总体规划三个阶段。图 4-7 所示为各大咨询公司的信息化战略规划方法论归纳。

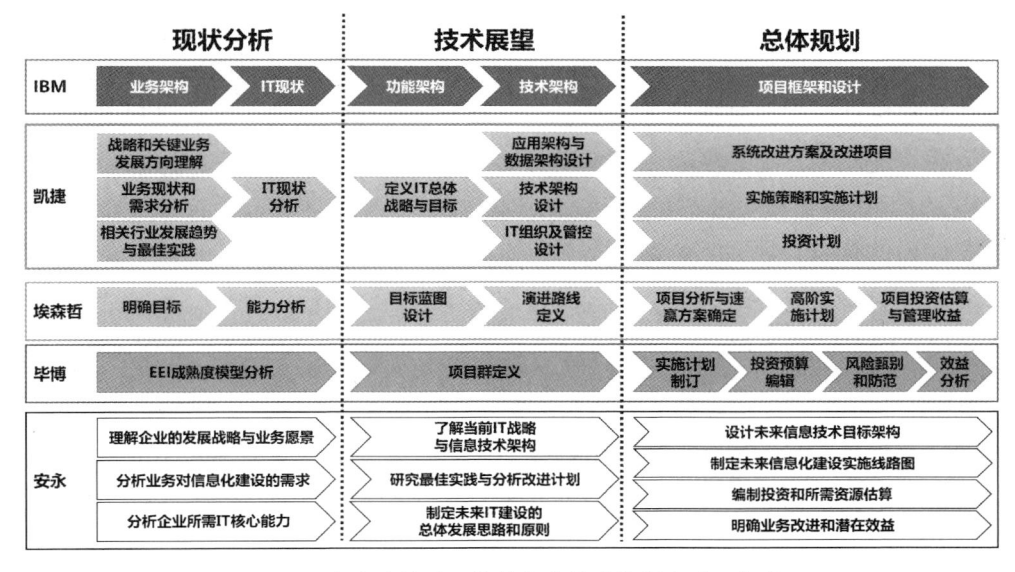

图 4-7　各大咨询公司的信息化战略规划方法论归纳

笔者根据多年的实践，在吸收、借鉴各大体系的基础上，总结的信息化战略规划方法论如图 4-8 所示。其中，关于业务架构部分是否要纳入信息化战略规划，要根据不同企业的特点来决定。总体来说，如果没有清晰的业务架构就无法确定信息系统架构。

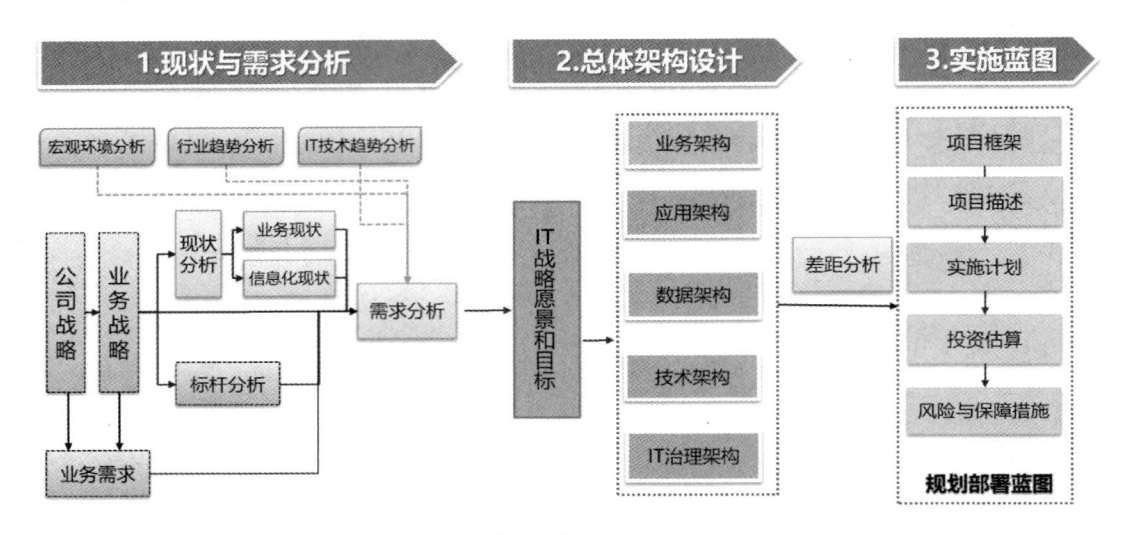

图 4-8 信息化战略规划方法论

图 4-8 所示的模型适合于单一业务或某一业务在集团业务中占绝对优势的企业，不太合适多元化企业集团的信息化战略规划。对于多元化企业集团，信息化规划的重点在于，在正确理解公司级战略和管控模式的基础上，设计出适合全集团共用的信息系统架构，并对各业务板块的信息化战略给出宏观要求。图 4-9 所示为多元化企业集团信息化战备规划方法。规划的关键点是，对集团多元化战略、国际化战略、纵向一体化并购战略、创新战略分析到位，并且深刻理解集团的管控模式类型，如是战略管控、财务管控，还是运营管控，不同的管控模式决定了集团要管控的区域的宽度和深度。

多元化企业集团所属业务单元信息化规划不仅要考虑业务战略的匹配，还需要考虑对集团的信息化战略的遵从。其中规划的关键是对本业务单元业务竞争战略的理解，其规划方法如图 4-10 所示。

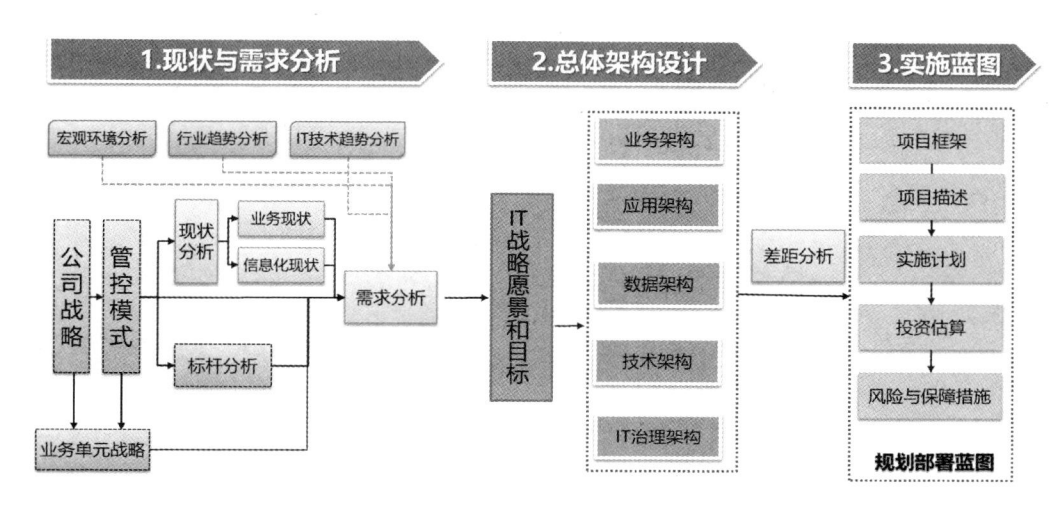

图 4-9 多元化企业集团信息化战略规划方法

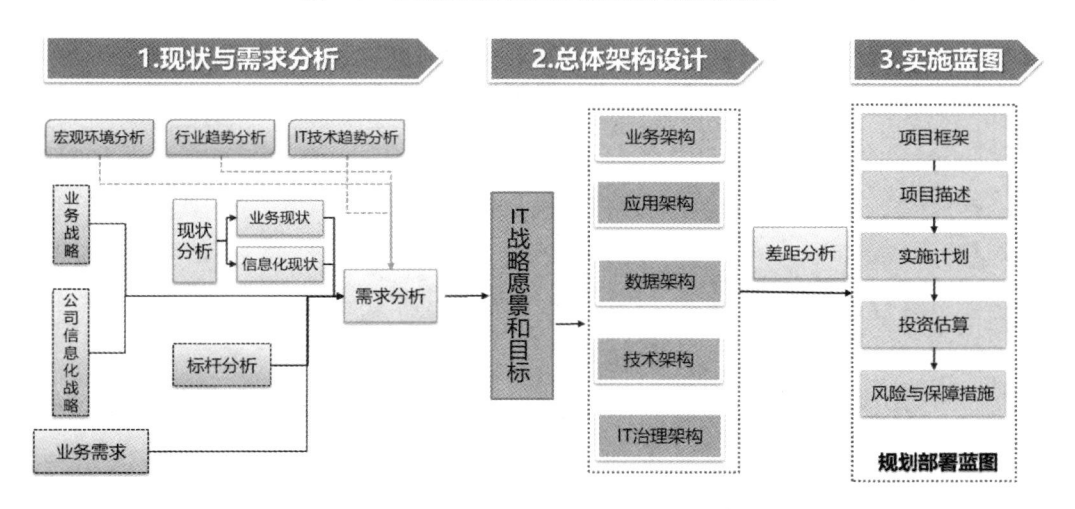

图 4-10 多元化企业集团所属业务单元信息化规划方法

企业信息化规划的难点是现状分析和需求分析，因为大部分企业把信息化部门定位为技术部门，部门成员大多拥有技术背景，但缺乏业务背景，缺乏对企业战略的深刻理解。因此，信息化战略规划往往需要懂业务的团队成员参与或联合业务部门一起参与。

信息化战略规划需要用到的理论和知识众多，尤其是战略和业务分析、业务架构的设计过程。由于信息化战略不是本书的重点，所以在此不进行赘述。

4.3 数字化转型战略管理

战略的核心是定位。在数字化时代，企业需要重新思考自身在整个商业生态中的定位：企业究竟是转型成平台型企业，还是转型成整合垂直行业上下游供应链资源的头部企业，抑或是转型成服务于整个商业大生态的参与者。不同的战略定位基于企业对外部环境、内外部环境、自身核心能力的识别，以及数字技术发展趋势对企业现有业务的潜在威胁和机会。这正是企业数字化转型战略要解决的问题，是和信息化战略的本质区别。

企业对待数字化转型战略管理存在着截然不同的两种态度。

- 一种态度是采用常规的战略管理方式。然而转型是一个创新的过程，传统的战略管理无法驾驭不确定性的过程，因此其往往以失败告终。
- 另一种态度是认为数字化转型充满了不确定性，无法把握，因此不需要战略管理。这是一种错误的理解。尽管数字化转型充满了不确定性，但只要管理得当，转型成功的概率就会高很多。

企业数字化转型的本质是企业利用数字技术进行创新的过程，如果创新的新颖程度比较高，那么必须制定企业数字化转型战略。从战略层面上来讲，通常把数字化转型战略纳入企业业务发展战略而非职能战略，进行管理。

4.3.1 理性主义战略派还是渐进主义战略派

从战略规划过程方面考虑，可将前面介绍的战略管理的十大学派分为两大流派：理性主义战略派和渐进主义战略派。

制定数字化转型战略的首要任务是确定战略制定方法。

以安德鲁斯、安索夫、波特等为代表的理性主义战略派认为，战略是可以计划和构建出来的。通常先通过分析内部环境和外部环境，得到内部资源和外部环境匹配的战略选项，再从若干个战略选项中确定企业采用的战略，并分解成高层计划，最后通过一系列手段控制计划按照预定方向发展。

鉴于环境的快速多变，以及对未来预测的不确定性，尤其是面对新兴的产品、市场及产业，渐进主义学派认为，战略不可能通过事先的规划制定出来，而是通过在实践中一步步演变得到的。渐进主义学派通常建议的制定战略的步骤是，先假设一个小目标，并展开行动，根据实际结果看是否达到预期结果，若没有达到预期结果，则修订计划，展开新的行动，直到达到预期结果；或者在经过数次测试后，发现原有预期目标不可行，放弃原有计划。在产品开放过程中，如果达到了预期的效果，开始小规模试制，成功后再逐步规模化推向市场，最后企业的业务慢慢转到新业务上，总结归纳为战略。这一过程可以被归纳为设计—开发—测试—调整设计—再次测试—运行或放弃。大部分新兴产业公司采用的是渐进主义战略管理方法，如特斯拉、苹果、谷歌等公司。

历史上有很多企业在创新过程中因为采用了理性主义战略管理损失惨重。

一方面是因为不熟悉市场，没有及时跟踪市场变化，采用的是初始的分析的结果。

另一方面是因为过于理性的战略使得规划和实际运营脱节，没有根据实际的运营结果调整计划。

对于创新型业务，要基于当前技术、市场、环境的快速变化，以及目标客户的不确定性、市场定位的不确定性、技术的不确定性，采用理性主义战略很难取得成功。

4.3.2 锚定转型方向

数字化转型战略的第二个任务是要确定的是大致的转型方向。不同的行业、不同的企业、不同的发展阶段选取的转型方向是不一样的，没有最好的转型方向，只有最适合本企业的转型方向。

一般来讲，传统企业数字化转型的首选方向是产品和服务数字化；其次是渠道在线化；有少量企业选择商业模式转型。通常都是在前两者积累的基础上，逐步转到商业模式创新上的。

1. 钢铁等基础材料型企业

钢铁等基础材料型企业适合采用数字技术驱动流程创新的方式实现降本增效，也有通过数字技术辅助工艺改进实现降本增效的。

例如，酒泉钢铁（集团）有限责任公司通过采用智能硬件监测和大数据分析法，优化高炉能耗，实现了单座高炉降低成本2400万元/年，每年碳排放量减少20000吨，冶炼效率提升了10%。

宝山钢铁股份有限公司（下文简称宝钢）1580车间利用工业互联网平台监测轧机的振动状态，动态优化相应参数，提高产品质量，降低设备损耗，技术经济指标改善明显，工序能耗下降6.5%，内部质量损失下降30.6%，废次率下降10%，全自动投入率提升10.5%。

也有少量企业采用客户化定制协同的方式优化渠道及提高销售能力，如南京钢铁股份有限公司推进的船板定制配送"JIT（准时制生产方式）+C2M（客户对工厂）"新模式。

但是，现在很多研究机构在研究新型的可编程材料。传统的力学超材料通过其单胞的设计优化来实现目标泊松比或形状转换等功能，通常具有空间异质性。但是，研究结果表明，材料的结构和性能可以像计算机编程一样，通过数字化编程实现随时改变。也许几年后，这种新型材料就可以投入商业化应用。因此，钢铁等基础材料企业也要关注产品的"数字化"转型方向，做好前瞻性的储备。

2. 基础工程建设行业

基础工程建设行业大多采用以降本增效为主的数字化转型，通过智慧工地的建设提升项目管理效率、安全生产水平。

也有极个别企业通过数字技术孵化新业务、新模式。例如，中国建筑集团有限公司的"云筑网"产业互联网平台，利用自身的核心优势整合上下游供应商资源，打造以建材、工程及劳务用工人员为主的平台生态。

3. 产品制造型企业

产品制造型企业主要通过数字技术融合传统要素，打造数字智能产品以满足客户的需求：对企业客户而言，有智能仪器仪表、智能装备、智能工程机械等；对终端消费者而言，有智能家居、智能冰箱、智能汽车等。依托智能终端衍生的产品服务化趋势越来越明显，这导致以产品销售为主的企业转向以产品销售和后续服务为主。对服务于智能终端联网的工业互联网平台的需求催生了新的模式及产业生态。例如，相继出现的服务于工程机械行业的根云工业互联网平台、汉云工业互联网平台，服务于家电行业的卡奥斯、美擎工业互联网平台，服务于电子制造行业的富士康 FiiCloud 工业互联网平台等。

企业数字化转型充满了不确定性，每家企业的特点都不一样，基于自身熟悉领域的数字化转型成功概率要高一些。除非企业所处的行业正在衰退或客户对产品和服务偏好发生了根本性的改变，否则，不要轻易尝试一个完全不同的行业。另外，相对而言，产品和服务创新比较容易，商业模式创新要难得多。所以，不要轻易去做商业模式转型。

战略就是一个选择的过程，数字化转型战略要先锚定一个大致转型方向再行动，这样有利于公司的资源配置。当然，这个选择的过程不一定要做一个规划报告，也可以采用小步试错的方法，最终探索出适合自己的转型路线。

4.3.3 创新领导者还是跟随者

企业必须在两种创新战略之间做出选择。

- 第一种是创新领导者，企业致力于基于技术领先地位第一个进入市场。
- 第二种是创新跟随者，企业致力于模仿创新领导者进入市场。

创新领导者通过把新产品、新服务或新模式带入市场获得超额利润，但充满了不确定性风险。这需要企业鼓励创新和冒险，密切关注新技术的发展趋势及客户需求。

创新跟随者通过跟踪新产品的趋势，采用模仿策略来获取利润，风险相对较小，但后期获取的利润相对较少。这需要企业时刻注意竞争者的动态，关注市场对新产品、新模式的反映，抓住进入市场的时机。

在实践中，创新领导者和创新跟随者之间往往没有明显的界线。有些企业在早期是创新领导者，但后期侧重于流程创新，成了创新跟随者。

数字化转型采取创新领导者战略还是创新跟随者战略取决于企业自身的能力。总体上来讲，绝大多数企业采用的是创新跟随者战略。因为，相对于主导创新，跟随创新的风险小得多。在实际中，现有业务正处于巅峰期的成熟企业不愿意主导创新，反而是创业企业更容易成为颠覆式创新的"搅局者"。

例如，特斯拉发明了新能源车并第一个把它推向市场，传统的燃油车企采用谨慎跟随策略研发样车，但并不急于将样车推向市场，随着新能源车的市场和技术的成熟，传统的燃油车企才纷纷推出新能源车。

4.3.4 技术推动型创新还是客户需求拉动型创新

企业创新通常有两种模式，即技术推动型创新和客户需求拉动型创新。前者是利用新技术创造消费者需求；后者是消费者有明确需求，并促使企业寻求满足消费者需求的方案。

技术推动型创新往往伴随着新技术而产生。历史上很多创新都是技术推动型创新，如火车、汽车、移动电话的发明等。正如福特所说，当你要问客户的需求时，客户永远会说需要一辆更快的马车，而不会想到汽车。技术推动型创新对人类社会的贡献更大，但创新的难度最大，企业承担的风险也大，一旦成功，则获得的收益也大。

客户需求拉动型创新通常出现在产品的成熟阶段，客户对现有产品提出了更高的、更多的功能或性能需求。相对而言，这种创新难度小、风险低，成功后获取的收益也相对较小。

技术推动型创新要求企业投入较高的研发成本，长期关注新兴技术的发展。蒸汽机的出现使英国人乔治·史蒂芬逊（又译为斯蒂芬森）发现了新的可以驱动机器运行的动力，从而发明了火车。那么新一代数字技术，如人工智能、5G、物联网、工业互联网等，有哪些应用场景，这些应用场景会给客户带来什么样的价值，如何在客户还没有明确地提出需求的情况下创造出新的产品来满足客户需求，等等，都是创新领导者要积极思考的问题。技术推动型创新在前期必须有巨大的投入，风险非常大，一旦成功其收益也将非常大。因此，技术推动型创新一般是实力雄厚的企业采用的创新方式，绝大部分企业采用的是客户需求拉动型创新模式。

4.3.5　平衡现在和未来

IBM 主导了大型计算机市场几十年，却在 PC 时代落后了，它很早就开始进行云计算研究，却在云时代被亚马逊、微软甩在身后；柯达发明了第一台数字照相机，却在数字时代落伍了，最终破产；诺基亚推出了第一台智能手机、发明了第一台可拍照的智能手机，最后却因技术落后不得不完全退出手机市场。这一切好像是"宿命"，而且越是管理卓越的企业，越难逃"宿命"。

路径依赖理论告诉我们，人的行为依赖于其过去的全部行为。越成功的企业，越迷恋成功的经验，越依赖现有的客户。若在出现某些颠覆式技术，市场格局被改变时，再去追赶，就来不及了。为了避开过去成功经验的陷阱，面对新一代数字技术浪潮，企业数字化转型战略需要在现有成熟业务和未来创新业务之间进行平衡决策。

维杰伊·戈文达拉扬教授在其《精益创新》一书中提出了"三盒"解决方案。

- 第一个盒子：以最高效率和利润率管理现有业务。
- 第二个盒子：跳出历史陷阱，识别并放弃不适应环境变化的业务。
- 第三个盒子：产生突破性想法，并将其运用到新产品和新业务中。

图 4-11 所示为"三盒"解决方案框架图。

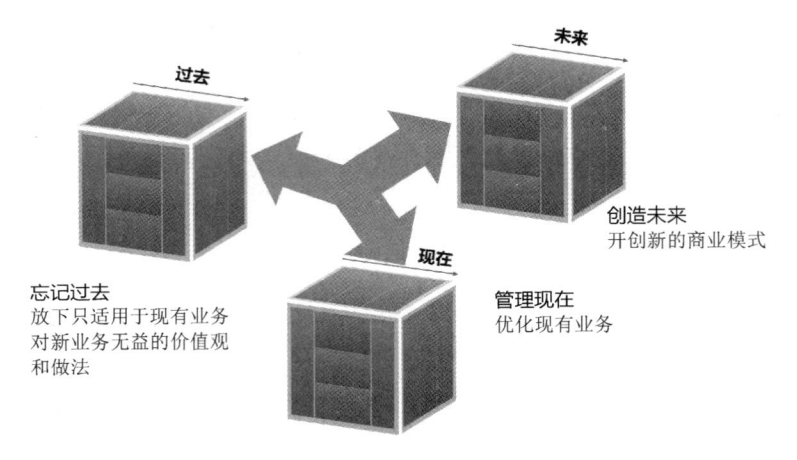

图 4-11 "三盒"解决方案框架图

这三个盒子之间很难平衡，在兼顾短期和长期方面，当前领导或既得利益者往往把业务重心置于当下，而放弃长远利益。维杰伊·戈文达拉扬总结了一套平衡现在和未来业务的基本方法论，如表 4-3 所示

表 4-3 "三盒"解决方案的基本方法论

	战略	挑战	领导行为
盒子一	以最高效率运营核心业务；在现有商业模式内利用连续创新拓展品牌，增加产品供应	持续关注近期客户需求；优化运营，提高效率，最小化合理成本；减少计划外变化；配套与战略对应的奖励、激励机制	设定最高绩效的挑战目标；分析数据、快速定位并解决异常和低效问题；创造一种更明智、更快捷、更便宜的做事方式的企业文化
所有层的领导，尤其是首席执行官，必须定期关注每个盒子的情况			

续表

	战略	挑战	领导行为
盒子二	从现在开始积累创造未来的能力；为新的非线性想法创造空间，并给予支持；放下过去的做法、习惯、活动和态度	历史总是会重演的，所以要做好时刻做出艰难抉择的准备，放弃盒子三中某些不需要的价值观。但要记住盒子一中的有些挑战仍然有用，也有需要	建立计划性机会主义的正式制度（收集和分析反映弱的信号）；维护员工独立的想法；决不容忍故意拖延；预测在实验过程中可能产生的需求
在保护好盒子二和盒子三的同时，必须关注盒子一，不能掉以轻心			
盒子三	非线性未来是在实验的基础上建立的，该实验测试的是未来的设想，可解决不确定性盒对冲风险；学习新知识及优化想法，或者发现某种存在的问题	最开始总是很难准确判断要跟进哪个想法——需要一个衡量相关价值和优势的方法；因为知道盒子三的成功率很低，所以要扩大差异；在低迷时期不要削减盒子三中的流程	衡量盒子三的效果不是看收益增长情况，而是看实验中学习的质量和效果；由于很多非线性想法都是在刚起步的市场中出现的，所以对设想的测试非常重要，不仅针对产品，还包括商业模式和发展中的市场
在保持三个盒子平衡的基础上，业务可以随时间动态改变			

基于人的思维惯性、组织的惰性，以及投资人对公司短期投资回报的要求，忘记过去往往是最难的。根据转型的新颖程度与组织现有资源、流程、价值观的匹配程度，应由不同的组织机构承担转型任务，后面将进行详细介绍。

4.3.6 轻量级的战略规划

战略管理终究要回答"机会有哪些"，"我们可以做什么"，"如何才能做成"这几个问题。传统的战略管理就是战略分析、战略选择、战略计划与执行、战略调整的PDCA循环，而数字化转型战略管理可以被分解为机会搜寻愿景与目标、假设与探索、调整与转向的活动。

数字化转型战略管理和传统的战略管理的最大区别就是用假设与探索代替战略计划与执行。传统的战略管理理念是，如果企业能对制定的目标的最终状态进行周密部署，并对每一个任务可能发生的意外有风险预案，就能消除不确定性，最终就会按照预定的计划达成目标。"战略计划与执行"意味着有明确的任务，只许成功不许失败。

而数字化转型战略管理把转型过程作为不确定性事件来管理,"假设与探索"意味着任务具有不确定性,也许会成功,也许会失败。承认任务可能会失败,实际就是鼓励创新和探索、调整和转向。传统的战略管理和数字化转型战略管理之间度量和考核成功的标准不一样。图4-12所示为数字化转型战略管理示意图。

当今世界,新的数字技术层出不穷,我们并不缺少创新的机会,关键是如何利用有限的资源找到适合企业转型的机会点。合理的机会搜寻策略有利于迅速、有效地发现创新机会点。乔·蒂德、约翰·贝赞特提出了搜寻创新机会的"五问模型",如图4-13所示。

图4-12 数字化转型战略管理示意图

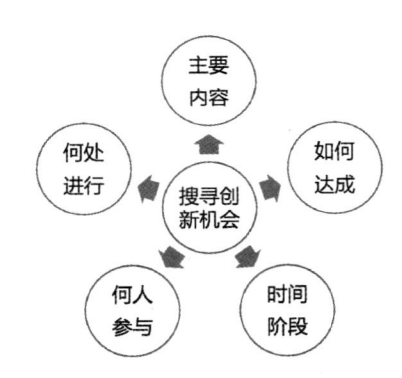

图4-13 搜寻创新机会的"五问模型"

(1)主要内容:以渐进式或突破式的方式搜寻各种不同的机会。

(2)时间阶段:在创新过程的不同阶段搜寻需求不同。在不同的产品或行业生命周期的不同阶段,成熟的行业采用客户需求拉动型创新方式,新兴行业采用技术推动型创新方式。

(3)何人参与:谁参与搜寻。创新是将知识转化为价值,在人们彼此交谈、分享时,知识的结合、扩展等就会产生创新。因此,企业可以通过鼓励方式让全员参与搜寻,也可以采用和外部合作的方式参与搜寻。

(4)何处进行:从旨在利用现有知识的本地搜寻,到突破性的、超越现有知识的新框架，可以用一张简单的图将各种创新对应的搜寻方式表示出来，该图被称为创新搜寻空间图。

图 4-14 所示为创新搜寻空间图，纵轴表示创新新颖程度，横轴表示环境复杂程度。

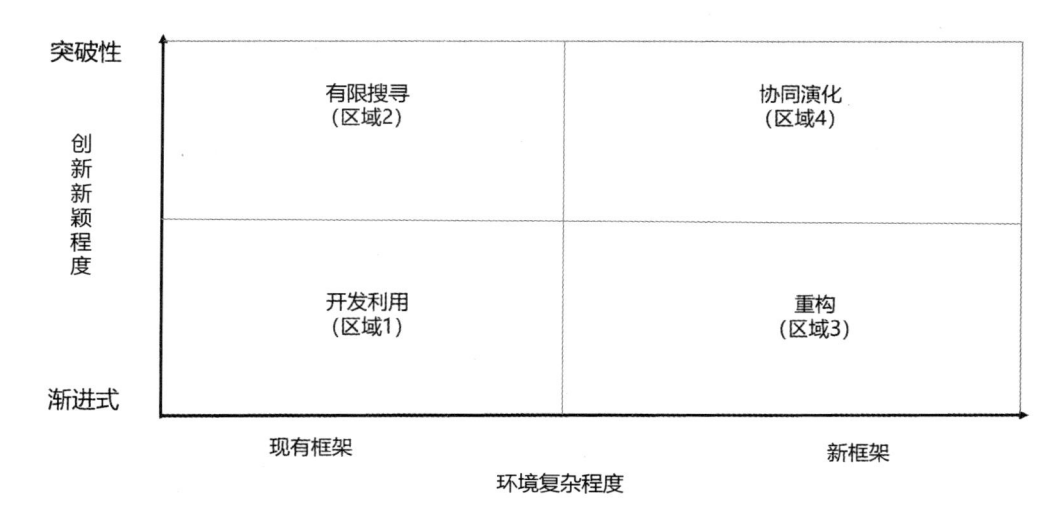

图 4-14　创新搜寻空间图

- 区域 1：基于现有业务的渐进式创新，如手机软件功能的升级、电冰箱数字化温控功能的改进等，创新的搜寻范围基本上是基于现有的知识或行业内共享的知识体系，以及对客户需求的调研。
- 区域 2：基于现有业务的突破式创新，如传统的有人驾驶的工程机械升级为无人驾驶的工程机械、人工控制的机床升级为数控机床等，创新的搜寻范围为内部知识库以及采用和外部领域专家、研究机构合作相结合的方式。
- 区域 3：基于现有业务进行新的结构调整，如胶卷相机转变为数字照相机，创新的搜寻范围是以客户为导向的创新极端用户和边缘用户模型，即找到现有产品无法满足其诉求的客户并分析其需求。
- 区域 4：属于"混沌边缘"，在复杂的环境系统中，创新的产生往往是协同演化的产物。创新是通过相互独立的各种元素之间的复杂互动产生的，不是由既定道路决定的，如智能电动汽车的发明等。在这个区域内其搜寻策略面临很多挑战，需要基于复杂理论、探索和学习模型理论及建立边界产品等方法。

（5）如何达成：推动搜寻的机制。

创新的成功源于尽量扩大创新的分布网络及利用多种渠道，并广泛加强和外部的联系、合作。在一般情况下，可采用的方法是建立内部知识库，建立创新网络体系扩展和外部的联系，建立竞争情报系统，以了解并关注竞争对手的创新情况，等等。

搜寻的结果会产生多个创新机会点，企业接下来要做的就是对多个机会点进行取舍，以利用有限资源创造更大的价值。机会点的选择原则可以从企业的愿景、社会价值观、客户价值观、企业内部价值观、企业家自身价值观等方面，进行综合平衡。基于这些原则，最后的选择将主要依赖企业家、创新负责人或创新团队的灵感、经验。

这种选择通常基于以下三个要素来考虑。

- 我们可以做什么——市场和技术机会是什么？
- 独特的能力——我们有与之匹配的能力吗？
- 匹配度——是否和我们的整体业务匹配？

传统的战略管理输出的结果是使命、愿景、行动计划、投资预算，通常会做出3~5年的行动计划，基于行动计划做出详细的投资预算，在战略执行过程中设定严格的绩效考核机制。**数字化转型战略管理输出的结果是构建以价值驱动的投资组合，即由愿景、目标、投注、举措组成的精益价值树（LVT）**（见图4-15）。

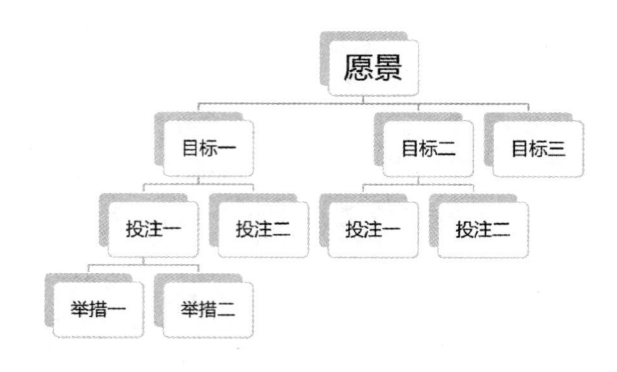

图4-15 精益价值树

- 愿景：为企业数字化转型设定一个总体指导方针，所有目标和投资都在其指导下。
- 目标：描述组织如何实现其转型愿景，通常是对高层商业战略的相对稳定的观点描述，并通过预期成效来表达，而不是通过特殊的解决方案、产品理念或功能来表达。目标要尽可能量化，以清楚地说明客户的预期成效，如老产品的市场占有率、新产品的客户转化率等。
- 投注：为实现组织特定的目标而做的价值假设，组织相信它能帮助自己实现目标。其在传统的战略管理中被称作"行动计划"，"计划"意味着确定性，只要计划做得足够好，就一定能取得成功。在数字化转型战略中之所以称其为"投注"，就是因为未来是不确定的，我们必须采取更好的探索方式和度量成功的标准，以便更好地应对未来的不确定性。
- 举措：描述了采取什么样的行动才能得到投注的结果。一个投注通常可以被分解成若干个举措，每一个举措都是一系列更小的假设，这些假设有明确的度量标准。例如，某个产品的某个功能点的改进，成功的度量标准是客户体验得到提升，而不是该功能点按时交付。

精益价值树的度量标准和传统的战略管理不一样。数字化转型战略的成功的度量标准强调客户价值，把内部价值作为约束条件。例如，对汽车行业来讲，客户的价值目标之一就是降低使用期内的维修成本；而内部价值目标则是销售量及投注投资回报率（Return on Investment，ROI）。如果只强调内部价值就会因强调销售量而忽视了客户价值，最终造成客户流失，不利于企业的长期发展。

精益价值树的每个节点描述了一个投注组合，每个节点间的连接表示彼此之间的关系。通常描述一个目标节点需要的信息有目标名、和其他节点的关系、目标所有者、预期成效（度量标准）、潜在的机遇与挑战等。表 4-4 所示为战略目标节点描述表示例。

表 4-4　战略目标节点描述表示例

目标所有者	目标名：实现销售渠道线上化
业务负责人 产品负责人 技术负责人 项目负责人 市场负责人	关于目标与客户的描述：客户可以通过线上渠道选购我们的产品
	预期成效 客户价值：采购周期缩短、采购成本降低 内部价值：提高线上销售占比，降低销售成本
	潜在机遇与挑战 1. 技术平台的搭建 2. 客户习惯的改变 3. 平台的运营

客户不一定会为技术领先买单，因此，数字化转型战略管理的重点一方面是解决如何把领先技术转化为商业化产品和流程的能力，最终转化为经济效益；另一方面是防止被竞争者模仿，保密、隐性知识的积累、学习曲线、申请专利等方式能效防止竞争者快速模仿，从而保护企业创新带来的收益。

本章参考文献

[1] 埃里克·莱斯. 精益创业[M]. 吴彤，译. 北京：中信出版社，2021.

[2] 亨利·明茨伯格，布鲁斯·阿尔斯特兰德，约瑟夫·兰裴尔. 战略历程[M]. 魏江，译. 北京：机械工业出版社，2020.

[3] 吉姆·海史密斯，琳达·刘，大卫·罗宾逊. 价值驱动的数字化转型[M]. 万学凡，钱冰沁，译. 北京：机械工业出版社，2020.

[4] 莱顿·克里斯坦森. 创新者的基因[M]. 曾佳宁，译. 北京：中信出版社，2020.

[5] 莱顿·克里斯坦森. 创新者的解答[M]. 李瑜偲，林伟，郑欢，译. 北京：中信出版社，2020.

[6] 莱顿·克里斯坦森. 创新者的窘境[M]. 建桥，译. 北京：中信出版社，2020.

[7] 迈克尔·希特，杜安·爱尔兰，罗伯特·霍斯基森. 战略管理（第 8 版）[M]. 吕巍，译. 北京：中国人民大学出版社，2009.

[8] 乔·蒂德，约翰·贝赞特. 创新管理（第 6 版）[M]. 陈劲，译. 北京：中国人民大学出版社，2020.

[9] 维杰伊·戈文达拉杨. 精益创新[M]. 余宁，周彧君，译. 北京：中信出版社，2020.

[10] 工业互联网产业联盟. 工业互联网垂直应用报告（2019 年版）[R/OL].2019 [2022-08-01].

第 5 章　数字化治理

5.1　基于信息化战略的 IT 治理

当组织把信息化作为企业经营管理的支撑手段而不是业务创新的手段时，企业应采用信息化战略。为了确保信息化能更好地匹配业务战略，需要采用信息化的治理机制。基于信息化战略的 IT 治理不是本书重点，这里仅为了区分信息化和数字化转型进行简略介绍。

5.1.1　IT 治理的概念

企业的所有者和经营者往往是分离的，股东为了确保投资价值最大化、风险最小化，需要对经营者采用一套监督和制衡机制，称为公司治理。IT 治理是公司治理的组成部分，是股东对 IT 管理层施行的监督和制衡机制。

IT 治理的概念最早由美国信息系统审计与控制联合会（The Information System Audit and Control Asociation，ISACA）提出，其定义是，IT 治理是公司治理的有机组成部分，包含领导力、组织结构和流程等制度和机制，用于确保 IT 维续并扩展组织的战略目标。IT 治理的目标是实现股东和其他利益相关主体对 IT 管理层的监督与制衡，以保证 IT 能够真正贯彻落实业务战略和目标。治理的内涵主要包含五个方面，即 IT 战略匹配、IT 价值贡献、IT 风险管理、IT 资源管理和 IT 绩效管理。

在企业中，IT 管控的层次是通过组织结构的职责来规定和体现的。企业董事会是最高决策机构，代表股东行使重大 IT 事件的决策权；董事会下设若干个委员会负责重大的专项决策；日常的运营管理职责是由企业的 CIO（Chief Information Officer，首席信息官）和其分管的 IT 管理部承担的。对大型企业而言，企业对其分公司和子公司通过一致性的制度、流程、标准进行管理。

5.1.2　IT 治理的方法

COBIT 是美国信息系统审计与控制联合会于 1996 年提出的 IT 治理框架，其被大多数企业作为 IT 治理的标准框架。COBIT 框架的主要特征是以业务为焦点、以流程为导向、以控制为基础、以测评为驱动。

COBIT 框架包括以下内容。

- 一套信息准则：效果、效率、机密性、完整性、可用性、符合性（信息可靠性）。
- 业务和 IT 目标：定义一套通用的业务和 IT 目标，并建立业务目标和 IT 目标间的映射关系。
- IT 流程：把被控制的 IT 流程分为四个域，即规划与组织、获取与实施、交付与支持、监督与评估。
- 成熟度模型：用于评价组织流程的成熟度。
- 绩效评价：定义了一套 KPI（Key Performance Indicator，企业关键绩效指标），用来评价组织是否实现了预定的目标。

规划与组织流程主要解决 IT 与业务战略是否匹配，组织能否实现资源的最优利用等问题；获取与实施流程主要解决新的项目交付解决方案能否满足业务需求，能否按时交付等问题；交付与支持流程主要解决 IT 服务是否按照业务的优先级进行交付，是否优化 IT 成本等问题；监控与评估流程主要解决是否衡量 IT 绩效，管理层能否确保内部控制是有效率和有效果的等问题。

5.2　基于数字化转型战略的治理

目前，大多数企业面临的一个问题是，企业获得机会与利用机会的能力之间的差距正不断扩大。数字技术进步带来了机会，然而企业凭借自身的能力，无论战略、组织还是技术能力，都难以抓住机会，企业必须重塑组织能力。数字化转型是业务创新的过程，本质上是业务战略，不能采用信息化治理模式，必须采用数字化转型治理模式，下面介绍数字化治理模式的主要内容。

5.2.1　不确定性下的决策

不确定性分为可度量的不确定性和不可度量的不确定性。可度量的不确定性又称为概率型不确定性或风险，是一种能进行数量化计算的不确定性全体的子集；不可度量的不确定性，一般而言是定性的，被称为真正的不确定性。若不确定性是由获取信息的限制造成的，则是一种认知不确定性。

创新意味着有很大的不确定性，组织在创新过程中因创新方式的不同面临着不同的风险决策，如渐进式创新的不确定性风险较低，突破式创新的不确定性往往是真正的不确定性。

企业在数字化转型过程中进行管理的目标就是把风险程度降低或把真正的不确定性转化为风险，以减少转型失败带来的损失。我们获取的信息越多，越能消除认知不确定性，也越能准确地判断是否应该进行下去。企业在数字化转型过程中知识获取的过程实际上就是消除认知不确定性的过程，该过程能将不确定性转化为风险或将风险程度降低。若把数字化转型视为用资源投入来消除或减少不确定性的过程，则可以用图 5-1 来表示不确定性与资源投入的关系。

从图 5-1 中可以看出，对于一个数字化转型任务，开展得越深入，资源投入越多，相应地获取的知识越多，同时越有可能被深度"套牢"。在数字化转型实践中，可以借助创新漏斗（见图 5-2）来进行管理，创新漏斗有助于我们针对资源投入做出谨慎决策。

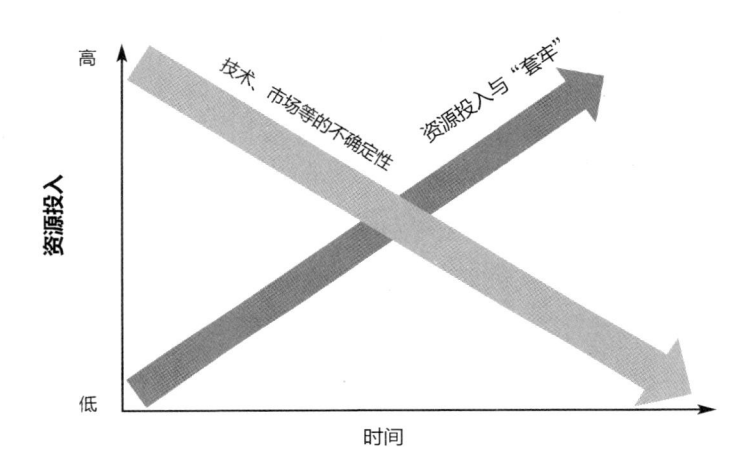

图 5-1　不确定性与资源投入的关系

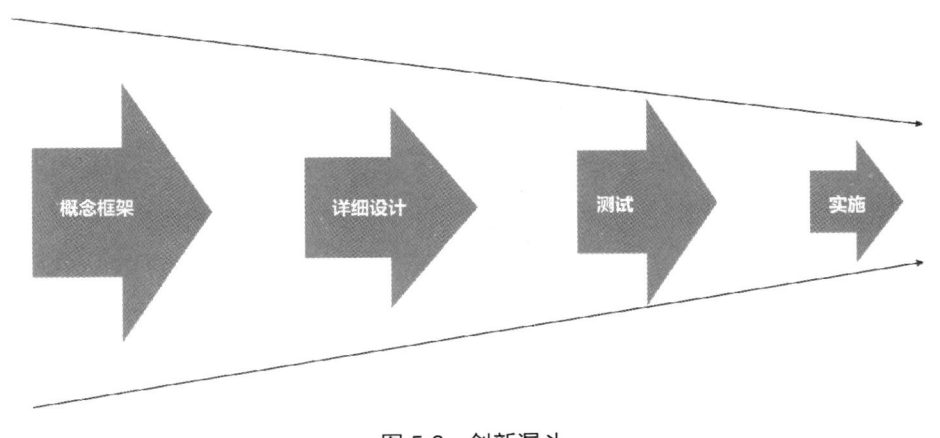

图 5-2　创新漏斗

创新漏斗中的每一步都设立了决策点，通常采用风险/回报评估作为决策依据。每一步必须在通过决策后才能进入下一步，越是早期越要慎重做出决策。同时要注意，数字化转型要考虑速度、风险、资源投入之间的平衡，过于烦琐的决策会导致机会的丧失。

数字化转型是基于业务创新的战略，因此数字化治理属于公司治理。创新过程是一个假设—探索的过程，具有不确定性，无法预知风险和控制风险，只能通过小步试错的方式减少风险带来的损失。因此，数字化治理不适合采用和信息化战略一样复杂的计划、控制流程体系。目前，大多企业采用的是敏捷或精益创新的治理模式，下面介绍基于敏捷方式的轻量级数字化治理。

5.2.2 轻量级数字化治理

轻量级数字化治理的目标是确保目标、投注和举措（投资组合）满足客户的价值目标，有效分配决策权力并执行管理责任制，举措符合内部和外部的合规要求。

传统的投注组合强调控制，关注的是进度和成本，没有聚焦客户价值。轻量级数字化治理强调客户价值，不断创新和增强适应性，其中财务控制虽然是约束条件，但不是重点。轻量级数字化治理的两个主要的特点是：进行价值监控，而不是行动监控；重视速度和灵活性，而不是烦琐的流程和文档。

轻量级数字化治理的主要治理模式是用召开定期价值评审会（Periodic Value Review，PVR）代替烦琐的流程和文档。定期价值评审会提供了一套框架，确保团队会按照计划使用资金和资源，并朝着目标、投注、举措的方向迈进。表 5-1 所示为定期价值评审会示例表。

表 5-1 定期价值评审会示例表

愿景	详情
目标	目标价值评审会
	内容：确保目标与战略愿景保持一致，并且投资优先级能体现客户价值
	频率：每季度一次
	参与者：高管和目标团队
投注	投注价值评审会
	内容：确保投注与目标保持一致，并在投注中体现客户价值
	频率：每月一次
	参与者：目标团队和投注团队

愿景	详情
投注	举措评审会
	内容：评审举措的进展（可以作为迭代评审的一部分，无须分开进行）
	频率：每两周一次或与交付同步
	参与者：投注团队和举措团队

定期价值评审会审查的三个级别分别和精益价值树相对应，每个级别上的审查人员都有权决定是否继续，是否调整或扩大投资。

5.2.3 价值度量标准

清晰的价值度量标准不仅是衡量组织是否向数字化转型目标前进的标尺，也是衡量团队绩效的指标，更是在创新过程中决定是坚持还是转型的关键。

传统的企业通常将财务指标（如投资回报率）作为价值度量标准，传统的信息化战略将 IT 组织交付的成果作为价值度量标准，如在规定时间内上线了多少个系统。对于数字化转型，在目标和度量指标上首要考虑外部客户价值，只有创造了客户价值，才能获取内部价值。对于客户价值的评价，通常可以选择的指标有：在相同质量下客户的成本下降了多少，在相同成本下客户获得的商品质量提高了多少，或者客户的满意度提升了多少，等等。收入、利润、市场占有率等是用来评价组织内部预期收益的指标，但不是站在客户的立场来考虑的。如果提升了客户的满意度，内部指标的达成就会顺理成章。当然，为了在制定指标时平衡组织内部利益，不至于使产品过度满足客户，可以采用内部指标作为"护栏"。

企业数字化转型轻量级战略规划输出的成果可以用精益价值树表示目标、投注、举措。一家企业针对多个转型方向可以设定多个目标、投注、举措的组合。每个组合可以针对这三个维度设定不同指标。表 5-2 所示为基于精益价值树的度量指标示例。

表 5-2　基于精益价值树的度量指标示例

维度	度量类型	举例
目标：销售渠道线上化	客户价值度量、内部收益度量	客户价值度量：让客户低成本、便捷地购买商品 内部收益度量：提高线上销售占比，降低销售成本
投注 1：自建电商平台	客户价值度量	提高客户购物体验
举措 1：搭建移动 App	客户价值度量、业务收益度量、团队活动度量	客户价值度量：改善支付体验 业务收益度量：通过移动 App，促进收入稳步增长 团队活动度量：提升客户转化率

每一个商业目标都需要通过三大认知阶段性步骤来验证。

第一步，使用最小可行产品（Minimum Viable Product，MVP）确定企业目前所处阶段的真实数据。

第二步，尝试把增长引擎从基准线逐步调至理想状态，其间可能需要进行多次尝试。经过多次改进后，进入第三步。

第三步，判断是坚持原来的方向还是放弃原来的目标。

因此，核算度量也是围绕三大认知性步骤来设定指标的。例如，一家企业开发了单一的最小可行产品，并通过渠道销售给客户，在产品中设定验证假设的指标为转化率、注册率、试用率、客户生命周期价值等。首先，企业根据市场的真实数据了解当前产品情况。其次，企业以现有数据为基准，每次产品的改进、营销或其他行动都以提高某个指标为驱动要素。如果产品改进以提高客户转化率为目标，那么产品改进是否成功就以是否提高了客户转化率为判断依据。经过不断改进，企业朝着可持续方向发展，就会看到各项数据越来越接近理想目标。如果尝试多次改进看不到这种变化，就不得不放弃原来的假设目标。

例如，通过新媒体从事广告业务，商业目标有两个基础假设。

- 一是能吸引足够的客户。
- 二是能把广告卖给客户。

第二个基础假设早就得到行业证明，只要是广告肯定能卖给客户，因此，实验验证围绕第一个基础假设进行，即如何吸引足够多的客户。需要基于第一个基础假设设定基准指标，如客户的注册率、留存率、转化率等。一旦确定了基准指标，就可以通过不断调整冲刺第二步的目标。每次活动都应该围绕如何提升增长模式中的某个驱动因素为目标。如果客户的转化率是增长的驱动因素，且现在的基数低于期望的目标，那么产品设计的改进目标就是提高客户转化率。

如果改进后客户转化率提高了，那么这次工作就是有成效的，否则就是失败的。如果越来越接近理想目标，就坚持原来的方向；如果经过努力还是无法接近目标，就该转型了。

对于衡量指标的设定，一定要符合"可执行、可使用、可审查"的原则。

"可执行"指的是有用指标一定要清楚地显示目标和行为之间的因果关系，否则就是无用指标。例如，客户活跃度是衡量客户关注度的指标，而客户关注度又是衡量潜在广告收益的指标。若以统计单位时间内的点击次数为依据，则无法排除有特别活跃的客户多次点击的情况，因此，更准确的统计标准应该是不同客户在单位时间内的点击次数，否则可能会得出"虚假繁荣"的指数。

"可使用"指的是分析报告要通俗易懂，数据分析报表用于团队的分析和决策，因此要尽量简单、易懂。

"可审查"指的是数据来源的真实性必须经得起检验。每当任务没有达到预期的目标时，团队成员之间可能会为了推卸责任而质疑数据的真实性，因此，一方面数据要直接来自客户或通过和客户直接交流得到；另一方面数据要直接从系统中产生，避免采用第三方系统的数据，以保证数据的真实性。

5.2.4 建立数字化组织

1. 合适的组织结构

苹果的创始人乔布斯说过，创新不是钱的问题，归根结底是人的问题，是组织的问题。成熟业务的组织和创新业务的组织的特点有很大不同，乔·蒂德和约翰·贝赞特总结了创新型组织的组成要素，如表 5-3 所示。

表 5-3 创新型组织的组成要素

组成要素	关键特征
共同愿望、领导力和创新的意愿	明确阐述共同的使命，延伸战略目标——高层的承诺
合适的组织结构	组织设计使得创造力、学习和互动成为可能；并不总是采用松散的模式；特别是对于特定的突发事件，应寻找有机模型和机械模型之间的平衡点
关键个体	倡导者、拥护者、把关人员和其他角色赋予创新活力或促进创新
有效的团队合作	适当地使用团队来解决问题，需要在团队选择和建设上给予投入
全员参与创新	参与整个组织的持续改进活动
创造性的氛围	使用积极性的方法来获得创造性的想法，并有相关激励系统的支持
外部关注的重点	内部和外部的客户导向，广泛的网络支持

组织的结构由组织的战略意图及任务性质来决定，组织任务的不确定性越大，组织的关系结构应该越灵活。权变理论认为，在变动的环境中，有机组织具有较好的适应力；在稳定的环境中，机械组织具有较高的工作效率。例如，生产、采购及财务管理等方面的任务具有相对确定性，可以采用机械模型；但研发，尤其是突破式创新活动，具有高度不确定性，适合采用有机模型。机械模型和有机模型如图 5-3 所示。

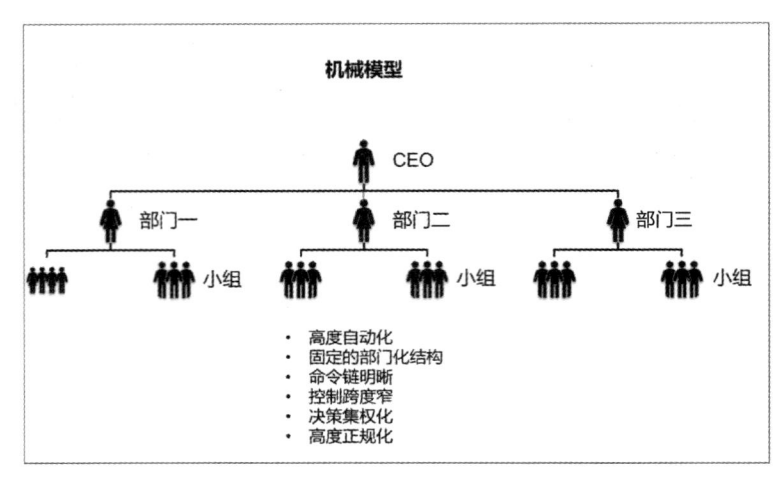

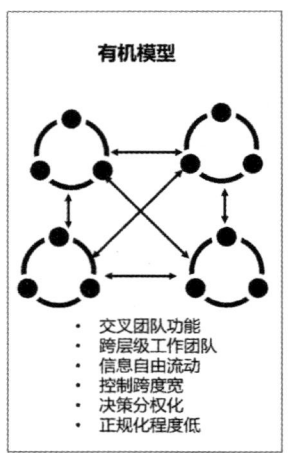

图 5-3 机械模型和有机模型

传统的组织强调组织的集体力量，很少关注个体的作用；而创新型组织重点关注关键个体的决定性作用。例如，重量级项目经理深度参与项目，从产生产品创意到带领团队成功开发出产品。又如，商业创造者对商业高度敏感，能快速把握客户需求，并能把客户需求转化成团队内部创意。克莱顿·克里斯坦森总结了创新型人才的五项技能，即联系能力、提问能力、交际能力、观察能力、实验能力。建立创新型组织的目的是雇佣、培养、奖励、提拔以发现为动力的人才。

管理学家亨利·明茨伯格在研究大量不同组织结构特点的基础上，进行了归纳总结，提出了一系列组织结构原型。对于企业数字化转型，这些组织结构原型具有很好的借鉴意义。亨利·明茨伯格的组织结构原型、关键特征及对创新的启示如表5-4所示。

表5-4 亨利·明茨伯格的组织结构原型、关键特征及对创新的启示

组织结构原型	关键特征	对创新的启示
简单结构	集权的有机组织——中央控制，能够对环境中的变化做出快速反应。组织通常很小，并且由一个人直接控制，高度的中央集权。优点是反应快速、目的明确；缺点是容易受到个人错误判断和偏见的影响，以及资源限制对增长的影响	高技术行业的小型创业公司——"车库里发展起来的企业"的结构很简单。采用简单结构的创新型企业通常有很大的创造性。缺点是过度依赖关键人物，会影响企业的长期稳定和增长
机械官僚	集权式的机械组织，由系统集中控制。组织结构设计得像一台复杂的机器，强调整体的功能和各组成部分的专业化。优点是具有处理复杂的流程能力；缺点是容易僵化	这类组织结构依赖专家进行创新，并纳入系统的整体设计。优点是结构稳定；缺点是在快速变化的环境中变得僵化、不灵活，受到来自非专家的创新的限制
分权形式	分权式的有机组织，是为了应对本地的环境挑战。通常与大型组织相联系，一般是多元化集团中的业务单元。优点是在集团的支持下进入特定的业务领域；缺点是组织内部存在业务单元和中央之间的利益冲突	这类组织的创新通常遵循"核心和边缘"的模式，一般性质的研发在中央，同时更多的应用和具体的研发在业务单元。优点是集中精力在某一特定的细分市场发展，并在组织的其他部门之间共享；缺点是"离心拉动"，即远离中央开展研发活动，侧重于应用性的本地研究
专业官僚	分权式的机械组织，权力掌握在个人手中，但是通过标准进行协调。这类组织拥有高水平的专业技能，控制主要是在标准化上达成共识完成的，个体拥有极大的自主权	这类组织的特征是设计和创新活动在组织内部和外部进行，特别重视技术和专家的优势。优点体现在技术和专业标准化方面；缺点是难以管理拥有高度自主权和丰富知识的个体

续表

组织结构原型	关键特征	对创新的启示
灵活结构	组织的项目类型能够应对不稳定的、复杂的因素。灵活结构不是长期存在的，但提供了高度的灵活性。以团队为基础，个体的技能水平很高，并能一起工作。优点是能够应对很大的不确定性且具有创造力；缺点是可能由于一些未解决的冲突不能有效地协同工作	这是一种与创新型项目团队最相关的形式，适用于在新产品开发或重大流程变革过程。优点是具有高度的创造性、灵活性；缺点是缺乏控制和对项目的过度投入
任务导向	自然产生的组织模式，关系到共同的价值观。这类组织由拥有共同目的和利他主义的成员组成。优点是高承诺水平，个体主动采取行动，不用考虑其他人，因为他们对整体的目标看法一致；缺点是缺乏控制和正式的制裁	任务驱动的创新可能会非常成功，但是需要投入精力，确定明确的目标。持续改善的动力来自组织内部而不是对组织刺激的反应。优点是拥有共同目标，授权个体采取主动；缺点是过分依赖关键的有识之士提供的明确目标，缺乏对公司使命的认同

2. 组织能力框架

创新之父克莱顿·克里斯坦森认为组织的能力受资源（Resource）、流程（Process）、价值观（Value）三个因素的影响，不同类型的创新需要不同的三个因素的匹配形式，这被称为组织能力的 RPV 框架。

- 资源指的是组织能够支配的人员、设备、技术、品牌等有形资产和无形资产。
- 流程指的是将输入转化成有价值的输出的活动过程。建立流程有助于员工按照相同的规范重复某项任务，提高工作效率。有些流程是正式的，有明确的定义、清晰的记录，具有某种强制性；有些流程是非正式的，是大家做事的某种约定俗成的方式。制定流程实际上是为了完成某项特定的任务，但在用该流程去执行不同的任务时，该流程就变得死板且低效。因此，若用现有成熟业务的流程执行创新业务，将发现执行不畅。
- 价值观指的是在确定决策优先级时要遵循的标准。例如，当有两个客户争夺同一资源时应该优先满足哪个客户，企业的决策者往往会把资源优先配置给公司带来高回报的客户。这种价值观常会导致创新业务在和成熟业务争夺资源时处于不利地位。

在这三种能力中，资源是最容易重新分配的，流程及价值观的变革要难得多。**固有的流程和价值观往往成为企业数字化转型的最大阻力**，特别是对于**数字化商业模式转型**。

利用 RPV 框架可以很好地评估企业应如何设置组织结构，来应对不同类型的数字化转型。图 5-4 所示为创新方式与组织能力匹配模型，纵轴表示组织现有流程和从事的创新类型的匹配度，横轴表示组织现有价值观和从事的业务价值观的匹配度。

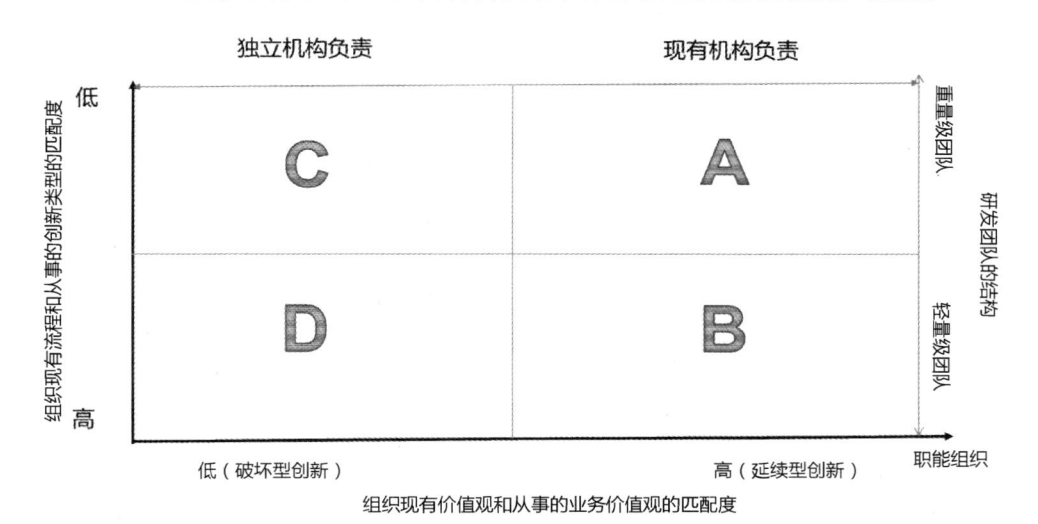

图 5-4　创新方式与组织能力匹配模型

图 5-4 中的 A 表示组织从事的是延续型技术创新，符合组织现有价值观，需要建立一支重量级团队来应对创新任务，**这种数字化转型可以在母公司内部进行。**

图 5-4 中的 B 表示组织从事的创新任务符合组织现有流程和价值观，**数字化转型可以在母公司内部建立轻量级团队进行**，但要注意内部跨部门间的合作。

图 5-4 中的 C 表示组织从事的是与现有流程和价值观都不匹配的创新活动，**数字化转型必须采用独立的公司化运作，并且是由重量级团队来完成。**

图 5-4 中的 D 表示数字化转型任务与组织现有流程匹配，但与组织现有价值观不匹配，**可以采用独立的公司化运作，由轻量级项目团队来完成**，通过共享母公司的某些资源来达成数字化转型目标。

当组织现有能力不能匹配数字化转型任务时，通常可以采用三种方式来创造新的能力。

（1）收购另一家现有流程和价值观与新任务极为匹配的公司，收购后无须改变它的流程和价值观。

（2）改变现有流程和价值观。当数字化转型任务与现有业务在流程和价值观上有重大冲突时，这种方式往往难以取得成功。

（3）成立独立的公司，这个新公司按照与数字化转型任务相匹配的流程和价值观来运作，母公司不要干预。

笔者接触过大量的传统企业，大多数企业采用的是传统的职能式组织。这种组织尽管在名义上被称为"数字化管理部"，但实际上还是被动地满足业务的需求，并没有和业务部门融合一体，共同推动业务的转型升级。例如，数字化部门并没有设立产品部和产品岗位，而是设立业务需求受理岗位，这说明只是业务部门提出 IT 需求，数字化部门被动满足业务部门的需求。但业务部门受其知识的局限性及习惯思维的影响，往往并不知道通过新技术会改进现有的产品和流程。图 5-5 所示为典型的数字化职能组织。

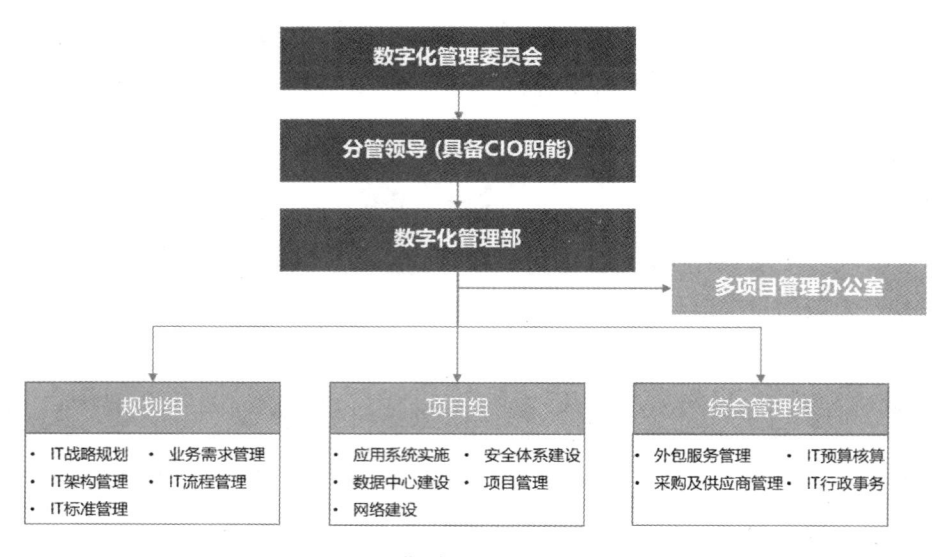

图 5-5　典型的数字化职能组织

国内有少量的企业将传统的职能式组织上升到更高的层级，但团队内部的管理还是遵循传统的直线汇报制；项目管理使用的是传统项目管理方式，即瀑布开发模型，而不是敏捷模型；团队的考核采用传统 KPI 式而不是 OKR（Objectives and Key Results，目标与关键成果）式。图 5-6 所示为某集团的数字化组织，这个组织比很多企业对数字化转型的认识要深刻得多，但独立的数字化公司还是受集团数字化管理部，即智能与信息化部管辖，很难真正独立运作。

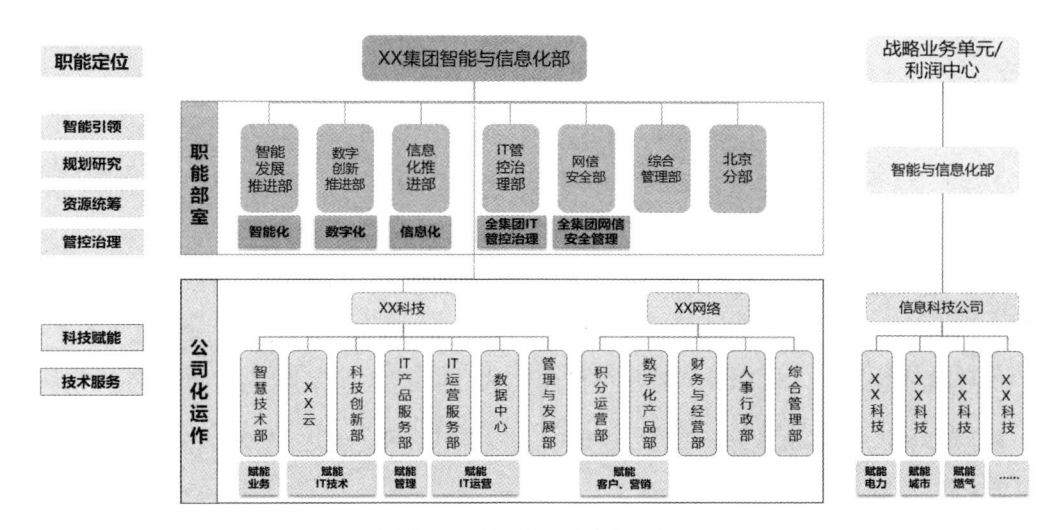

图 5-6　某集团的数字化组织

当然，国内有极少数的企业建立了真正意义上的数字化组织，它们把传统业务和数字业务融合，组织团队也是按照这个结构来配置的，遵循创新的规律安排小而敏捷的组织、部门与部门之间没有明确的界限，努力营造创新的文化氛围，改变了传统的绩效管理方式。

3．自治团队和协作决策

传统的信息化管理采用职能式组织架构，团队成员通常由业务分析师、项目经理、架构师、程序员、测试人员、数据库专家等组成，这些成员按照技能分成一条条职能线。在有新任务时，通常由项目经理从各职能线上抽调成员成立项目组，形成所谓"矩阵式"的管理模式。由于传统绩效管理模式中的团队成员更服从于直线经理而不是项目经理，因此项目进展缓慢、交付质量低。

数字化转型的不确定性要求企业抛弃这种传统的组织模式，转而采用以目标为导向的自治团队模型。自治团队的成员拥有完成目标需具备的知识和岗位角色，如配备了产品经理、架构师、程序员、UI 设计师、测试工程师等岗位，更重要的是，拥有完成目标应该具有的决策权。当然，自治并不意味着完全放任自流，团队必须承担行动、决策、结果的责任。自治必须是有边界的，否则就会陷入无政府状态。给定团队任务的成效标准定义了团队的责任，约束条件定义了团队自治的边界。我们在设定一个投资组合时，会定义价值度量标准，也会定义约束条件。例如，一个投资组合的衡量指标之一是提高客户满意度，为了避免过分满足客户需求而牺牲企业利润，可以定义"增加利润"作为约束条件。

数字化转型的组织架构可以采用价值实现团队（Value Realization Team，VRT）以取代传统的信息化项目管理办公室（Project Management Office，PMO）。和前面所述的精益价值树层级相对应，其组织层级由目标团队或高管团队、投注团队、举措团队组成。

- 目标团队或高管团队的主要责任是设定公司愿景，拟定精益价值树的信息，决策投资组合。
- 投注团队是自给自足的领导者团队，由代表技术、客户、产品、运营相关的领导者组成，对投注成效负责。
- 举措团队是自给自足的交付团队，由产品经理、程序员、设计师、市场人员、测试人员等构成，对交付的结果负责。
- 自治团队应该具备实现成效和交付产品的知识和能力，如果团队只在短期内需要某些技能，如信息安全能力，那么无须配置相关人员，否则会造成资源利用率不高。图 5-7 所示为典型的价值实现团队架构图。

组织决策的方式有两种，一种是授予某个领导或者权威决策，另一种是群体决策。前者决策效率高，但往往会因为要等待决策的事项太多而形成瓶颈；后者决策效率低，但因为发挥了群体的智慧，决策质量高。自治团队倾向于采用协同决策模式，既重视权威的决策作用，也重视全体的智慧。这种决策模式要求自治团队有解决本项任务尽可能多的知识，减少对别的团队的依赖，同时要有多样化的社会视角，队员之间要有足够的信任与尊重。当然，团队中的权威也很重要，他应有足够广的关于本团队担当的任务的知识面，能引导团队决策或在出现争执时能力排众议。

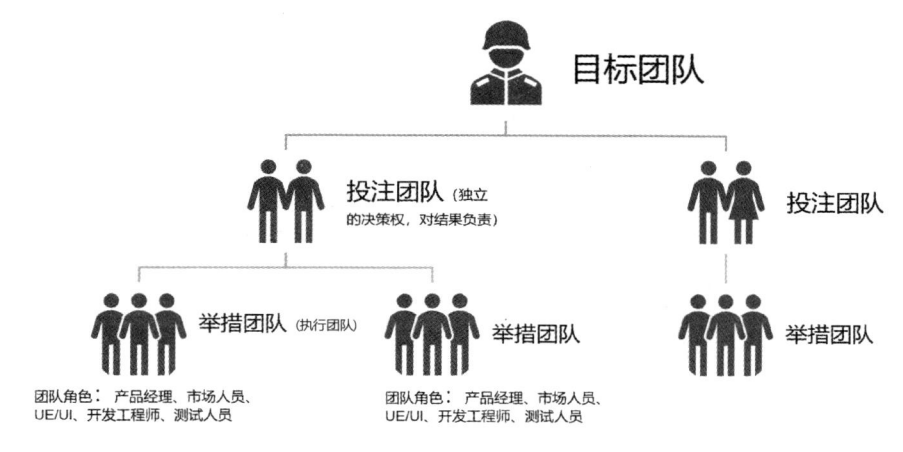

图 5-7 典型的价值实现团队架构图

5.2.5 绩效管理

绩效管理是由绩效计划制订、绩效辅导沟通、绩效考核评价、绩效结果应用、绩效目标提升等管理活动组成的循环过程。绩效管理的目的是持续提升个人、部门的绩效，帮助组织达成目标。

1. 绩效管理的方式

绩效管理的方式有很多，常用的是以 KPI 和平衡计分卡为代表的量化考核派、以 OKR 为代表的聚焦派。组织选用什么样的绩效管理方式是一个复杂的问题，需要综合考虑行业和业务特点、组织文化和组织价值观。

（1）KPI 和平衡计分卡量化考核方式。

成熟企业的产品稳定，市场和客户相对固定，其基于长期的行业和企业经验积累，形成了标准化的成熟管理流程。成熟管理流程可以指导、辅助人员协作，降低对人员协作能力的要求。因此，此类企业的绩效考核指标相对容易量化，定性指标所占权重较低。精细化分工和标准化技能降低了一线人员的培训成本，缩短了人员培训时间，从而降低了人员替换成本，减少了对授权、激发员工内在驱动力等复杂管理方式的需求。因此，大多成熟企业采用的考核方式是 KPI，部分企业采用的考核方式是平衡计分卡。

图 5-8 是典型的平衡计分卡模型，它采用的是自上而下的规划，自下而上的执行的模式。

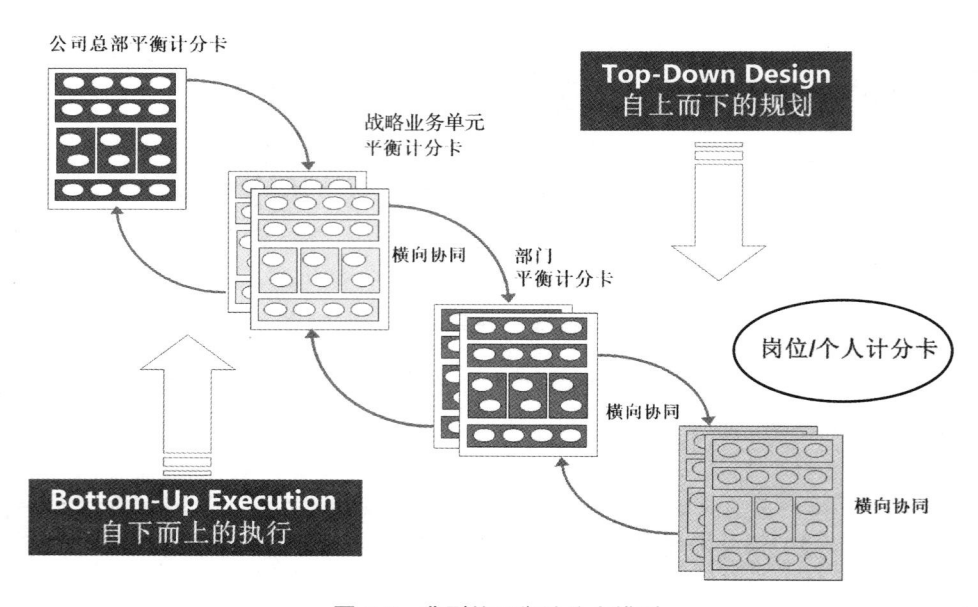

图 5-8 典型的平衡计分卡模型

平衡计分卡的优点是能把组织的战略目标通过层层分解落实到个人，让每个人都能清晰地看到自己对组织的价值贡献，通过对个体的考核促成组织目标的达成；缺点是自上而下的规划使得个体缺乏主导权，不可避免会产生博弈。首先，组织必须有明确目标；其次，目标一旦确定就不能随意改动。但过早设定组织目标，会使组织失去应对外部环境突变的灵活性。

数字化转型的本质是不确定性下的业务创新，因此并不特别适合使用平衡计分卡方式。前面提到，数字化转型要采用敏捷型组织。由于敏捷型组织是"自管理"的，所以相比成熟行业对员工的要求，敏捷型组织的成员更要擅长合作，尤其要有能力处理成员之间在合作时可能出现的问题。敏捷型组织的成员需要具备收集和利用信息的能力、决策能力、一定的冲突管理和风险管理能力，并擅长与他人沟通，以便彼此更好地协同。

（2）OKR绩效管理方式。

OKR是一个简单有效的工具：O表示目标（Objective），即组织或个人想获取的最终价值；KR表示关键结果（Key Result），即确认目标达成的标准。

从严格意义上来说，OKR并不是一种绩效考核方法，其目的是帮助团队聚焦于完成目标，通过关注剩余目标，带动团队合作，并且通过制定有挑战性的目标、引导员工参与共创等手段激发员工的内在驱动力。它和平衡计分卡的区别是，平衡计分卡强调由上级制定下级指标，指标往往相对固定；OKR允许团队或个人根据上级的目标制定自己的目标和关键结果，在执行过程中可以根据环境的变化随时关注结果，并且OKR允许设置与考核无关的挑战性指标，以激励一些富有挑战精神的员工。

制定OKR要先设定可以量化的目标，越具体越好，要符合SMART原则。例如，对于网站，"客户转化率"比"吸引客户"要具体得多，客户转化率就是一个可以量化的指标。在制定OKR时，目标要以价值为导向，避免以任务为导向，可以导入精益价值树的目标、投注及举措中的目标及相应标准，但要允许员工加入自己的目标。目标通常相对固定，但关键结果可以根据转型过程中的试错结果来调整。

OKR的目标制定包含自上而下的目标制定和自下而上的目标制定两部分。自上而下的目标是基于组织的整体目标和战略，结合各级部门和个人的职责分解而来的。在OKR模式下，在自上而下地分解目标时，目标虽然不变，但员工通过参与可以制定关键结果，将自己在本岗位工作时产生的一些关于执行目标的想法加入关键结果，这在某种程度上能够影响目标。OKR允许员工自己制定目标。组织内各级部门（个人）的年度或季度OKR，应该至少有一条是来自本部门（本人）的。这样做，进一步释放了各级部门和个人的主观能动性，使其有机会将本岗位积累的实践经验及所见问题和风险，通过OKR转化为行动，弥补了自上而下制定目标时上级，尤其是高层，难以洞察执行层面可能发生的困难这一缺陷。

制定 OKR 后就要对 OKR 进行跟踪。追踪 OKR 可以使用看板提示法、PDCA 定期盘点法等。看板提示法就是把团队的 OKR 和个人的 OKR 放在一个公共的、可以随时访问的地方，既可以是电子看板，也可以是物理看板。

OKR 制定的是一些可以量化的指标，并不适用于考核创新需要的软性能力，如沟通能力、创新能力等，而且团队之间的协作很难量化。对于这种软性能力，大多数企业采用的考核方式是直接由上级打分的方式，这样容易导致评价片面，不能排除领导者对员工的偏见，评价结果不够客观。

（3）360°评估方式。

对于软性技能，采用 360°评估方式进行考核比较合适。完整的 360°评估包括以下步骤。

- 依据被考核者的岗位职责，以及对其能力要求，设计 360°调查问卷的问题和打分标准。
- 从与被考核者日常紧密合作的对象中选择 5~8 位，作为反馈被考核者能力的评估者。
- 将调查问卷同时发给被考核者和评估者。
- 被考核者、评估者分别填写调查问卷，对被考核者进行评估，并且将结果发回。
- 汇总结果形成最终报告，发送给被考核者和其直属上级。

360°评估系统通过收集并对比多方视角的反馈，能够解决定性指标考核中的如下问题。

- 定性指标可感知，难量化。
- 定性指标涵盖内容广，难定标准，容易产生理解上的分歧。
- 由少数人（在多数情况下指的是上级）做出评判时，不容易获得被考核者的认可。

360°评估系统不仅可用于评估员工，也可用于评估团队。在敏捷型组织中，团队之间的协作更加频繁和灵活，所以团队的绩效考核不仅包括团队直接产出的成果，还包括团队作为一个单元展现出来的沟通能力、协作能力、创新能力、学习和成长能力等，这些能力是敏捷型组织绩效的重要组成部分。

2. 合适的绩效管理方式

很多企业用 OKR 来代替考核，这是一个误区。正确的做法是把 OKR 中对目标的设置、对进度的追踪等作为绩效考核的主要参考资料，对于需要考核的软性技能采用 360°评估系统进行评估。因此，对数字化转型来讲，比较好的绩效管理方式是采用 OKR 和 360°评估相结合的方式。而且，要慎重采用 OKR 中的指标作为考核依据，以免团队成员为了完成考核任务而失去创新的动力。

5.2.6 塑造数字化创新文化

文化是一个复杂的概念，组织文化是指影响组织成员的共同价值观、信仰和一致认可的准则。换言之，组织文化是指组织**做事的方式**，使组织独具特色，区别于其他组织。组织文化是一套无形的、不可捉摸的，但每个组织都会发展的隐含的规则，用来约束员工的日常行为。评价组织有别于其他组织的 6 个特征为创新与冒险、注意细节、结果取向、人际取向、进取心、稳定性。

组织文化通常基于企业约定俗成的做事方式的历史沉淀，很难改变。外部环境的巨变往往会导致企业产生生存危机，动摇员工对现存文化的信心，最终导致组织文化的变革。

随着数字世界由 PC 时代进入移动互联网时代、云计算时代，微软的业务量一度大幅度下降。萨提亚·纳德拉在担任微软的 CEO 后重塑了微软文化，可以用非常简单的一句话来表达——从固化型思维转为成长型思维。在新的文化引领下，微软革新了战略，由封闭走向开放，业务全面转向云和移动互联网，Office 等产品由传统的许可销售模式转变为订阅模式，而且打破了原来只能运行在 Windows 操作系统上的固化思维，转变为可以跨平台运行。如今微软又重回巅峰，连续多年市值排名全球第二。看似简单的业务转变，其背后实际上是思维模式的转变，是创新文化的转变。

创新心理学家阿曼莎·英博总结了 14 个塑造创新文化的关键因素。

- 个人层面的影响因素分为挑战、自主权、认可。
- 团队层面的影响因素分为辩论、团队支持、合作。

- 领导层面的影响因素分为一般管理者的支持、高层领导者的支持、资源、明确的目标。
- 组织层面的影响因素分为风险、凝聚力、参与度、物理环境。

"心流"在心理学领域是指人们在专注于某种行为时表现的心理状态,在产生心流的同时,人会有高度的兴奋感及充实感。要达到"心流"状态,所做的任务必须需要很高的技能,另外必须具有挑战性。

研究表明,挑战和创新是紧密相关的。因此,组织必须对挑战的程度和个人的技能进行最佳匹配,激发个人的创新潜能。另有研究表明,当员工被给予决定该如何工作的自由时,其创造力会显著增加。当然,给予员工充分自主权的前提是组织制定了清晰的目标。心理学研究表明,人们内在动力驱动的行为明显比外在动力驱动的行为持久。被组织、同事、领导认可是激发员工内在动力的关键,也是创建创新文化的重要影响因素。

特蕾莎·阿玛贝尔教授和他的团队为了研究"领导者行为和创新型工作环境",采访了238位工作在不同领域的员工。研究结果表明,对创新有帮助的行为可分为以下4类。

(1)支持行为,包括主动支持团队的行为和决定,时常和团队成员互动,帮助团队成员减少压力和负面情绪。

(2)监督行为,经常与团队交流,对团队提供有用的反馈。

(3)认同行为,对员工的积极行为在私下和公开场合表示认可。

(4)咨询行为,与团队沟通中采取合作态度,询问他们的意见与建议,而不是过度控制。

"高层的承诺"是与创新成功相关的秘籍之一。在追求突破式创新或颠覆式创新时,具备一个集权的并且有决断的高层管理团队是至关重要的。例如,比尔·盖茨(微软)、史蒂夫·乔布斯(苹果)、杰夫·贝佐斯(亚马逊)、埃隆·马斯克(特斯拉)、安迪·格罗夫(英特尔),他们对创新有清晰的愿景并且亲自参与创新过程。高层管理者应勇于接受风险。由于数字化转型具有不确定性,因此不可避免地会遭受失败。这要求企业家为承担风险做好准备，并且将失败看作学习和发展的机会。

埃隆·马斯克是创新型领导者中的杰出代表。他生于南非，拥有物理学和经济学两个学位。24岁时，他与别人共同创办了在线城市导游软件——Zip2，四年后Zip2被卖给康柏。随后他创立了在线支付服务公司X.com，一年后X.com和PayPal的所有者康菲尼迪合并，后来他把PayPal卖给了ebay。2002年，他再次创业成立了太空探索技术公司（SpaceX），成功实现可回收火箭，大大降低了火箭的发射成本。2004年，他投资并加入特斯拉，从此开启了智能电动车时代。在他的带领下，特斯拉取得了巨大的成功。

在塑造创新文化过程中，一个重要的影响因素是鼓励不同观点的存在。组织要建立多元化的文化，避免为了"文化趋同"而在招聘过程中筛选掉"异己者"。另一个重要影响因素就是领导者要有开放的心态，要以身作则，敢于接受员工的挑战。拥有开放并能相互信任和相互支持的团队，也是塑造创新文化的重要方面，应让每个成员在团队内都有足够的安全感去挑战现状并提出创新性想法。有研究表明，跨职能、跨部门的合作是创建创新文化的重要驱动力。

传统组织观念中的"只许成功，不许失败"会激励团队成员背水一战，但是这样的信念会扼杀团队创新的欲望。因此，认识到创新会失败，但可以从中汲取经验，是建立创新文化组织的一个重要因素。创新型组织往往鼓励人们尝试，并分享失败经验。很多企业设立了"勇于尝试奖"，以鼓励员工大胆尝试，即使没有达到预期的效果也可能得到这个奖。研究表明，如果组织中的成员普遍愿意承担风险，那么工作氛围将更有创造性。根据调节定向理论可知，具有促进定向型人格的员工会更多地表现出创造性。组织应该雇佣或培养更多具有促进定向型人格的员工，以营造良好的创新氛围。创意的最大杀手是"问责"的环境，员工处在这样的环境中，往往会为了避免被"问责"而会选择不去冒险。因此，具有创新文化的企业应遵循"无罪事后剖析"原则，即先假定员工的尝试都出于善意，故对失败的创意只进行总结，不追究责任，以鼓励员工勇于尝试。

塑造创新文化还有一个重要因素，即培育组织的凝聚力。研究表明，当企业员工都高度认可企业的愿景和使命时，团队的凝聚力将非常高。成功的创新型组织关注的问题之一就是，找到一种方式来证明拥有好想法的个体能够在本组织内实现其想法，不用离开组织去实现其想法。

谷歌在创立之初就着重培育组织的创新文化氛围，允许技术人员将 20%的时间用在自己的创新项目上，而不是上级规定的工作上；同样，管理人员可以将 20%的时间用在核心业务以外的项目上，将 10%的时间用在新产品和业务的发展上，而且可以将用在非核心业务上的时间不按月或按周分配。该规定被写入雇佣合同中，受绩效评估的影响，是员工 25 种评估方式中的组成部分，也是组织为员工设定的目标。谷歌的很多创意都是在这种鼓励下产生的，虽然大多数创意都失败了，但也有很多成功了，这取决于市场的选择。

5.2.7　创新网络和开放式创新

企业数字化转型具有高度的不确定性，只靠企业内部的资源很难取得成功。必须和专业化机构合作，共享外部基础设施带来的收益。因此，有必要建立创新网络，整合内部资源和外部资源。表 5-5 所示为一些典型的创新网络类型。

表 5-5　一些典型的创新网络类型

网络类型	实例
基于企业家型	将不同的互补的资源结合在一起，以便利用。经常组合正式和非正式的信息，依赖企业家的能力和热情，使人们有兴趣加入并停留在网络中，如企业家俱乐部
内部企业家网络型	这一模式旨在挖掘员工想法。通常是因临时调配员工参与内部风险项目而建立的网络，随着在线技术的发展这一模式发展迅速
内部项目团队型	将知识和关键技术的正式、非正式网络汇聚在一起，以便利用一些机会。由于跨越内部组织边界，网络的利用可能面临一些困难
行业网络型	由于处于同一个行业，网络使不同的成员聚集在一起，以共同创新为目的来保持竞争力，如行业协会、产业论坛等方式
学习网络型	个人和组织团体聚集在一起学习新方法并分享学习经验
用户网络型	鼓励用户参与创新活动，通过众包等方式建立面向用户的创新网络
社区实践型	因为关注某一领域的知识，而把内部参与者和外部组织连接在一起的网络，包括线上和线下的网络

建立创新网络的优势之一是可以利用网络的聚合效应,创新网络不仅能聚合和传播知识,还具有网络效应,即整体潜力大于部分之和;优势之二是共享学习提供支持;优势之三是降低探索新技术时的风险和增加学习、实验中的资源。

创新网络的建立、运行、维护是一个复杂的过程,必须有一套管理机制才能高效地发挥其价值。

组织在网络中的位置是战略层面要考虑的问题,它反映了组织在网络中的能力和影响力。

除此之外,还要考虑网络中的成员之间的连接是松散型还是紧密型。要根据不同的网络类型来制定管理策略。

- 对于前沿的创新网络,关注知识产权及风险管理。
- 对于应用层面的创新网络,关注分享经验、发布信息、建立信任方面的管理。
- 对于探讨新产品开发流程的创新网络,通常探讨和挑战现有的界线,采用合资企业或战略联盟的方式比较易于管理。

建立创新网络本质上是以内部为主的封闭式创新,只是更广泛地利用外部合作伙伴的网络资源,这种方式是一种松散型的合作。现在更广泛的模式是采用开放式创新。开放式创新包括以下三种方式。

- 建立合资企业或合作联盟。
- 和供应商合作创新。
- 用户主导的创新。

现在,越来越多的企业采用用户主导的开放式创新体系,尤其是面向最终消费者产品的企业,如海尔开放式创新体系。

面对外部的强大竞争压力,海尔提出了构建技术创新的核心竞争力目标。海尔的技术创新能力沿着**以技术引进与消化吸收为核心的模仿创新—以技术创新为核心的全面创新—以技术资源整合能力为核心的开放式创新**的路径,逐渐把技术创新能力演变成核心能力。

- 第一阶段,以技术引进与消化吸收为核心的模仿创新。
- 第二阶段,以技术创新为核心的全面创新,通过内部研发和外部合作兼并实现,但以内部研发为主。
- 第三阶段,以技术资源整合能力为核心的开放式创新。海尔于 2009 年启动 HOPE 创新生态平台项目;2012 年海尔开放式创新中心 1.0 上线,标志着海尔进入开放式创新阶段。

HOPE 创新生态平台是一个创新者聚集的生态社区,一个全球范围的庞大资源网络,一个支持产品创新的一站式服务平台。HOPE 创新生态平台把技术、知识、创意的供方和需方聚集在一起,提供交互的场景和工具,促成创新产品的诞生。图 5-9 所示为 HOPE 创新生态平台的基本功能。

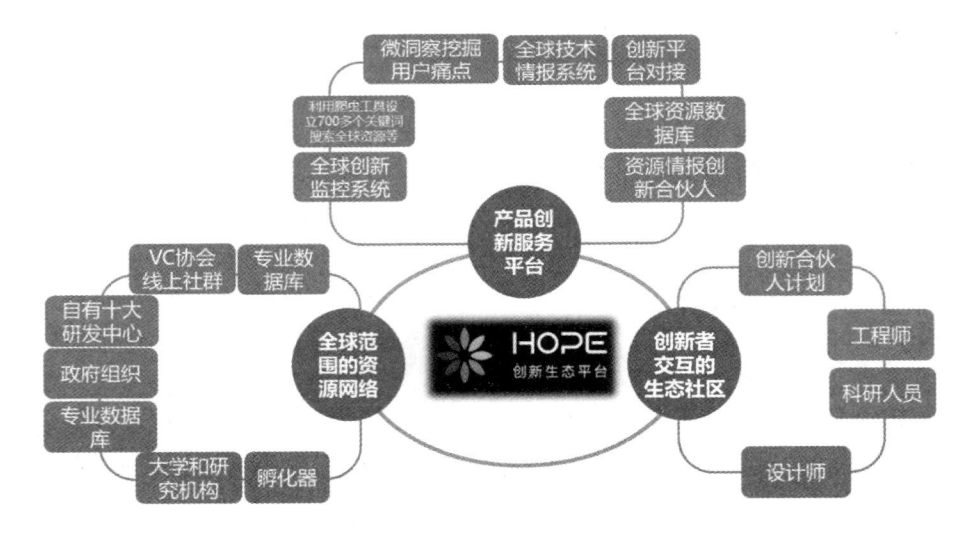

图 5-9 HOPE 创新生态平台的基本功能

本章参考文献

[1] 金伟林,王侦,吴画斌. 开放式创新平台如何赋能[J]. 特区经济,2020,(5):67-70.

[2] 阿曼莎·英博. 塑造创新文化[M]. 陈劲，茹烨，刘彦声，译. 北京：电子工业出版社，2018.

[3] 埃里克·莱斯. 精益创业[M]. 吴彤，译. 北京：中信出版社，2021.

[4] 管婷婷. 敏捷团队绩效考核[M]. 北京：电子工业出版社，2020.

[5] 吉姆·海史密斯，琳达·刘，大卫·罗宾逊. 价值驱动的数字化转型[M]. 万学凡，钱冰沁，译. 北京：机械工业出版社，2020.

[6] 克莱顿·克里斯坦森，迈克尔·雷纳. 创新者的解答[M]. 李瑜偲，林伟，郑欢，译. 北京：中信出版社，2020.

[7] 克莱顿·克里斯坦森. 创新者的基因[M]. 曾佳宁，译. 北京：中信出版社，2020.

[8] 克莱顿·克里斯坦森. 创新者的窘境[M]. 胡建桥，译. 北京：中信出版社，2020.

[9] 乔·蒂德，约翰·贝赞特. 创新管理（第6版）[M]. 陈劲，译. 北京：中国人民大学出版社，2020.

[10] 斯蒂芬·P·罗宾斯，蒂莫西·A·贾奇. 组织行为学（第12版）[M]. 李原，孙健敏，译. 北京：中国人民大学出版社，2008.

[11] 维杰伊·戈文达拉杨. 精益创新[M]. 余宁，周彧君，译. 北京：中信出版社，2020.

第 6 章　管理数字化转型实施过程

数字化转型实施过程的管理方式取决于企业选择的数字化转型模式。商业模式创新、产品和服务创新、运营创新实施过程的管理方式不同，渐进式创新和突破式创新实施过程的管理方式也不一样。接下来重点介绍商业模式转型、产品转型、服务转型过程管理。

6.1　商业模式转型过程管理

6.1.1　商业模式的基本概念

清华大学经管学院教授魏炜、朱武祥在《发现商业模式》一书中首次对商业模式进行了定义，即**商业模式就是利益相关者的交易结构，由企业定位、业务结构、关键资源、盈利模式、自由现金流、企业价值六个方面描述**（见图6-1）。

后来，亚历山大·奥斯特瓦德、伊夫·皮尼厄在《商业模式新生代》一书中对商业模式进行了定义，**商业模式用于描述企业如何创造价值、传递价值和获取价值。它由客户细分、价值主张、客户渠道、客户关系、收入来源、核心资源、关键业务、重要合作、成本结构九个方面描述**。目前，大部分人都接受这一概念。

- 客户细分用来描述一个企业要服务的特定客户群体，回答谁是企业最重要的客户，为哪个特定群体创造价值，等等问题。

图 6-1 商业模式结构

- 价值主张用来描述为特定客户细分创造价值的系列产品和服务，回答应该向客户传递什么价值，为客户解决哪些痛点，满足哪些客户的需求，等等问题。
- 客户渠道用来描述企业如何向客户传递价值主张，回答如何让企业的渠道最有效，哪些渠道成本效益最好，等等问题。
- 客户关系用来描述企业与特定客户建立的关系类型，回答企业与每个客户细分群体建立和保持何种关系，维系这种关系的成本多大，等等问题。
- 收入来源用来描述企业从每个客户群体中获得的现金收入，回答什么价值能让客户愿意付费，以及如何支付，等等问题，核心是定价机制。
- 核心资源用于描述让商业模式有效运转必需的最重要因素，回答企业的价值主张需要什么样的核心资源等问题。
- 关键业务用于描述为了确保商业模式可行，企业必须要做的最重要的事情，回答价值主张需要哪些关键业务，企业的渠道需要哪些关键业务，等等问题。
- 重要合作用于描述让商业模式运作需要的供应商和合作伙伴的网络，回答有哪些合作伙伴，谁是重要供应商，等等问题。

- 成本结构用来描述运营一个商业模式引发的所有成本，回答企业商业模式中最重要的固定成本是什么，哪些核心资源花费最多，哪些关键业务花费最多，等等问题。

商业模式画布如图 6-2 所示。

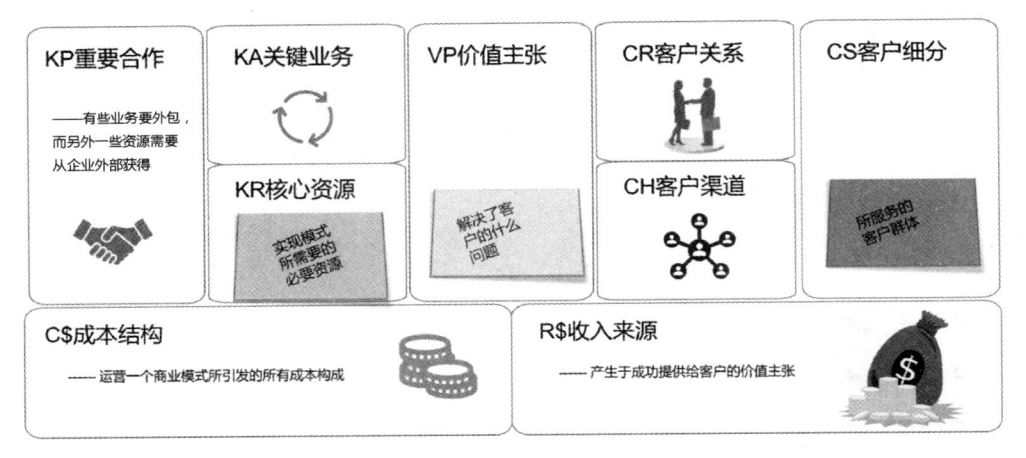

图 6-2　商业模式画布

根据上述定义，亚历山大·奥斯特瓦德、伊夫·皮尼厄把商业模式分为非绑定型商业模式、长尾型商业模式、多边平台型商业模式、免费型商业模式、开放型商业模式五种类型，如表 6-1 所示。

表 6-1　五种商业模式的对比

类型	非绑定型商业模式	长尾型商业模式	多边平台型商业模式	免费型商业模式	开放型商业模式
传统方式	一种包含基础设施管理、产品创新和客户管理的整合型商业模式	主张只针对有利可图的高价值客户，采用"二八"原则	一种价值主张只针对一个客户细分群体	高价值、高成本的价值主张只提供给付费客户	研发资源和关键业务都被集中在企业内部；创意只能在企业内部产生，成果也只能在企业内部使用

续表

类型	非绑定型商业模式	长尾型商业模式	多边平台型商业模式	免费型商业模式	开放型商业模式
挑战	成本太高,多种相互冲突的企业文化被整合到一个实体中,带来不利的权衡取舍	针对低价值的客户群体提供特定价值主张,导致成本太高	企业无法获得潜在新客户	高价格挡住了客户	研发成本过高,投入产出比率很低
解决方案	将业务拆分成三种独立但又相互联系的模型:基础设施管理业务、产品创新业务、客户关系型业务	针对低价值客户群体提供新的或附加的价值主张,所产生的累计收入同样有利可图	增加"接触"企业现有客户细分群体的价值主张,如广告商通过平台可以与广告主接触	针对不同的客户细分群体提供有不同收入来源的价值主张,其中一个是免费的或极低成本的	利用外部合作伙伴,提高内部研发资源和业务效率。内部的研发成果被转化为价值主张,提供给感兴趣的客户细分群体
原理	数字技术降低了企业内部的协作成本	数字技术发展导致产品的边际成本递减,允许以低成本针对数量庞大的新客户发布量身定制的价值主张	互联网技术的发展使得低成本搭建双边或多边交易平台成为可能,将这些客户细分,可以为最初的模型增加收入来源	付费客户群体为免费客户细分群体提供补贴,以便最大限度地吸引客户	从外部资源获取的研发成果成本更低,并且可以缩短上市时间。未被利用的创新在出售给外部后可以带来更多潜在收入
举例	移动运营商	电子书出版商	淘宝、京东	奇虎360	海尔

6.1.2 创新商业模式过程管理

商业模式的创新有如下四大目标。

- 满足被忽略的市场需求。
- 把新技术、新产品和新服务推向市场。
- 通过一个更好的商业模式来改进、颠覆或改变现有市场。
- 创造一个全新的市场。

数字技术一方面会带来新的市场机会，另一方面会带来颠覆现有成熟企业的潜在危机。因此，对于企业商业模式转型，驱动因素如下。

- 现行模式遇到了危机，如零售行业的线下大卖场模式。
- 调整、改善和稳固现有模式，如线上线下一体化。
- 把新的技术、产品、服务推向市场，如传统的电网业务转向充电桩业务。
- 探索和测试可能会取代现行模式的全新模式，着手准备未来，如由垂直业务转向平台业务。

正如前面所说，商业模式创新是一个演变过程，并不是"规划"出来的，因此，企业需要具备处理混乱与不确定性的能力，还需要坚持不懈，直到找到令人满意的解决方案。参与者必须投入大量的时间和精力去探索各种可能的情况，而不是很快地采纳其中一种方案，轻率地得出结论。这种方法被称为设计理念，与传统商业管理领域流行的决定理念不同。

设计理念假设的是设计一种杰出替代方案是困难的，一旦设计出来了，选择哪个替代方案就变得次要了。

设计理念把基本的商业模式过程分为五个阶段：动员阶段、理解阶段、设计阶段、实施阶段和管理阶段。

（1）动员阶段的主要活动是确定项目目标、测试初始想法、规划项目计划和组建项目团队，本阶段的主要活动如表6-2所示。

表6-2 动员阶段的主要活动

主要活动	关键成功要素	主要风险
确定项目目标 测试初始想法 规划项目计划 组建项目团队	合适的人员、经验和知识	高估了初始想法的价值

对于创业公司，这个阶段相对容易。但对于成熟企业，这个阶段要难得多，因为要

考虑和现有资源冲突的情况。首先，要说服董事会、高管层批准同意；其次，要处理好和既得利益集团的关系；再次，要组建跨职能团队，来自不同领域的角色拥有不同领域的专业知识，有助于增加提高成功的概率。

（2）理解阶段的主要任务是对所在环境进行细致、彻底的了解，但前面提到过，对内部环境和外部环境的分析都是基于有限信息的，不可能完全正确，不能以此为依据来设计商业模式，本阶段的主要活动如表 6-3 所示。

表 6-3 理解阶段的主要活动

主要活动	关键成功要素	主要风险
环境分析； 采访行业专家； 研究前人的做法； 收集想法和观点	对潜在目标市场的深入了解； 超越传统目标市场定义的界限	过度研究，研究和目标之间脱节； 由于受到某个想法的影响，研究结果不客观

理解阶段主要采用的工具有客户洞察法、可视化思考法、情景推测法等。

客户洞察法是典型的客户需求拉动型创新模式，通过调研了解客户未被满足的需求。使用移情图描述的客户洞察法如图 6-3 所示。

图 6-3 使用移情图描述的客户洞察法

可视化思考法，是指使用图片、草图、图表和便利贴等可视化工具，构建和讨论事情。采用便利贴可视化工具的可视思考法示例如图6-4所示。

图6-4 采用便利贴可视化工具的可视思考法示例

情景推测法，是指把抽象的概念变成具体的模型，主要通过细化环境，来帮助我们熟悉商业模式设计流程。

（3）设计阶段的任务就是把理解阶段获取的信息综合提炼、总结分析，并决策采取何种模式，本阶段的主要活动如表6-4所示。

表6-4 设计阶段的主要活动

主要活动	关键成功因素	主要风险
头脑风暴； 原型制作； 测试； 选择	来自公司不同部门的员工一起设计； 透过现象看本质的能力； 投入时间，探索多种商业模式	低估或打压大胆想法； 过快地"钟情"于某种想法

设计阶段面临的主要挑战是保持设计大胆新颖模式的决心，发散性思维是其中一个关键成功因素。为了产生突破性想法，团队成员必须在构思阶段摒弃现行的模式和形

态。团队必须投入大量时间来探索多种商业模式,同时需要避免过早地"钟情"于某种想法,否则会陷入先入为主的困境。

(4)一旦选取了合适的商业模式,就进入了实施阶段。实施阶段包括确定所有相关项目、制定各个阶段的里程碑、准备预算清单和路线图等。由于商业模式转型存在不确定性,因此采用的方法要遵循"数字化治理"部分描述的方法,本阶段主要活动如表 6-5 所示。

表 6-5 实施阶段主要活动

主要活动	关键成功因素	主要风险
交流和参与; 执行	最佳项目管理; 快速调整商业模式的能力和意愿; 平衡好旧模式和新模式	积极性降低、减弱; 没有平衡好旧模式和新模式; 过于剧烈的变革

(5)对于一个成功的公司,创造一种全新的商业模式或重新思考现行的模式并非一次偶然尝试,管理活动必须贯穿于前面的四个阶段,这是一个 PDCA 循环往复过程,需要不断地评估模式、审视环境、试错和及时调整。管理阶段的主要活动如表 6-6 所示。

表 6-6 管理阶段主要活动

主要活动	关键成功因素	主要风险
分析环境; 持续地评估商业模式; 换一个角度思考商业模式; 调整商业模式,配合公司整体战略; 处理模式之间的协同效应和冲突问题	目光长远; 积极主动; 商业模式的管理	成为成功的牺牲品,因满足于现状未能及时做出调整

6.1.3 平台型商业模式创建

在亚历山大·奥斯特瓦德、伊夫·皮尼厄提到的商业模式中,平台型商业模式是最具有吸引力的,是在消费互联网时代大家熟知的生态模式。

1. 什么是平台型商业模式

平台型商业模式指的是连接两个或两个以上特定群体,为其提供互动机制,满足所有群体的需求,并从中盈利的商业模式。

互联网的兴起使平台的交易成本大大降低,使平台型企业搭建的生态圈以前所未有的速度在扩张。学会正确运用平台战略的企业将颠覆原有产业价值链。企业数字化转型中最具挑战性的就是构建平台生态模式。

2. 设计平台型商业模式

设计平台型商业模式的第一步是确定是双边平台还是多边平台。典型的多边平台有淘宝(连接了"买家""卖家""广告主")、招聘网站(连接了"企业""求职者""广告用户")等。双边平台市场模式如图 6-5 所示。在多种类型的平台模式中,双边平台是基础形式,其他多边平台都是基于双边平台演变的。

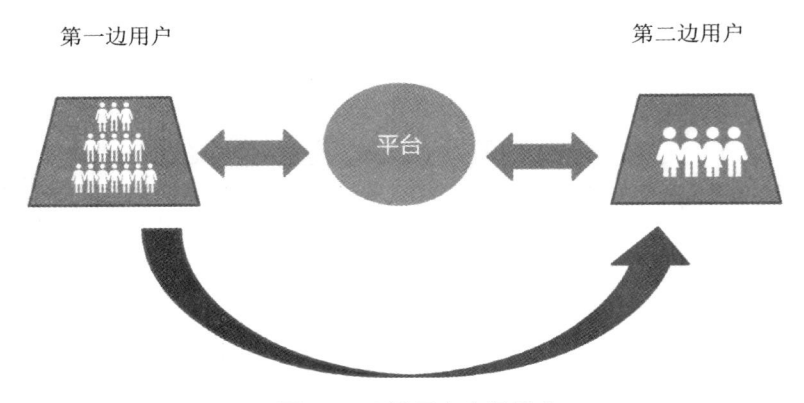

图 6-5　双边平台市场模式

设计平台型商业模式的第二步是设法激发网络效应。

平台型商业模式中的网络效应包括两大类:同边网络效应和跨边网络效应。

- 同边网络效应指的是一边用户使用该服务时,会促使同类用户使用该服务。例如,使用微信的人越多,越能吸引更多的用户使用微信。

- 跨边网络效应指的是一边用户规模增长,会刺激另一边用户规模增长。例如,视频网站的用户数越多,越能吸引更多的广告主入驻平台。

要激发平台的网络效应,达到经济学所说的"正反馈"点,必须采用某种机制刺激一边用户规模增长,以带动另一边用户规模增长。

设计平台型商业模式的关键是确定谁付费、谁免费,这是盈利的关键点,也是激发网络效应的核心。通常可以根据如表 6-7 所示的基本补贴原则来设定付费方和被补贴方。

表 6-7　基本补贴原则

原则	被补贴方	付费方
价格弹性	高	低
成长时的边际成本	低	高
同边网络效应	正向	负向
多地栖息的可能性	高	低

价格弹性反映了用户对价格变化的敏感程度,对于价格弹性高的用户,商品价格的微小变化都会导致需求量有较大的变化;对于价格弹性低的用户,商品价格的改变不会引起需求量的显著变化。因此,对价格变化敏感的用户群体适合作为被补贴方,而对价格变化不敏感的用户群体适合作为付费方。

随着用户群体的增加,如果平台维护这些用户群体的边际成本很低,则该用户群体可以作为被补贴方。当某一边用户有正向的网络效应时,如 QQ 用户,适合作为被补贴方,因为这些用户的加入会迅速产生倍增效应。如果一个用户群体很容易离开一个平台,例如一个用户既可以在淘宝上购物,也可以在京东上购物,那么该用户群体应该作为被补贴方,而商家离开平台的成本比较高,因为更换平台其在该平台上积累的信誉的损失较高,因此应该作为付费方。

一种商业模式能否成功,取决于能否盈利,因此盈利模式的设计很重要。一个平台型企业的盈利模式可能随着生态圈的演变、竞争环境的改变而变化。对于平台型商业模式,有效的盈利模式通常具有如下两大特点。

（1）平台型商业模式的根基来自多边群体的互补需求激发出来的网络效应，因此，若要有效盈利，则必须要找到双方需求引力之间的"关键环节"，设置获利关卡。例如，婚恋网站设置的关卡是如果想和心仪的对象互相联系，就需要付费。

（2）平台型商业模式并非直线式、单向价值链中的一个环节，而是价值的整合者、多边群体的连接者，更是生态圈的主导者。可以通过挖掘多方数据来拟定多层级的价值主张，进而盈利。其中的关键是如何挖掘数据，以及如何分析消费者行为数据。

平台在建立之初很弱小，必须采用有效的机制刺激用户增长，达到产生网络效应的点，这个点被称为引爆点。图 6-6 所示为平台生态圈 S 形曲线，描述的是平台生态圈中的用户的最低意愿门槛和实际用户数量的关系。

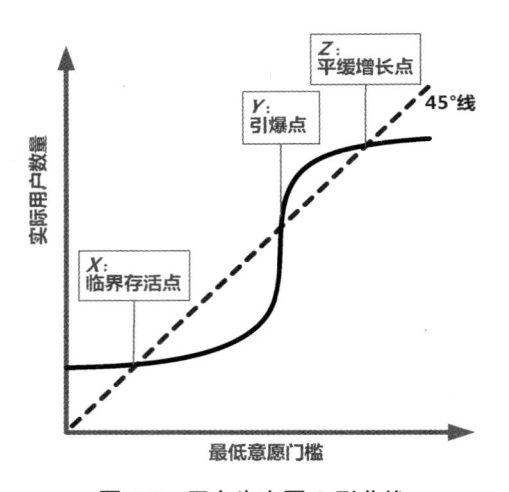

图 6-6　平台生态圈 S 形曲线

在平台初创期，S 形曲线（见图 6-6）在临界存活点 X 左侧，当大多数人都对这一新兴平台持观望态度时，只有一小群人愿意尝试，然而这部分用户太少了，达不到平台存活的要求。因此，平台面临的挑战是如何将用户规模由临界存活点 X 提升至引爆点 Y。因为 X 点至 Y 点这段曲线在 45°线下方，故实际用户数少于达到最低意愿门槛的潜在用户数。

例如，要想让某人注册微信账号，他的朋友中至少要有 10 个注册了微信账号，但现在他的朋友中只有 8 个注册了微信账号，那么他将处于观望状态。因此，平台方必须采用某种激励手段使他未注册微信账号的朋友中的两个注册微信账号。常用的激励手段有 3 种：第一种是补贴明星、有影响力的人，通过明星效应吸引用户；第二种是补贴政策；第三种是设计巧妙的定价策略，如免费策略。

6.2　产品转型过程管理

6.2.1　产品开发过程管理

很多企业数字化转型的首选是产品创新。传统企业的主要手段是融合创新，即在原有产品中融入数字技术，组合成新产品。这涉及产品创新问题，其管理过程可以按照产品创新管理方式进行。新产品开发的首要决策是成立什么样的团队来承担创新任务，前面介绍过，不同的创新任务需要的组织结构不同，在一般情况下，产品开发用价值交付团队来代替职能式组织或项目团队。

新产品的开发是通过一系列实验降低不确定性的渐进过程，一方面要控制一个最终可能不会成功的产品产生的资源浪费，另一方面要防止过早放弃产生沉默成本。新产品开发管理的目标是保持二者的平衡，具体可以参考门径管理方法和创新漏斗模型。图 6-7 所示为新产品开发的门经管理过程。

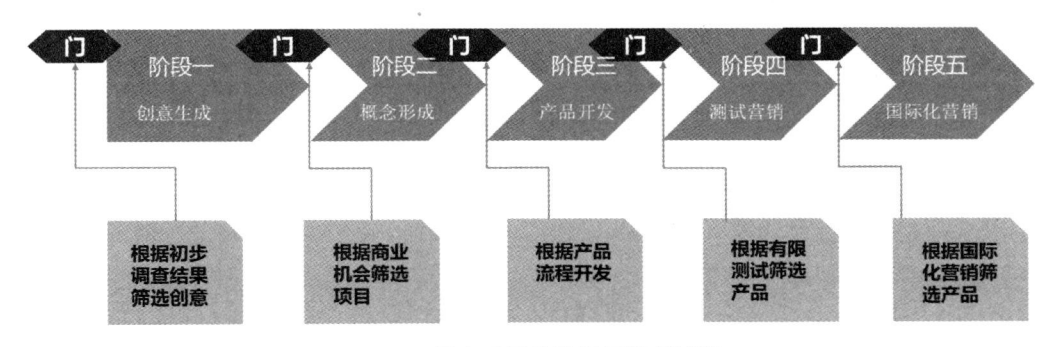

图 6-7　新产品开发的门径管理过程

创意生成和概念形成可以在数字化转型战略阶段决策，在产品开发阶段需要进行动态调整，该过程管理的重点是产品开发。敏捷创业和精益创业是两种不错的方法论，它们通过最小试错原则来获取消除不确定性需要的信息。

精益创业的核心要素如下。

- 建立—衡量—学习：提出假设，进行测试，根据测试结果调整创意。
- 最小可行产品：建立一个周期的简单原型，其目的是积累数据，验证想法是否可行。
- 创新会计：建立基准线，确保资源的合理使用。
- 转向：根据对客户的测试结果，围绕核心功能调整目标。如果多次尝试发现原来的假设是错误的，就立即放弃，重新寻找新的目标。

提出假设后要做的是建立一个最小可行产品，花费最短的时间经历一次完整的"开发—测试—认知"循环，以验证基本的商业假设。传统的产品开发往往需要花费很长的时间进行计划和详细设计，把产品尽可能做好后才推向市场。新产品采用最小可行产品的目的是尽快验证商业假设，因此，必须尽快把产品推向市场，产品不必尽善尽美。最小可行产品首批推向的客户是早期使用者。对个人而言，早期使用者之所以愿意做"第一个吃螃蟹"的人，往往是因为其对某些新东西好奇或想在同伴面前彰显其个性化（根据消费者行为心理学观点得出）；对企业而言，早期使用者往往想在和竞争对手的较量中取得先发优势。例如，特斯拉的早期产品尽管功能有限，但不妨碍部分早期使用者使用。对于多小才是最小可行产品，并没有统一定论，但有一个基本原则，即只要能够验证假设的基本功能就够了，其余多余的功能都是浪费。例如，Dropbox 为了测试"用户对云存储感兴趣"这个假设，他们既没有开发产品，也没有开发原型，仅仅拍摄了一段视频来介绍他们的产品功能，结果吸引了几十万人访问其网站。这个例子中的最小可行产品就是一段介绍视频。

传统的产品开发和创新产品开发对于质量和设计的理念是不同的。传统的产品开发强调向客户交付高质量的产品，因为客户对质量的标准有明确的要求。相较而言，产品创新开发在一开始甚至无法确定自己的客户是谁，自然无法知道满足客户需求的质量标准是什么。因此，对于产品创新开发，应尽快把最小可行产品推给早期使用者，让他们从中发现问题并反馈改进意见，无须像传统的产品开发一样追求高质量。

产品创新开发就是一个在不确定性环境下逐步试错的过程，为了验证初始假设是否正确，每次在开发产品的新功能前都会设定验证假设指标。若结果符合预设指标，则说明开发在朝预定的目标前进；否则，必须重新假设进入下一轮循环。在每一轮新循环进行前，都涉及是转型还是坚持的决策。决策结果不排除领导者的个人直觉、经验，但科学的决策方式有助于降低试错成本。首先，产品开发团队要对新开发的产品有清楚的前提假设，这个假设并非功能假设，而是基于价值创建的假设和增长假设，为了验证这两个假设，必须设计一些科学指标，而不是虚假繁荣指标。其次，要有基于数据分析的决策会议。

戴维·比内蒂是选民网（Votizen）的首席执行官，他的愿景是让公民更便捷地参与选举。基于此愿景，他的第一个产品概念是做一个由通过身份认证的选民组成的社交网站。为此，他做了如下4个假设。

（1）用户对注册社交网站有足够的兴趣。

（2）网站能验证用户是已经注册的选民。

（3）用户能被网站吸引并保持活跃。

（4）用户会将网站推荐给他的朋友，并让其成为选民。

针对这4个假设，戴维·比内蒂做了一个最小可行产品，并设计了注册率、激活率、留存率、推荐率4个验证指标。在花费8个月和25 000美元，并经过3次改版后，留存率和推荐率始终无法提升。通过分析数据及对用户进行访谈，他发现原来的假设是错误的。

这时戴维·比内蒂做了第一次转型决策：决定把产品定位为社交游说平台。这次的创意是让选民通过Twitter等社交媒体选出他们的民意代表，并把他们的建议通过社交游说平台——@2gov网站提交。@2gov网站把建议打印出来以信件的形式转交给政府。他在原指标的基础上增加了收入指标来衡量价值增长假设。经过一段时间的运行，注册率、留存率、推荐率都取得了大幅提高，但付费率很低。

这时戴维·比内蒂做了第二次转型决策：决定把付费者从个人用户转向商业和非营利机构，也就是说平台商业模式由 B2C 转向 B2B。基于此，他在网站改版前特意和几家有意向的机构签署了意向书，并招聘了更多人员。但网站改版上线后，原来的意向客户并没有兑现先前的承诺。这次转型还是没有成功。

这时戴维·比内蒂面临第三次转型决策，他面对的压力比前几次更大，一方面投资人的钱快用完了；另一方面因为要进行商业模式转型，所以不得不裁掉那些能力不符合新模式要求的员工。他受谷歌关键字广告平台的启发，设想了一种新的付费模式，即让用户按照点击关心的热点事件付费，而且通过信用卡自动支付。新网站只用一个月就完成了修改。幸运的是，改版后的网站的激活率、留存率、推荐率、付费率都取得了很大的提升。

这是一个典型的假设—测试—转型的产品开发案例，该案例说明数字化转型的新产品开发是一个典型的创新过程，不能按照信息化开发流程进行。

6.2.2 技术和市场对产品商业化的影响

产品数字化转型的市场和商业化取决于产品的创新程度。一般来说，新颖度高的产品可以采用细分法、原型法、市场实验法、行业专家法；新颖程度低的产品可以采用客户合作法、趋势推断法。在市场需求或技术不确定的情况下，通常使用市场实验法或行业专家法。

标准化的营销组合工具 4P[Product（产品）、Price（价格）、Place（渠道）、Promotion（促销）] 法对于产品创新有一定的帮助。例如，产品创新可以产生新的或改进的产品和服务，并改变竞争的基础；产品创新能够提高实施溢价策略的概率；流程创新可以提高成本优势，形成价格竞争优势。但是 4P 法对于新颖度高或复杂产品的开发的作用是有限的。联合分析法对于现有产品的改进有效，但对于全新产品的开发基本没有作用。细分法对于已被消费者接受的市场比较有效，但对于新兴市场基本无效。表 6-8 所示为产品创新的新颖度和市场开发工具的有效性关系。

表 6-8 产品创新的新颖度和市场开发工具的有效性关系

市场开发工具	新颖度高		新颖度低	
	使用频率/%	实用性/分（满分为 5 分）	使用频率/%	实用性/分（满分为 5 分）
细分法	89	3.42	42	4.50
原型法	79	4.33	63	4.08
市场实验法	63	4.00	53	3.70
行业专家法	63	3.83	37	3.71
调研法	52	4.50	37	4.00
趋势推断法	47	4.00	47	3.44
潜在需求分析法	47	3.89	32	3.67
客户行为观察法	47	3.67	42	3.50
客户合作法	37	4.43	58	3.67
客户开发法	32	4.33	37	3.57
场景开发法	21	3.75	26	2.80
角色扮演法	5	4.00	11	1.00

因此，在决定采用什么样的市场开发工具之前，我们必须清楚地知道技术和市场的成熟度。可以采用市场和技术的象限图来评估技术和市场的成熟度，针对不同象限采用不同市场开发工具和商业化技术。图 6-8 所示为技术和市场的成熟度对商业化过程的影响。

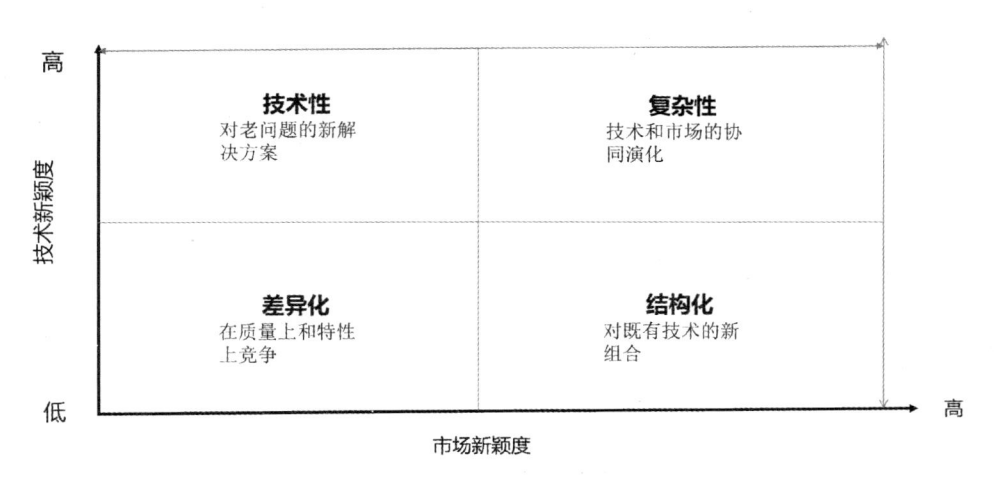

图 6-8 技术和市场的成熟度对商业化过程的影响

- 差异化：技术和市场都是成熟的，大部分创新是将现有技术改良后来满足已知客户的需要。产品和服务都是基于包装、定价和支持服务进行差异化的提升，如手机的软件和硬件功能的小改进。
- 结构化：适用于利用现有技术创造新的产品或服务。对应产品或服务的竞争是基于某个利基市场的服务及与客户的密切关系。创新通常源于潜在客户或与潜在客户的协作，如网约车就是基于移动互联网技术，为满足打车用户的需求而打开的一个全新的市场。
- 技术性：开发新技术来满足已知客户的需要。对应产品的竞争是基于性能而不是价格或质量的。例如，基于 5G 技术的全自动无人驾驶工程装载机，可以用于不便于有人驾驶的危险环境作业。
- 复杂性：技术和市场都是全新的，并且协同演化。在这种情况下，没有明确规定新技术的使用方式，随着时间的推移，产品开发者和领先客户共同创造了应用形式。例如，多媒体产品和服务的开发，如诺基亚研发出的首款可拍照智能手机 Nokia 7650 的每次改进都是和客户协同进行的，如今可拍照手机已成为标准的成熟产品。

评估市场的成熟度非常困难，主要是因为存在界定市场边界的问题。市场的真实增长率有助于评估产品处于其生命周期中的哪个阶段，并且可以由此推断出市场的成熟度。总的来说，高市场增长率对应于高研发成本、高营销成本，当然也意味着高边际利润。

6.2.3　产品商业化

技术创新产品就是将新技术应用于现有产品，以提高产品性能或降低成本；或者利用新技术生产出市场上不存在的产品，以满足客户潜在需求。技术是一种解决方案，产品是满足客户需求的东西。产品除了技术还包含其他要素，如产品渠道的便利性、配套产品的可得性、客户体验等，因此，用技术创新产品只比较新技术的性能优于现有技术是不够的。

有统计表明，超过 60% 的新产品还未上市就流产了；在顺利上市的产品中，有 40% 的产品因为无法满足盈利要求而退出市场。如何有效规避这种现象，降低创新风险呢？通常可以采用技术细分和行为细分来识别有效应用和目标客户。

传统的产品细分是按照产品属性和客户属性分类的，是基于属性和结果的相关关系。而克里斯坦森的市场推广理论认为，只有建立在情景条件分类的基础上，并能够合理地反映因果关系，才能确切地了解哪些功能特性可以促进客户做出购买决策。客户使用产品是为了满足某种需求，或者为了完成某种"任务"，以"任务"为果，找到对应的因，即可建立产品和技术之间的因果关系。由于特定的"任务"和特定的场景关联，因此产品细分是建立在场景基础上的。

例如，黑莓手机在面世之初市场上已有很多智能手机品牌，无论是按产品属性还是按客户属性细分市场，都面临着很强的竞争对手。其产品开发者发现了一些现有产品没有覆盖的应用场景，如机场排队等待、拖沓且无聊的会议，如果有一部手机能利用等待的时间收发邮件、浏览信息，把碎片化的时间利用起来，那么客户肯定感兴趣。基于这些场景细分，黑莓手机的功能集中在浏览电子邮件及资讯，而解决方案就是加密的无线数据传输技术。

可以通过实施行为细分来发现几个相似环境和有相似行为的客户群，再进行技术细分和行为细分，以界定特定的目标客户群和接下来要进行商业可行性评估的市场。高技术产品和服务的技术细分和行为细分如表 6-9 所示。

表 6-9 高技术产品和服务的技术细分和行为细分

	应用一	应用二	应用三
客户类型一	市场细分 A	—	—
客户类型二	—	—	市场细分 C
客户类型三	市场细分 B	市场细分 B	市场细分 C
客户类型四	—	—	市场细分 C

对高技术产品的营销来说，一些独特的特点会影响客户的购买行为。

客户对技术差异的感知会影响其购买行为。一般来说，当客户相信产品的技术相似时，就会花费更多的时间进行搜索，与同类产品进行比较；而当他们认为产品的技术之间存在显著差异时，就会立即做出购买决策。

客户对技术变化速度的感知会影响其购买行为。一般来说，当客户相信技术更新换代很快时，就会花费很多精力寻找替代品，但寻找时间不会很长。

企业用户可能和供应商有着很密切的关系，这会增加转换成本。一般来说，与供应商相关的转换成本越高，企业用户越不容易寻找别的产品。但如果转换成本是产品兼容部分功能，那么企业用户就容易寻找兼容产品的替代品。

6.3 服务转型过程管理

以前，大多数创新管理方法都来自对有形产品的实践经验总结，但服务和有形产品间有很大差异性，下面是两者间的主要差异。

（1）有形性。产品是有形的，而服务大多是无形的，客户最后感知的是服务过程和结果。

（2）对性能和质量的感知在服务业中更加重要，特别是对期望的性能和察觉到的性能间的差距的感知。只有当一项服务超出了客户期望时，客户才会给予较高评价。

（3）同时性。产品和服务在生产和消费间的时滞是不同的。大部分产品在消费前就生产出来了，有存储、配送和销售时间。相反，许多服务在生产出来的同时就被消费了，这带来了与质量管理和产能计划相关的问题。

（4）客户接触。大部分客户无缘接触到产品的生产过程，但服务在运作过程中与客户有高度接触。

（5）地点。服务运作的地点比产品的生产地点更重要。因此，制造业产品可以全球化，服务类产品大多是本地化。

在实践中,大部分企业提供的都是产品和服务的结合体,因此,可以将任何运作在一端的"纯"产品和"纯"服务分离,针对不同产品和服务创新采用不同的管理方式。

"纯"服务的创新过程没有特别的方法论,但有几种服务创新型组织形式,这些组织形式适用于不同的服务创新类型。

(1)客户项目导向型。这种组织中的项目领导者在项目初期就组织每个人参与项目并减少任务交接环节,如质量功能展开(Quality Function Deployment,QFD)被用来影响和识别客户需求。这种组织能够凭借强大而灵活的授权来为目标客户提供服务,但在工具/技术方面很弱。

(2)机械定制型。这种组织是通过外部客户参与产品开发和交付流程的决策形成的。标准化是控制内部和外部关系的关键因素,采用数字技术易于与客户及供应商之间交换信息,并提供标准化的服务流程。客户可以根据实际要求定制流程并帮助完善标准。

(3)混合知识分享型。在这种组织中,人们组成小组,交叉培训。采用数字技术可以帮助团队成员之间分享知识。这种组织结构在组织、工具及系统整合方面都有很大优势,但缺乏正式的流程。

(4)整合创新型。这种组织的特点是,扁平化结构中的跨职能团队组织内部的沟通开放不受等级影响。在整个价值链中,工作责任大家共同分担,分工协作。这种形式可将不同领域的专家安排在同一个项目中,对服务的创新开发过程有很大帮助。

实践证明,这四种组织结构提供了一些相同的要素,包括将人们聚集在一起的组织模式、控制机制、共享的知识和技术、与客户及供应商的联系。

在创新绩效方面,创新和质量可以通过跨职能团队和信息共享来改善,也可以通过客户和供应商的参与来提高,还可以通过鼓励团队协作来改进。服务交付可以通过客户聚焦和项目管理,以及团队中的知识分享和协作来改善。市场进入时间可以通过知识分享和协作、客户聚焦和项目组来缩短。成本可以通过设定项目和产品标准,以及促使客户和供应商参与来降低。

本章参考文献

[1] 陈威如，余卓轩. 平台战略[M]. 北京：中信出版社，2021.

[2] 乔·蒂德，约翰·贝赞特. 创新管理（第 6 版）[M]. 陈劲，译. 北京：中国人民大学出版社，2020.

[3] 亚历山大·奥斯特瓦德，伊夫·皮尼厄. 商业模式新生代[M]. 王帅，毛心宇，严威，译. 北京：机械工业出版社，2011.

第 7 章 以技术为核心

7.1 数字企业的演进

在信息化时代，传统企业提倡以"业务为驱动，以技术为支撑"。其中，"业务"指的是传统的成熟业务，业务需要信息技术提供哪些支撑，是由业务部门根据业务的要求来制定的。

在数字化时代，技术不仅可以支撑业务，还可以创造新的业务。要改变组织，必须改变组织成员对数字技术的看法。技术不再是"帮助"业务，而是业务的一部分。提供数字化服务的企业（数字原生企业）对这一点已达成共识，但提供非数字化业务的企业要达成共识恐怕需要较长的时间。

以技术为核心（Tech@core）的概念诞生于 21 世纪，其意味着技术就是企业的业务，不管企业从事什么业务。在信息技术刚起步的时候，业务与技术是分离的。业务人员唯恐与技术产生联系；而技术人员谈起技术眉飞色舞，但对业务问题无动于衷。在这个阶段，技术充当了支持者的角色，如会计电算化、银行的存单记账、员工工资的核算等。

随着业务复杂度的增长及复杂性的提高，技术的复杂度也在提高。业务与技术之间的沟通协作不断加强，业务开始关注技术，技术也开始关注业务。此时，业务处于主动地位。

随着数字技术的发展，客户对数字化的需求不断提高，同时需要有更多种方式来实现和客户的连接。业务和技术的边界变得模糊。例如，垂直电商平台的业务是销售商品，技术是进行客户行为分析，提供有效的促销分析依据。

后来，技术引领差异化，出现了一批以技术驱动业务的差异化，如传统的线下中介业务融合互联网技术后变成线上、线下的信息中介业务。低成本、广泛传播的特点使得线上模式相比传统线下模式有很大的竞争优势。这需要技术和业务之间更紧密地合作，更好地理解彼此的知识领域。

随着演进的逐步深入，技术取代传统业务成为企业的核心，如传统的零售行业转为线上和线下模式，最后转为平台模式。平台不再销售商品，而是通过技术平台撮合买方和卖方，收取服务费。在这种模式下，技术成为企业的核心，原来的营销和技术结合形成强大的营销算法，提高了平台的交易撮合效率。在这个阶段，企业业务和领导者越来越精通技术，领导者依靠技术创建新的客户需求，"技术是企业的战略核心"的理念深入人心。以技术为核心的演进示意图如图 7-1 所示。

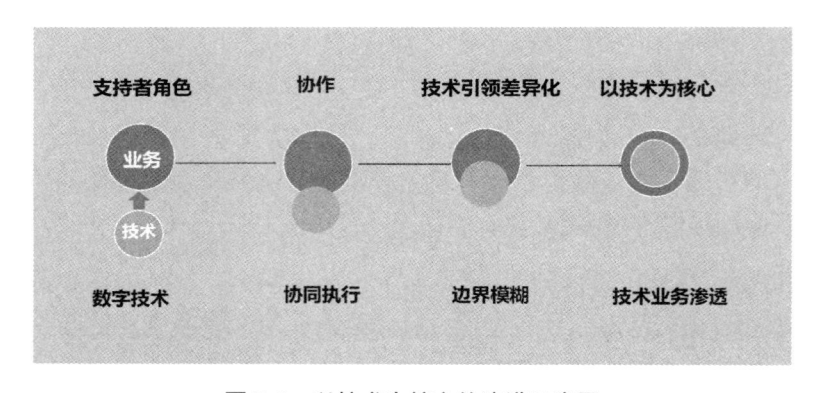

图 7-1 以技术为核心的演进示意图

7.2 制定技术战略

技术在飞速进步的同时出现了"技术抵制"（Techlash）的声音，人们对技术带来的价值存在质疑。事实上，真正的问题不是技术是否有价值，而是企业对技术应用的态度是否慎重。要想实现进一步发展，企业必须承认技术在人们当今生活中的重要作用，并探索人与技术间的变化关系。如果企业决定进行数字化转型，就需要构建数字技术能力，跟上技术进步的步伐。

技术战略来自企业的数字化转型战略。构建技术战略要先分析技术变化的趋势，以及技术变化的趋势对业务带来的潜在的影响。例如，人机交互方式变化的趋势表明人和机器的交互方式由键盘输入向真正的自然交互方式演进，即语音、手势等。这些技术的出现对业务的潜在影响表现为消费者对聊天机器人、智能代理和实时交互的要求越来越高，传统的呼叫中心业务受到挑战。

每个准备进行数字化转型的企业要创建技术雷达。技术雷达是一种工具，可以帮助企业分析技术发展的趋势，以及技术发展对企业潜在的机会和威胁。雷达图表达了技术及对该技术采取的行动建议：是采纳、试验、评估，还是暂缓采用该技术。

由谁负责技术战略比战略本身更重要。即使有一大堆流程，但如果没有具有专业知识的人也没有用。正如《敏捷宣言》的核心价值之一"个体和互动高于流程和工具"所描述的，让具有专业知识的人来制定技术战略非常重要。

那么有没有一种简单的找到合适的人来构建技术雷达和其他技术战略的方法呢？一方面寻求外部专家顾问团队，定期召开讨论会，更新技术雷达；另一方面找到内部团队的技术权威。技术战略和技术雷达是企业内部的核心竞争力，是花钱买不到的。虽然企业可以购买一家分析公司的评估报告，但是仍需要具备专业技术知识的人确定是否采纳评估和如何使用该技术。

7.3 数字技术发展趋势

《埃森哲技术展望》以每三年为一个周期预测技术发展的趋势及对产业变革的影响，其对2020年的技术发展的趋势预测可以归结为，"我体验我做主""人工智能与我""智能产品困境""机器人总动员""培育创新基因"；对2021年的技术发展的趋势预测是，

"未来架构""镜像世界""技术普众""无界工作""多方信任";对 2022 年的技术发展的趋势预测是,"未来网络""编码世界""虚实共生""无限算力"。

- 人工智能将推动企业加速创新。人工智能已经从执行简单任务的自动化操作升级成与人类互动的强大协作工具。领先企业已不再将人工智能视为简单的技术工具,而是将其视为整个组织的变革引擎。未来,企业需要以人机协作为核心,有效地运用工具和改进方法帮助人与机器更好地相互理解及互动。
- 自然语言处理技术提高了机器理解书面文字和口头文字的能力。
- 扩展现实和计算机视觉的进步,可以帮助机器准确识别人们周边的实体环境。
- 可解释的人工智能正在形成闭环,有利于人们明确系统做出决策的思路。

在人机协作模式下,从部门架构、产品设计,一直到员工的雇佣和培训,企业将对业务进行重构。

例如,大众想对旗下的 Microbus 车进行改进,为此其和欧特克(Autodesk)展开合作。该改进采用了衍生式设计,即人类工程师与人工智能间的迭代设计。人类工程师设定人工智能系统的设计目标和满足条件,人工智能系统在此基础上生成各种或看着不错或仍有欠缺的解决方案。如此往复,先由机器生成方案,再由人类对此加以验证和完善。通过双方的紧密合作,最终的零件设计在轻便性和坚固性方面均超越以往版本。由人工智能提出的树状设计概念还将新型车轮的重量减轻了 18%。更重要的是,该方案将大众的开发和制造周期从一年半缩短至数月。设计师认为,衍生式设计和人工智能是实现这一切的必要条件。

预计人工智能市场的价值到 2025 年将增长至 147 亿美元,相比 2018 年同期增长 154%。预计到 2025 年,使用企业语音助理和虚拟数字助理的用户将突破 10 亿人。三分之二的企业高管将于 2023 年部署人工智能,若成功实施,则有望使收入提高 30%。有 84% 的高管坚信,人工智能是实现企业增长目标的必备技术。已经采用人工智能并实行战略性扩展的企业表示,其人工智能投资回报率已增长 3 倍。

多年来,机器人帮助企业降低成本,提高生产率,提升分析能力,但这些效益在很大程度上局限于产品制造等个别行业。

如今，随着机器人、传感器、语音识别和计算机视觉等技术的进步，以及硬件成本的不断下降，机器人应用走出了工厂车间，在各行各业开花。新的应用模式将促进企业与消费者互动，有利于数据收集和品牌宣传，从而将数字世界的智能推向实体世界，并且开辟新的业务领域。未来，机器人的广泛普及将成为新数字时代业务增长和价值创造的重要驱动力。

以农业为例，食品和消费品企业的机器人设备订单于 2018 年增长了 48%。机器人正在开启植物种植、运输和包装的全新方式。丹麦最大的药材和迷你植物制造商 Rosborg Food Holding 使用由 OnRobot 开发的敏感型机器人夹持器处理温室内娇嫩的药材。OnRobot 基于先进的抓取技术和计算机视觉技术，能够处理形状奇特或过重的材料，克服了机器人在温室农业领域应用中的一个难点。

越来越多的企业，尤其是制造业，开始重视数字孪生，44%的中国企业表示，在进行数字孪生实验。同时，39%的中国企业表示，计划扩展数字孪生的规模。

例如，三一集团通过打造以制造运营管理（Manufacturing Operation Management，MOM）系统为核心的数字管理系统，打通了生产、质量、物流、库存等生产环节。三一集团正在建立统一的生产数据模型，以形成全生命周期业务数字化管控模式，进而实现生产过程的全数字驱动，推动三一集团的生产制造由局部智能迈入全面智能。

数字孪生具有强大的仿真能力，其依托于企业各领域的数据基础，给流程创新带来了无限的想象空间。通过数字孪生，企业可以零风险地探索新产品创意，为多个可能的未来制定战略，打造无限的"假设"场景。目前，大多数企业只是小规模地进行尝试，当他们可以在完全镜像的环境中应用多个数字孪生，将获得更大的价值。

例如，数字孪生可以彻底改变产品研发流程，使得人工智能驱动的创新式设计成为可能，企业员工和智能系统通过迭代式协作可以大幅缩短产品设计和制造周期；可以让企业在仿真环境中完成更多产品测试，在实体制造环节前进行完善，从而节约时间和降低成本，让产品更贴近客户需求。领先企业已经开始与合作伙伴共同打造数字孪生，实现运营可视化。

保时捷与材料供应商北欧化工（Borealis）、科思创（Covestro）和 DOMO Chemicals 及区块链供应商 Circularise 合作，在整个供应链中使用数字孪生，确保保时捷汽车的生产使用可持续材料。通过创建材料的数字孪生，Circularise 在整个供应链中建立了数字线程，实现了材料的可追溯性并追踪了其他可持续性指标，如碳足迹和节水情况。在整个供应链中，各方均可以更新数字孪生，以反映产品制造流程和生命周期，从而为保时捷及其客户提高透明度。

元宇宙和 Web 3.0 是 2022 年特别火热的概念。尽管这些词还没有统一的概念，但埃森哲认为，元宇宙是"互联网的一种革新，推动用户从单向网页浏览向体验共享、共建转变，允许人们从真实世界跨越到完全虚拟的世界，并促进两者全方位地融合"；Web 3.0 是"为利用区块链和通证化等技术在互联网中构建更加分布式的数据层的一系列新型举措"。

巴伐利亚发动机制造厂股份有限公司（以下称为宝马）是元宇宙的早期探路者。宝马采用英伟达（NVIDIA）的 Omniverse 平台，为其全球 31 个工厂创建数字孪生。在数字孪生内部，从装配车间的设备到各点位的人员，再到单个工作指令，实时数据重现了一个栩栩如生的 3D 环境。这个虚拟环境的用途非常广泛，如训练机器人巡视工厂、让身处不同地点的专家共同调试新生产线设计、对个别任务进行仿真训练，以及进行人体工学改进等。它绝不仅仅是一个试验场所，员工可以在该环境下推送软件更新，对各个单元进行监控以免业务中断，向车间中的机器人分配新任务，甚至接管和远程操控机器完成个别任务。

宝马展示了下一代互联网孕育的未来工厂。在这个工厂中实现了多种技术的深度融合，使数字世界和现实世界、仿真模拟和实时分析、整个工厂运营和个别特定工作项无缝对接，最终规划流程效率提升了 30%，并有望通过预测性维护、协作、培训和定制生产创造更多价值。

编码世界的三个层次分为互联层、体验层和物理层。

（1）物联网是互联层的核心，互联层由人与人之间的信息互联到万物互联。

（2）数字孪生是体验层的核心，它基于物联网和边缘设备收集数据并通过 5G 技术高速处理。

（3）编码世界的最后一层是物理层，该层涉及产品的制造方式，包括新制造和新材料，将可编码性融入人类现实生活中的方方面面。

新型智能材料和可编码材料有望实现成品定制化改造。可编码物质是经过编码的材料，在接收直接命令或感应到预定的触发条件时能改变物理属性。

例如，麻省理工学院的研究人员开发了可编码物质系统 ChromoUpdate，它可以用一束光改变物品的颜色。其原理是，紫外线投影仪可以改变物品上涂的光活化染料的反射特性，从而改变物品颜色。

天津大学开发出了力致变色、形状可编程和室温自修复特性的新材料。该材料在被拉伸时可以改变颜色，即使断开，也能重新愈合，因此其具有更长的使用寿命。同时，该材料还拥有"记忆编程"特性，可以被拉伸成任意二维或三维形状并保持不变，且升温后可以恢复到最初的形状。这为智能仿生变色伪装材料、自适应光学系统和软体机器人等技术的发展开辟了新道路。

2020 年年底，麻省理工学院比特与原子研究中心的研究小组发表了关于四个新材料亚单位（称为体素）的成果。体素是机械超材料，每个体素都有不同的形状，以组合成具有特殊机械性能的较大物体，如在被压缩时向内鼓起而不是向外鼓起，或者在被压缩时发生扭曲。虽然还未对它们进行大范围测试，但研究人员认为，可以通过设定体素来响应外界变化，就像飞机机翼可以根据不同的空气条件变形一样。他们还认为，微型机器人可以用来组装、拆卸和重组体素，从而生产出各种各样的物体。

编码世界的互联层、体验层和物理层，将以新方式对我们所处的物理环境进行增强、定制、自动化和改变等一系列"编码"处理，带来全新的商业空间。数字技术对实体世界的解析和渗透将对人们工作和生活方式产生深远影响，而及时把握这股技术风向的企业将成为未来的缔造者。

数字技术的发展将颠覆很多传统行业，过去几十年消费互联网的发展颠覆了直接为消费者提供服务的行业，如零售业、传统媒体、娱乐产业、交通出行等。近几十年的互联网发展对上游制造业几乎没有产生革命性的影响，传统的制造方式和模式并没有彻底改变。而 2012 年被首次提出的工业互联网将对上游生产制造业生产效率的提高、质量的改善，甚至模式的转变，产生颠覆式的创新。下面将以工业互联网技术为基础来谈企业转型之"术"。

本章参考文献

[1] 吉姆·海史密斯，琳达·刘，大卫·罗宾逊. 价值驱动的数字化转型[M]. 万学凡，钱冰沁，译. 北京：机械工业出版社，2020.

[2] 埃森哲公司. 技术展望 2020[R/OL]. 2020[2022-08-01].

[3] 埃森哲公司. 技术展望 2021[R/OL]. 2020[2022-08-01].

[4] 埃森哲公司. 技术展望 2022[R/OL]. 2020[2022-08-01].

第三篇

数字化转型之"术"

第 8 章　工业互联网概况

8.1　工业互联网的概念及产生背景

"工业互联"的想法始于 2009 年，当时 GE（General Electric，通用电气）公司发现工业客户开始将更多注意力从"提高生产力"转向"提高利润率"。任何机器设备都有一定的物理极限，无论如何挖掘机器设备的性能潜力，总会达到天花板，如果将各种机器设备纳入一个高效畅通的信息网络，那么机器间就有了信息交互能力，从而能在整体上优化运营效率。

在风起云涌的"再工业化"浪潮下，GE 公司于 2012 年发布了《工业互联网 打破智慧与机器的边界》白皮书，首次提出了工业互联网概念。它将工业互联网定义为一个开放的，全球化的，将人、数据和机器连接起来的网络。其核心三要素包括智能设备、先进的数据分析工具，以及人与设备的交互接口。报告中提及，如果将燃气发电厂的效率提高 1%，就可以在全球范围内节省 660 亿美元；如果在铁路运营上节约 1% 的运营成本，每年就可以节省 56 亿美元；如果将石油天然气勘探开发的资本利用率提高 1%，每年将减少近 900 亿美元资本支出；如果全球航空业节省 1% 的燃料，将节省超过 300 亿美元；如果医疗行业效率提高 1%，就会帮助全球医疗行业节省 630 亿美元。仅仅在铁路、航空、医疗、电力、石油天然气这 5 个领域做出 1% 的效率提升，就可以实现数千亿美元的增长。2014 年，GE 公司联合 AT&T、思科、IBM 和英特尔成立了工业互联网联盟（Industrial Internet Consortium，IIC）。

2016 年 2 月，在工业和信息化部的领导下，由中国信息通信研究院牵头，联合其他企业成立了工业互联网产业联盟（Alliance of Industrial Internet，AII）。按照工业互联网产业联盟的定义，**工业互联网**是新一代信息技术与工业系统全方位深度融合形成的产业和应用生态，是工业智能化发展关键的综合信息基础设施。其本质是以机器、原材料、控制系统、信息系统、产品及人之间的网络互联为基础，通过对工业数据的全面深度感知、实时传输交换、快速计算处理和高级建模分析，实现智能控制、运营优化和生产组织变革。

网络、数据及安全构成了工业互联网三大体系，其中网络是基础，数据是核心，安全是保障。

工业互联网平台的本质是通过工业互联网收集海量工业数据，提供数据存储、管理、呈现、分析、建模及应用开发环境，汇聚制造企业及第三方开发者，开发出覆盖产品全生命周期的业务及创新性应用，以提升资源配置效率，推动工业企业的高质量发展。

工业互联网平台基于网络向下接入各种工业设备、产品及服务，并为海量工业数据提供自由流转的平台支撑，是连接工业全要素、全价值链、全产业链的枢纽，是推动制造资源高效配置的核心。

工业互联网平台由边缘层、通用 IaaS 层、通用 PaaS 层、工业 PaaS 层及 SaaS 层构成。边缘层是基础，向下接入工业设备，实现数据的采集与处理。工业 PaaS 层是核心，基于通用 PaaS 并融合多种创新功能，将工业机理沉淀为模型，实现数据的深度分析并为 SaaS 层提供开发环境，是平台核心能力的集中体现。SaaS 层是关键，主要提供覆盖不同行业和不同垂直领域的业务应用及创新性应用，实现工业互联网平台的最终价值。

智能制造与工业互联网有着紧密联系。智能制造的实现主要依托两方面基础能力。

- 一方面是工业制造技术，包括先进的装备、先进的材料、先进的工艺等，是决定制造边界与制造能力的根本。
- 另一方面是工业互联网，包括智能传感控制软件和硬件、新型工业网络、工业大数据平台等综合信息技术要素，是充分发挥工业装备、工艺和材料潜能，提高生产效率，优化资源配置效率，创造差异化产品和实现服务增值的关键。

因此，工业互联网是智能制造的关键基础，为其变革提供了必需的共性基础设施和能力，也可以用于支撑其他产业的智能化发展。

8.2 工业互联网的体系架构

工业互联网的参考架构是一个开放式的体系结构，应用于工业互联网系统。为了推动工业互联网发展，各个国家的工业互联网联盟纷纷推出了自己的工业互联网参考架构模型，用以指导相关标准体系建设及促进产业发展。

下面简单介绍一下工业互联网体系架构依赖的标准，以及美国、德国、日本和中国的工业互联网参考架构。

8.2.1 工业互联网体系架构依赖的标准

ISO/IEC/IEEE 42010:2011 标准用于描述系统的组织和表达的方式，定义了架构视图、架构描述及架构语言，用来指导一个具体系统架构的表述方式。工业互联网体系架构也遵循此标准定义的架构描述方式。

IEC 62890:2020 标准用于描述产品全生命周期和价值链。它按照产品原型阶段及产品生产阶段来划分。产品原型阶段划分为初样的开发、样机的试制、测试、验证、试用、定型、批量工业生产。产品生产阶段划分为设计、采购、生产、销售、物流、售后服务等环节，这些环节构成了企业价值链。工业互联网体系架构借助该标准来描述体系架构的横向关系。

ISA-95、ISA-88 标准用于描述制造企业功能层次模型。它将制造业的功能划分为五个层次并给出了各层次的功能清单。它将功能层次模型第四层与第三层之间的边界定义为企业业务系统与制造系统之间的边界，是工业互联网 OT 层和 IT 层的分界面。工业互联网体系架构借助该标准来描述体系架构的纵向层级关系。

8.2.2 美国工业互联网参考架构

2015 年 6 月，美国工业互联网联盟发布了工业互联网参考架构（Industrial Internet Reference Architecture，IIRA）1.0 版本（见图 8-1）。根据 ISO/IEC/IEEE 42010:2011，参考架构包括业务视角、使用视角、功能视角和实施视角四个层级。

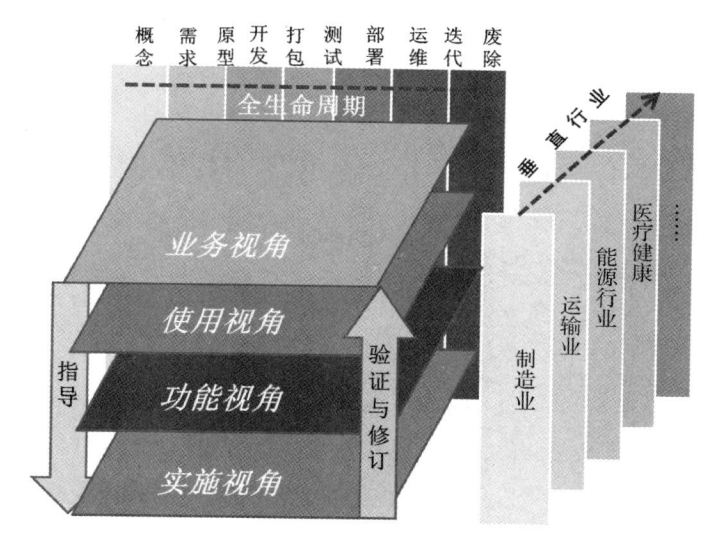

图 8-1 美国工业互联网参考架构

- 业务视角描述了商业模式、远景、关键业务活动、投资回报等。
- 使用视角描述了如何实现从业务视角中识别的关键能力。
- 功能视角描述了工业互联网的功能体系结构，分为控制域、操作域、信息域、应用域、业务域五个域。
- 实施视角描述了工业互联网的技术实现，以及实现功能视角规定的活动和需要的功能组件。

该架构也描述了系统安全、信息安全、弹性、互操作性、连接性、数据管理、高级数据分析、智能控制、动态组合九大系统特性。

8.2.3 德国工业互联网参考架构

2015 年 3 月，德国工业 4.0 工作组正式发布了工业 4.0 参考体系（Reference Architecture Model Industrie 4.0，RAMI 4.0）（见图 8-2），从生命周期价值链、层级和系统分层三个维度，对工业 4.0 进行了描述。

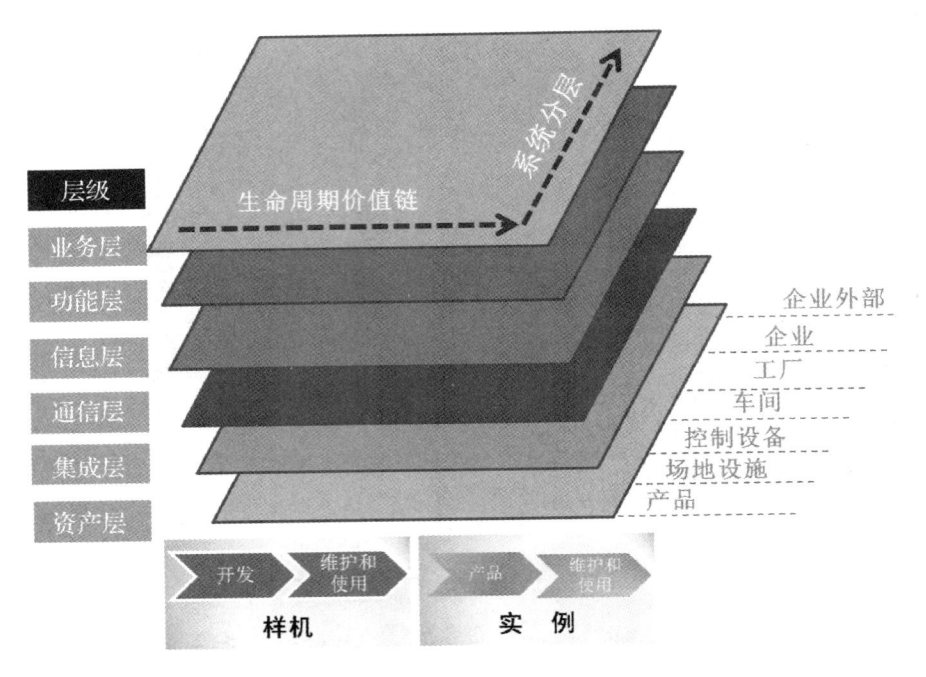

图 8-2　RAMI 4.0

- RAMI 4.0 的第一个维度在 ISA-95 和 ISA-88 标准的基础上补充了产品或工件的内容，并由企业内部拓展至企业外部互联，从而体现工业 4.0 针对产品服务和企业协同的要求。
- RAMI 4.0 的第二个维度是 CPS 的核心功能，以各层级的功能进行体现，分为业务层、功能层、信息层、通信层、集成层、资产层（机器、设备、零部件等）。
- RAMI 4.0 的第三个维度在 ISA-105 标准的基础上定义了生命周期价值链，即从产品全生命周期视角出发，描述了以零部件、机器和工厂为典型代表的工业要素从虚拟原型到实物的全过程。

8.2.4　日本工业互联网参考架构

日本工业价值链促进会（Industrial Value Chain Initiative，IVI）于2016年发布了智能工业制造业基本架构，即工业价值链参考架构（Industrial Value Chain Reference Architecture，IVRA）（见图8-3），是日本智能制造的里程碑。

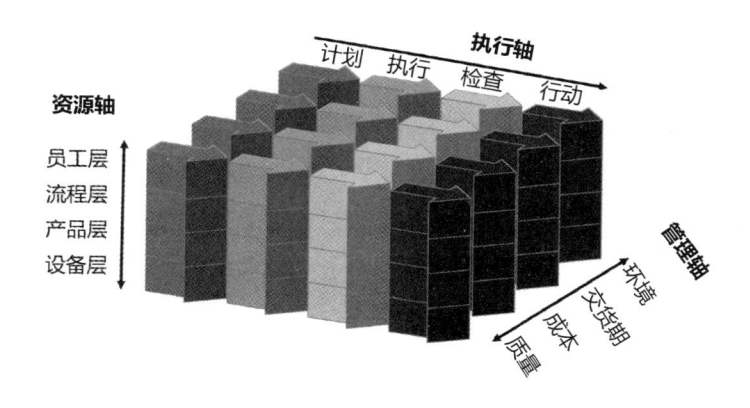

图 8-3　IVRA

IVRA 具有三维模式结构，最微观的组件被称为"智造单元"（Smart Manufacturing Unit，SMU）。SMU 将制造现场作为一个单元，通过执行轴、资源轴、管理轴三个轴进行判断。

8.2.5　中国工业互联网参考架构

工业互联网产业联盟在参考 IIRA、RAMI 4.0、IVRA 的基础上于 2016 年 8 月发布了《工业互联网体系架构 1.0》。之后基于不断总结的经验进行了修订完善，于 2020 年发布了《工业互联网体系架构（版本 2.0）》。整个体系框架由以下四部分组成（见图 8-4）。

- 工业互联网业务指南：体现工业互联网产业目标、商业价值、数字化能力及业务场景。
- 工业互联网功能框架：明确支持业务实现的功能，包括基本要素、功能模块、交互关系和作用范围。
- 工业互联网实施框架：描述实现功能的软件和硬件部署，明确系统实施的层级结构、承载结构、关键软件和硬件和作用关系。
- 工业互联网技术体系：汇聚支撑工业互联网业务、功能、实施需要的软硬件技术。

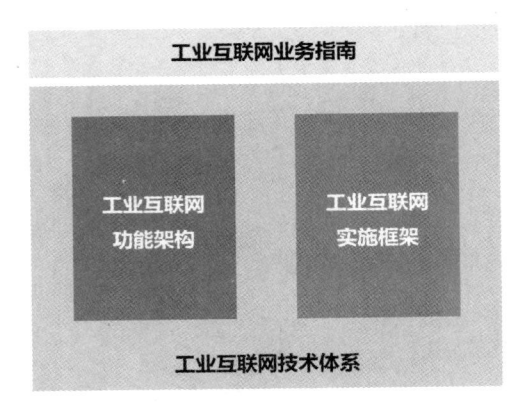

图 8-4　中国工业互联网体系架构 2.0

1．工业互联网业务指南

工业互联网业务指南总体视图如图 8-5 所示，工业互联网业务指南由产业层、商业层、应用层及能力层组成，不同层的成员的关注点不一样。

2．工业互联网功能架构

工业互联网功能架构如图 8-6 所示。工业互联网功能架构明确企业支撑业务实现需要的核心功能、基本原理和关键要素，提出了以数据驱动的工业互联网功能原理架构，形成了物理实体与数字空间的全面连接、精准映射与协同优化，明确了这一机理作用于从设备到产业等各层级，覆盖制造、医疗等多个行业领域的智能分析与决策优化，并细化分解为网络、平台、安全三大体系的子功能视图，描述了构建三大体系所需功能要素与关系。

第 8 章 工业互联网概况

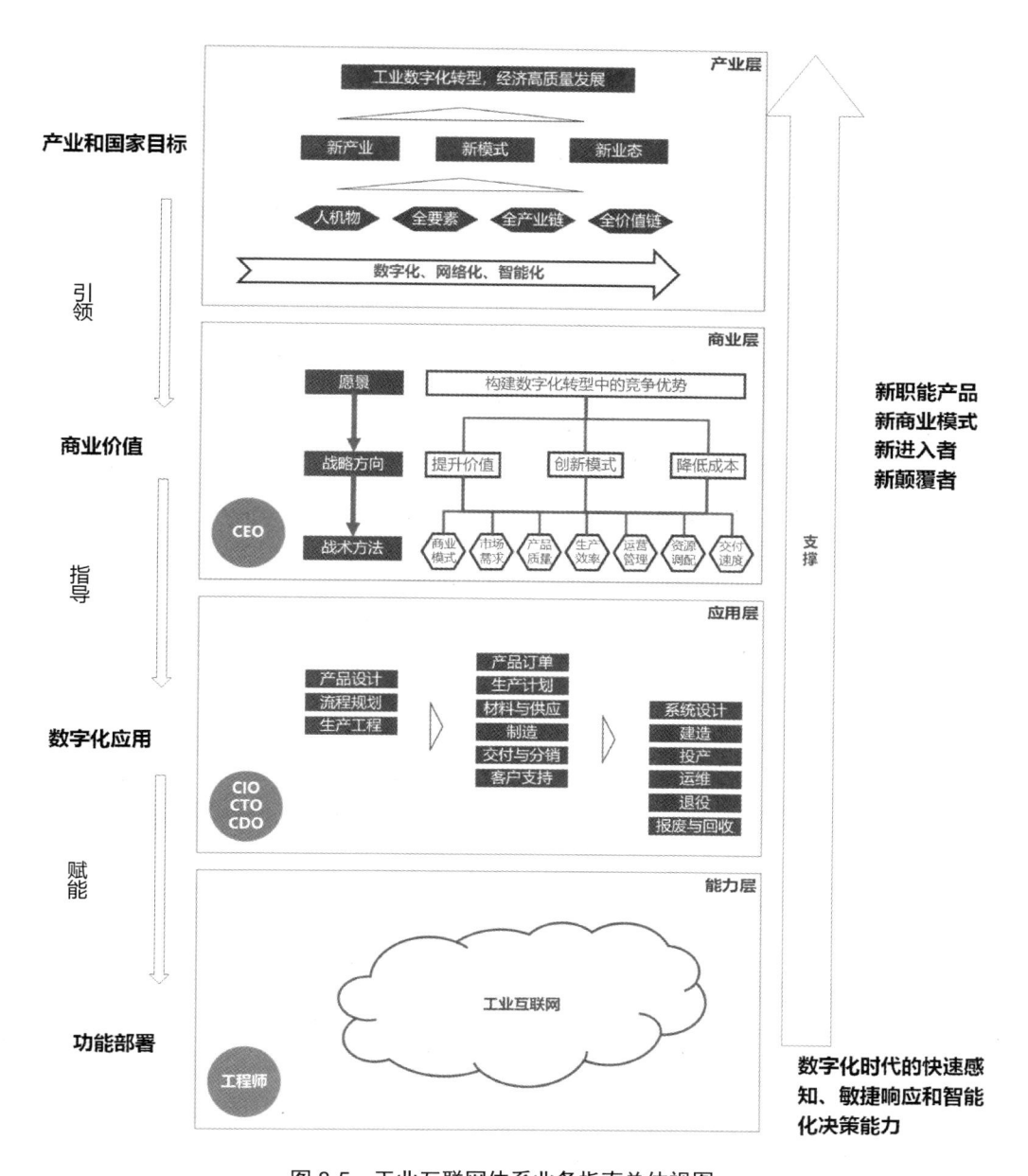

图 8-5 工业互联网体系业务指南总体视图

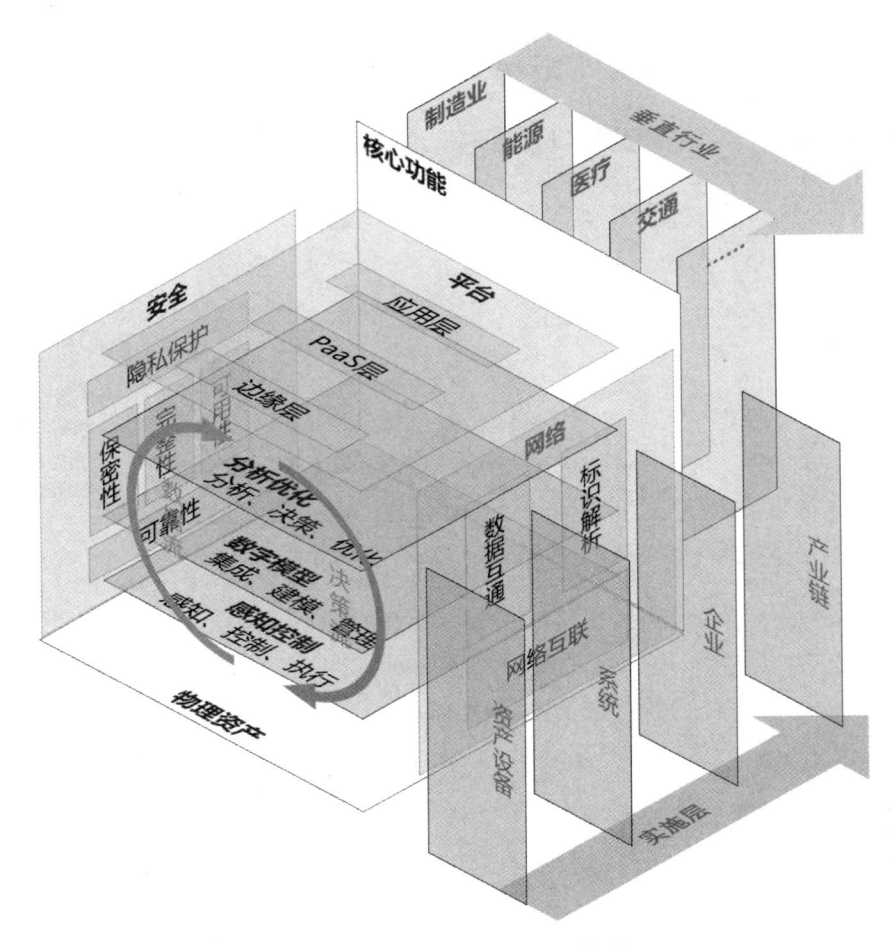

图 8-6　工业互联网功能架构

3．工业互联网实施框架

工业互联网实施框架如图 8-7 所示。工业互联网实施框架描述了各项功能落地实施的层级结构、软硬件系统和部署方式。工业互联网实施框架结合当前制造系统与未来发展趋势，提出了由设备层、边缘层、企业层、产业层四层组成的实施框架，明确了各层的网络、标识、平台、安全的系统架构、部署方式及不同系统间的关系。

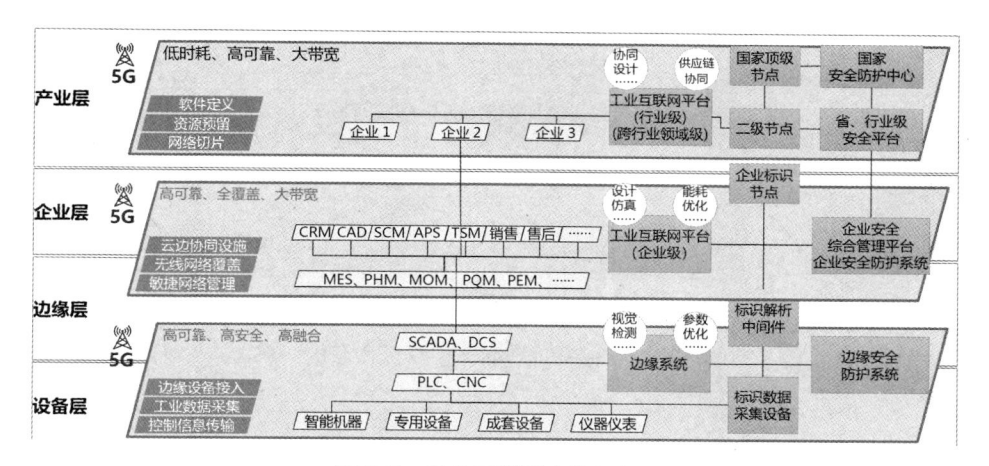

图 8-7　工业互联网实施框架

8.2.6　工业互联网平台参考架构

工业互联网平台参考架构国家标准正在由中国信息通信研究院牵头联合各单位起草，总体上由业务视图、功能视图、标准视图三部分组成。

业务视图涉及工业互联网平台的潜在应用场景、预期目标、应用层级及价值链。

功能视图描述组成工业互联网平台所需的功能组件，包含边缘层、基础层（IaaS）、平台层（PaaS）及应用层（SaaS）（见图 8-8）。

标准视图描述了各功能组件在工业互联网场景下的部署逻辑框架及相互关系，包含边缘级实施、企业级平台实施、行业级平台实施。

（1）边缘层提供海量工业数据接入、转换、数据预处理和边缘分析应用等功能。考虑到边缘层主要部署在边缘侧而不是在云平台，本书不将其视为平台架构内容，将在后续章节单独介绍。

（2）PaaS 层提供 IT 资源管理、工业数据与模型管理、工业建模分析和工业应用支持创新等功能。

- IT 资源管理：通过 PaaS 等对系统资源进行调度和运维管理，集成边云协同、大数据、人工智能、微服务等各类框架，为上层业务功能实现提供支撑。

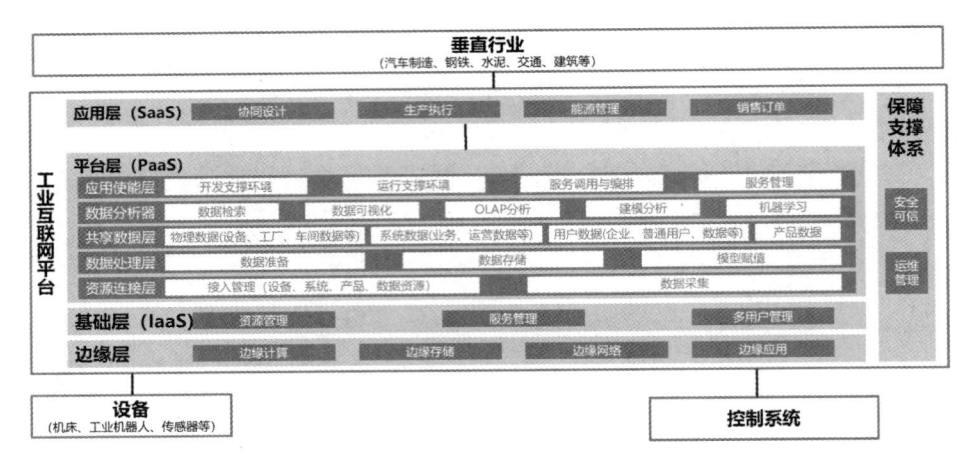

图 8-8 工业互联网平台参考架构的功能视图

- 工业数据与模型管理：包括面向海量工业数据提供数据处理、数据共享、数据可视化等服务，为上层建模分析提供高质量数据源，以及进行工业模型的分类、标识、检索等集成管理。
- 工业建模分析：融合应用仿真分析、业务流程等工业机理建模方法，以及统计分析、大数据、人工智能等数据科学建模方法，提供实现工业数据价值的深度挖掘分析能力。
- 工业应用支持创新：提供对类似 CAD、CAE、ERP、MES（Manufacturing Execution System，制造执行系统）等研发设计、生产管理、运营管理已有成熟工具的集成支持；采用低代码开发、图形化编程等技术降低开发门槛；支撑业务人员不依赖程序员而独立开展高效、灵活的工业应用创新。

此外，为了更好地提升用户体验和实现平台间的互联互通，还需考虑人机交互支持、平台间集成框架等功能。

（3）应用层提供工业创新应用、开发者社区、应用商店、应用二次开发集成等功能。

- 工业创新应用：针对研发设计、工艺优化、能耗优化、运营管理等智能化需求，构建各类工业 App 解决方案，帮助企业提高质量，降低成本和提高效率。
- 开发者社区：打造开放的线上社区，提供各类资源工具、技术文档、学习交流等服务，吸引海量的第三方开发者入驻平台，开展应用创新。

- 应用商店：提供成熟工业 App 的上架认证、展示分发、交易计费等服务，支撑工业应用价值变现。
- 应用二次开发集成：对已有工业 App 进行定制化改造，以适配特定工业应用场景或满足用户个性化需求。

8.2.7　智能制造体系架构

为指导未来一段时间智能制造标准化工作，解决标准缺失、滞后、交叉、重复等问题，工业和信息化部、国家标准化管理委员会在 2015 年联合发布了《国家智能制造标准体系建设指南（2015 年版）》，并建立了动态更新机制。

为扎实构建满足产业发展需求的先进适用的智能制造标准体系，推动装备质量水平的整体提升，工业和信息化部、国家标准化管理委员会在 2018 年联合发布了《国家智能制造标准体系建设指南（2018 年版）》。

智能制造体系架构从生命周期、系统层级和智能特征三个维度对智能制造涉及的活动、装备、特征等内容进行了描述，主要用于明确智能制造的标准化需求、对象和范围，指导国家智能制造标准体系建设。智能制造体系架构如图 8-9 所示。

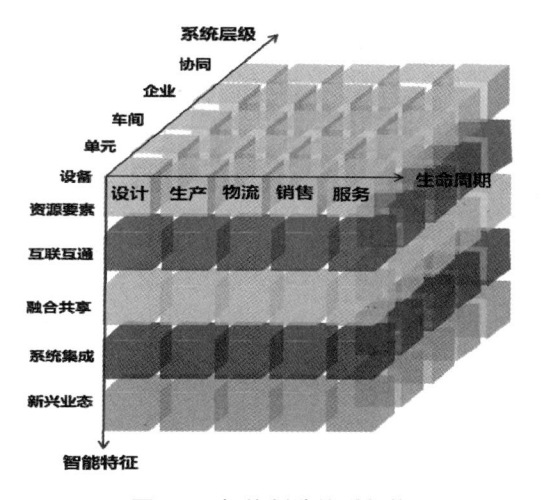

图 8-9　智能制造体系架构

8.3 工业互联网涉及的产业

从狭义范围来看，工业互联网核心产业只包含工业互联网平台、新型网络、边缘计算等融合创新带来的全新产业领域。

从广义范围来看，工业互联网核心产业基本等同于工业数字化相关产业，根植于传统制造支撑体系，又融合数据感知、互联互通、先进计算、智能分析等能力。

工业互联网的核心产业涉及工业数字化装备、工业互联网安全、工业互联自动化、工业互联网网络、工业互联网平台与工业软件五大产业。工业互联网五大产业与国民经济行业对照表如图 8-10 所示。

工业数字化装备	
行业小类	统计分类
通用装备	国民经济行业代码34 通用设备制造业
专用装备	国民经济行业代码35 专用设备制造业
智能仪器仪表	国民经济行业代码40 仪器仪表制造业

工业互联网安全	
行业小类	统计分类
安全防护	国民经济行业代码3915：信息安全设备制造
安全检测	国民经济行业代码6513：应用软件开发 国民经济行业代码6440：互联网安全服务 国民经济行业代码6531：信息系统集成服务 国民经济行业代码6532：物联网技术服务 国民经济行业代码6560：信息技术咨询服务
安全管理	
安全服务	边界防护类设备和系统 电子信息制造业D601000000 数据保护类设备和系统 电子信息制造业D602000000 安全检测类设备和系统 电子信息制造业D603000000

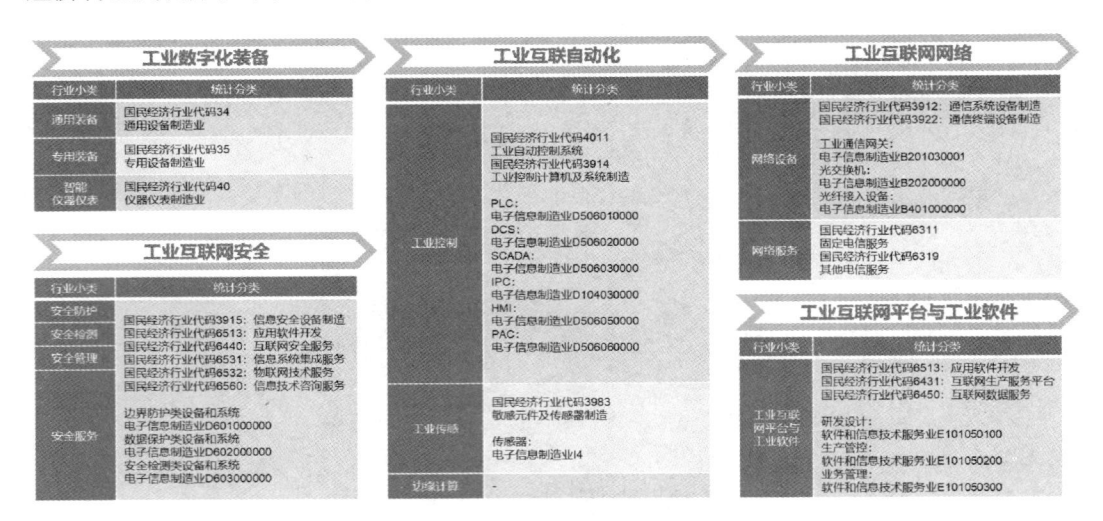

工业互联自动化	
行业小类	统计分类
工业控制	国民经济行业代码4011 工业自动控制系统 国民经济行业代码3914 工业控制计算机及系统制造 PLC: 电子信息制造业D506010000 DCS: 电子信息制造业D506020000 SCADA: 电子信息制造业D506030000 IPC: 电子信息制造业D104030000 HMI: 电子信息制造业D506050000 PAC: 电子信息制造业D506060000
工业传感	国民经济行业代码3983 敏感元件及传感器制造 传感器： 电子信息制造业I4
边缘计算	-

工业互联网网络	
行业小类	统计分类
网络设备	国民经济行业代码3912：通信系统设备制造 国民经济行业代码3922：通信终端设备制造 工业通信网关： 电子信息制造业B201030001 光交换机： 电子信息制造业B202000000 光纤接入设备： 电子信息制造业B401000000
网络服务	国民经济行业代码6311 固定电信服务 国民经济行业代码6319 其他电信服务

工业互联网平台与工业软件	
行业小类	统计分类
工业互联网平台与工业软件	国民经济行业代码6513：应用软件开发 国民经济行业代码6431：互联网生产服务平台 国民经济行业代码6450：互联网数据服务 研发设计： 软件和信息技术服务业E101050100 生产管控： 软件和信息技术服务业E101050200 业务管理： 软件和信息技术服务业E101050300

图 8-10 工业互联网五大产业与国民经济行业对照表

8.4　我国工业互联网发展概况

8.4.1　我国工业互联网产业经济发展概况

中国工业互联网研究院发布的《中国工业互联网产业经济发展白皮书（2021年）》显示，2020年，我国工业互联网产业增加值规模达到3.57万亿元，名义增速达到11.66%，其中工业互联网直接产业增加值规模为0.95万亿元，名义增速为10.17%，工业互联网渗透产业增加值规模为2.62万亿元，名义增速达到12.21%。如图8-11所示，预计2021年，工业互联网产业增加值规模将突破4万亿元，达到4.13万亿元，名义增速达到15.60%，其中直接产业和渗透产业增加值规模分别为1.09万亿元和3.04万亿元，名义增速分别为14.74%和16.03%[①]。工业互联网成为促进我国经济高质量发展的重要力量。

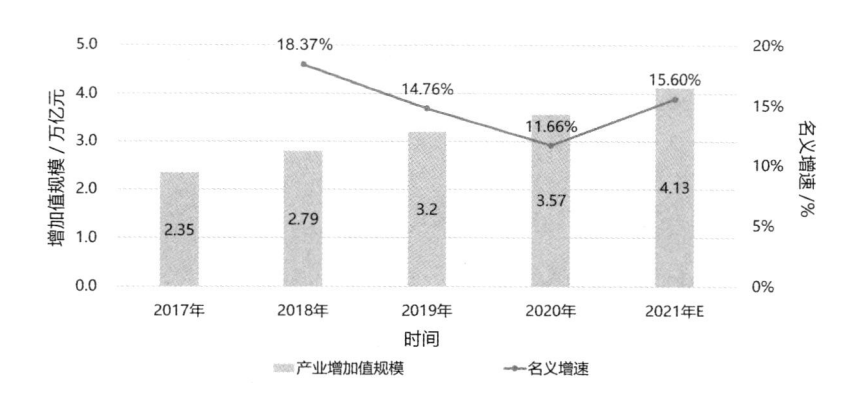

图8-11　2017—2021年我国工业互联网产业增加值规模及含义增速

（数据来源：中国工业互联网研究院《中国工业互联网产业经济发展白皮书（2021年）》）

工业互联网渗透产业增加值规模和工业互联网直接产业增加值规模的比值从2018年的2.62增加到2020年的2.74。如图8-12所示，2021年预计高达4.13万亿元的

---

① 截至本书出版时，2021年的相关数据报告还没有发布，无法知道确切的数据，只能预估。

工业互联网增加值规模中，渗透产业部分为 3.04 万亿元，占总增加值规模的比例将达到 73.65%[①]。渗透产业增加值规模显著高于直接产业增加值规模，这表明我国工业互联网正在加速同各行业深度融合，未来将进一步渗透到更多细分行业，加速促进第一产业、第二产业、第三产业融通发展。

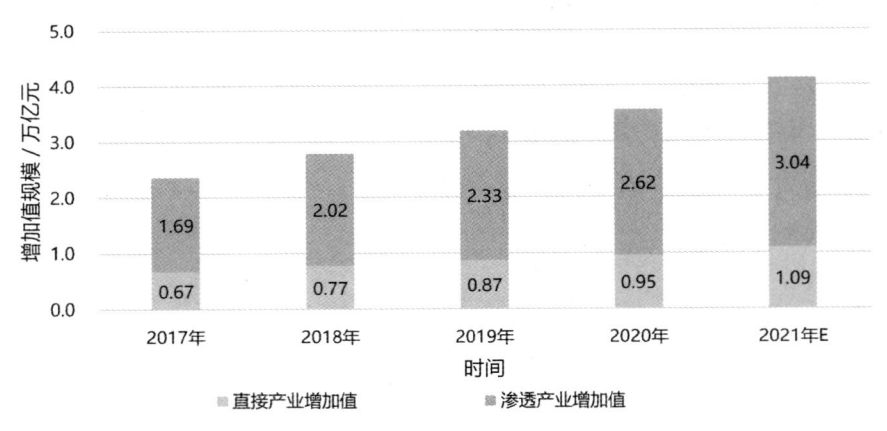

图 8-12　2017—2021 年我国工业互联网产业结构

数据来源：中国工业互联网研究院《中国工业互联网产业经济发展白皮书（2021 年）》

8.4.2　我国工业互联网的发展成效

目前，我国工业互联网的发展取得了如下成效。

（1）网络基础设施得到持续改善。企业内网改造加快部署，特别是适应工业互联网要求的专用网络改造。部分制造企业积极探索，"5G+工业互联网"成为改造新路径，已建、在建项目超过 800 个。工业互联网标识解析体系实现从 0 到 1 的突破，我国分别在北京、上海、广州、武汉、重庆建立了国家顶级节点。以国家顶级节点为核心的工业互联网标识解析体系成效初显，"东西南北中"一体化格局初步形成。已上线运营 60 个二级节点，覆盖 21 个省 26 个重点行业，接入企业节点超 3000 个，标识注册量突破 54 亿个。

（2）应用广度和深度不断拓展，大型、中型、小微型企业各具特色，不同规模企业间的融通发展不断深化，推动产业链上下游协作水平快速提升。根据评估，大型企业的融合应用普及率为 86.1%，中型企业的融合应用普及率为 68.7%，小微型企业的融合应用普及率为 51.8%。

（3）工业互联网应用创新持续活跃，各类新模式新业态不断涌现（见图 8-13）。"5G+工业互联网"融合应用加速落地，工业互联网"联网+信贷/保险/租赁"等特色应用模式加速成型，形成驱动实体经济数字化转型的全新动力。

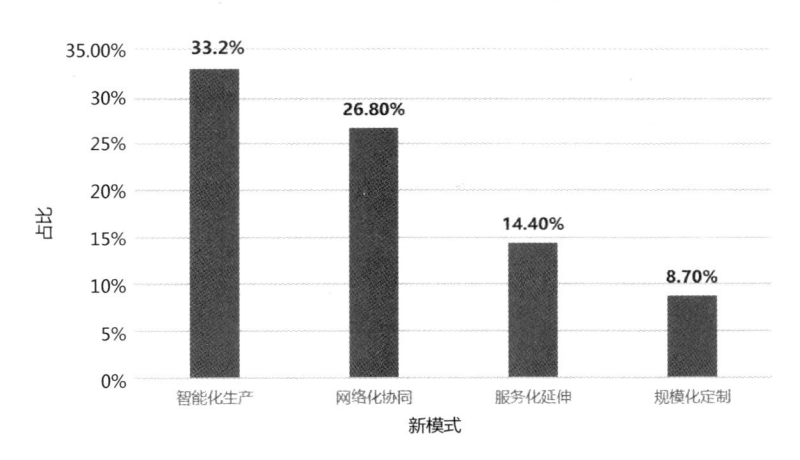

图 8-13　2019 年企业应用新模式占比

8.4.3　我国工业互联网平台概况

近几年我国工业互联网平台数量得到了快速增长，截至 2019 年年底，具有一定行业、区域影响力的平台超 70 个，跨行业/跨领域平台、垂直行业、专业领域、企业平台各具特点、优势互补，多层级平台体系初步形成。十大跨行业/跨领域互联网平台平均连接设备数量达到 80 万套，平均工业 App 数量超过 3500 个。在边缘层有和利时、中国中控等平台，在工业 PaaS 层有树根互联、徐工汉云、航天云网、东方国信、工业富联、卡奥斯等平台，在工业 SaaS 层有航天云网、树根互联、徐工汉云、东方国信、卡奥斯、用友精智等平台。

工业互联网平台正在驱动工业制造和信息化进行深度融合，在优化全产业链、全要素、全价值链资源的配置，提升效率，融合创新和商业模式重构方面发挥着重要作用。

一是工业互联网平台有利于降低生产成本，提升产品质量，提高劳动生产率，实现卓越运营。

二是工业互联网平台有利于实现产品和服务的创新。例如，通过工业互联网平台可以实现服务化延伸，由传统的产品销售模式向"产品+服务"模式转变，从而提升企业竞争力。

三是工业互联网平台的出现重新定义了工业生产关系与组织方式，打破了企业间的边界，实现了生产方式的解构与重构。例如，通过工业互联网平台连接各个工厂，连接的工厂形成平台中的"虚拟工厂"，工业互联网平台在接到订单后，可以根据不同工厂的生产能力进行分配和管理，实现"共享经济"。工业互联网平台的应用场景概况如图 8-14 所示。

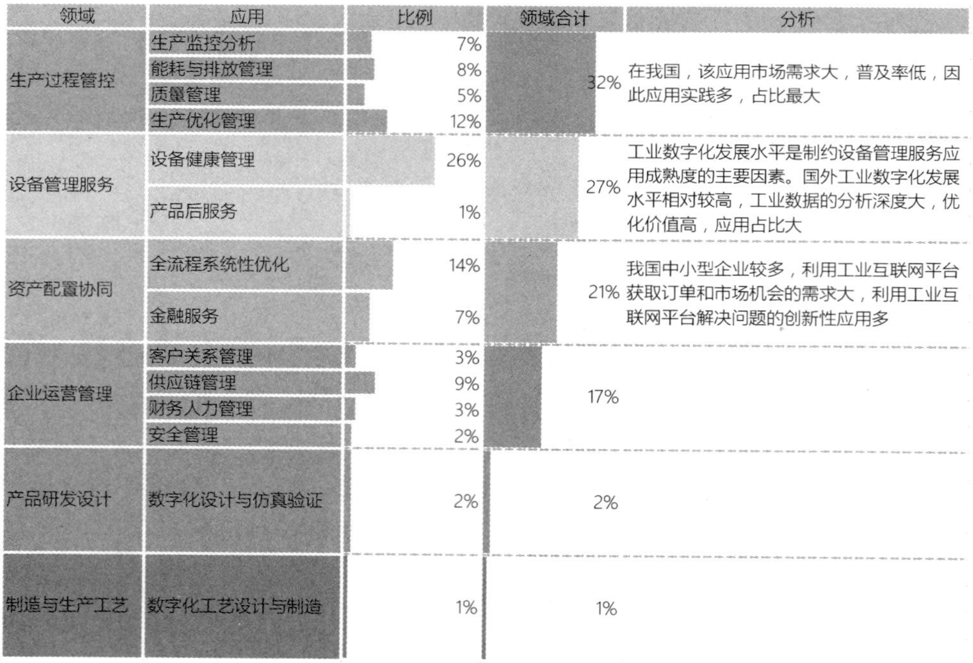

领域	应用	比例	领域合计	分析
生产过程管控	生产监控分析	7%	32%	在我国，该应用市场需求大，普及率低，因此应用实践多，占比最大
	能耗与排放管理	8%		
	质量管理	5%		
	生产优化管理	12%		
设备管理服务	设备健康管理	26%	27%	工业数字化发展水平是制约设备管理服务应用成熟度的主要因素。国外工业数字化发展水平相对较高，工业数据的分析深度大，优化价值高，应用占比大
	产品后服务	1%		
资产配置协同	全流程系统性优化	14%	21%	我国中小型企业较多，利用工业互联网平台获取订单和市场机会的需求大，利用工业互联网平台解决问题的创新性应用多
	金融服务	7%		
企业运营管理	客户关系管理	3%	17%	
	供应链管理	9%		
	财务人力管理	3%		
	安全管理	2%		
产品研发设计	数字化设计与仿真验证	2%	2%	
制造与生产工艺	数字化工艺设计与制造	1%	1%	

图 8-14　工业互联网平台的应用场景概况

国内主要有四类企业建立工业互联网平台：传统制造企业、工业设备提供商、工业软件企业、信息通信企业。这四类企业主要凭借自身优势从工业知识与信息技术两个方面切入工业互联网平台。

互联网企业及通信企业构成的信息通信企业发挥其 IT 技术优势，将已有的云平台向工业领域延伸，构建包括边缘层、IaaS 层及通用 PaaS 层的工业互联网平台。工业软件企业、工业设备提供商及传统制造企业均是基于工业领域的知识和经验构建工业互联网平台的。大型企业具备构建完整工业互联网平台架构的能力，中小型企业通常在信息通信企业建立的通用 PaaS 层上构建具备特定功能的工业互联网平台。

因工业数字化发展水平、工业基础能力及企业分布结构不同，国内外工业互联网平台的探索路径不同，应用场景分布差异较大。我国工业数字化水平参差不齐、工业基础能力较差、中小型企业较多等问题是导致部分工业互联网平台应用优化价值低的重要原因。

8.5 企业工业互联网应用路径和模式

（1）企业应用工业互联网的模式之一是，利用工业互联网实现降本增效。通过建设智能工厂，打通设备、生产线、生产和运营系统；通过连接和数据智能，提升生产率和产品质量，降低能源资源消耗。例如，海尔已建成多个数字智能互联工厂，生产周期缩短 50%，半成品库存减少 80%，人工成本降低 85%，产能效率翻番。

（2）企业应用工业互联网的模式之二是，产品和服务创新。通过工业互联网平台，打通企业内外部产业链和价值链；通过连接和数据智能，提升协同能力，实现产品、生产和服务创新，推动业务和商业模式转型，提升企业价值创造能力。

GE 公司生产的航空发动机市场占有率超过 50%。在搭建工业互联网平台前，GE 公司单纯地将发动机销售给飞机生产商。对于航空公司来讲，减少发动机故障导致的航班延误和降低安全风险是其核心诉求点。GE 公司利用他们的行业经验开发了一套智能运营系统，帮助航空公司监控发动机的运行情况，不仅做到了发动机的预测性维护，还通过优化发动机的燃油消耗，把燃油成本降低了 5%。GE 公司通过对后续附加服务进行收费，由单纯销售产品模式变成了"产品+服务"收费模式，大大提升了附加价值。

国内类似的案例为宁德时代新能源科技股份有限公司建立了一套电池监控平台，通过监控电池的使用状况进行数据分析不仅可以优化设计，还可以及时为整机厂提供维修服务，同时把平台开放给 4S 维修店，让 4S 维修店进行众包维修服务。

（3）企业应用工业互联网的模式之三是，打造工业互联网平台，建立生态型组织。通过自主建立工业互联网平台，汇聚企业、产品、生产能力、用户等产业链资源，通过资源连接和数据智能，实现资源优化配置，推动产业链上相关企业的生产运营优化与业务创新，打造面向产业生态体系和平台经济，从而实现商业模式的创新。

国内的三一集团、徐工机械、工业富联、海尔利用各自在工程机械、工业制造、家电领域的优势建立了自己的工业互联网平台，打造了平台经济，创新了商业模式。

本章参考文献

[1] 工业互联网产业联盟. 工业互联网平台白皮书 2019[R/OL]. [2022-08-01].

[2] 中国工业互联网研究院. 中国工业互联网产业经济发展白皮书（2021 年）[R/OL]. [2022-08-01].

[3] GB/T 32399—2015 云技术 云计算 参考架构[S].

[4] GB/T 36327—2018 信息技术 云计算 平台即服务（PaaS）应用程序管理要求[S].

[5] IEC 17789:2014 云计算参考架构[S].

[6] ISA-88 标准[S].

[7] ISA-95 标准[S].

[8] IEC 62890:2020 标准[S].

[9] 德国工业 4.0 参考架构 RAMI4.0[S].

[10] 工业互联网产业联盟. 工业互联网标准体系 3.0[S/OL]. 2021[2022-08-01].

[11] 工业互联网产业联盟. 工业互联网体系架构（版本 2.0）[S/OL]. 2020[2022-08-01].

[12] 美国工业互联网参考架构 1.9[S].

[13] 日本工业价值链参考模型 IVRA[S].

第 9 章 工业互联网平台商业模式

9.1 工业互联网平台商业模式现状

GE 公司自提出工业互联网概念以来一直在探索工业互联网平台商业模式。

2015 年，GE 公司进行了组织架构调整，将公司内所有数字化职能部门整合成一个统一的数字化业务公司 GE Digital，并推出了工业互联网操作系统平台 Predix，开始探索工业互联网平台商业模式。客户可以通过购买或订阅 GE 公司的云操作系统，将设备和应用纳入 Predix 平台。作为一个完全开放的操作系统平台，Predix 平台不限于 GE 公司自有的设备与应用，其面向所有工业企业。利用 Predix 平台可以实现各种专业应用的开发和共享。

过去几年，GE 公司一直试图将"互联网思维"注入传统工业体系，构建了以 Predix 平台为核心的"系统平台软件生态"，在运营模式上与谷歌开发的 Android 或苹果开发的 iOS 很像。

2015 年，伊梅尔特高调宣布："五年之内要使软件及相关服务销售额超过 150 亿美元，并使 GE 公司跻身全球十大软件公司行列。"GE 公司在工业互联网领域的任何创新突破，或许可以创造很多"小众市场"，但未必能立刻带来大规模的销售增长。例如，GE 公司将人工智能技术注入 Predix 平台，纳入 Predix 平台的很多机器设备可能会被赋予更好的数据分析能力，提升一定的效率和安全性，但是，这部分服务转化成为财务回报是有困难的，因为客户不一定愿意为这部分服务买单。况且，客户并没有对效率和安全性的提高产生迫切需求。

Predix 平台从始至终都没有产生预期的营业收入。2017 年 8 月，执掌 GE 公司 16 年的伊梅尔特黯然退休，新任 CEO 开始进行一系列改革，不断出售非核心业务以改善经营状况。2017 年 9 月，GE 公司的工业解决方案业务被卖给 ABB。

GE 公司转型为工业互联网平台商业模式的失败案例（当然，未必是失败的），这对我国工业互联网平台企业商业模式的探索有很大借鉴意义。客户不一定会为技术的先进买单，如果没有为客户创造价值，没有把先进的技术和好的商业模式结合起来，那么工业互联网平台企业很难生存下去。

截至 2022 年，全国各类型的工业互联网平台总计数百家，具有一定区域、行业影响力的平台数量超过 100 家，工业和信息化部公布的跨行业、跨领域工业互联网平台达到 28 家，其中，比较有影响力的有卡奥斯、航天云网 INDICS 工业互联网平台、汉云工业互联网平台、东方国信 Cloudiip 工业互联网平台、根云工业互联网平台等。

当前工业互联网平台应用主要集中于设备管理服务、生产过程管控、企业运营管理三大类场景，各应用场景占比分别达到 38%、28%、18%。资源配置优化与产品研发设计已经有初步应用，占比分别为 13%和 2%，但总体来说市场仍有待培育。在这些应用中，企业经营管理属于通用型服务，属于 SaaS 厂商的业务范围，竞争很激烈。

总体来说，当前国内的工业互联网平台的商业模式有以下几种。

1. 专业服务

专业服务是当前工业互联网平台企业最主要的商业模式，最主要的服务方式是基于平台的系统集成，绝大部分是与设备管理、能耗优化、质量提升相关的大数据分析平台等。基于此衍生出了咨询服务，而咨询服务正在成为平台企业专业服务的新盈利增长点，不少企业利用平台企业汇集的数据，提供数据分析，以促进业务拓展。这种商业模式的客户具有个性化的特点，很难实现标准化服务，后期实施成本很高。

2. 订阅模式

订阅模式是把软件服务化，客户按照需求订阅相关服务，按照使用量付费。目前，工业软件，如仿真设计、CAD、CAM、CAPP、CAE，较多采用订阅服务模式；围绕资产运维、能耗优化领域的托管服务正在成为工业领域的新订阅模式。在具体交易模式中，工业产品交易较成熟，而制造能力交易与工业知识交易仍在探索中。订阅模式适用于标准化服务，如设备健康管理、产品质量管理等。另外，客户基于安全方面的考虑，不太愿意采用订阅模式。

3. 金融服务

金融服务具有较大的价值潜力，属于平台企业探索商业模式的新热点。推动产融结合是增强金融服务实体功能的重要措施，工业企业与金融机构均可在平台上展开尝试。

目前平台企业提供金融服务的方式主要有如下三种。

一是为保险公司提供数据服务：以便保险公司进行保费精算。平台企业通过数据服务的方式向保险公司收费。

二是为银行提供数据：以便银行进行风险管理。平台企业通过数据服务或流量变现的方式向银行收费。

三是融资租赁模式：平台企业对融资企业提供风险管理和担保，银行根据信任额度向融资企业提供贷款。平台企业收取佣金，如果平台企业具有融资租赁牌照，那么可以赚取融资租赁费。

4. 应用分成

目前基于应用商店的分成模式刚刚起步，部分领先的工业互联网平台企业已经开始探索构建应用开发者商店。目前大多应用开发者商店仍处于培育生态阶段，大多工业互联网平台企业还未对应用开发者进行分成。随着应用分成模式走向成熟，这将成为工业互联网平台企业盈利方式之一。

5. 软件销售

直接将平台作为一种软件产品进行销售是部分工业互联网平台企业的盈利方式之一。目前因为产品的标准化程度不高，渠道和实施合作伙伴还在培育中，软件的销售模式和传统软件服务商模式一样很难做大。

总体来讲，目前工业互联网平台商业模式不够成熟，企业盈利手段较单一。当前面向特定工业场景提供智能解决方案的平台企业大多以专业服务模式向客户提供集成服务为主，少量平台提供订阅模式，而广告竞价、交易分成、应用分成等其他消费互联网领域较常见的商业模式在工业互联网平台领域中的应用较少。

笔者认为以上几种商业模式都很难复制消费互联网领域企业的成功，无论软件销售模式还是订阅模式，目前来讲都很难做大。在国内的商业环境中，客户对软件付费的认可度不高，尤其是中小型企业。工业机理的复杂性及行业、企业之间的差异性，导致个性化定制非常高，这使得后期的实施和维护成本非常高。消费互联网领域企业的商业模式成功的主要因素是没有把互联网作为软件工具来收费，而是把它作为交易的基础平台工具，按照交易商品来收取佣金。因此，有必要对工业互联网平台的商业模式进行探索。

9.2 工业互联网平台商业模式探索

在国内，大型企业具备较好的信息化基础和设备智能化基础，他们对工业互联网平台的主要诉求如下。

- 对特定场景进行深度的数据分析挖掘，优化设备或设计、生产、经营等具体环节，在现有基础上借助平台提高能力。
- 对产业链进行全要素打通，并依据工业机理复杂度高低场景进行深度分析。

由于大企业自身有能力建立自己的工业互联网平台，且工业机理的复杂度要求有深厚的行业知识和足够多的经验积累，因此大型企业往往倾向于自己建设私有化的工业互联网平台，不太可能租用公有平台。因为，依托母公司的经验建立的工业互联网平台在其他行业缺乏经验；而依托传统的消费互联网公司或软件公司建立的工业互联网平台欠缺行业知识且经验积累不足，只能提供一些通用的软件服务。因此，大型企业不太可能是工业互联网平台企业的目标客户。

订单与资金是决定中小型企业生存发展的关键因素，获得更多订单和周转资金是企业生存的根本，他们对工业互联网平台有以下核心诉求。

- 通过连接到工业互联网平台发现潜在商机。
- 通过工业互联网平台上下游的贯通，获取生产订单。
- 争取融资信贷，使金融机构通过接入工业互联网平台能够更准确地评估中小型企业的信用等级，从而实现精准放贷，解决中小型企业融资难的问题。

中小型企业对于工具软件的使用主要集中在工业软件设计、营销等方面，在设备健康管理、生产制造管理、质量控制等方面的需求并不迫切。一方面是因为中小型企业基础薄弱，对设备的改造要投入很多资金；另一方面是因为这些工具的使用很难在短期内增大企业效益，但投入的成本却是实实在在的。中小型企业出于资金实力及规模优势方面的考虑，不太可能自建工业互联网平台，它们更倾向于租用公有平台企业的服务。因此，这部分企业应该是工业互联网平台企业的主要目标客户，其主要应用是获取销售商机和订单。

综合分析以上痛点，笔者认为从交易模式入手，先吸引中小型企业使用工业互联网平台，在解决他们的订单和资金问题后，再吸引它们使用工业互联网平台的软件工具来提升生产效率，是较好的工业互联网平台企业的商业模式。

图 9-1 所示为产业链价值系统图。

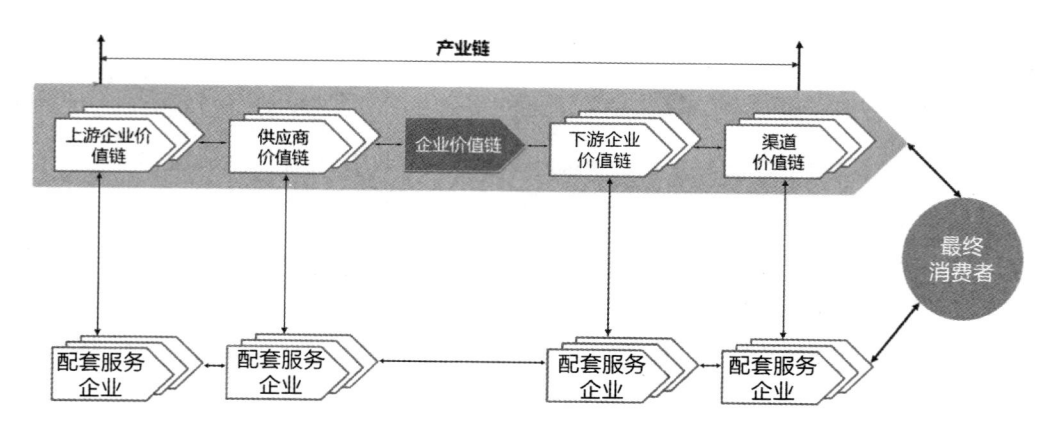

图 9-1 产业链价值系统图

从图 9-1 可以看出，建设钢铁、建筑施工等上游企业和下游企业间的工业互联网平台，使产业中的上游企业和下游企业之间的产品、原材料进行交易，再和消费互联网平台，如淘宝、京东对接，即可打通整条产业链从上游资源到最终消费者之间的交易环节，降低整条产业链的交易成本。对于产业链上的某家企业而言，这样的更容易掌握产业链的上下游信息，有利于改进产品和获取订单。订单驱动为改进产业链的生产环节提供了动力。例如，消费者对个性化定制要求较高，该企业自然会使用工业互联网平台上的个性化定制软件、设计软件等工具。图 9-2 所示为工业互联网平台商业模式示意图。

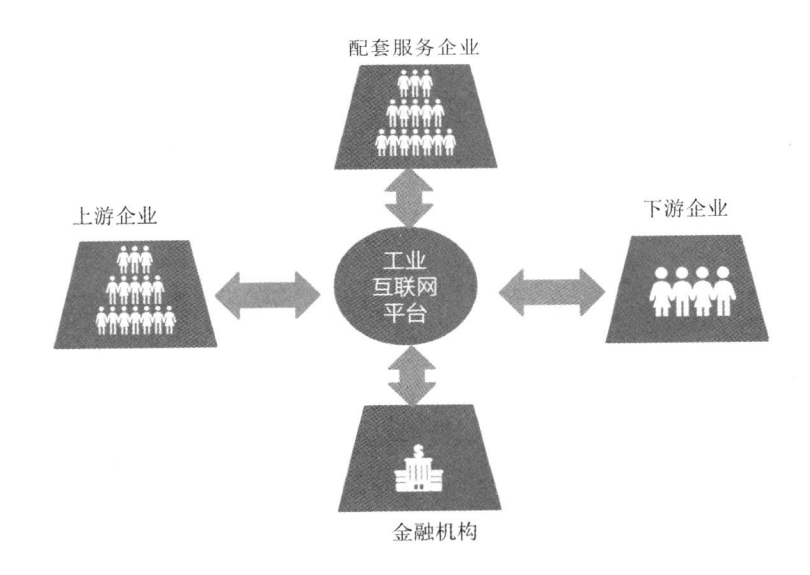

图 9-2　工业互联网平台商业模式示意图

因此，工业互联网平台商业模式的核心可以分为交易服务、金融服务、SaaS 三种。对于交易服务，工业互联网平台可以按照交易佣金比例进行收费；对于金融服务，工业互联网平台可以按照放贷资金量收取适当的信息服务费；对于 SaaS，工业互联网平台可以暂时采用免费模式，或者基础服务免费、增值服务收费模式。

必须通过设定巧妙的收费模式激发平台网络，以达到平台的引爆点。多边模式中的平台应该对哪一方收费，对哪一方免费，以吸引用户入驻平台，可以参考表 9-1。

表 9-1 设定收费方式的原则

原则	被补贴方	付费方
价格弹性	高	低
成长时的边际成本	低	高
同边网络效应	正向	负向
多地栖息的可能性	高	低

对于交易型业务来说,可以采用对卖出方收费,对买入方免费的模式。对于物流运输业务来说,可以采用对承运方收费,对委托方免费的模式。另外,建议采用对中小型企业免费,对大型企业收费的模式。

下面以欧冶云商为例来对工业互联网平台商业模式进行探索。

9.3 欧冶云商商业模式分析

9.3.1 公司概况

欧冶云商,成立于 2015 年 2 月,是中国宝武整合原有大宗商品电子商务优质资源,以全新商业模式建立的钢铁生态服务平台,其通过整合钢铁产业链上下游资源,打造了集交易、物流、行业资讯、大数据、专业知识等服务为一体的第三方产业互联网平台。

欧冶云商作为大宗商品交易的服务者、基础设施的提供者和信用体系的构建者,提供全品类、全流程、全业务、全场景服务能力,建设平台化、智慧化、生态化基础设施,构建多维度、数据化、可视化信用体系,构筑大宗商品共享服务生态圈。

9.3.2 平台商业模式介绍

当前,钢铁行业产业链存在以下痛点。

- 在供给侧，产能过剩，经过一段时间产能压缩，总体产能利用率约为 80%。
- 在渠道侧，大多产品通过经销商销售，流通层级过多，直销比例过低，不仅增加了流通领域的成本，且流通效率不高，同时客户对产品的诉求很难反馈到生产企业。
- 在下游终端销售侧，钢铁贸易企业由于必须支付现款给上游企业才能提货，但终端客户的结账方式是周期结账，存在大量应收账款，因此现金流紧张，有融资需求，但银行因为这些企业缺乏抵押物不愿意放贷。
- 在物流运输方面，我国钢铁产业因为布局不合理，钢铁物流形成了"钢材跨区域流动"与"内地向沿海布局"的供需结构，这一方面带来了巨大的运输及物流需求，另一方面使得商流和物流分散，难以形成网络效应和规模效应，从而衍生出大量繁复的流通链和物流主体，阻碍整个行业的效率提升。

针对整个行业的痛点，欧冶云商搭建了以产业链上游企业和下游企业交易为主，以综合配套服务为辅的工业互联网平台（称为产业互联网平台），平台架构如图 9-3 所示。

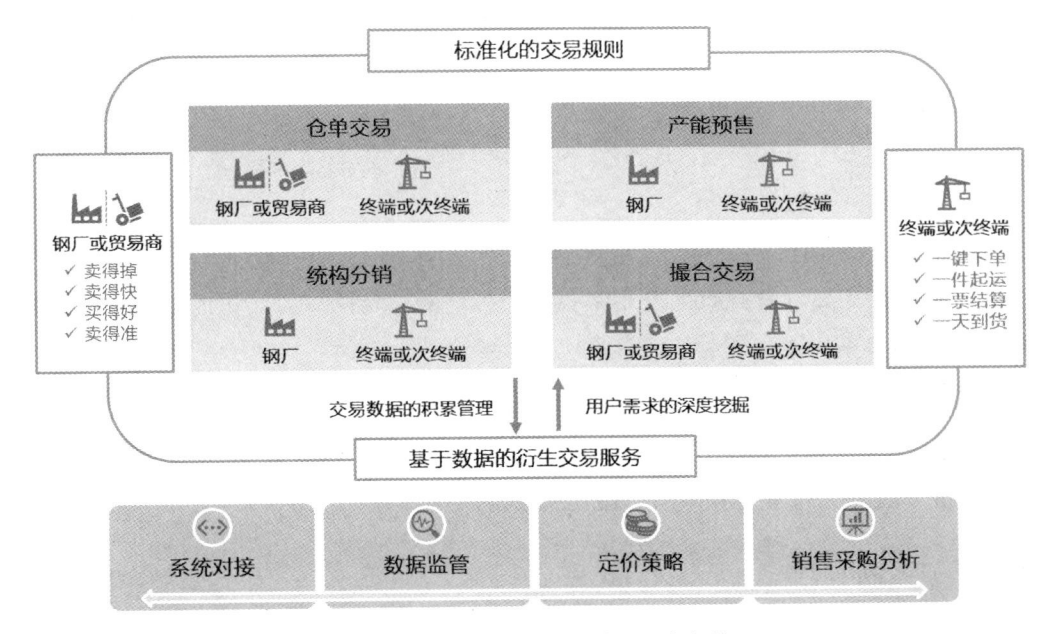

图 9-3　欧冶云商工业互联网平台架构

欧冶云商的互联网服务及互联网交易平台主要有欧冶云商综合平台、欧冶循环宝在线交易平台、欧冶采购MRO（Maintenance Repair Operations，非生产物质）交易平台、欧冶国际跨境交易平台。

1. 互联网服务

互联网服务主要包括如下内容。

- 钢材现货的在线交易服务（现货交易服务）。
- 钢厂未来预售产能的在线交易服务（产能预售服务）。
- 不介入交易的买卖撮合服务（撮合交易服务）。
- 循环物资的在线交易服务（循环物资交易服务）。

2. 互联网交易

互联网交易主要包括如下内容。

- 向钢厂直接采购钢材后通过综合平台销售给下游企业的在线交易（平台化统购分销）。
- 非生产原料的工业用品在线交易（MRO 平台交易）。
- 根据客户需求跨境寻找货源并销售的在线交易（跨境电商交易）。

3. 物流服务

物流服务以欧冶云商物流平台为核心，为客户提供仓储、运输和加工等配套服务，主要包括如下内容。

- 平台化代理仓储服务（云仓）。
- 平台化代理运输服务（运帮）。
- 平台加工及加工配送服务（加工及配送服务）。

4. 其他交易和服务

其他交易和服务主要包括如下内容。

- 不锈钢交易。
- 基于互联网的商业智能决策服务及基于互联网的钢铁专业知识服务（互联网技术及知识服务）。

9.3.3 平台主要交易模式介绍

1. 现货交易模式

现货交易模式是一种钢材现货的在线交易服务，示意图如图9-4所示。平台通过为钢材买卖双方提供快速的供需匹配服务，在帮助下游中小型企业直接购买钢厂一手货源的同时，为钢厂和贸易流通商提供精准的现货解决方案。平台按照交易金额收取一定比例佣金。

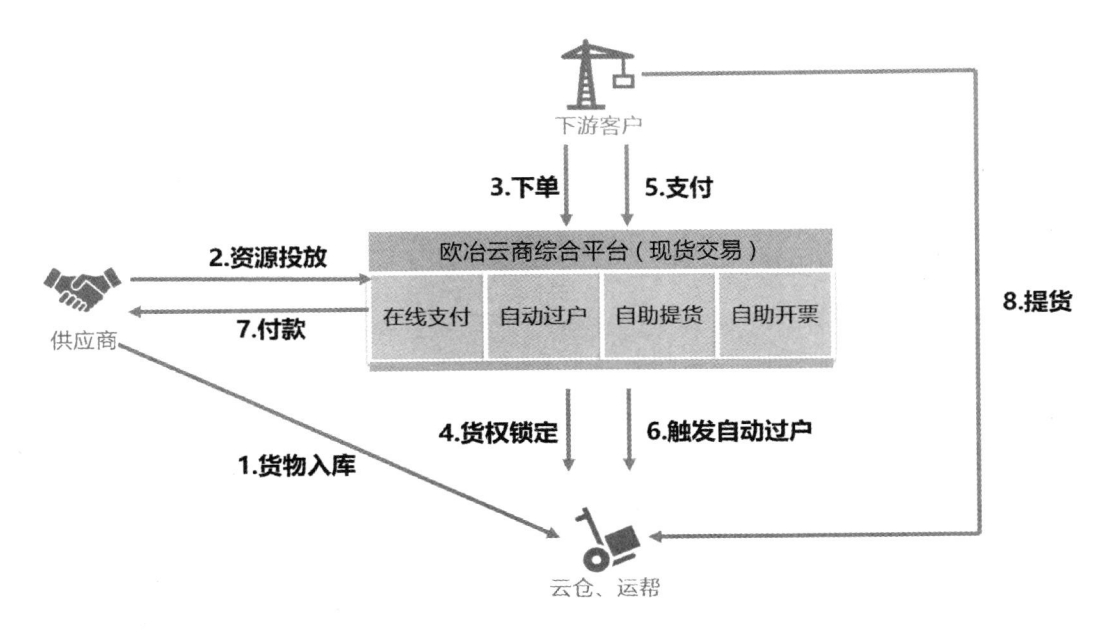

图9-4 现货交易模式示意图

2. 产能预售模式

产能预售模式是一种将钢厂未来一个月内可出售的产能传至平台进行销售的业务，类似于期货交易，示意图如图 9-5 所示。该服务旨在通过与钢厂销售系统的技术集成，打通下游中小型企业直接向钢厂订购一手钢材资源的采购通道，降低起订门槛，简化订货流程，解决中小型企业买货难的问题，并协助钢厂优化排产计划，形成具有确定性的"高效、透明、便捷、低成本"的钢厂未来产能预售模式。产能预售模式支持钢厂每天进行钢材资源的在线发售和定价，改变了传统的月度订货模式，使得钢厂能够发现和触达更多中小型企业，拓宽了钢厂的销售渠道，满足了中小型企业的个性化需求。如果企业使用了 ERP，那么企业和平台的对接很容易实现产能预售和排产计划；如果企业没有使用 ERP，那么平台可向企业提供 SaaS 化的 ERP。平台按照交易金额收取一定比例的交易佣金。

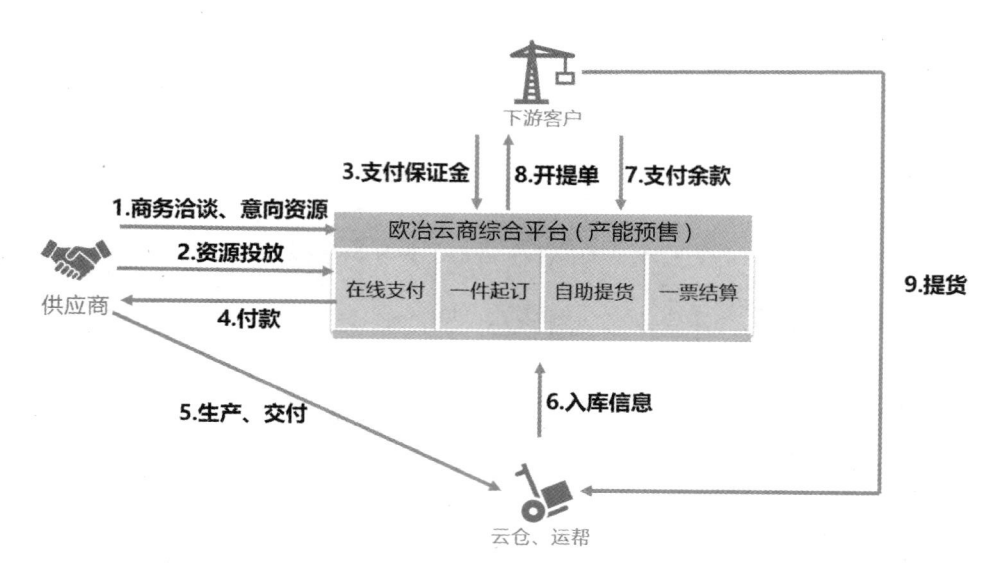

图 9-5 产能预售模式示意图

3. 统购分销模式

统购分销模式示意图如图 9-6 所示。

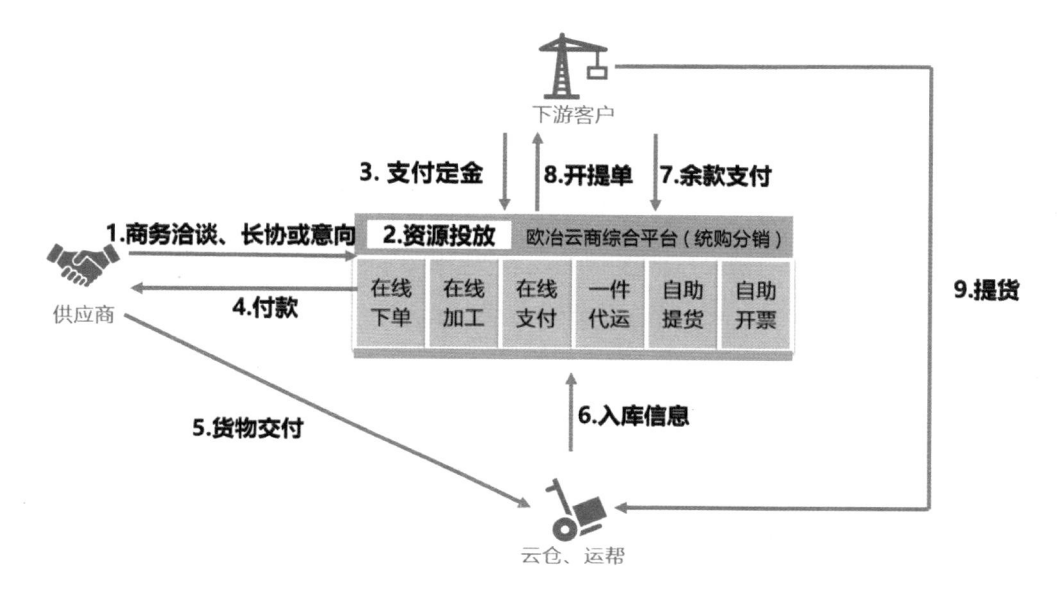

图 9-6 统购分销模式示意图

在钢铁行业中，为满足生产经营需求，以终端用户、贸易服务商为主的买家往往希望提前锁定各大钢厂生产的特定规格的货源，但是钢厂对于下游买家的订单体量、资信背景及仓储物流条件均有较高的要求，这导致众多中小型买家无法直接对接钢厂采购钢材。

对于钢厂而言，由于下游中小型买家的订单量较小且需求多样，钢厂大批量生产、集中销售的模式很难对下游中小型买家进行直接销售并提供相应的配套服务。

对于下游中小型买家而言，平台的统购分销模式能够有效地帮助中小型买家锁定货源、提高采购效率、配置仓储运输资源，提供了有别于传统线下钢材采购的快捷高效的自助式购物。

对于上游钢厂而言，公司的统购分销业务借助综合平台的优势，汇总下游中小型买家的订单，为钢厂提供面向下游中型小买家的小批量、差异化的精准钢材销售服务，进一步扩大了钢厂的客户覆盖范围。平台通过购销差价获取收益。

4. 物流服务

欧冶云商立足钢铁流通领域，通过向第三方仓储、运输企业提供 WMS（Warehouse Management System，仓库管理系统）和 STMS（SaaS Transport Manager System）软件，实现了对第三方仓储及运输服务企业的一体化管理，凭借互联网和物联网等技术应用，为平台用户提供了代理仓储、代理运输，以及物流跟踪、物流数据分析等数据服务。

云仓平台是由覆盖全国的两千多家钢材仓库共同参与的互联网化的仓储网络体系，其通过整合第三方仓储服务资源及部分自有仓储资源，为用户提供钢材产品的各类仓储服务，包括货物保管、存货管理、驻库监管、巡检抽盘及视频看货在内的货物保管和监管服务。其中，代理仓储及监管服务以技术手段防控为主，线下人员防控为辅的模式对在库货物进行管理，保障了货物安全及交易真实性，实现了实物、单据、信息管理的在线化、平台化。

运帮平台作为面向大宗商品领域的第四方物流运输服务平台，通过整合第三方运输企业服务资源，为平台用户提供代理运输服务，具体包括制订运输方案、确定运输价格、选择承运商、跟踪运输过程，以及到货验收管理等服务。平台向承运商收取服务费。

9.3.4 平台模式分析

欧冶云商虽然为产业链的上游企业和下游企业提供 SaaS 软件工具，如库存管理、销售管理、运输管理，但这不是欧冶云商的主要收入来源，它提供这些工具主要是为了为平台客户内部管理提供方便，进一步提高其效率。欧冶云商的主要收入来自钢铁产品、原材料交易收取的服务费，2020 年，欧冶云商这部分收入为 630 亿元，占总营收的 84%。

欧冶云商的实践证明，先从打通企业的交易环节入手，再从交易环节倒逼企业去解决内部的管理和生产问题，比单纯提供 SaaS 软件工具对企业更有吸引力。如今主流工业互联网平台采用的是以提供软件工具服务为主的模式，没有一家涉足产业链交易环节。我国还没有提供单纯 SaaS 软件工具平台的成功案例。如果工业互联网平台企业能够借鉴欧冶云商的经验，先解决产业链的上游企业和下游企业的交易问题，再逐步提供 SaaS 软件工具解决企业的"智能化生产、网络化协同、个性化定制、服务化延伸"，那么其成功概率要高很多。

本章参考文献

[1] 陈威如，余卓轩. 平台战略[M]. 北京：中信出版社，2021.
[2] 亚历山大·奥斯特瓦德，伊夫·皮尼厄. 商业模式新生代[M]. 王帅，毛心宇，严威，译. 北京：机械工业出版社，2011.
[3] 中信证券股份有限公司. 欧冶云商首次发行股票招股说明书（申报稿）[R]. 2020.

第 10 章　工业互联网平台架构

10.1　工业互联网平台的业务场景

大型企业有条件自主建设工业互联网平台，有部分大型企业积极探索新的商业模式，以打造平台经济，但绝大多数中小型企业只能租用公有的工业互联网平台服务。

工业互联网平台企业一方面可以通过为平台用户打通交易环节获取收益，另一方面可以通过为中小型企业提供需要的 SaaS 化赋能工具获取收益。因此平台除了具备交易功能，还应该为平台客户提供需要的全要素、全价值链的赋能工具，以吸引中小型企业入驻。平台具备哪些功能才能吸引企业呢？我们可以根据波特的价值链模型（见图 10-1）展开分析。

图 10-1　波特的价值链模型

波特把企业的活动分为辅助活动和主要活动，相对而言，辅助活动较通用，其与行业和企业的相关性较小；主要活动与行业和企业的相关性较大。辅助活动和工业互联网关系不大，很多主流的厂商已经提供了成熟的软件解决方案。主要活动是工业互联网平台需要重点解决的问题，尤其是生产和供应链环节，建议工业互联网平台企业围绕主要活动提供相关软件服务。

对于市场开发价值链环节，传统的方式是线下渠道销售，而基于数字技术的市场营销可大大降低市场开发成本，提高营销效果。

例如，宝钢利用工业互联网平台，通过供应商项目介入汽车生产厂，为汽车生产厂提供个性化材料定制，通过工业互联网平台和客户的生产计划对接，实现按需供货。

在研发设计环节，基于数字技术的设计可以大大降低研发成本，缩短研发周期。通过数字仿真技术，可以降低试错成本，加快试制过程。例如，通过航天云网的模具云+CPDm 协同设计，可以大大降低模具的开发成本。

对于大多数企业而言，如何利用工业互联网平台功能实现降本增效是企业主要考虑的问题。因此，工业互联网平台提供的软件功能围绕的是"智能化生产"。例如：

- 建立设备层到工厂层的精益生产与管理体系，使得生产流程更精益和高效。
- 通过设备物联、电子看板等方式，建立核心生产系统的数字化基础，打造信息透明的工厂，提升异常事件响应速度。
- 通过使用模块化生产单元、新型数字设备，以及加强生产过程的管理系统等，增强生产系统的柔性，进一步提高应对需求变化的能力。

据测算，打造卓越工厂能使企业的劳动生产率提高 45%～55%、设备总停机时间缩短 30%～40%、库存成本减少 20%～50%。图 10-2 所示为卓越制造体系涉及的主要业务活动。

面向生产过程的管控有很多应用场景，如能耗管理、质量管理、工艺管理。

- 贵州航天电器股份有限公司利用航天云网 INDICS 工业互联网平台构建多种因素与质量 KPI 的关联模型，对设备、工艺、检测等数据进行质量相关分析，实现不良品率降低 56%。

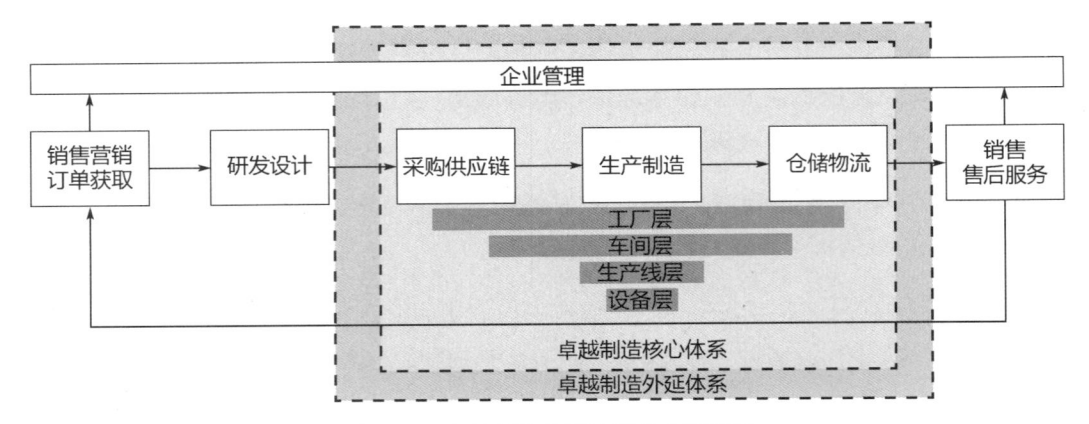

图 10-2 卓越制造体系涉及的主要活动

- 富士康工业互联网股份有限公司利用富士康 Fii Cloud 工业互联网平台对刀具使用寿命进行管理，使刀具使用寿命提升 5% 以上，每年节省成本 4000 多万元。
- 山东钢铁集团有限公司利用 ThingswiseiDOS 工业互联网平台对跨工序能耗数据进行动态优化，实现能耗降低，每年节省成本 8000 多万元。
- 宝钢通过对热轧 1580 智能车间改造，技术经济指标改善明显，工序能耗下降 6.5%，内部质量损失下降 30.6%，废次率下降 10%，全自动投入率提升 10.5%，指标实际大大优于设定目标。

要使平台帮助企业实现卓越运营，除通用的业务流程外，还要根据企业的特点优化现有业务流程，有些流程甚至需要重构。打通端到端的流程是工业互联网平台设计的基础，也是实现网络化协同的前提。

业务流程改进必须遵循科学的方法论，主流的业务流程设计方法有价值链模型及 APQC（American Productivity & Quality Center，美国生产力与质量管理中心）框架（见图 10-3）。

流程体系设计要先设计流程框架，然后设计流程、子流程、活动、任务和步骤。如果需要系统实现，那么流程的设计必须细化到任务和步骤。图 10-4 所示为流程层级结构图。

第 10 章 工业互联网平台架构

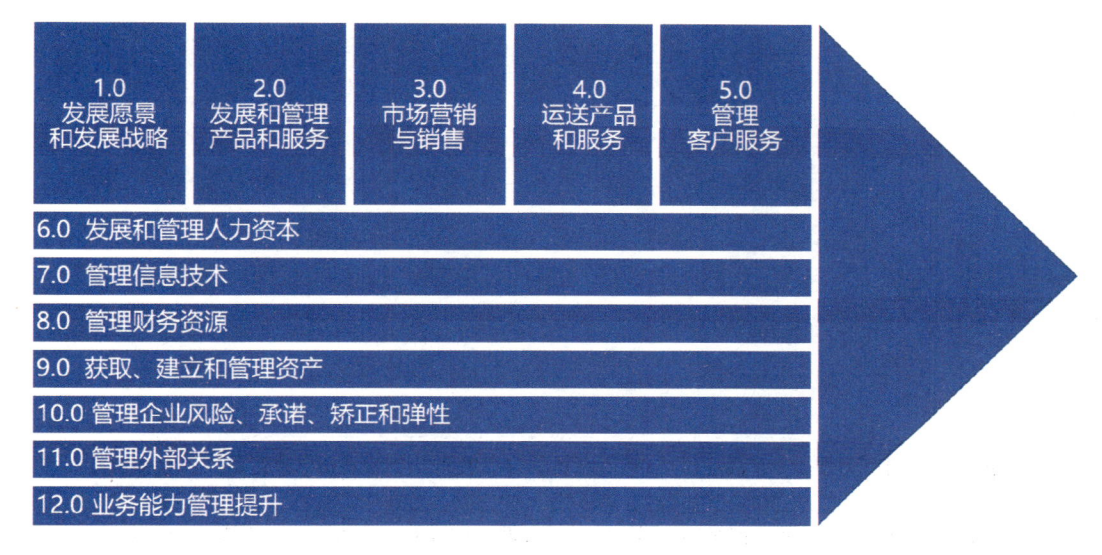

| 1.0 发展愿景和发展战略 | 2.0 发展和管理产品和服务 | 3.0 市场营销与销售 | 4.0 运送产品和服务 | 5.0 管理客户服务 |

6.0 发展和管理人力资本
7.0 管理信息技术
8.0 管理财务资源
9.0 获取、建立和管理资产
10.0 管理企业风险、承诺、矫正和弹性
11.0 管理外部关系
12.0 业务能力管理提升

图 10-3　APQC 框架图

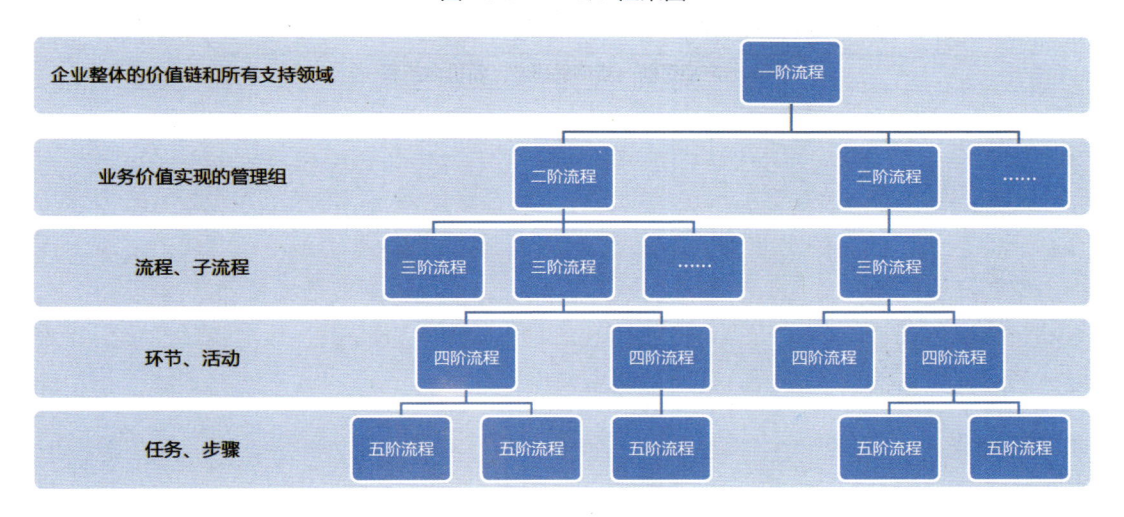

企业整体的价值链和所有支持领域	一阶流程
业务价值实现的管理组	二阶流程
流程、子流程	三阶流程
环节、活动	四阶流程
任务、步骤	五阶流程

图 10-4　流程层级结构图

需要注意的是，在数字化时代的背景下，不是把传统的线下流程照搬到线上，要考虑新技术对传统作业方式的改变。因此，流程设计重点要考虑数字化元素和传统业务融合后业务流程的变化。例如：

- 如果没有协同设计，那么通常采用串行设计模式；如果有协同设计，那么通常采用并行设计模式。
- 如果采用外部合作单位的协同设计，那么需要考虑和外部协作的流程。如供应商早期介入开发市场和产品，那么在开发市场的同时会启动产品开发流程、产品设计流程。
- 如果通过工业互联网平台对客户进行远程运维，那么触发客户维修的工单不仅来自客服部门，也有可能来自设备的传感器。

图 10-5 所示为典型的业务流程示例。

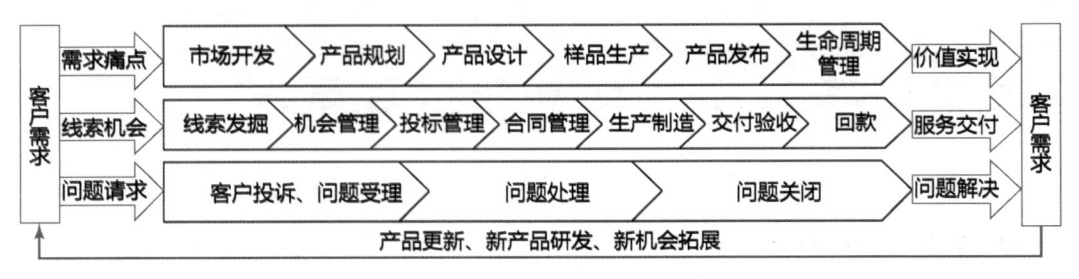

```
客户需求 → 需求痛点 → 市场开发 → 产品规划 → 产品设计 → 样品生产 → 产品发布 → 生命周期管理 → 价值实现 → 客户需求
         → 线索机会 → 线索发掘 → 机会管理 → 投标管理 → 合同管理 → 生产制造 → 交付验收 → 回款 → 服务交付
         → 问题请求 → 客户投诉、问题受理 → 问题处理 → 问题关闭 → 问题解决
         产品更新、新产品研发、新机会拓展
```

图 10-5 典型的业务流程示例

另外，应用新一代数字技术也可以优化传统流程的效率。传统的流程设计一般采用静态设计方法，一旦确定业务流程，除非人为修改，否则系统是不会变化的。基于规则引擎和流程引擎，采用人工智能技术分析流程，可以根据业务场景动态优化。例如，合同审核流程可以根据不同供应商类型、不同合同、不同场景、供应商动态评价等维度，通过人工智能建模分析，智能调整审核流程。

10.2　工业互联网平台的设计方法

工业互联网平台本身是一个云平台，但具有区别于一般通用云平台的特点，因此在设计过程中可以参考云计算标准 GB/T 32399—2015、ISO/IEC 17789:2014、《工业互联网平台 通用要求》（AII/001—2017）、IIRA、RAMI 4.0。

参考 GB/T 32399—2015 中定义的 CCRA 架构模型，设计云计算一般要考虑利益相关者、利益相关者的关注点及其相关业务活动。与之相对应的就是云平台涉及的角色、业务活动及功能点，用视图来表达就是用户视图、功能视图、实现视图、部署视图（见图 10-6）。ISO/IEC 17789:2014 只定义了用户视图和功能视图。

图 10-6　CCRA 架构模型

从用户视角来看角色包括云服务客户、云服务提供者、云服务合作者。在商业模式设计阶段要确定企业的工业互联网平台应该服务的对象，如果未来要通过工业互联网平台实现平台经济，就应该是一个开放式平台。如果工业互联网平台只给内部用，那么就是一个封闭式平台。因此，在定义客户角色时有内部客户和外部客户之分。而管理客户的重要区别点在于是否有计费功能、财务核算功能等。图 10-7 所示为云平台用户视图抽象模型。

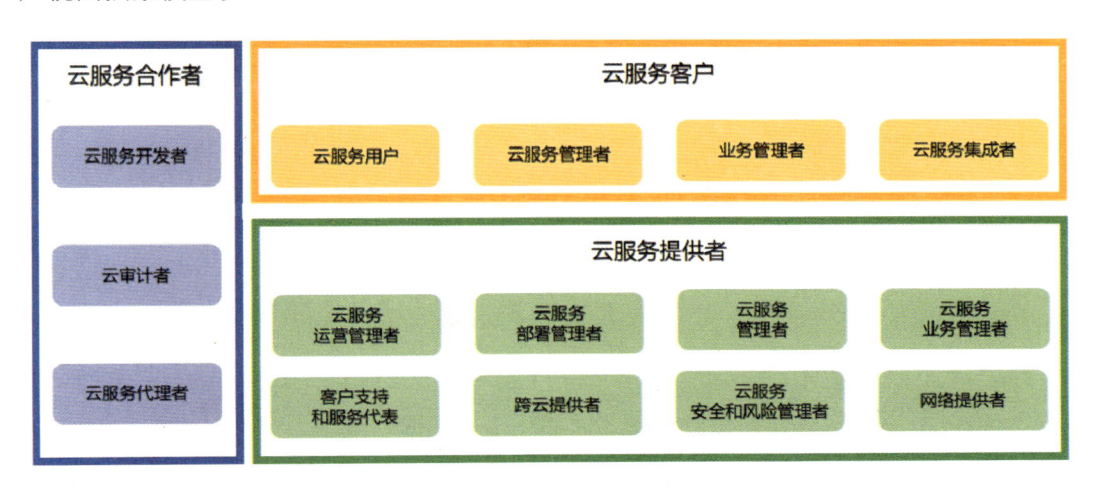

图 10-7　云平台用户视图抽象模型

图 10-8 所示为通用云平台参考架构功能抽象模型，服务层是云平台的设计重点。ISO/IEC 17789:2014 将服务分为 IaaS、PaaS、SaaS。

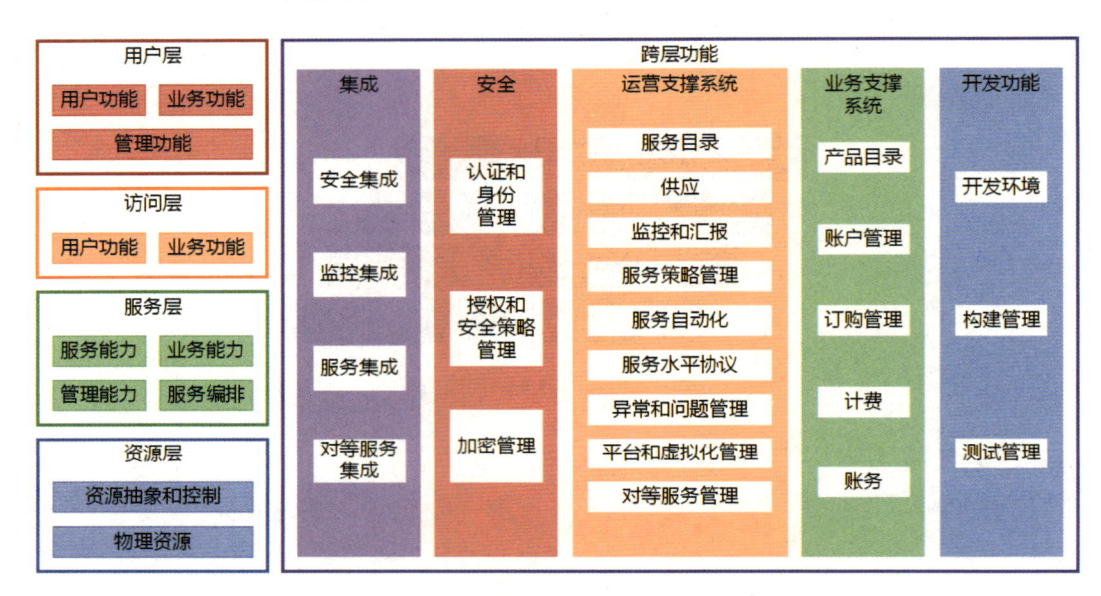

图 10-8　通用云平台参考架构功能抽象模型

工业互联网平台和通用云平台的主要区别在于服务层，服务层又分为通用云计算服务层及与工业场景相关的服务层。其中与工业场景相关的服务层主要表现为工业 PaaS 层和工业 SaaS 层的差异。因此工业 PaaS 层和工业 SaaS 层是工业互联网平台设计的重点，也是核心价值点。

10.3　工业互联网平台的架构视图

根据《工业互联网体系架构（版本 2.0）》可知，工业互联网的核心功能是数据功能体系，该体系通过网络、平台、安全三大功能体系构建。

工业互联网平台包含边缘层、PaaS 层、SaaS 层三个主要部分。边缘层用于实现与工业设备的互联互通，PaaS 层用于提供对数据进行处理分析的工业机理模型，通用 SaaS 层用于提供各类工业创新应用，整个工业互联网服务于用户和业务应用。因此，工业互联网平台被视为整个工业互联网的核心之一。

工业互联网平台的架构视图如图 10-9 所示。

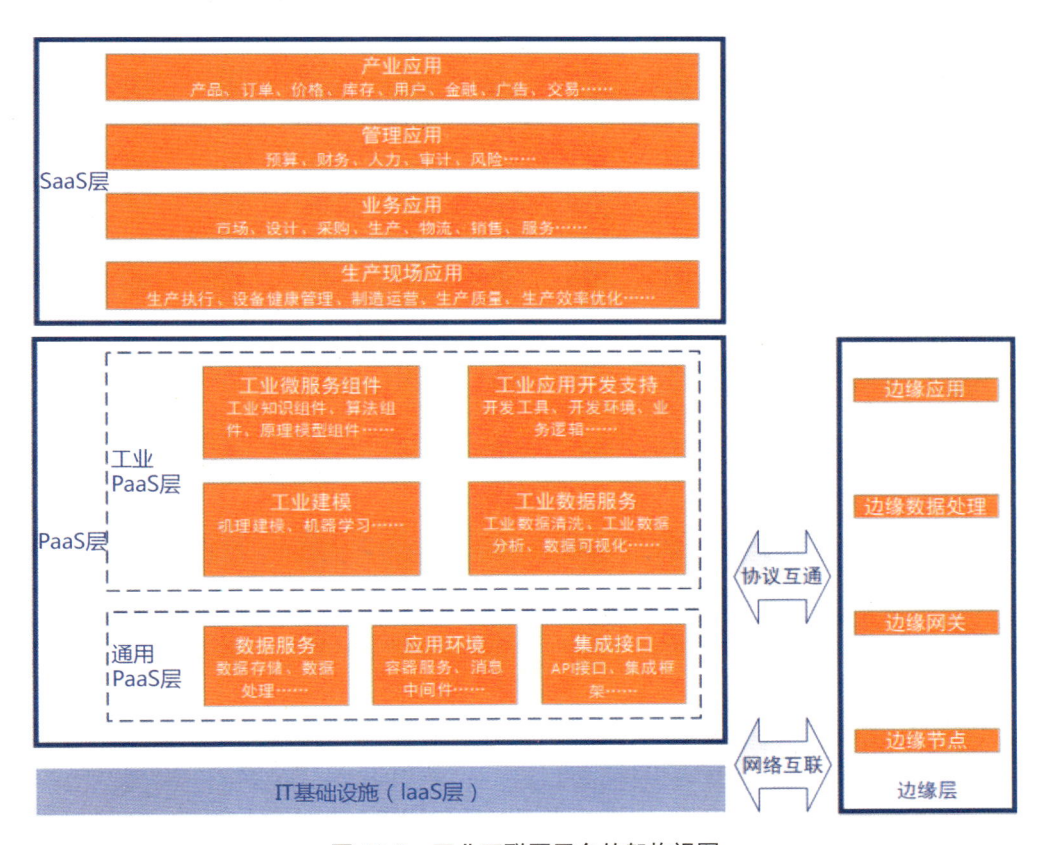

图 10-9　工业互联网平台的架构视图

由图 10-9 可知，工业互联网平台架构是分层构建的。

- 工业互联网平台应构建在 IaaS 化的 IT 基础设施之上，以获取灵活扩展的基础。
- PaaS 层是工业互联网平台的核心，也是工业互联网的核心之一。PaaS 层可细分为通用 PaaS 层和工业 PaaS 层，分别用于提供具有通用性的信息化服务组件和具有工业互联网特性的服务组件。根据平台的定位、体量、受众，PaaS 层还可以细分出额外的 aPaaS 层，为应用提供开发和运行环境。

- SaaS 层包含生产现场应用、业务应用、管理应用、产业应用等。将工业互联网平台提供的能力融入这些应用，可以实现自这些应用到调度层、经营管理层、产业层的贯通，发挥工业互联网的巨大优势。
- 边缘层包含边缘节点、边缘网关、边缘数据处理、边缘应用等，用于提供海量工业数据接入、转换、数据预处理和边缘分析应用等功能，可能全部或部分构建于 IaaS 化的 IT 基础设施上，在大多数情况下是就近工业现场设备独立建设。

IaaS 化的 IT 基础设施和通用 PaaS 层在工业互联网平台的建设中，与信息化建设中的原理、内容基本一致，本书不再赘述。

边缘层具有多个层次，且常部署于边缘侧而非平台上，本书将在后续"工业互联网边缘计算"部分进行介绍。

10.4　工业互联网平台的功能视图

工业互联网平台架构为业务应用或业务用户提供有价值的工业数据和工业应用。图 10-10 所示为工业互联网平台的功能视图。

从互联网功能来看，PaaS 层的主要功能是将 IT 资源、工业模型、工业基础功能服务化、平台化，实现对工业应用全生命周期的环境和工具支持。

- 通用 PaaS 层构建在 IaaS 化的 IT 基础设施上，将云化、池化和 IaaS 化的 IT 基础设施进一步平台化、服务化，提供的功能包括数据服务、计算引擎（各类计算能力）、应用运行环境（应用需要的标准化中间件等）、集成接口和服务（系统间的接口）等。

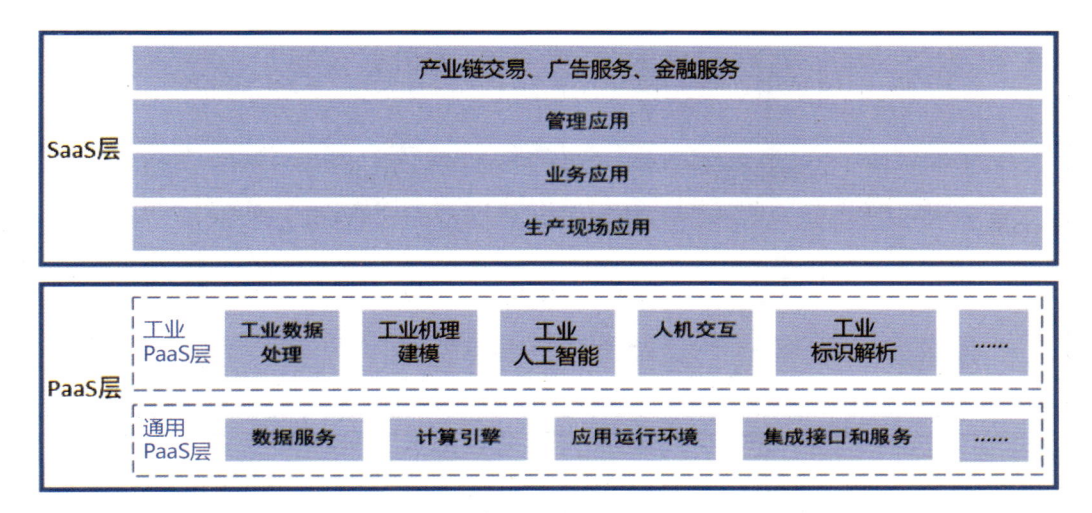

图 10-10 工业互联网平台的功能视图

- 工业 PaaS 层通过模型、引擎、微服务等多种方式，为工业应用提供工业数据处理、工业机理建模、工业人工智能、人机交互、工业标识解析等多种功能，实现工业模型、数据的模块化、通用化、平台化、服务化，加速工业知识复用和创新。

SaaS 层是工业互联网平台的关键，也是工业应用和工业数字化创新的关键，主要包含如下几部分功能。

- 为了匹配平台商业模式，在产业层提供产业链交易功能、广告服务功能、金融服务功能等。
- 为租户提供管理应用、业务应用（包括设计研发、生产运营、质量管控、资产维护、供应链集成等）、生产现场应用。
- 通过开发社区、应用商店等应用平台，使各类开发者可以参与工业应用的开发和创新，并可以便捷地展示、交付应用并获得收益，同时使各类工业用户可以便捷地获取工业应用，形成开放的、良性的工业应用和创新生态。

在工业互联网平台化的商业模式下，可以参考如图 10-11 所示功能视图示例进行细化，形成自身的工业互联网平台架构。

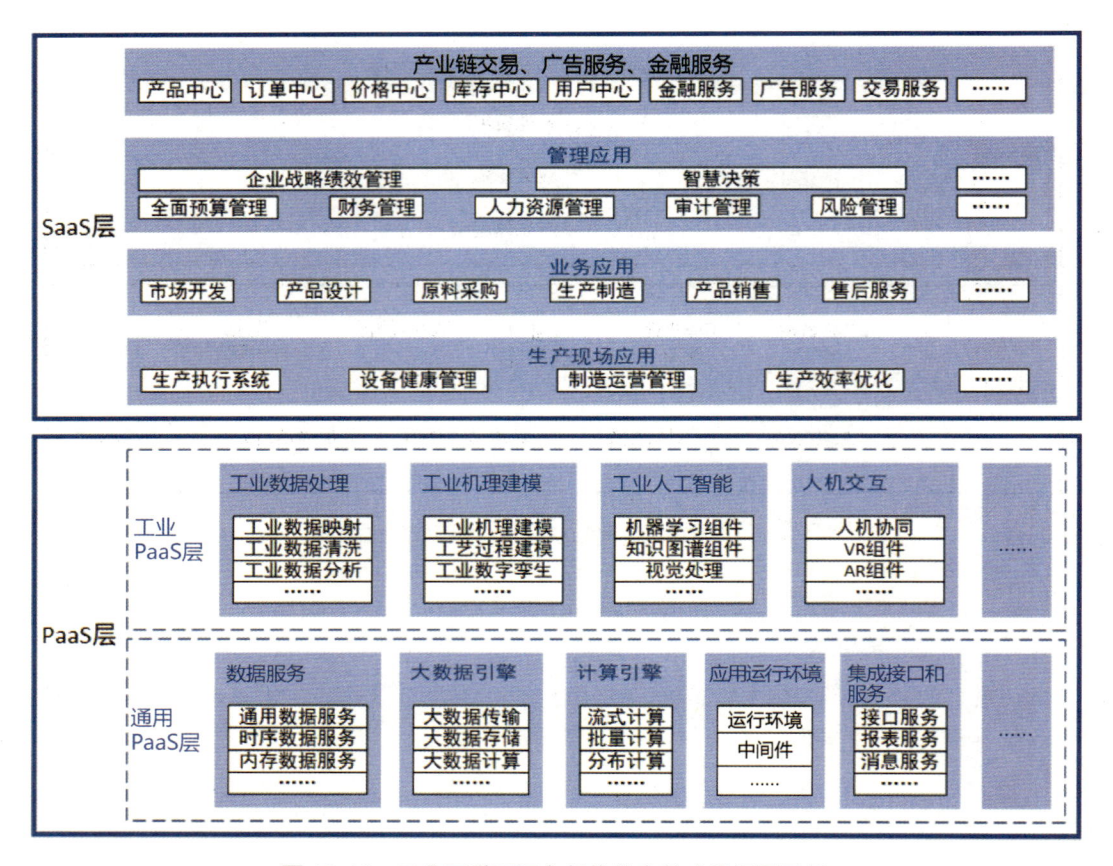

图 10-11　工业互联网平台架构的完整功能视图示例

10.5　工业互联网平台 SaaS 层设计

10.5.1　工业互联网平台 SaaS 层架构设计

工业互联网平台 SaaS 层可以基于横向价值链模型（IEC 62890:2020）及纵向层级模型（ISO 62264、ISO 62512），并参考 RAMI 4.0 模型进行设计。考虑工业互联网平台的商业模式，产业链要打通行业上游和下游的交易环节，SaaS 层功能设计围绕上文提到的业务场景来展开。图 10-12 所示为典型制造业价值体系。

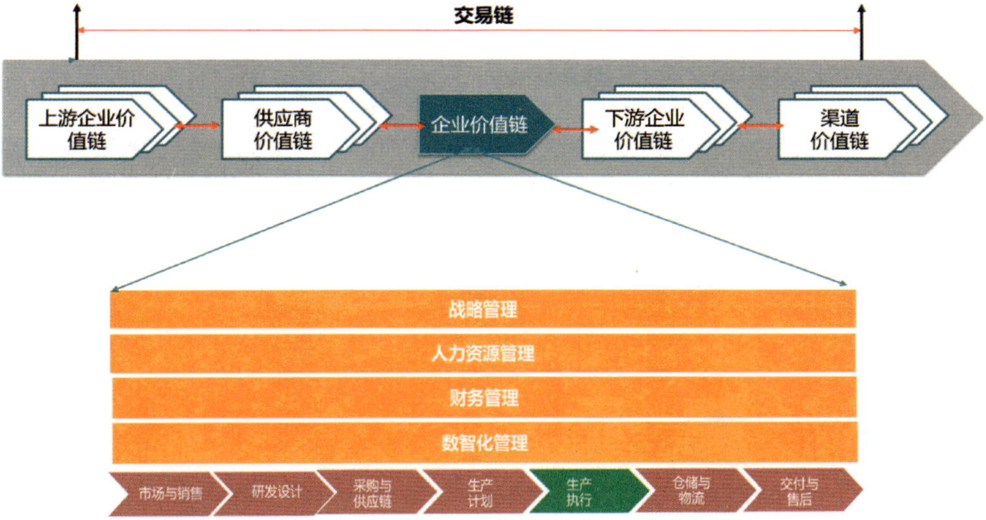

图 10-12　典型制造业价值体系

单个企业内部的价值链和整个行业的价值链构成了行业价值体系，因此广义的工业互联网平台 SaaS 层功能可以涵盖图 10-12 涉及的所有价值域，**既要提供平台上的企业产品交易需要的功能，也要提供平台上的企业覆盖内部价值链的所有业务活动**。对于广义的工业互联网平台来讲，就是要实现业务场景的全覆盖，实现"横向到边，纵向到底"。

工业互联网平台重点考虑企业内部纵向层级的功能覆盖。图 10-13 所示为企业内部层级结构模型图。

企业内部不同层级涉及的利益相关者不同，关注点也不同，相应地，不同层级的功能点也不同。图 10-14 所示为典型的制造业从订单到交付流程图，横向连接关注从销售订单到交付的端到端流程，纵向关注从生产订单到生产执行的流程。从组织层来讲，企业关注从销售订单到交付的结果，工厂关注生产过程。

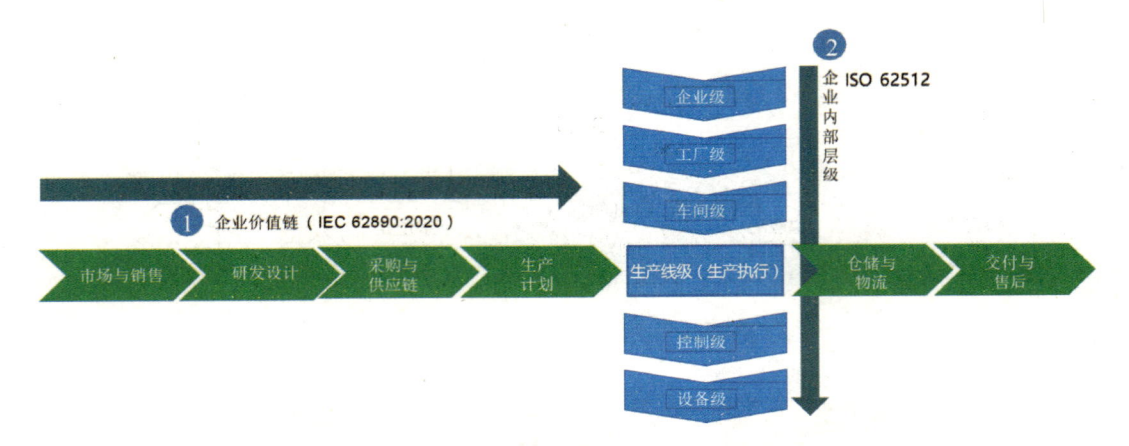

图 10-13　企业内部层级结构模型图

图 10-14　典型的制造业从订单到交付流程图

工业互联网平台功能要覆盖横向从订单到交付,纵向从生产订单到生产执行的端到端流程,实现"人与人""人与机器""机器与机器"的协同。

传统的信息系统只考虑生产计划系统(如 APS)和 MES 的连接,缺乏和设备控制系统的连接,因此工业互联网平台要解决 MES 和现场设备的连接。MES 向上连接 ERP,向下连接过程控制系统 [如 DCS(分布式控制系统)、SCADA(数据采集与监控系统)、HMI(人机接口)等],实现了 OT 层和 IT 层的融合。

图 10-15 所示为典型的制造业工业互联网平台应用架构图。

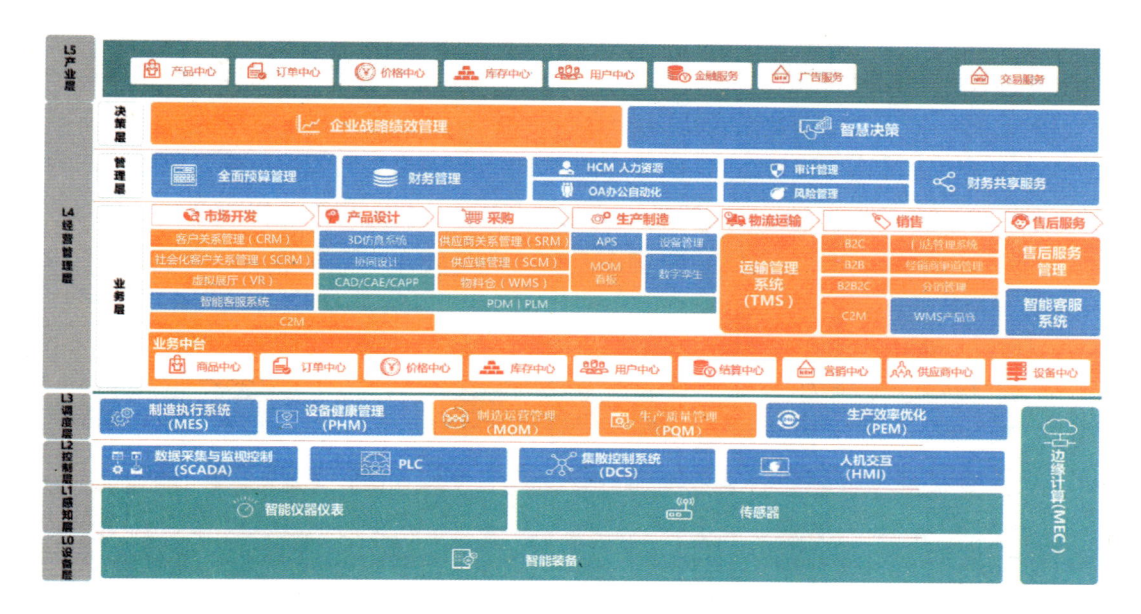

图 10-15 典型的制造业工业互联网平台应用架构图

如果企业面向最终消费者提供产品和服务，那么平台提供 SCRM（Social Customer Relationship Management，社交化客户关系管理）应用服务就显得非常重要。SCRM 通过链接各大社交平台能够帮助企业获取商机，很受中小型企业欢迎。图 10-16 所示为典型的 SCRM 应用功能架构图。

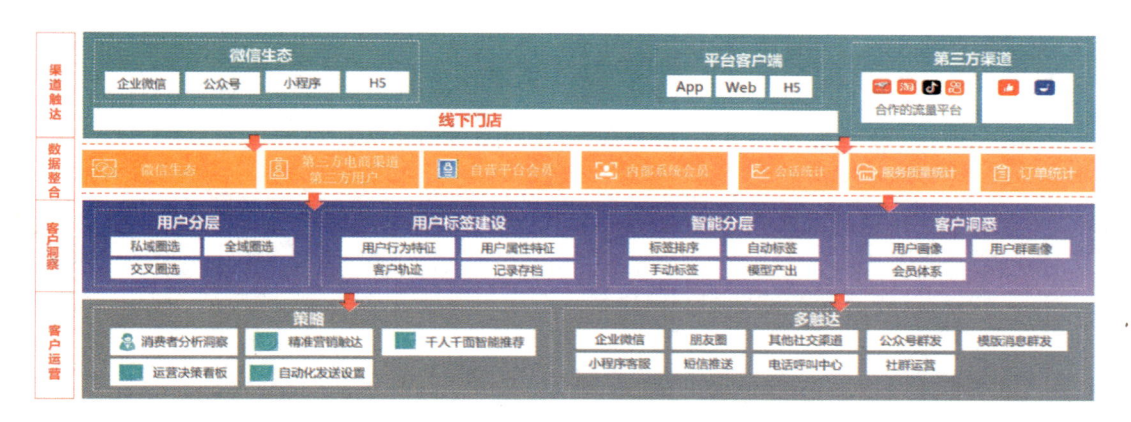

图 10-16 典型的 SCRM 应用功能架构图

MOM 是制造业生产执行过程中的核心系统（见图 10-17），ISA-95 标准对制造运行管理的定义是，通过协调管理企业的人员、设备、物料和能源等资源，把原材料或零部件转化为产品的活动。制造运行管理包含管理由物理设备、人和信息系统来执行的行为，并涵盖管理有关调度、产能、产品定义、历史信息、生产装置信息，以及与之相关的资源状况信息的活动。平台上的企业是否使用 MOM，取决于用户自身工厂的智能化程度及对安全的考虑。

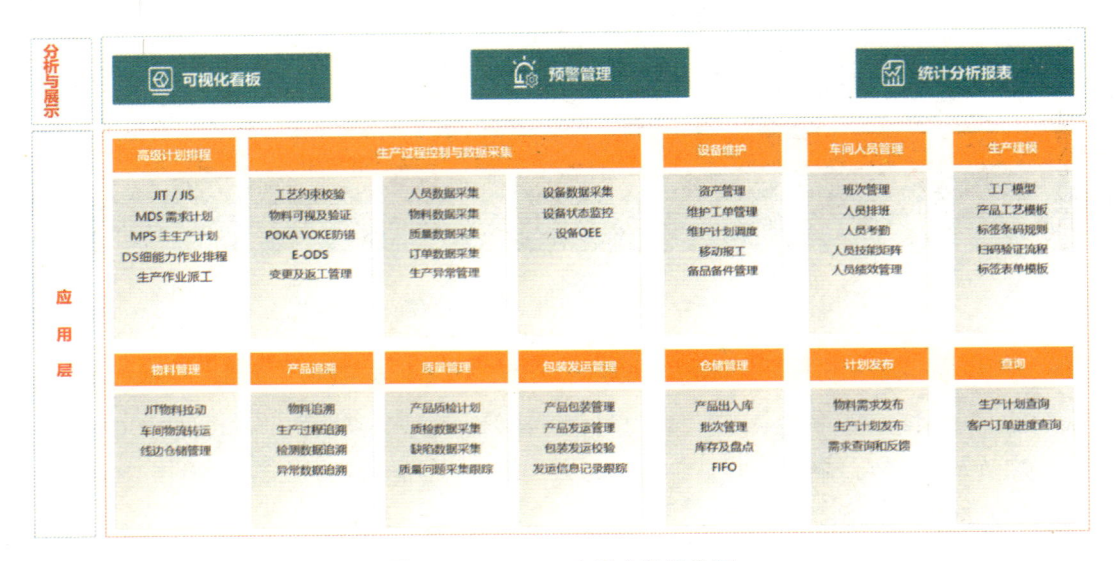

图 10-17　MOM 应用功能架构图

10.5.2　工业互联网平台 SaaS 层应用的工程实现方式

工业互联网平台 SaaS 层应用的技术路线既要有前瞻性又要考虑成熟性，技术实现方式要围绕复用、敏捷、平台化、服务化的思想，并结合企业实际。相关技术包括 SaaS、低代码、微服务等，企业需要根据自身特点选择不同技术路线或组合。

1. SaaS 平台

SaaS 平台除应用自身业务功能外，服务层要提供多租户的 HMI 和商业模式；数据层要严格区分各租户的数据，存储各租户的个性化信息。SaaS 系统架构的逻辑图如图 10-18 所示。

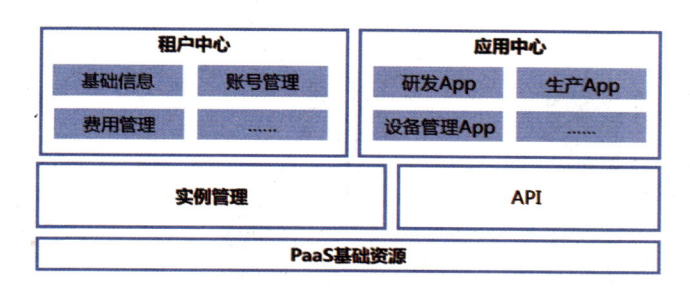

图 10-18　SaaS 系统架构的逻辑图

从图 10-18 中可以看到，将应用 SaaS 化后，需要增加大量多租户服务的前后端功能，其中最为重要的就是，对多租户数据的存储，如何进行隔离与共享。

我们从以下三个方面重点讨论 SaaS 平台建设的注意事项。

（1）计算资源的隔离和共享。

计算资源的隔离和共享相对简单，其难点主要在于，通过更加优化的计算资源分配，在可用性水平之上实现更优的成本。更严格的隔离意味着避免特定租户的流量压力或系统故障波及其他租户，导致多米诺效应，同时意味着更高的成本；更加共享化的计算资源分配则与之相反。

所以，计算资源的隔离和共享要综合考虑应用性能特性、可用性要求（包括降低服务等级）和资源成本等多个方面，选择平衡点。

（2）数据或存储资源的隔离和共享。

多租户数据隔离和共享分级如图 10-19 所示，从左向右，共享级别越来越高，而隔离级别越来越低。更高的共享级别意味着更敏捷的运营服务、更高效的资源利用和更复杂的安全隔离。在"共享应用，共享存储"模式下，当在单一数据库架构下共享时，其至涉及字段层面的设计。例如，通过在数据库和代码中加入租户 ID 字段来区分租户。因此，需要根据实际需求选择不同隔离和共享模式。

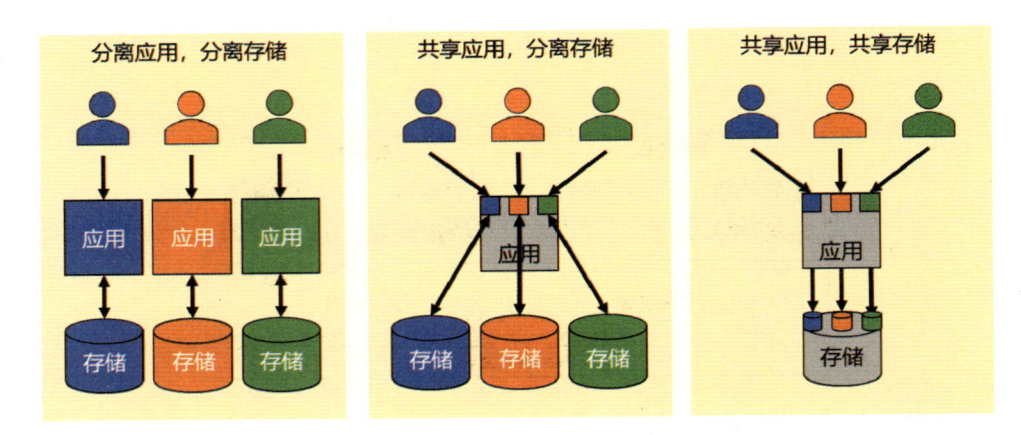

图 10-19 多租户数据隔离和共享分级

- 如果为同行业上下游企业构建工业应用 SaaS 平台,而且涉及的数据并不敏感,那么可以采用"共享应用,分离存储"模式或"共享应用,共享存储"模式。
- 如果为存在竞争关系的租户提供服务,数据的敏感度可能很高,那么应采用"分离应用,分离存储"模式,甚至私有化部署,才更容易被接受。

(3) 额外的安全需求。

从安全角度来看,无论采用哪种方式,我们都可以看到,当应用 SaaS 化之后,对于安全的要求会提升,原因在于这些应用可能不再通过原有受控甚至可信的内部网络访问,而是面向来自不受控不安全网络的多个租户。此时,需要基于"零信任"思想,将安全防护构建在代码层级,同时,敏感数据传输过程必须加密。这部分内容将在"工业互联网安全"部分进行详细介绍。

2. 低代码平台

低代码平台分为如下三种。

- 低代码应用程序平台:通过声明式的模型驱动和基于元数据的服务,实现快速的应用程序开发、部署和执行,包括所谓的"0 代码"平台。

- 多维体验开发平台：为专业或非专业开发人员提供的，扩展应用程序用户体验的开发套件。
- 流程和业务规则/决策管理系统：通过业务流程系统和业务规则/决策管理系统，实现业务操作自动化的套件。

其中，低代码应用程序平台（含 0 代码平台）面向非专业开发人员；多维体验开发平台及流程和业务规则/决策管理系统需要专业开发人员参与，分别适用于用户体验扩展开发和业务规则流程开发。

不同低代码平台具有不同局限，因此在低代码技术的选择上，至少应该从三个方面考虑，如图 10-20 所示。

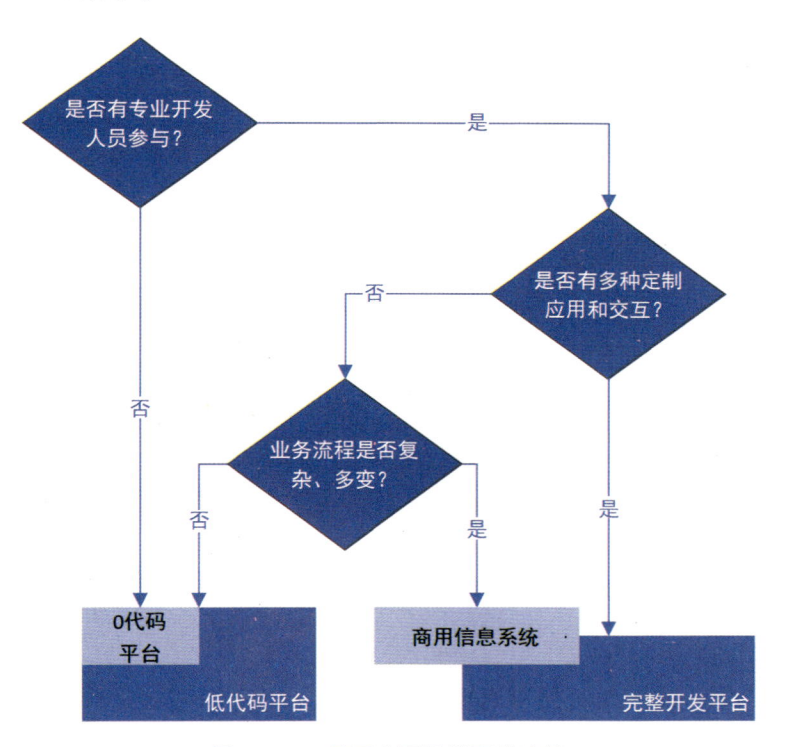

图 10-20　是否应用低代码的决策

- 首先，明确实际应用场景，确保低代码平台适用。

- 其次，聚焦低代码平台擅长的功能（实现低代码平台不擅长的功能可能比使用代码完成更困难）。
- 再次，专业技术人员应为低代码平台的使用提供必要的服务（如数据接口）和合理限制（如安全需求），确保其在发挥价值的同时符合企业信息化相关要求。
- 最后，确保低代码平台具有合理的投资回报。

3. 微服务

微服务的关键点是"微"和"服务"。

- "微"指的是每个微服务实现一个单一业务功能。例如，特定业务逻辑的计算，数据的校验、存储过程等。
- "服务"指的是上述业务功能被封装成一个可以简单调用的包，以便被应用或其他服务调用。

微服务的上述特点，为其带来一系列独特优势。

- 解耦：大型系统可以解耦为多个小型组件，无论新系统的构建，还是已有系统的修改和扩展都更加容易。
- 模组化：微服务可以被视为具有标准输入和输出的盲盒，每个组件都可以轻易被替换和升级。
- 单一能力：每个微服务专注于单一的业务能力，因此，建设、运行、维护成本非常低，复杂度和故障率也很低。
- 去中心化：微服务没有对于中心的依赖，可以使用与中心不同的技术和方法构建，以获得最佳优势。
- 敏捷性：微服务支持敏捷开发，这对于集中式的 ERP、MES 等中心化系统是一个有益的补充。
- 职责明确：每个微服务可以由不同的团队或人员负责，建设和运维职责更加明确。

在微服务出现之前，更适用于企业的服务是 SOA（Service-Oriented Architecture，面向服务的体系架构）。微服务可以视为延续 SOA 思想的进化产物，其在 SOA 思想的基础上，增加了解耦、敏捷的特性，可以理解为"互联网+SOA"。SOA 到微服务的进化如图 10-21 所示。

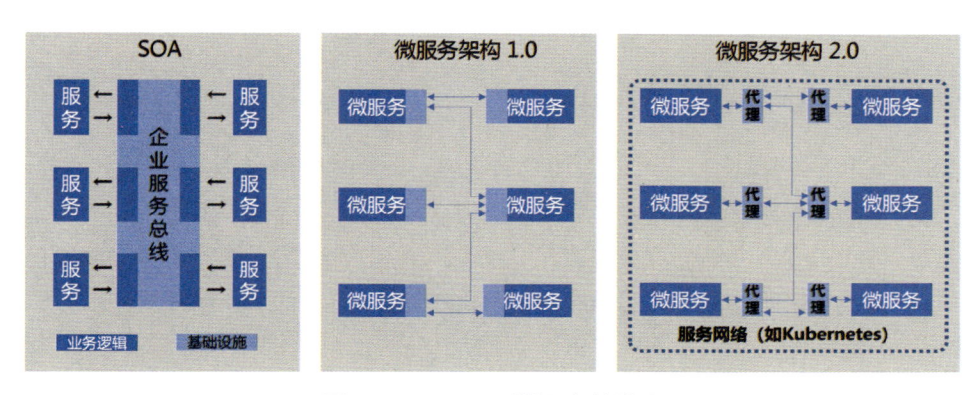

图 10-21　SOA 到微服务的进化

因此，要实现微服务，需要考虑微服务的服务治理。

- 微服务的注册与发现。
- 微服务的配置管理。
- 微服务的服务网关。
- 通过熔断、限流等机制保证高可用。
- 微服务间调用的负载均衡。
- 分布式事务（2PC、3PC、TCC、LCN 等）。
- 服务调用链跟踪等。

典型微服务框架如图 10-22 所示。

要实现微服务和治理框架，可以采用一些成形的微服务框架，如 Spring Cloud、Dubbo（或 DubboX）等。

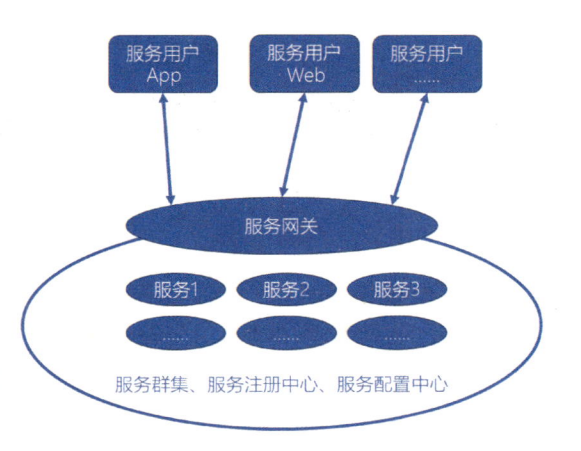

图 10-22　典型微服务框架

10.6 工业 PaaS 层设计

10.6.1 工业 PaaS 层设计方法

工业 PaaS 层的设计方式可以参考通用 PaaS 层设计标准 GB/T 35301—2017。由 GB/T 32400—2015 对 PaaS 的定义可知，PaaS 为云服务客户提供云服务能力中的平台能力类型。其中，"平台能力类型"指的是云服务客户能使用云服务提供者支持的编程语言和执行环境来部署、管理、运行客户创建或获取的应用的一类云能力。图 10-23 为通用 PaaS 层功能视图。

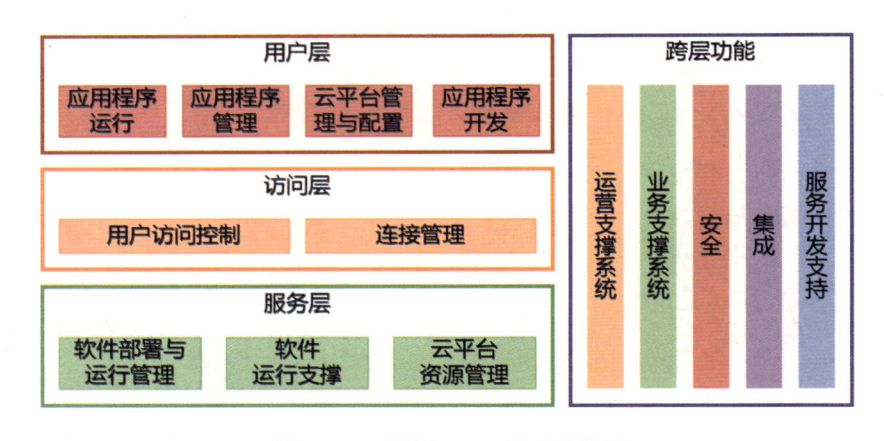

图 10-23 通用 PaaS 层功能视图

工业 PaaS 层设计就是要丰富和完善服务层功能。工业 PaaS 的服务设计就是要使工业 PaaS 层提供一种针对某一类工业场景的通用的服务能力，使得工业 SaaS 层的应用可以直接运行或调用该能力，降低 SaaS 的开发难度，降低开发成本，缩短开发周期。

例如，对于设备健康管理这一场景，我们要找到所有设备类型的共性，如影响设备健康的关键部件模型、影响设备部件健康的要素模型，将这些模型的工业机理算法封装成 PaaS 服务供上层 SaaS 层调用，以免重复构建相同的不同设备的机理模型。

图 10-24 所示为工业 PaaS 层服务层功能视图模型。

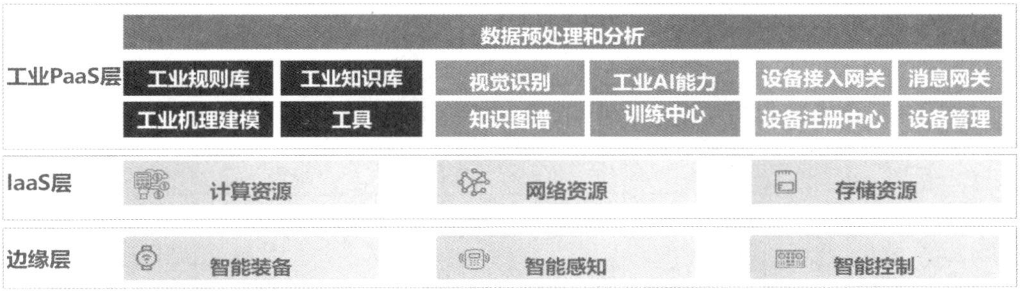

图 10-24　工业 PaaS 层服务层功能视图模型

10.6.2　工业 PaaS 层实现方法

在工业 PaaS 层中，工业数据模型、工业机理建模是实现工业人工智能、人机交互的前提，也是工业互联网平台 PaaS 层的核心。

工业数据模型和工业机理建模的关系示意图如图 10-25 所示。

工业数据模型是基于工业数据本身的相关性构建的数字化模型（这部分内容在第 11 章专门介绍）。

工业机理建模是基于工业技术原理、行业知识、行业经验及生产工艺流程等构建的数字化模型。

海量原始工业数据，先由边缘节点获取、转译、集成，提升其价值密度，再由工业数据模型融合工业机理模型进行处理，成为有意义的生产过程的数字化描述，从而横向用于工业智能化，纵向用于生产调度、经营决策的智能化。

从这个过程可以看出,工业数据模型和工业机理模型是数据价值持续提升及数字化程度持续提升的核心。

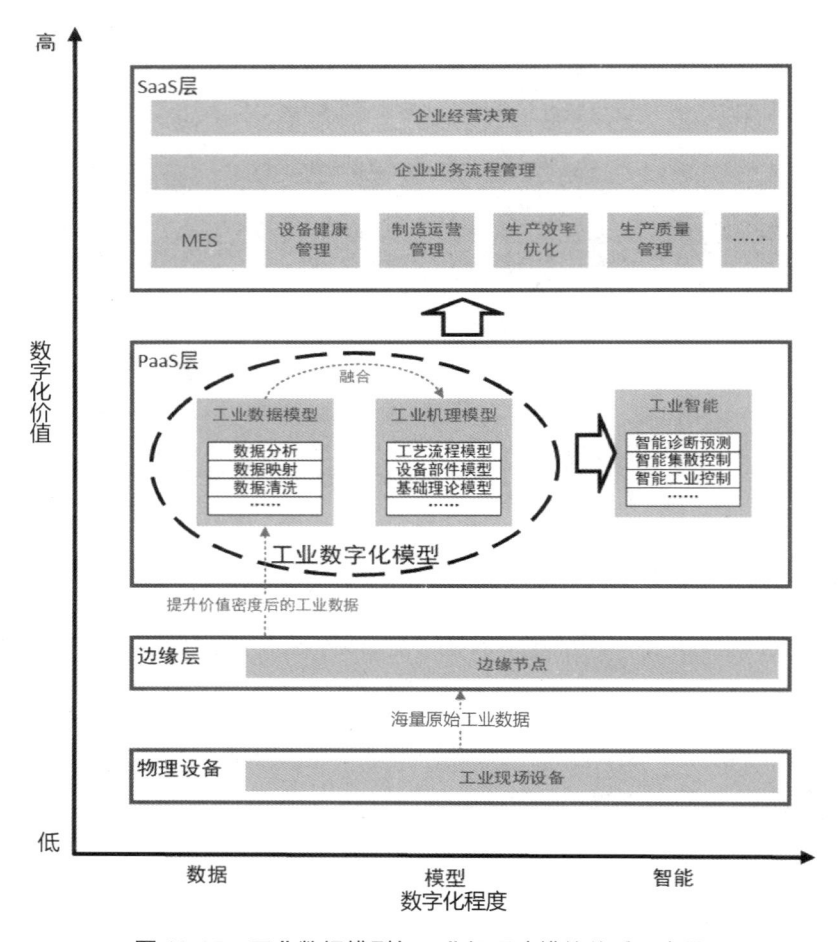

图 10-25　工业数据模型与工业机理建模的关系示意图

10.6.3　工业机理建模

工业机理模型是一种通过数学描述表现工业过程的"白盒"模型，通过将物理世界的资源要素在数字化空间内进行全要素重建，形成工业数字孪生，形成模块化的制造能力，并在工业互联网平台内以服务的方式体现，从而实现对工业资源的基础管理、动态调度、优化配置等。

下面以输电变压器为例来进行讲解。在电网的运行维护过程中，变电站中的变压器的维护关键点之一是感知其发热并处置。在一般情况下，变压器是浸泡在散热液中的，难以通过简单的加装传感器来获取温度信息。通过将负载与温度之间的数字模型转换为工业机理模型，获取电网负载的实时数据，结合工业机理模型，就可以提前数小时预判变压器发热的可能，从而为运维人员提供是否切换、启动备用变压器的决策依据。

工业机理模型包括基础理论模型（如制造过程涉及的流体力学、热力学、空气动力学等模型）、流程逻辑模型（如 ERP、SCM 供应链管理等业务流程中蕴含的逻辑关系）、部件模型（如零部件三维模型）、工艺模型（如生产过程中涉及的多种工艺、配方、参数模型）、故障模型（如设备故障关联、故障诊断模型等）、仿真模型（如风洞、温度场模型等）。

工业机理建模就是通过分析、解释工业过程中的物理机理、化学机理，来构建各个变量间的数学关系，并最终成为工业 PaaS 层上的平台化的服务。工业机理建模过程示意图如图 10-26 所示。

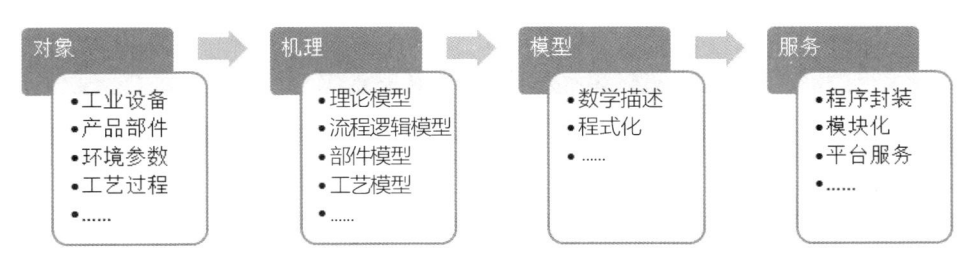

图 10-26　工业机理建模过程示意图

工业机理建模过程中的几大挑战如下。

- 建模对象要覆盖所有相关的设备、部件、生产过程、外部条件等。
- 部分对象或过程可能难以测量、辨识。
- 部分对象或过程极为复杂，在分析机理、形成模型时有较大难度。

- 作为"白盒"模型，工业机理模型需要通过特定假设来降低复杂度，因此模型可能不够准确，需要进行修正补偿。
- 整个建模过程跨越多个学科。

工业机理建模是一个投入较大，且需要持续修正完善的过程，因此要将其平台化、服务化、市场化，通过共享实现更大价值收益。目前，已经有很多线上工业模型市场，在其中可以搜索到很多已完成的工业机理模型。

例如，熔镁炉电耗预测模型。熔镁炉各微服务组件通过采集生产过程中的用电数据、设备数据等，结合三种先进控制算法（PI 前馈补偿控制、自优化补偿控制、自愈补偿控制），实现了过程状态监控、电流趋势监控、单吨能耗预报等功能的远程化监控。熔镁炉电耗预测模型是根据当前熔炼时间和电极电流，来预测此炉熔炼结束时消耗的电能的。

又如，二质量低速轴转矩计算模型。该模型根据低速轴阻尼、转子侧的旋转角度偏差、变速箱侧角度偏差、低速轴刚度、转子转速、低速轴转速，来计算低速轴转矩。

10.7　工业互联网平台部署架构

企业工业互联网平台部署架构取决于商业模式和技术要素。

从商业模式来讲，如果平台的定位是开放式，服务于外部客户，那平台必然要做公有云部署；如果平台只服务于企业内部，但需要打通与企业相关的供应链上下游，那么可以做私有化或混合云部署，并且通过互联网连接外部企业。

从技术要素角度来讲，需要考虑设备侧、厂区侧、企业侧在不同情况下对目标对象的响应速度，以及网络、服务器资源的实际情况。例如，对实时要求很高的应用要部署在离设备近的地方，形成边缘侧。具体离多近，取决于厂区的网络条件及对时延的要求。对实时响应要求较高的应用要部署在边缘侧，对实时要求不高的应用要部署在云端。如果应用的部分功能对响应要求高，部分功能对响应要求低，但计算和存储量大，可以考虑将应用拆分成两部分，一部分部署在边缘侧，另一部分部署在云端。

总体来讲，工业互联网平台部署可分成四层，即设备层、边缘层、企业层、产业层。工业互联网平台部署架构图如图 10-27 所示。

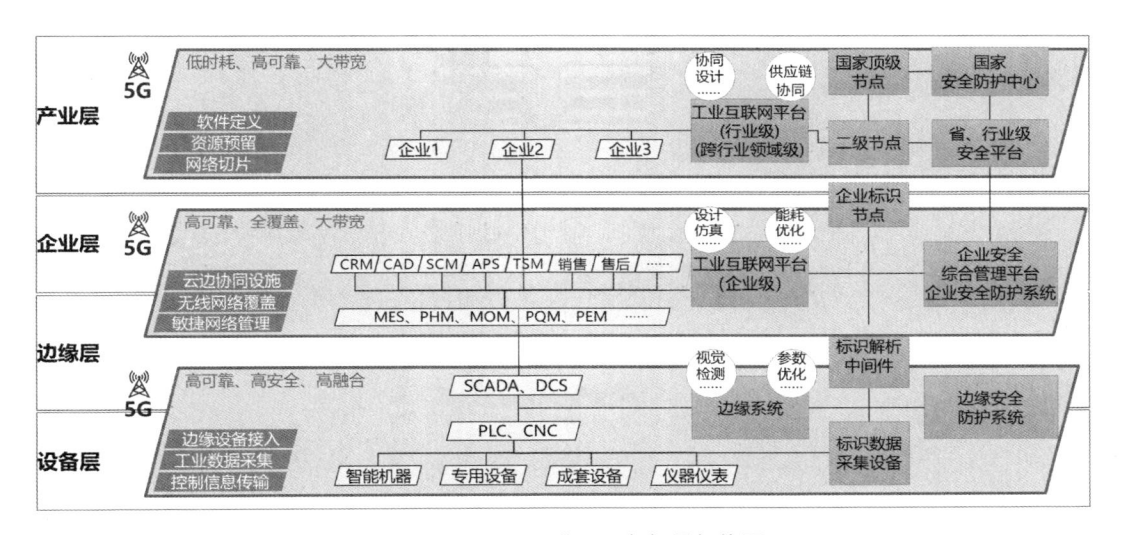

图 10-27　工业互联网平台部署架构图

本章参考文献

[1] 李君，邱君降，窦克勤. 工业互联网平台参考架构、核心功能与应用价值研究[J]. 制造业自动化，2018，40（6）：103-106.

[2] 艾瑞咨询. 2019 年中国工业互联网平台研究报告[R/OL]. [2022-08-01].

[3] GB/T 32399—2015 云技术　云计算　参考架构[S].

[4] GB/T 36327—2018 信息技术　云计算　平台即服务应用程序管理要求[S].

[5] ISO/IEC 17789:2014 云计算参考架构[S].

[6] ISA-88 [S].

[7] ISA-95 [S].

[8] IEC 62890:2020 [S].

[9] 边缘计算产业联盟,工业互联网产业联盟.边缘计算参考架构3.0(2018 年)[S/OL]. 2018[2022-08-01].

[10] 工业互联网产业联盟. 工业互联网体系架构（版本 2.0）[S/OL]. 2020[2022-08-01].

第 11 章 工业大数据分析

11.1 工业大数据概述

目前为止并没有标准化组织对工业大数据的概念进行确切定义。

根据中国电子技术标准化研究院发布的《工业大数据白皮书（2019版）》，工业大数据是指在工业领域中，围绕典型智能制造模式，从客户需求到销售、订单、计划、研发、设计、工艺、制造、采购、供应、库存、发货和交付、售后服务、运维、报废或回收再制造等产品全生命周期各个环节所产生的各类数据及相关技术应用的总称。

根据工业互联网产业联盟发布的《工业互联网体系架构1.0》，工业大数据指工业领域信息化应用所产生的数据。工业大数据横向贯穿企业的外部上下游产业链，内部从销售订单、研发、采购、生产、交付到售后服务，纵向从生产计划到生产执行到设备控制、仪器仪表。从数据的来源来看，工业大数据既有外部数据，也包含传统的企业经营管理类数据，还包含工业现场的设备数据、控制指令数据。

笔者认为这些定义都不是很确切，不符合美国国家标准与技术研究院（National Institute of Standards and Technology，NIST）对大数据的定义，没有明确体现出一般数据和大数据的区别。例如，销售订单、生产计划、采购订单等数据属于一般数据，经营分析方面的数据通常也属于一般数据，都没有体现大数据的"4V"特征。

笔者认为，如果要给工业大数据下一个定义，以和其他商业方面的数据进行区分，可以将工业大数据定义为"在工业生产过程中产生的大数据，通常是工业智能装备在运行过程中的实时数据或历史状态的数据"。

工业大数据共有五大特征。

- 一是数据量大，工业设备、仪器仪表采集的海量数据。
- 二是分布范围广，分布于机器设备、工业控制、工业产品等系统中。
- 三是结构复杂，既有结构化数据也有非结构化数据。
- 四是对数据处理速度要求高，在很多情况下要求实时处理。
- 五是对数据分析的置信度要求高，尤其是工艺优化、设备预测性维护等场景中的应用。

参考 ISA-95 及 ISA-88 标准的层级结构图如图 11-1 所示，工业大数据的主要应用领域在 L0 ~ L3 层。

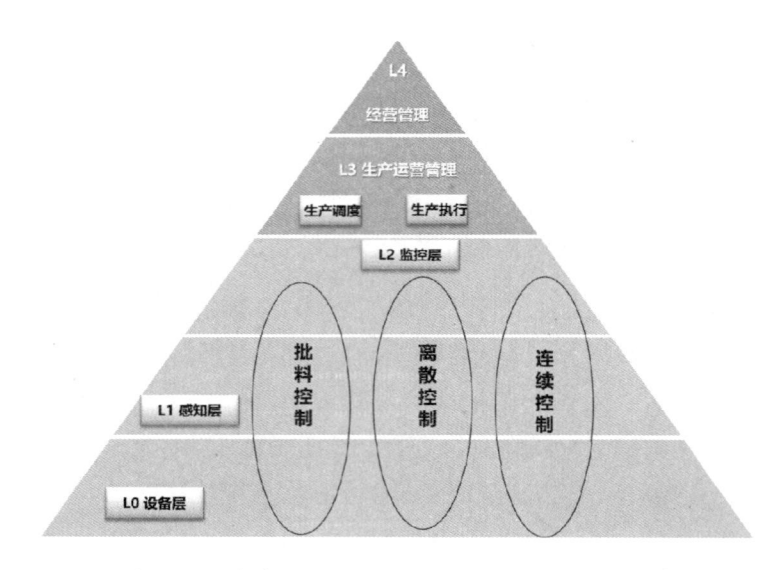

图 11-1 参考 ISA-95 及 ISA-88 标准的层级结构图

11.2 工业大数据分析方法

数据挖掘的方法论有很多种，典型的方法有 CRISP-DM 模型、SEMMA 模型、DAMIC

模型、AOSP-SM 模型、5A 模型。

CRISP-DM（Cross Industry Standard Process for Data Mining）模型是由 CRISP-DM 联盟特别兴趣小组（Special Interest Group，SIG）开发出来的，基本过程分为商业理解、数据理解、数据准备、模型建立、模型评价、模型部署。

SEMMA 模型是由 SAS 公司（赛仕软件公司）开发的数据挖掘与分析方法，基本思想是从样本数据开始，通过统计分析与可视化技术，发现并转换最有价值的预测变量，根据变量构建模型，检验模型的可用性和准确性。基本过程分为抽样（Sample）、探索（Explore）、修订（Modify）、建模（Model）和评估（Assess）。

DAMIC 模型基于六西格玛质量管理方法论的商业化应用，基本过程分为定义（Define）、度量（Measure）、分析（Analyze）、改进（Improve）和控制（Control）。

AOSP-SM（Application Oriented Standard Process for Smart Mining）模型是思迈特（SMARTBI）公司基于 CRISP-DM 模型和 SEMMA 模型总结的一种面向应用的用于指导数据挖掘工作的方法，基本过程分为确定商业目标、准备数据、建立模型、评估模型、应用部署。

5A 模型是由 SPSS 公司提出来的，基本过程分为评估需求（Assess）、收集数据（Access）、分析建模（Analyze）、原型演示（Act）、结果呈现（Automate）。

下面重点介绍 CRISP-DM 模型。

CRISP-DM 模型层次分解模型如图 11-2 所示，包括四个由抽象层次构成的任务集合（从一般到具体）：阶段（Phase）、一般任务（Generic Task）、具体任务（Specialized Task）和过程实例（Process Instance）。

CRISP-DM 模型为数据挖掘项目的全生命周期提供了一个总体描述。它包括一个项目的各个阶段、各阶段各自的任务，以及这些任务间的关系。在描述层次上，CRISP-DM 模型不可能标示所有关系。在本质上，关系存在于任何数据挖掘任务之间，这些任务依赖于最终目的、背景、用户的兴趣，但最重要的是数据。CRISP-DM 模型定义的数据挖掘的全生命周期是由六个阶段组成的 PDCA 循环，如图 11-3 所示。

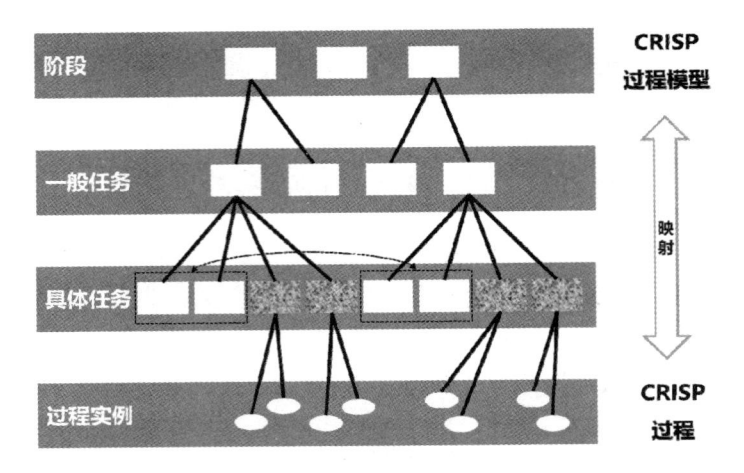

图 11-2 CRISP-DM 模型层次分解模型

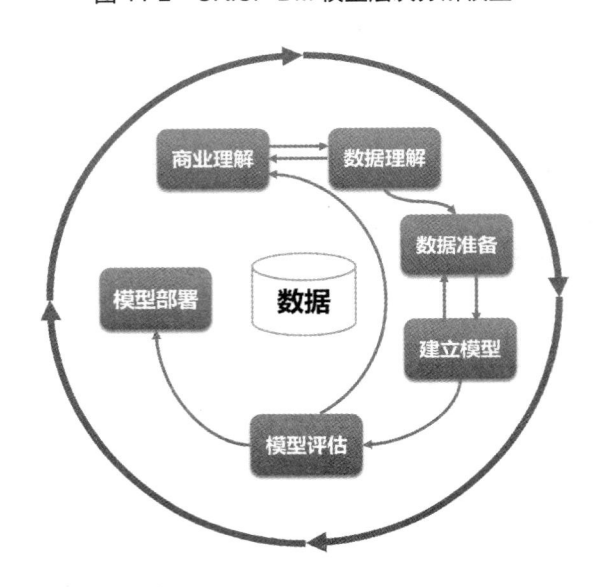

图 11-3 CRISP-DM 模型定义的数据挖掘项目的全生命周期

- 商业理解（见图 11-4）：本阶段先从商业角度来理解项目目标和要求，接着把理解内容转换成数据挖掘问题的定义和实现目标的最初规划。

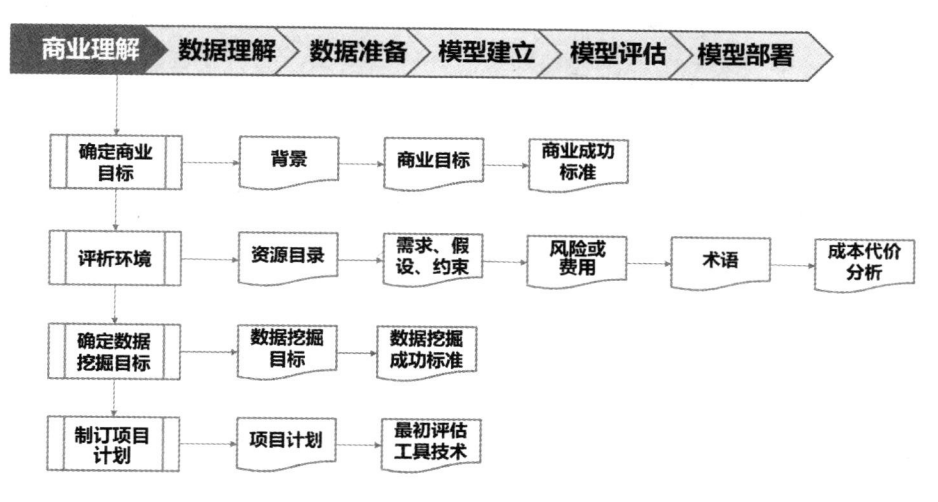

图 11-4　商业理解的主要内容

- 数据理解（见图 11-5）：本阶段先进行数据收集，然后进行数据描述、数据探索、数据质量检验一系列活动，这些活动的目的是熟悉数据、甄别数据质量问题、理解数据，或者探索出令人感兴趣的数据子集并形成对隐藏信息的假设。

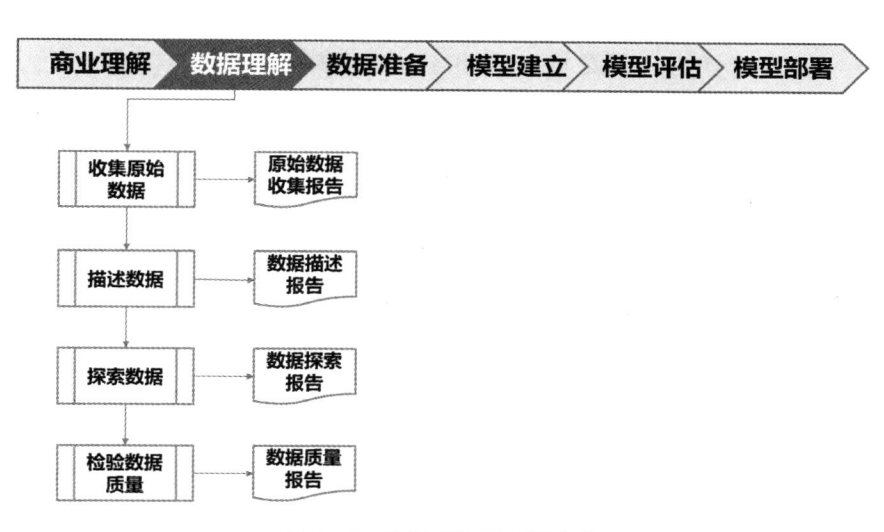

图 11-5　数据理解的主要内容

- 数据准备（见图11-6）：本阶段包括选择数据、清洗数据、构造数据、整合数据、格式化数据。本阶段很可能执行多次并且不以任何既定顺序进行。本阶段既包括选择表、记录和属性，也包括为建模而进行的数据清洗。

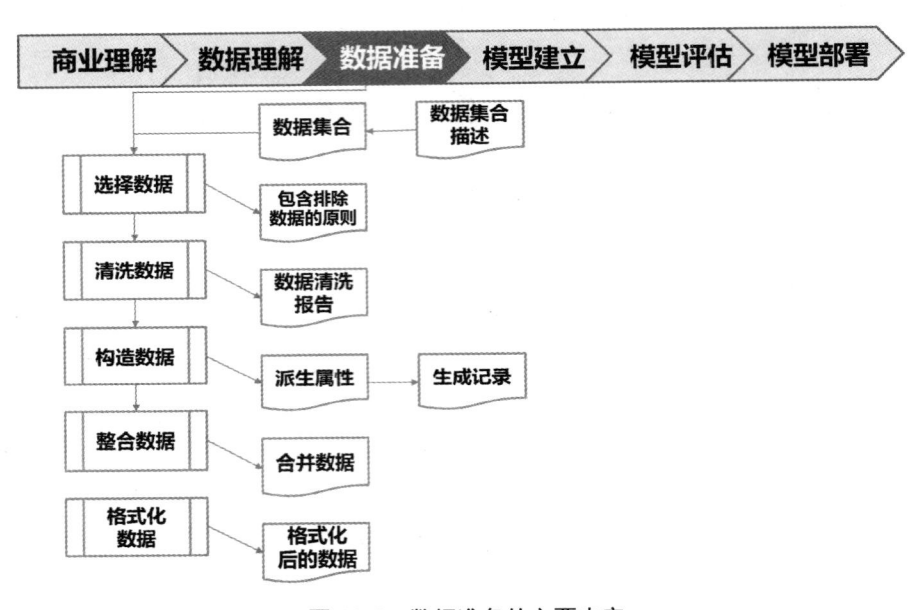

图 11-6　数据准备的主要内容

- 模型建立（见图11-7）：本阶段会选择和使用各种建模技术，并进行参数调优。在一般情况下，同一类数据挖掘问题会有几种技术手段。某些技术对于数据形式有特殊规定，因此常需要重新返回数据准备阶段。
- 模型评估（见图11-8）：进入本阶段前已经构建了一个（或多个）从数据分析角度来看似乎高质量的模型。不过在最终部署模型前，还有一些重要的事情要做，即对模型进行较为全面的评价，重审构建模型的步骤，以确认该模型能正确达到商业目的，并判断是否有些重要的商业问题没有被充分考虑。本阶段的最后应该确定使用数据挖掘结果得到的决策。

图 11-7 建立模型的主要内容

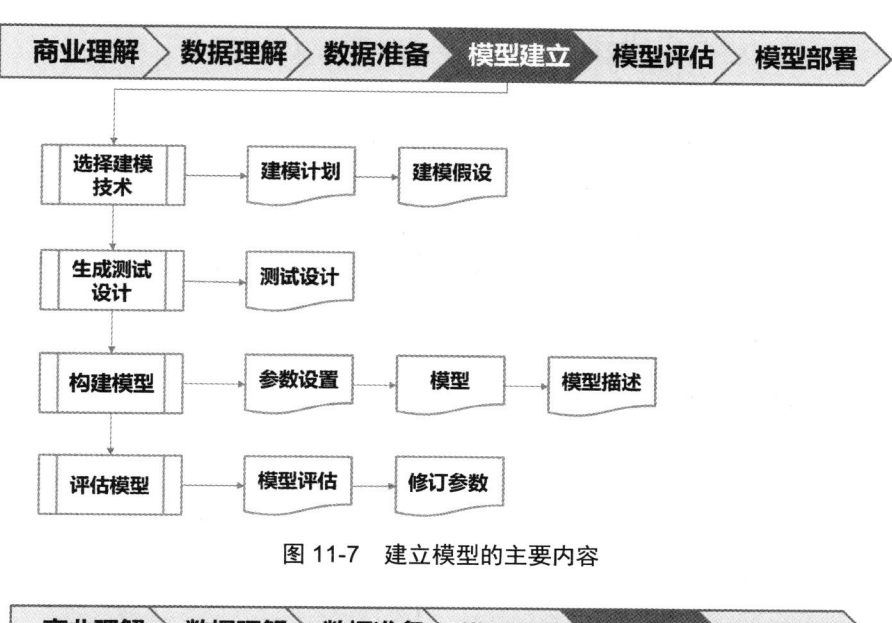

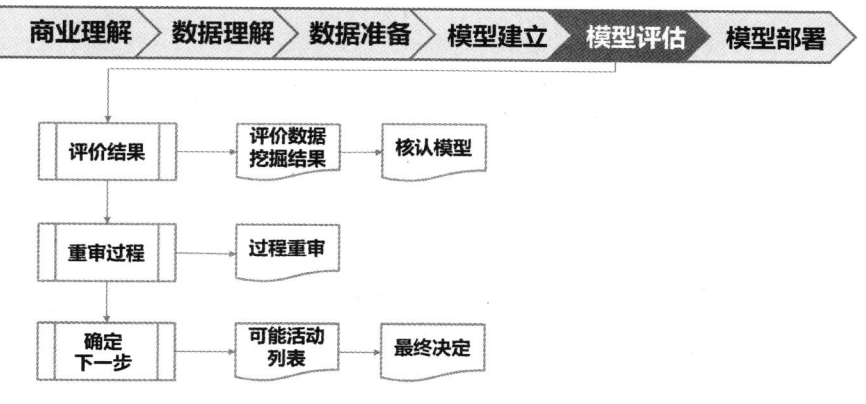

图 11-8 模型评估的主要内容

- 模型部署（见图 11-9）：在一般情况下，模型的建立并不意味着项目的结束。尽管建立模型的目的是提升数据转换为知识的能力，但获得的知识需要被组织和表示成用户可用的形式。这常常与包含能支持公司决策的"现场"模型的使用有关。例如，Web 页面的即时个性化服务，销售数据库的重复积分，等等。模型部署阶段可认为与生成一份报告一样简单，也可以认为与实施一个覆盖整个企业可重复的数据挖掘过程一样复杂，这与具体需求有关。在大多数情况下，本阶段由用户完成，而不是由数据分析师完成。因为数据分析师不完成部署工作，因此理解前端需要完成哪些活动以实实在在利用已经建立好的模型，对用户而言很重要。

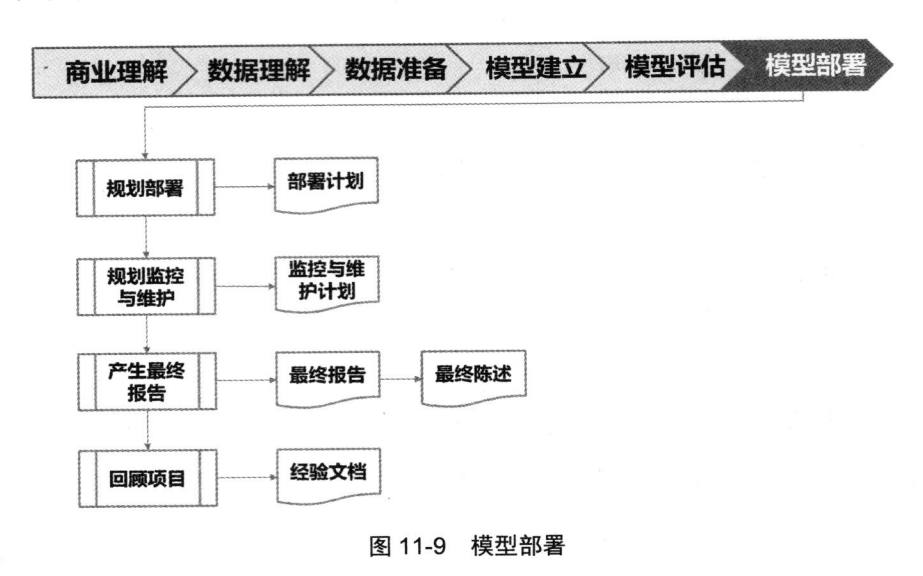

图 11-9 模型部署

11.3 业务建模方法

数据分析最重要的步骤是业务理解（CRISP-DM 模型中表述为商业理解）及业务建模。通过业务理解建立业务规则，把业务规则映射到数据模型中，最后通过算法预测、分析或控制业务运行。

业务建模是最重要也是最复杂的环节，高度依赖于业务专家的领域知识。例如，净资产收益率通常可以用来表示某企业的盈利能力，如果想了解或预测某公司的盈利能力，那么可以将问题转化为计算或预测该公司的净资产收益率。可以采用杜邦分析法计算净资产收益率,根据计算公式,只需知道或预测有限的几个数据即可得到最终结果。当然,经营层面的数据和维度属于小数据,且有确定的业务规则,而工业大数据主要是对机器及生产过程的工艺进行分析,相关业务规则和工作机理较复杂。工业大数据的业务模型在不同领域有很大差异,有赖于其机理模型,但总体步骤和方法有以下两种。

1. 系统上下文模型

工业大数据分析的系统上下文模型包括人、机、料、法、环及工艺原理、流程等。例如,在设备运维管理中,组成设备的 BOM(Bill of Material,物料清单)就是很好的系统上下文,通过拆解设备整机,了解组成设备的每个部件的机理及部件之间相互影响的机理。

2. 系统动力学模型

系统动力学模型是由麻省理工学院福瑞斯特(Jay·W. Forrester)教授于 20 世纪 50 年代创立的,最初主要用于企业管理、城市管理、经济管理等领域,后来被广泛应用于各个领域(包括工程技术领域),用于非线性、复杂系统的建模和系统运行的预测。模型是对客观对象的抽象描述。系统动力学模型按照描述的对象状态种类不同,可以分为动态模型和静态模型。动态模型指的是对象的状态随时间变化;静态模型指的是对象的状态和时间无关。系统动力学模型按照使用目的可以分为监控模型、描述模型、预测模型、规划模型等,如设备健康管理大多采用的是动态监控模型。

系统动力学模型的建立一般分为以下几个步骤。

- 明确问题的边界。
- 提出关于问题因果关系的动态假设。
- 写测试动态假设的方程。
- 测试模型直到满意。
- 策略设计及评估。

系统动力学模型的建立步骤及描述如表 11-1 所示。

表 11-1　系统动力学模型的建立步骤及描述

步骤	描述
明确问题的边界	确定分析的主题：希望达到的目标； 关键变量是什么； 时限：考虑历史和未来的时间长度； 参考模式：关键变量的历史行为是什么
提出关于问题因果关系的动态假设	现有理论解释：对存在的问题的现有理论解释是什么； 聚焦于系统内部：提出一个由系统内部的反馈结构导致动态变化的假设； 绘图：根据初始假设、关键变量、参考模式和其他可用的数据建立系统的因果结构图、存量流量图等
写测试动态假设的方程	明确决策规则； 确定参数、行为关系和初始条件； 测试目标和边界的一致性
测试模型直到满意	与参考模式比较：模型是否能完全再现过去的行为模式； 极端条件下的健壮性分析：在极端条件下模型的行为结果是否符合现实； 灵敏度：模型的各个参数、模型边界和概括程度的灵敏度如何
策略设计及评估	具体化方案：可能产生什么样的环境条件； 策略设计：为了达到期望目标应该采用哪些策略； IF…THEN 分析：如果实施这次策略，将会产生什么效果； 灵敏度分析：在不同方案和不确定性条件下，采用的策略健壮性如何

系统动力学模型建立过程中的绘图有因果回路图和存量流量图等。因果回路图（Casual Loop Diagram，CLD）是用来表示系统内部变量因果关系、反馈结构的工具，可以直观地反映变量间的因果关系（见图 11-10）。存量流量图用于表示系统当前的状态及状态变化速率（见图 11-11），若当前水缸中的水代表存量，则水缸在一段时间内的流入量和流出量的差代表流量。

图 11-10　因果回路图示例

图 11-11　存量流量图示例

例如，在火力发电行业，企业的主要成本支出是煤，降低煤耗是企业提高利润的主要途径。磨煤机是影响煤耗的重要因素，因此有必要对磨煤机建立系统动力学模型，对磨煤机进行优化控制，主要步骤如下。

步骤 1：确定磨煤机的状态变量和相关变量。

步骤 2：对磨煤机机理及内部变量间的因果关系进行分析，得到系统的因果回路图。

步骤 3：根据步骤 2 建立的磨煤机因果回路图，对变量间的关系进行量化，得到磨煤机的存量流量图。

步骤 4：设置模型校验标准与要求，测试模型，直到满足要求为止。否则，重复步骤 1～步骤 3，测试方法包括与传统比较、与现场历史数据进行对比。

步骤 5：对所建模型进行健壮性分析。

MPS 中速磨煤机因果回路图和出口温度存量流量图分别如图 11-12 和图 11-13 所示。

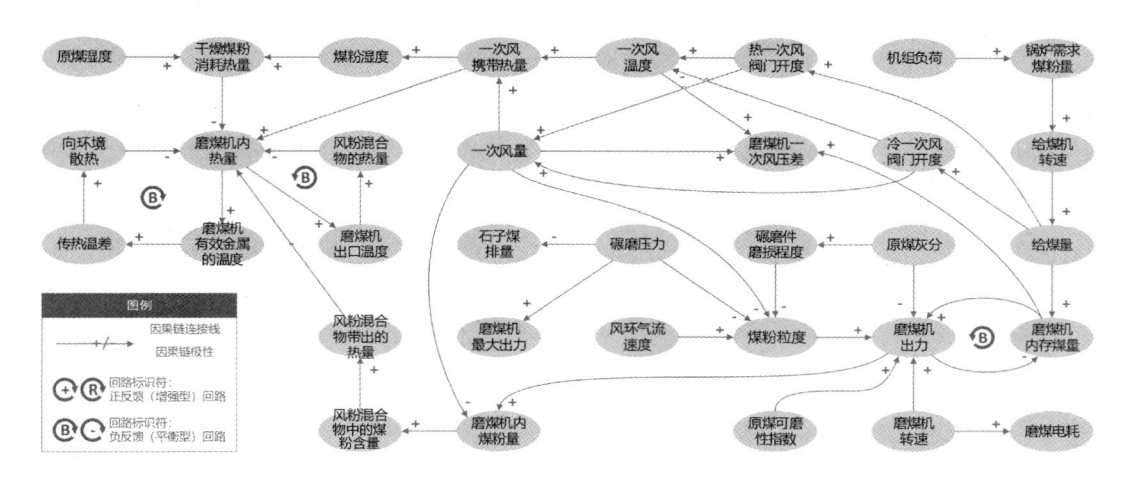

图 11-12 MPS 中速磨煤机因果回路图

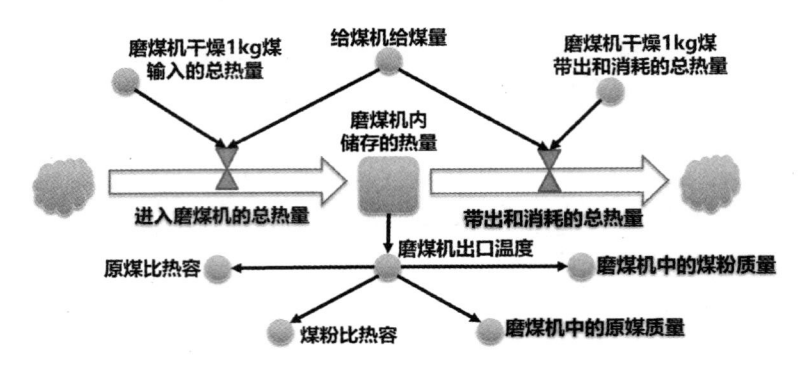

图 11-13　MPS 中速磨煤机出口温度存量流量图

11.4　工业大数据分析算法

11.4.1　统计分析算法

统计分析算法分为描述性统计和推断统计两种。描述性统计是指利用表格、图像、数值汇总和描述性数据的统计方法。推断统计是指利用样本数据推断总体特征的统计方法，特点是根据随机观测样本数据及问题的条件和假设，对未知事物做出概率上的推断。推断统计主要涉及与概率分布、参数估计和假设检验相关的算法。

概率分布分为离散分布和连续分布。其中，离散分布包括二项分布、泊松分布、几何分布，连续分布包括均匀分布、正态分布、t 分布、F 分布等。

参数估计是在抽样及抽样分布的基础上，根据样本统计量估计总体参数。参数估计方法有点估计和区间估计。其中，区间估计是在点估计的基础上，给出总体参数估计的置信区间。

假设检验是对统计量的值做出某种假设，并通过样本信息验证该假设是否成立。常见的统计分析软件工具有 SAS、SPSS、STATS 等，凡符合统计特征的应用领域，如过程质量控制，都可以借助这些软件工具进行分析。

11.4.2 机器学习算法

机器学习算法是一种自动分析数据,获得规律,并利用规律对结果进行预测的算法,主要算法有机器学习(包括有监督机器学习、无监督机器学习、数据预处理、优化算法)、深度学习(包括神经网络和对抗神经网络)两大类(见图 11-14),下面进行简单介绍。

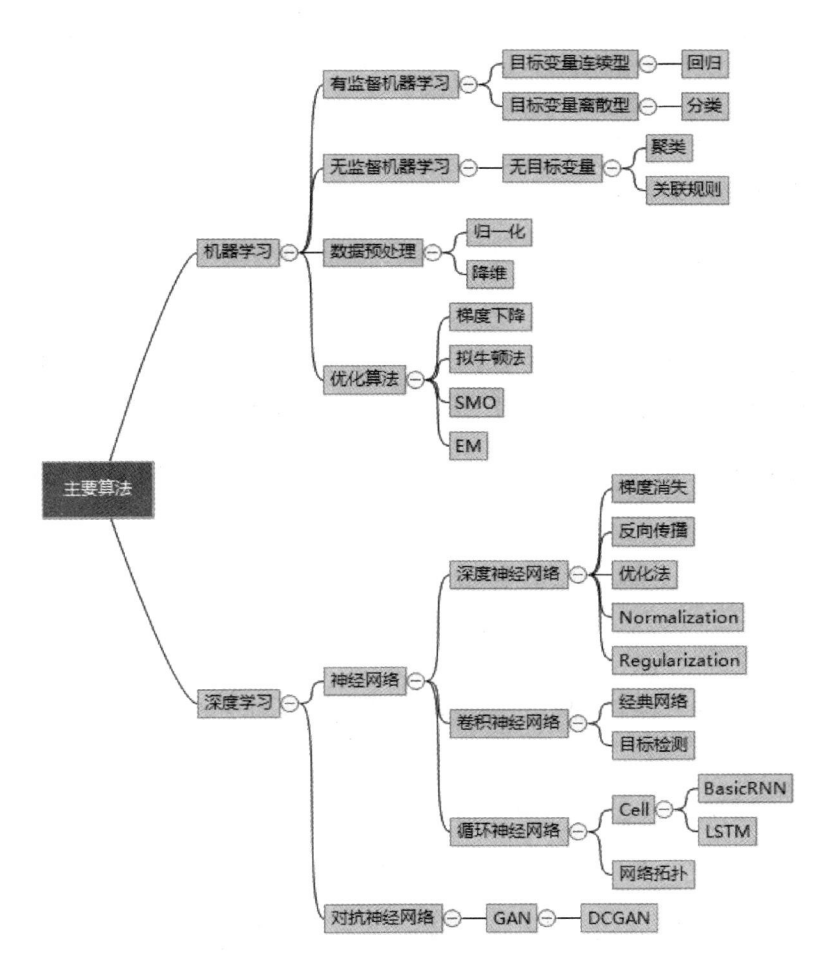

图 11-14 主要机器学习算法

1. 有监督学习

（1）线性回归。

线性回归是利用线性回归方程的最小平方函数对一个或多个自变量和因变量进行建模的，期望使用一个超平面拟合数据集。

优点：①训练速度和预测速度较快；②模型更新简易方便。

缺点：①在预测非线性特征较多的数据时精确度较低；②分离信号和噪声的效果不理想。

常见工业应用场景：工厂用电预测、备件需求预测、基于基线回归的故障预警等。

（2）支持向量机（SVM）。

SVM 把分类问题转化为寻找分类平面的问题，通过找到样本空间中的一个超平面，实现分类。

优点：①分类思想简单，效果较好；②避开了从归纳到演绎的传统过程，简化了一般情况下的分类和回归。

缺点：①SVM 对大规模训练样本训练速度慢，实施困难；②用 SVM 解决多分类问题较困难。

应用场景：文本分类、图像识别等领域。

（3）朴素贝叶斯。

朴素贝叶斯先找到样本所属联合分布，然后通过贝叶斯原理计算样本的后验概率，从而实现分类。

优点：①对小规模数据表现很好，能够处理多分类任务，适合增量式训练；②对缺失数据不敏感，算法比较简单。

缺点：①对输入数据的表达形式很敏感；②需要知道先验概率，在假设的先验模型不准确的情况下预测效果不佳。

应用场景：文本分类领域。

（4）决策树。

决策树是一种简单但被广泛使用的分类器，它通过训练数据构建树，对未知的数据进行分类。

优点：①便于理解和解释，树结构可视；②训练需要的数据少；③能够处理多路输出问题。

缺点：①容易产生一个过于复杂的模型，对数据的泛化性能很差；②稳定性差，数据中的微小变化可能导致生成完全不同的树。

应用场景：多数为弱分类器，用在模型嵌入中。

（5）Adaboost。

Adaboost 是一种加和模型，每个模型都基于上一次模型的错误率建立，加强对分错的样本的关注，减少对正确分类的样本的关注，逐次迭代之后，可以得到一个相对较好的模型。

优点：①Adaboost 是一种有很高精度的分类器；②不需要进行特征筛选；③不易出现过度拟合。

缺点：①弱分类器数量较难确定；②数据不平衡使分类精度下降较大；③算法无法并行，训练时间较长。

应用场景：机器视觉中的目标检测场景，如人脸检测和行人检测。

2. 无监督学习

（1）K 均值聚类（K-Means 算法）。

K-Means 算法是一种聚类分析算法，主要用来计算数据聚集，通过不断地选取离种子点最近均值实现分类。

优点：①聚类效果较优；②原理比较简单，可解释性强，收敛速度快。

缺点：①K值的选取较难；②对于非凸数据集较难收敛。

应用场景：文档分类器、物品传输优化、保险欺诈预防。

（2）主成分分析（PCA）法。

PCA法通过对数据进行降维来发现便于人们理解的特征，加快有价值信息的处理速度。此外，PCA法还可以应用于可视化和去噪。

优点：①降低算法的计算开销；②不需要复杂的调参过程；③可以对原始数据去噪。

缺点：①特征值分解存在局限性，如变换的矩阵必须是方阵；②在非高斯分布情况下，PCA法得出的主成分可能并不是最优的。

应用场景：语音识别、人脸识别中的降维处理。

3．深度学习

（1）卷积神经网络（CNN）算法。

CNN由卷积层、池化层和全连接层构成。卷积层负责提取图像中的局部特征，池化层负责降维，全连接层类似传统神经网络，负责输出结果。

优点：①共享卷积核，支持处理高维数据；②可以自动进行特征提取。

缺点：①全连接模式冗余；②池化层会丢失大量有价值信息，忽略局部与整体之间关联性。

应用范围：主要用于处理网格状数据，图像的分类检索、图像分割、目标定位监测等领域。

（2）循环神经网络（RNN）算法。

RNN与传统神经网络间的最大区别在于每次都会将前一次输出结果带到下一次的隐藏层中一起训练。

优点：可有效处理序列数据。

缺点：①无法处理很长的输入序列；②训练成本高。

应用场景：文本识别、语音识别、机器翻译、生成图像描述等领域。

（3）受限玻尔兹曼机。

受限玻尔兹曼机是一种可以用随机神经网络来解释的概率图模型。它具有两层结构，对称连接且无自反馈，层间全连接，层内无连接。受限玻尔兹曼机在输入层和隐藏层的连接方式上相互独立。

优点：当给定可见层神经元的状态时，各隐藏层神经元的激活条件独立；反之当给定隐藏层神经元的状态时，可见层神经元的激活条件独立。

缺点：①计算时间长，尤其是无约束自由迭代的负向阶段；②对抽样噪声敏感。

应用场景：作为深度信念网络的一个构成要素。

（4）对抗神经网络（GAN）。

GAN用到了机器学习的两种模型，即生成模型和判别模型。生成器（Generator）通过机器生成数据，目的是"骗过"判别器（Discriminator）。判别器的任务是判断这张图像是真实的还是由生成器生成的，目的是找出生成器生成的数据。

优点：①能得到更好的建模数据分布；②能训练任何一种生成器网络。

缺点：①难训练，不稳定；②可能出现模式缺失、生成器开始退化、总生成同样的样本点、无法继续学习等现象。

应用范围：将模糊的图像清晰化、生成图片人脸信息、文字到图像转换。

11.4.3 时序数据挖掘算法

在工业大数据分析领域，记录间往往存在时序关系，如状态监测、质检数据等。具有不同时序特征的数据采用的挖掘算法不同。典型的时序数据和挖掘算法的对应关系如表11-2所示。

表 11-2 典型的时序数据和挖掘算法的对应关系

维度	类别	描述及示例	挖掘算法
长度	长序列	采集的自然环境数据，如风速	时序分割
	周期性短序列	往复式设备的力矩或位移数据，如轧机生产过程数据	时序再表征 时序类聚
状态	周期性	季节性数据：不同季节的环境温度 振动数据：旋转机械的振动数据	时序模式分解 频域分析算法
	模态已知	单变量的时序模态：心电图数据 双变量的相位模态：轴心轨迹	时序再表征 时序相似度匹配
	模态未知	如风速	频繁模式挖掘 聚类

11.5 基于工业大数据分析的设备健康管理

11.5.1 设备故障预测与健康管理概念

电力、钢铁、石油等重资产行业的设备资产在企业固定资产中的占比很高，设备维护的好坏不仅决定企业的运行成本，还直接决定业务的连续性。有些设备若非计划停机，将会造成重大财产损失，甚至造成人身伤亡。例如，火力发电厂的发电设备单次意外停机将造成至少 100 万元的直接损失，石油行业的管道爆炸可能造成人员伤亡。因此，企业非常重视资产的全生命周期管理，在设备运维阶段，越来越多的企业借助数字技术对设备进行故障预测与健康管理（Prognostics Health Management，PHM）。企业资产管理的演变如图 11-15 所示，企业资产管理从响应性维修过渡至企业资产管理。

设备故障预测与健康管理是一项复杂的系统工程，涉及设备本身的工业机理，以及设备运行的人、机、料、法、环。不同行业对设备故障预测与健康管理提出了不同的理念，如波音公司提出了以可靠性为中心的维护（Reliability Centered Maintenance，RCM）、美国航空航天局（National Aeronautics and Space Administration，NASA）提出了根源性原因分析（Root Cause Analysis，RCA）。企业设备运维管理的目标是制定维修策略，实现总体成本最低。例如，基于风险分析方法降低设备维护成本和缩短设备停机时间；基于设备故障模式和原因确定最适用的预防性维护策略/预测性维护策略，权衡预防性维修和修复性维修的费用支出，确定维修策略。设备维修策略如图 11-16 所示。

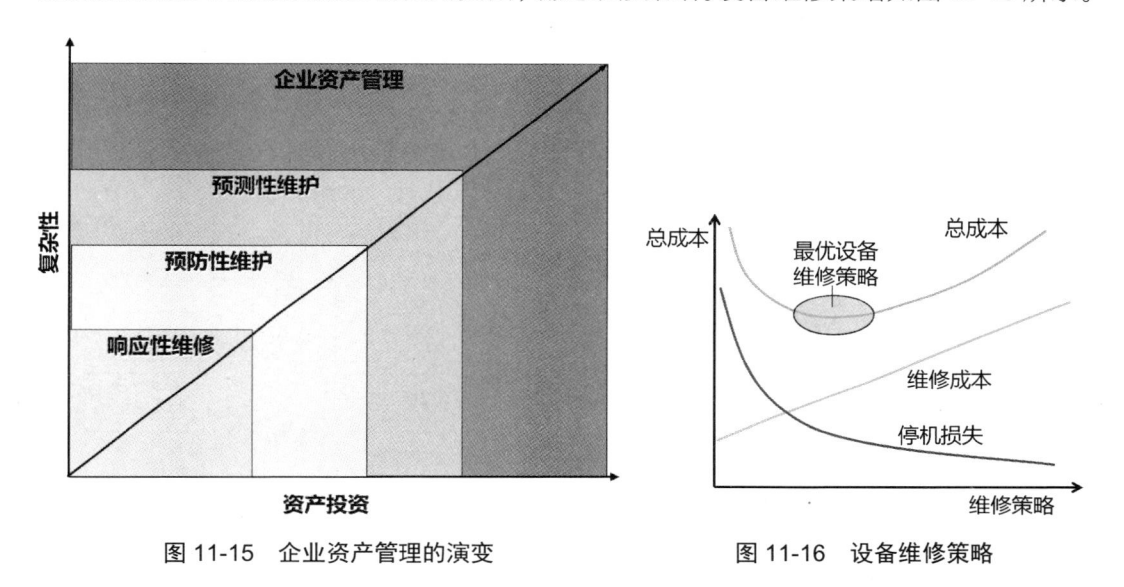

图 11-15　企业资产管理的演变

图 11-16　设备维修策略

设备故障预测与健康管理从业务角度可被分为设备故障预测、预测性维护、运维优化；从数据处理的角度可被分为传感器数据处理、状态监测、故障预测、健康评测。

对设备进行故障预测、预测性维护、运维优化，要从基本的可靠性指标入手，先找出影响可靠性指标的因果关系,再选用合适的算法。常用的可靠性指标表如表 11-3 所示。

表 11-3　常用的可靠性指标表

指标名称	指标定义
生存概率	生存概率是单元生存超过指定时间的概率。例如，手机某个组件 70 小时的生存概率为 0.197 736，表示在使用 70 小时时，该组件约有 19.77%的概率有效
MTBF	MTBF 是平均故障时间间隔，是具有固定故障率的可修复系统两次失效间的平均时间
MTTF	MTTF 是设备或部件的平均寿命，指设备或部件失效前正常运行的平均时间
累积失效率	在特定时间的累积失效数除以时间所得值就是累积失效率。例如，如果生存检验在检验的第 5 小时记录到 500 次失效，那么第 5 小时时的累积失效率为每小时 100 次失效

11.5.2 设备故障预测与健康管理分析方法

设备故障预测与健康管理分析有三条技术路线：机理模型驱动、数据驱动、知识驱动，如图 11-17 所示。

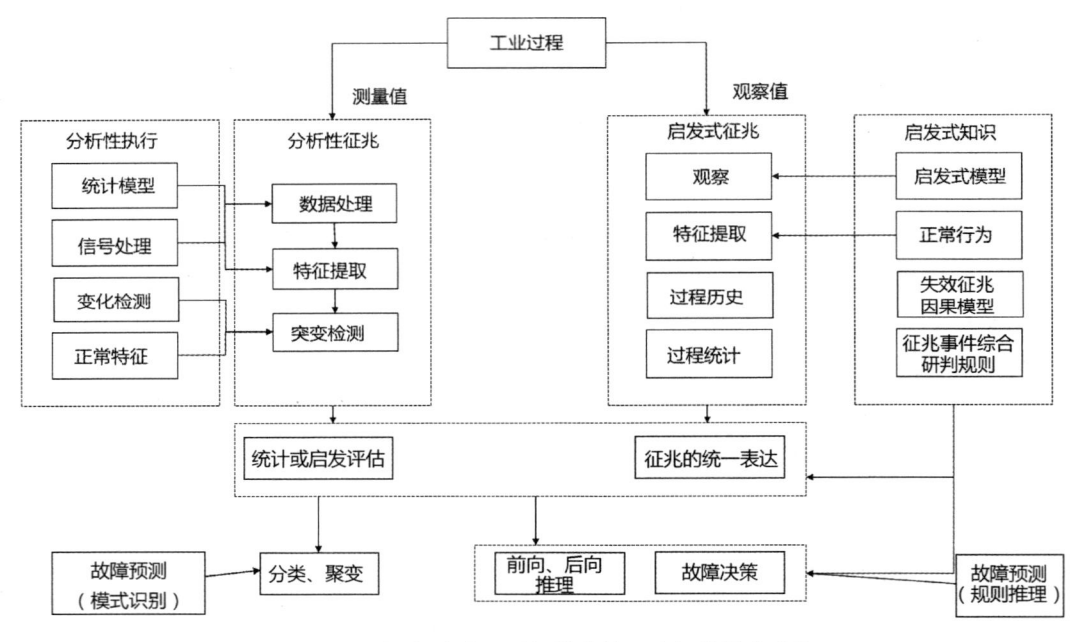

图 11-17 设备故障预测与健康管理分析的技术路线

机理模型驱动是针对设备的不同运行状况建立系统动力学模型，通过模型输出和监测状态进行比对，识别可能存在的异常。

数据驱动通过提取多变量时序特征和统计模式特征，获得不同工况下的特征量分布，并和基线对比识别可能的异常。

知识驱动包括专家规则和故障知识库，通过将专家隐性经验显性化、定量化、自动化形成显性的专家规则和故障案例库。

11.5.3 设备故障预测与健康管理分析主题

1. 故障诊断

机械故障诊断利用各种检测方法测量并分析、处理机械设备运行中的状态信息，确定其故障部位并给出维修建议。故障诊断可以分为基于信号处理的分析（如对测得的振动量在时域、频域或时域-频域进行特征分析）、基于知识的分析（如朴素贝叶斯、SVM 等）、基于专家系统知识的分析等。机械故障诊断常采用基于信号处理的分析——检测机械振动信号，并用合适的方法分析信号。

例如，水电机组设备故障问题主要反映在机组轴系及轴系统各个部件的运行状态上，故障产生的原因中除机组本身旋转部分及固定部分的振动外，主要因素是水流对水轮机过流部件的作用力和发电机电磁力对机组轴系产生的不平衡作用力。各影响因素按引起振动作用力的根源可以分为水力、机械、电磁力三个方面。其中，水力对机组振动影响较大的主要有水力不平衡、卡门涡街、尾水管涡带等因素。

机械振动信号的采集可以利用电涡流传感器、速度传感器、加速度传感器等实现。机械振动信号处理的基本方法有幅域分析、时域分析和频域分析。

- 幅域分析是指用各种统计分析方法处理振动波的幅值的方法。
- 时域分析是指波形在时间域内的统计分析方法。
- 频域分析是指确定信号的频率结构，即信号中包括哪些频率成分。

机械故障类型可以采用机理模型、专家规则或数据驱动方法来判断。对于动态系统，在算法上可以采用动态方程建模，如 ARIMA、Kalman 滤波、LSTM、HMM 等，也可以采用奇异谱分析。对于稳态系统，除了采用 One-Class SVM、AANN（Auto-Associate Neural Network）、GAN（生成对抗网络）等算法，还可以采用非监督学习算法建模，采用监督学习算法特征提取。

2. 故障预测

对设备剩余寿命进行预测能够很好地指导运维计划，安排运维资源，降低非计划性停机造成的损失。在某些危险环境中发生的非意外停机可能会造成人身伤亡等事故。

故障预测分为剩余寿命预测、劣化趋势预警、失效风险评估、预防性维修等。

剩余寿命预测有计算机仿真和数据驱动两种方法。根据使用数据的种类，剩余寿命预测方法可以分为三类。

（1）可靠性统计分布拟合方法：在大量同类设备的失效数据的基础上，利用参数化或非参数化方法进行拟合。

（2）基于环境应力（也称协变量）的寿命预测方法：同类设备在不同环境或工况下的寿命不同，与第一种方法相比该方法的输入变量增加了载荷、运行环境等数据。

（3）基于性能状态监测的性能退化预测方法：在第二种方法的基础上增加了对设备性能状态的直接或间接监测。

生存分析常用的方法有很多，按照是否使用参数可以分为非参数化方法、参数化方法和半参数化方法，如表11-4所示。

表11-4 生存分析方法及优、缺点表

类别	算法	优点	缺点
非参数化方法	Kaplan-Meier法、寿命表法、Nelson-Aalen法	对生产时间和分布没有要求	不能建立生存时间与协变量的关系模型
参数化方法	指数分布、韦布尔分布、对数正态分布、对数Logistic分布、伽马分布、冈珀茨模型	可以给出解析表达式，可以建立生存时间与协变量的关系模型	需要事先知道生存时间的分布情况
半参数化方法	Cox比例风险模型、加速失效（Accelerated Failure Time，AFT）模型、Aalen可加模型	不需要对生存时间的分布做出假设，但是可以通过模型分析生存时间的分布规律	—

本章参考文献

[1] 李松领. 基于故障树分析的水电机组故障诊断研究[M]. 南昌工程学院，2015.
[2] 钱永光，贾晓菁，钱颖. 系统动力学（第2版）[M]. 北京：科学出版社，2021.
[3] 时献江，王桂荣，司俊山. 机械故障诊断及典型案例解析[M]. 北京：化学工业出版社，2020.
[4] 田春华，李闯，刘家扬. 工业大数据分析实践[M]. 北京：电子工业出版社，2021.
[5] 苑召雄. 基于系统动力学的电站磨煤机建模与控制[P]. 华北电力大学硕士论文，2017.

第 12 章 工业互联网边缘计算

12.1 边缘计算简介

边缘计算产业联盟对边缘计算的定义是在靠近物或数据源头的网络边缘侧,通过融合网络、计算、存储、应用核心能力的分布式开放平台(架构),就近提供边缘智能服务,满足行业数字在敏捷连接、实时业务、数据优化、应用智能、安全与隐私保护等方面的关键需求。边缘计算产业联盟指出,边缘计算可以作为连接物理世界与数字世界的桥梁,使能智能资产、智能网关、智能系统和智能服务。

最早的符合边缘计算的案例应该是 Akamai 公司提出的 CDN(Content Delivery Network,内容分发网络)。边缘计算概念的正式使用是在 2013 年美国太平洋西北国家实验室的一份报告中。

工业互联网平台一般部署在远离工厂或设备的"云端",对设备的实时响应速度慢。为满足对设备快速、安全的响应要求,必须把一部分计算和控制功能部署在工厂或设备侧,把对实时性要求不高的计算和分析功能部署在云端,从而在工业互联网中形成云边协同。

12.2 边缘计算的用户关注点分析

在工业互联网环境中,边缘计算的利益相关人包括业务决策者、技术决策者和边缘计算系统的建设者和运维者。

- 业务决策者：主要关注能否带来业务价值，且应适合业务和生产的具体场景，同时应具有合理的经济性或投资回报率。
- 技术决策者：需要根据业务的实际情况，决定是否构建边缘计算体系来支持业务决策者对数字化系统提出的价值、业务、成本要求。因此，技术决策者的关注点包括，现有的现场数据如何采集？数据的价值密度是否合适？信息化系统与现场设备之间的信息和控制传递是否顺畅？现有架构的成本是否合理？这些也是边缘计算系统的核心功能。
- 边缘计算系统的建设者和运维者：需要确保边缘计算系统提供预期的能力，因此他们更关注如何高效高质地建设和运维边缘计算系统。

在设计边缘计算系统时，要综合考虑以上三者的利益诉求。

12.3　边缘计算的功能分析

如果一家企业明确需要在数字化体系内建设边缘计算系统，那么边缘计算系统应提供的主要能力包括如下几个方面。

- 数据上行：从异构现场设备采集数据并对数据进行预处理（统一各类多源异构数据的格式，并进行语义解析，通过数据缓存、汇总等方式提升数据价值密度），为信息化系统或边缘计算系统的即时响应功能做准备。
- 指令下行：根据信息系统、边缘交互或即时响应的要求，解析和传递指令到异构的现场设备。
- 即时响应：面向高实时工业应用场景，对于部分信息采集在边缘层做出即时分析，并根据结果即时下达控制指令，对现场设备进行控制。
- 边缘交互：通过边缘层对海量现场设备、数据进行编排，使其以模型化、系统化的方式与信息系统进行交互。

- 运维管理：针对边缘层内的软硬件系统的全生命周期集中进行运维管理和安全管理。

边缘计算系统的功能示意图如图 12-1 所示。

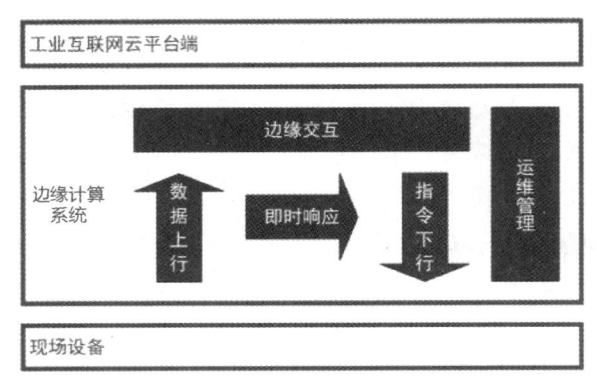

图 12-1　边缘计算系统的功能示意图

《边缘计算参考架构 3.0（2018 年）》中的边缘计算的功能视图如图 12-2 所示。

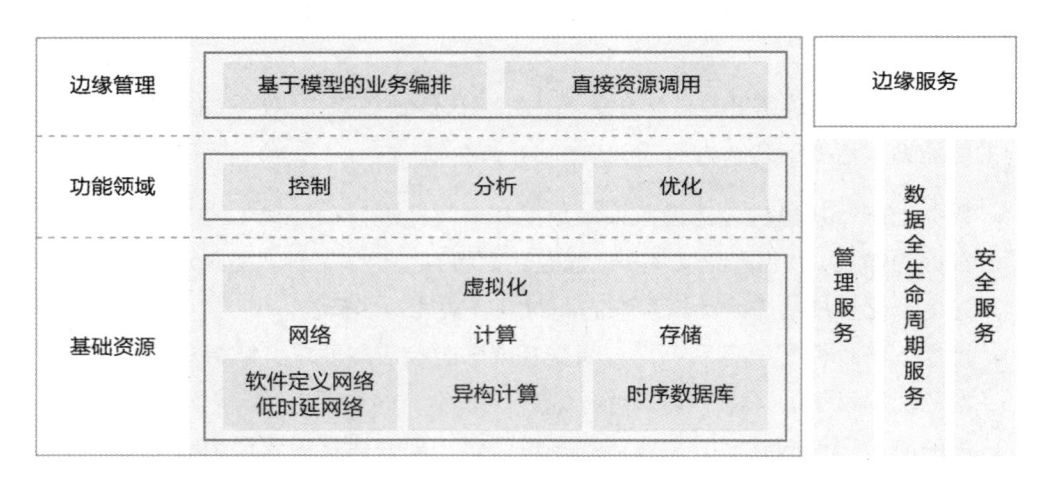

图 12-2　边缘计算的功能视图

图 12-2 将图 12-1 中的"边缘交互"定义为"边缘管理"，将图 12-1 中的"运维管理"定义为"边缘服务"，这可能会加大"管理"和"服务"的理解难度，因此，在如

图 12-1 所示的非正式示意图中，本书未使用《边缘计算参考架构 3.0（2018 年）》中的定义。

12.4 边缘计算的实现

12.4.1 边缘计算的总体架构

参考边缘计算产业联盟提出的边缘计算参考架构，绘制如图 12-3 所示的参考架构图。

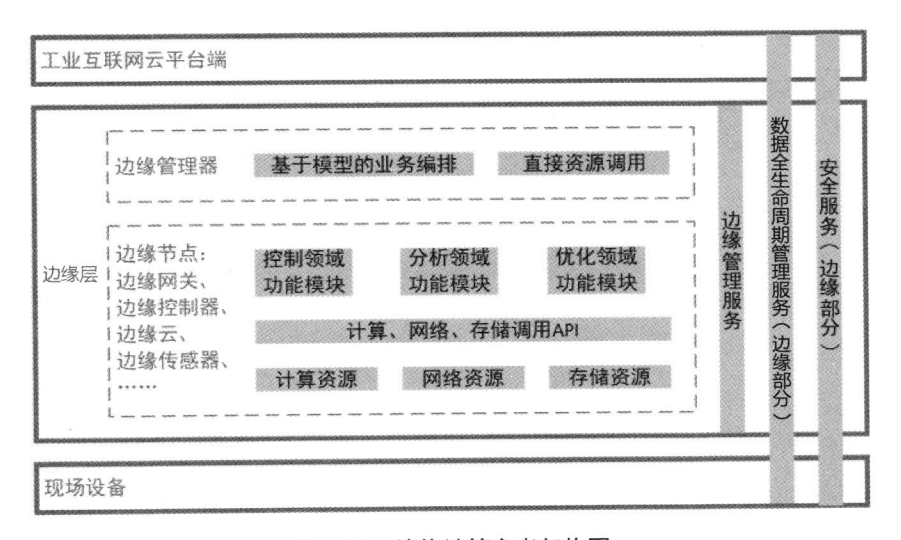

图 12-3 边缘计算参考架构图

边缘层包括边缘节点和边缘管理器两部分，同时辅以边缘管理服务。数据全生命周期管理服务和安全服务具有纵向跨层级的特性，也会在边缘层发挥作用。

《边缘计算参考架构 3.0（2018 年）》将安全服务作为边缘服务的一部分。笔者认为，安全服务在组织、制度、技术方面相对于其他服务更独立，贯穿管理层至物理层所有层面，因此本书将对边缘计算的安全服务单独进行讨论。

12.4.2 边缘节点

边缘计算的计算功能主要依靠边缘节点实现。边缘节点类似传统信息网络中的终端、客户端系统。与客户端面向用户进行人机交互不同，边缘节点面向的是产生数据的设备，它收集、处理数据，并提交与网络系统有关的处理结果或直接对现场设备进行控制。

边缘节点的实体是一种携带软件或硬件编程的设备，一般封装有计算、网络、存储资源（其中网络资源主要用于自身与异构协议的连接），具体产品如下。

- 着重网络协议处理和转换的边缘网关。
- 着重在边缘层闭环处理部分业务的边缘控制器。
- 着重对大规模数据进行汇总、处理的边缘云。
- 着重采集低功耗信息的传感器。

从根本上来说，边缘节点具有两大能力，即控制和分析，这使得边缘节点具备三大功能，即控制、分析、优化。

- 控制功能包括对于现场设备的通信、设备管理、感知、建模、执行等，通过连接现场设备，了解设备信息；通过建模，了解通信数据含义；通过感知设备状态，下达执行指令。控制功能可以形成一个在单个现场设备内的从感知到执行的操作闭环（经过后续优化可以更智能地实现更大范围的闭环），可以用于简单的控制，如在温度达到多少时停止某功能。
- 分析功能是边缘节点相对于传统现场设备的显著优势之一。传统现场设备可以执行简单的感知、判断，但边缘节点可以进行更深入的数据分析，计算单位时间的次品率，甚至次品率趋势，如对影像进行智能判断等，这些功能是传统现场设备很少具有的。同时，分析功能可以对海量数据、实时数据进行汇总，提供给边缘云或企业信息化系统，从而获得更多商业价值。
- 优化功能可以理解为控制功能和分析功能的智能协同，即"分析+控制+智能"。优化功能可以实现更深入的、多节点协同的、更复杂的自动化动作。例如，边缘节点可以通过对数据进行分析,发现一段时间内的次品率的变化趋势,在达到次品率阈值前,控制多个现场设备调整生产速度,在满足产品质量要求的条件下实现最优速度。

12.4.3 边缘管理器

边缘管理器主要通过两个方面的功能实现,即业务编排和资源调用。

- 业务编排主要针对数量众多的异构边缘节点,从架构、功能、接口等进行汇总、抽象,形成模型化的代码或伪代码描述,并使用这种通用模型,生成异构的边缘节点对应的代码。将上述通用模型和多种代码汇入业务编排器,使业务编排器可以以通用模型向上承接业务流程,也可以以多种异构的指令向下调度边缘节点。
- 资源调用相对简单,适合复杂度较低的边缘计算场景,可以直接根据业务流程,通过代码管理与边缘计算相关的各项资源,或者调度边缘计算中的数据。

12.4.4 边缘管理服务

边缘节点一般符合分布性,具有规模大、部署分散的特点。部分低功耗设备可能会采用瘦节点模式(具备非常有限的管理功能)。因此,对于大规模边缘计算系统而言,边缘管理服务几乎是必需的。

边缘管理服务包括对边缘节点的管理,也包括贯穿边缘层的数据管理和安全管理,其主要功能包括但不限于如下几点。

- 边缘节点的规划、设计、开发支持。
- 边缘节点的资产管理。
- 边缘节点的代码或微码更新。
- 边缘节点的状态监测。
- 边缘节点的管理指令下发。

- 边缘节点的资源调动。
- 边缘节点的数据收集。

12.5 边缘计算的实现

12.5.1 边缘节点的软件实现

一部分边缘节点要实现大量且分散的现场数据的采集与控制指令的下发,另一部分边缘节点要实现大量数据的实时分析。这两部分需求难以使用一种单一的软件架构实现,因此边缘节点的软件实现分为两部分。

- 一部分边缘节点直接连接现场设备,实现大量且分散的现场数据的采集与控制指令的下发,一般关注实时性,是原有工业控制系统在工业互联网中的升级。
- 另一部分边缘节点面向数据,实现对大量数据的汇总和实时分析,关注计算能力和存储能力,是原有信息化系统在工业互联网中向边缘的延伸。

这部分的功能由工业控制边缘节点和工业分析边缘平台实现。

- 工业控制边缘节点主要提供现场数据的采集和指令的下发。
- 工业分析边缘平台主要提供工业数据的存储和分析。

1. 时序数据库

在边缘计算的复杂环境中,数据的存储面临诸多挑战,具体如下。

- 数据实时产生,尤其是时序数据(随时间不断产生的一系列带有时间戳的数据)。
- 数据量较大。
- 网络可能中断。
- 上层的多个数据消费者可能只需要聚合后的数据。
- 需要在较低性能的设备上运行。

对此使用传统的关系型数据库并不能实现最佳效果。在工业互联网的边缘计算环境中，数据同时具有如下特征。

- 数据随时间不断产生，但数据维度几乎不变。
- 持续高并发写入，写入量大但平稳，很少有更新或删除动作。
- 写入多读取少。
- 查询操作一般针对最近数据。
- 不同设备间数据耦合较少。

时序数据库（Time Series Database，TSDB）是基于上述挑战和特征，优化用于摄取、处理和存储时间戳数据的数据库。

DB-Engines 官网给出的市场部分主流时序数据库如图 12-4 所示。

当然，在选择时序数据库时，不能只考虑性能，这些产品特征各异，举例如下。

- InfluxDB：是用 Go 语言编写的单独的数据库，主要用来写入和查询数据；目前集群版已经闭源商业化，开源版仅支持单机模式。InfluxDB 使用 push 模式（数据源主动将数据写入 InfluxDB）采集数据，优点是提供类 SQL 的查询引擎。
- Kdb+：具有列式存储特性，相对而言，对于某列数据进行统计分析操作更方便，同时具备 CEP（Complex Event Processing，复杂事件处理）、内存数据库、磁盘数据库等功能。与一般数据库或大数据平台相比，Kdb+ 具有更快的速度和更低的总拥有成本，适合处理海量数据。
- Prometheus：创建于 2012 年，2015 年正式发布，提供了一整套开源的监控体系，具备强大的多维度数据模型，有多种可视化图形界面，使用 pull 模式采集时序数据，可以采用 push gateway 方式把时序数据推送至 Prometheus 服务器端。Prometheus 仅支持单机，数据写入本地。
- Graphite：由多个后端和前端组件组成，是开源的、实时的、以时序数据度量的图形系统，内建 Web 界面。Graphite 并不收集度量数据本身，而是像一个数据库一样，先通过后端组件收集度量数据，再以实时方式查询、转换、组合这些度量数据。

- OpenTSDB：基于 HBase 做的时序数据库，最大的优点是具有由 HBase 带来的横向扩展能力，最大的缺点是具有由 HBase 带来的笨拙感，一旦集群扩大，运维可能会非常麻烦。

DB-Engines Ranking of Time Series DBMS

The DB-Engines Ranking ranks database management systems according to their popularity. The ranking is updated monthly.

This is a partial list of the complete ranking showing only time Series DBMS.

Read more about the method of calculating the scores.

☐ include secondary database models　　39 systems in ranking, February 2022

Rank Feb 2022	Rank Jan 2022	Rank Feb 2021	DBMS	Database Model	Score Feb 2022	Score Jan 2022	Score Feb 2021
1.	1.	1.	InfluxDB	Time Series, Multi-model	29.34	-0.74	+3.09
2.	2.	2.	Kdb+	Time Series, Multi-model	9.11	+0.34	+1.33
3.	3.	3.	Prometheus	Time Series	6.39	+0.12	+0.63
4.	4.	4.	Graphite	Time Series	5.58	+0.00	+0.96
5.	5.	↑6.	TimescaleDB	Time Series, Multi-model	4.37	+0.15	+1.51
6.	6.	↑7.	Apache Druid	Multi-model	3.40	-0.04	+0.74
7.	7.	↓5.	RRDtool	Time Series	2.40	+0.32	-0.60
8.	8.	8.	OpenTSDB	Time Series	1.83	-0.03	-0.20
9.	9.	↑10.	GridDB	Time Series, Multi-model	1.44	+0.07	+0.62
10.	↑11.	↑11.	DolphinDB	Time Series, Multi-model	1.32	+0.09	+0.51
11.	↓10.	↓9.	Fauna	Multi-model	1.32	-0.04	-0.58
12.	12.	↑18.	QuestDB	Time Series, Multi-model	1.19	+0.05	+0.79
13.	13.	↑14.	Amazon Timestream	Time Series	1.10	-0.01	+0.50
14.	↑16.	↓13.	eXtremeDB	Multi-model	0.71	+0.05	+0.03
15.	↓14.		TDengine	Time Series, Multi-model	0.71	+0.01	
16.	↑15.	↓12.	KairosDB	Time Series	0.68	0.00	-0.06
17.	↑18.	↑25.	VictoriaMetrics	Time Series	0.66	+0.10	+0.52
18.	↓17.	↓15.	Raima Database Manager	Multi-model	0.61	-0.02	+0.10
19.	19.	↓17.	IBM Db2 Event Store	Multi-model	0.53	+0.02	+0.12
20.	20.	↑26.	Apache IoTDB	Time Series	0.42	+0.00	+0.28
21.	21.	↓16.	Alibaba Cloud TSDB	Time Series	0.30	-0.01	-0.17
22.	22.	↓21.	Axibase	Time Series	0.30	+0.01	-0.01
23.	23.	↓20.	Riak TS	Time Series	0.26	+0.01	-0.12
24.	24.	24.	M3DB	Time Series	0.25	+0.01	+0.04
25.	25.	↑28.	Warp 10	Time Series	0.24	+0.02	+0.14
26.	26.	↓19.	Heroic	Time Series	0.21	+0.00	-0.18
27.	27.	↓22.	Quasardb	Time Series	0.14	-0.02	-0.08
28.	↑30.	↑31.	Bangdb	Multi-model	0.10	+0.05	+0.09
29.	↓28.		ArcadeDB	Multi-model	0.09	+0.03	
30.	↑32.	↑32.	Hawkular Metrics	Time Series	0.08	+0.04	+0.07

图 12-4　DB-Engines 官网给出的市场部分主流时序数据库

- TimescaleDB：基于 PostgreSQL，并针对以 SQL 对时序数据进行快速提取和复杂查询的场景进行了优化，支持完整 SQL 的开放源代码时序数据库。

需要说明的是，在工业边缘计算场景中时序数据库不是万能的，是否需要使用时序数据库？选择哪种时序数据库？还要从分析需求入手，综合考虑多个方面，举例如下。

- 相对于关系型数据库，时序数据库存在扩展差、运维困难的特点，所以非时序型数据并不适合使用时序数据库，如便签类数据、主数据等关联较多的数据。
- 根据对数据准确性的要求选择合理的时序数据库。部分场景可能要求更高的数据准确性，甚至可能要求支持事务；部分场景只要求数据可以被汇总为统计值，未必有很高的数据准确性要求。
- 是否需要对时序数据进行分析？是否需要在边缘层进行分析？一般而言，在边缘层进行分析的场景都是需要快速响应并指挥现场设备做出动作的场景，一般商业分析场景还是由数据中心的分析引擎进行。
- 时序数据库一般不会单独存在，常需要与上层关系型数据库有所联系，才可以解决实际问题。因此数据库之间的关联如何实现也是在选择时序数据库时需要考虑的。

2. 视觉处理

在工业环境中，有大量基于图像或视频进行监控、记录、分析的现场设备。在传统方式下，需要人工实时监视视频或人工分析采集的图像，利用数字技术，可以实现有人协助，甚至无人参与的自动分析判别，大幅提升效率，降低成本。

由于视频和图像的数据量往往非常大，有价值的数据密度非常低，不宜直接上传，因此这种场景下的视频和图像的预处理能力一般在边缘实现。

- 去除视频或图像中的冗余信息、无效信息。
- 根据预定义的特征进行视频或图像的关键目标标识。
- 根据预定义的特征分离传输关键数据和非关键数据。

- 根据预定义的特征，提供事件告警或统计报告。
- 提供告警或消息与关键数据的关联。
- 部分系统可能实现识别与动作的联动，如跟踪标识的关键目标。

视频和图像在边缘节点进行的预处理不仅可以使用软件进行算法优化，也可以通过硬件实现加速，以提高效率。典型的边缘节点视频图像处理功能如图 12-5 所示。

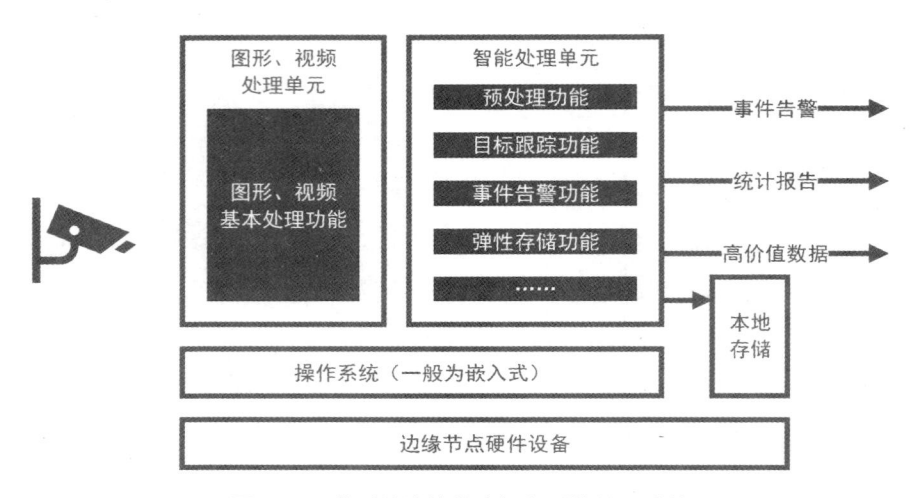

图 12-5 典型的边缘节点视频图像处理功能

3. 运动控制

将来自数据中心或边缘层的指令转换为针对现场设备的运动操作指令可能需要进行额外操作，甚至可能需要收集现场设备数据或与其他边缘节点交换数据，在这些场景中，边缘节点需要提供运动控制功能。

边缘节点的运动控制不仅包括工业现场设备，还包括机器人、AGV 等，相对而言，不同的制造类型、不同的控制对象的软件构成比较多样，其实现方式、承载的硬件有较大差异。我们以一个示例来介绍较为通用的边缘节点运动控制功能构成。

边缘节点运动控制功能构成示例如图 12-6 所示。

第 12 章　工业互联网边缘计算

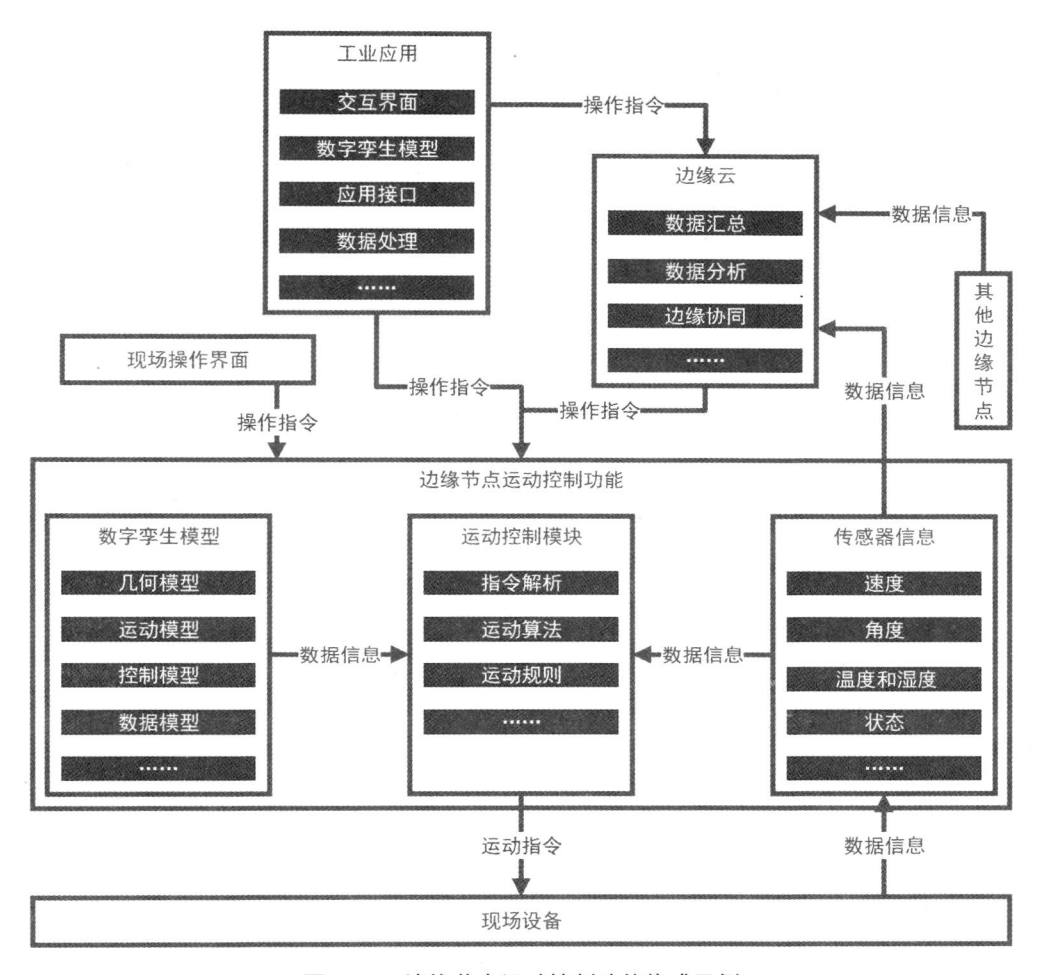

图 12-6　边缘节点运动控制功能构成示例

边缘节点运动控制指令可能是操作者通过上层的工业应用下达的,也可能是现场操作者通过现场操作界面下达的。对于需要多个边缘节点或现场设备相互配合的动作,操作需要下达至边缘云(如果存在多个边缘节点,那么可以在边缘层部署边缘云,以管理多个边缘节点)后再下达至边缘节点。边缘云内可能对多个边缘节点收集的现场数据进行汇总分析,以实现协同,也可能在一些特定情况发生时,以更高的优先级中止其他操作。

各边缘节点内可能只包含对于操作指令解析并控制现场设备运动的组件，也可能包含现场设备的数字孪生模型，或者具有对于现场设备传感器反馈的数据进行判断的能力。

12.5.2 边缘节点的硬件实现

目前，边缘节点主要分为三大类别：服务器方式的边缘节点、一体机方式的边缘节点、模块化方式的边缘节点。

1．服务器方式的边缘节点

通过服务器实现边缘节点采用的硬件与传统服务器没有本质区别，但是用于边缘节点的服务器一般会在如下三个方面增强。

- 支持异构的计算（硬件上可能附带异构的接口）。
- 对于部署环境有更强的适应性。
- 提供更合理的分布式的运维方式。

尽管以服务器方式实现边缘节点通用性更强，对专用性要求不高，但依然需要配置一系列基础设施，并进行运维投入。因此，服务器方式一般仅适用于规模较小的边缘节点部署场景。

2．一体机方式的边缘节点

目前很多边缘节点产品厂商推出了边缘一体机的硬件产品。一体机方式在本质上延续了服务器方式，但是一体机方式相较于服务器方式，在如下两个方面有明显提升。

- 在逻辑上，集成了计算、存储、网络，甚至集成 AI 协处理器等能力。
- 在物理上，几乎将一个机房集中到一个机柜内，避免了很多基础设施需求。

总的来说，一体机方式相较于服务器方式更能满足一般工厂内边缘节点的功能和环境需求，且更容易部署和运维，但是一体机方式依然不适合在现场大量分散部署。

3. 模块化方式的边缘节点

模块化方式的边缘节点是我们通常理解的狭义的边缘节点。

模块化方式的边缘节点硬件一般通过将核心模块与外设模块分离，甚至裁剪部分 I/O 接口，在适应硬件管理控制的基本需求的基础上，实现小型化、低能耗，更适合作为大量分布但计算和存储需求不高的边缘控制网关。

一些国内外厂商正在推进一些模块化边缘节点的硬件标准，其中比较典型的是类型 E 和类型 F 模块化节点。类型 E 和类型 F 模块化节点对比如表 12-1 所示。

表 12-1 类型 E 和类型 F 模块化节点对比

类型	类型 E	类型 F
尺寸	146mm×101 mm	125mm×95mm
外设连接	Hirose 120 针连接器×2	Hirose 120 针连接器×1
核心模块的 I/O 接口	USB、M.2、SATA、HDMI、eDP、i210AT、Audio	eDP
可扩展 I/O 接口	DP、i210AT、RS232/485、USB	HDMI、VGA、Audio i210AT、RS232/TTL、USB、SATA、M.2
特点	带有一系列标准 I/O 接口，可以直接用于大量分布的边缘节点，往往需要通过板对板连接器扩展，更加适合要求通用性强，而较少需要扩展的边缘节点	以一个边缘计算核心模块为主，去除了大量接口，保留一个 eDP 接口，所有扩展都需要通过板对板连接，此类标准更适用于与 I/O 组件连接进行定制的场景
使用场景	边缘节点 边缘控制器（边缘层与上层交互）	边缘控制器（边缘层与上层交互） 边缘云服务器

12.6 边缘计算的建设要点

下面从组织、过程、技术三个角度分享对于边缘计算建设的理解。

从组织角度来讲，在整个工业互联网乃至数字化建设过程中，边缘计算的建设几乎是与工业生产流程最为密切的部分。在传统的工业现场网络场景下,信息化人员和工业控制人员往往做的是不同的工作,分属不同团队,更不要说信息化人员和生产、工艺方面的人员,所以信息化人员不清楚生产工艺的真实需求,生产人员不了解数字技术的真实功能。在这样的情况下,无论哪一方面单独牵头,都很难做好边缘计算的规划和建设。只有组成由信息技术人员、工业控制人员、生产技术人员、工艺流程人员联合构成的团队,才能更精准地把握需求,建设好边缘计算,并为企业带来更多效益。

从过程角度来讲,边缘计算应该先规划,后建设,边运维,边优化。规划阶段首先要摸清需求,哪些数据要提上来,哪些指令要传下去,哪些地方要增加判断智能,哪些地方要打通网络,等等。针对需求,进行建设规划。在建设开始前,应该确定边缘节点的技术标准;在建设过程中,要依照标准进行设备选型,设备选型不仅要关注设备功能、标准,同时要充分考虑设备在工业环境中的可用性(尤其是其附件,如电源适配器等)。

从技术角度来讲,需要同步关注硬件、软件、数据、安全。对于硬件,重点关注基础资源是否满足边缘计算的独特需求(如网络实时性);对于软件,重点关注对于异构环境的建模和管理;数据重点关注转换和调度;对于安全,应全程同步,以确保边缘计算在各个阶段均处于合理的安全水平。

12.7　边缘计算的应用案例

风电企业的传统运维一般采用事后维修和日常点巡检的方式,由于点巡检频次有限及数据量不足,难以发现系统性早期故障;较多的风机内部机械故障因难以及时发现,而演变成大故障,甚至事故;风机非计划停机对生产会造成很大影响,严重影响经济效益。为预备未知的风机故障,导致设备备件库存多,占用较多库存资金。

因此,在风电行业内,存在下述需求。

- 实时采集并展示分散在全国各地的各风电机组相关数据。

- 在边缘层建立状态诊断模型和故障预警模型，利用实时采集的毫秒级数据，实现风电机组实时状态诊断和早期故障性预警。
- 建设中心端大数据分析平台，形成边缘端-中心端数据链路。

风电行业这种终端分布较分散、距离较远的业务场景，非常适合应用边缘计算相关解决方案。在风力发电机组本地网络中部署边缘计算网关，实时采集机组数据。通过边缘节点的故障预警模型进行数据处理分析，以便企业及时进行预测性维保，降低停机风险和维修成本。将本地采集的数据处理后上传至云端进行大数据分析，聚焦周期性维护、故障隐患综合识别分析，产品健康度检查，等等，云端优化输出的业务规则下发到边缘层，边缘计算可基于新的业务规则进行算法优化处理。

本章参考文献

[1] 边缘计算产业联盟,工业互联网产业联盟. 边缘计算参考架构 3.0(2018 年)[S/OL]. 2018[2022-08-01].
[2] 工业互联网产业联盟. 工业互联网体系架构（版本 2.0）[S/OL]. 2020[2022-08-01].

第 13 章　工业互联网网络体系

工业互联网网络体系分为网络互联与数据互通两个层次。通过网络互联和数据互通，向下落地到物理资源，向上承载业务应用，纵向打通设备、控制、生产应用、业务应用、管理应用，横向集成外部产业链。

企业工业互联网要重点关注和工业领域特定环境相关的两个方面：一方面是工业互联网标识解析，另一方面是工厂边缘层的网络。

13.1　工业互联网网络

工业互联网网络根据技术通用与否分为通用网络和工业特定网络；根据网络地域范围分为局域网和广域网；根据网络实施范围分为工厂内网和工厂外网；根据层级结构分为物理层、数据链路层、网络层、应用层等（如果按照 OSI 参考模型可以分为七层）；根据使用的通信介质分为有线网和无线网。在一般情况下，工厂边缘层以外的网络采用通用网络即可，无须特殊考虑。工业互联网网络架构如图 13-1 所示。

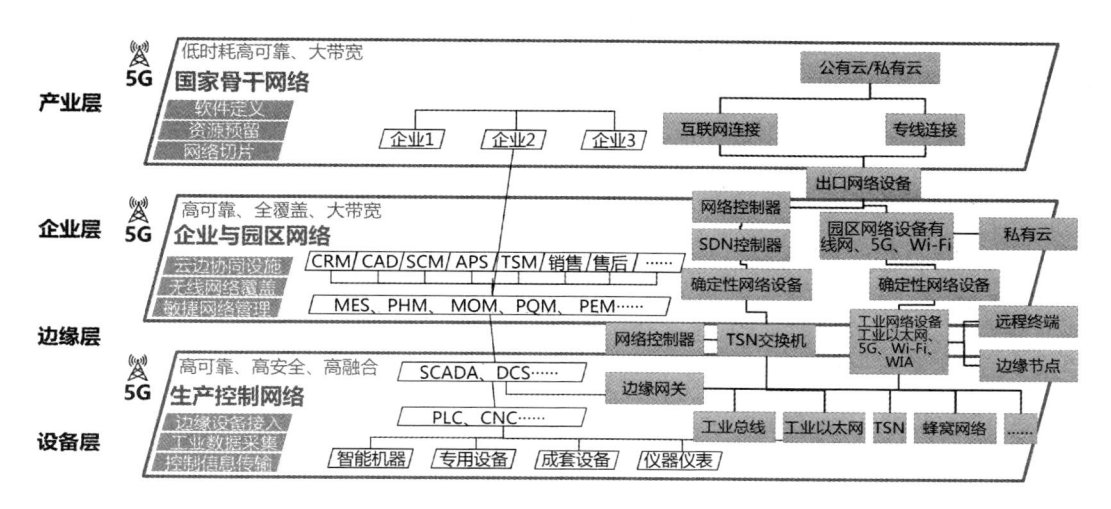

图 13-1 工业互联网网络架构

13.1.1 工业互联网网络相关标准

对工业互联网技术理解的差异可能导致后期技术选择路线的分化，影响网络的规划部署，进而影响数据的无缝集成。因此，在工业互联网建设过程中，要充分参考相关标准体系和最佳实践。

1. 国家智能制造标准体系建设指南

2018 年 8 月，工业和信息化部和国家标准化管理委员会共同组织制定并印发了《国家智能制造标准体系建设指南（2018 年版）》。

2021 年 7 月，工业和信息化部和国家标准化管理委员会共同组织制定了《国家智能制造标准体系建设指南（2021 版）（征求意见稿）》，以推动"十四五"规划纲要中关于完善智能制造标准体系的部署落地，持续完善智能制造标准体系，以满足技术进步和智能制造发展的需要。该稿公示截止日期为 2021 年 8 月 5 日。

2021 年 11 月，工业和信息化部和国家标准化管理委员会印发了《国家智能制造体系建设指南（2021 版）》。

《国家智能制造标准体系建设指南（2021版）》包括三方面建设内容：基础共性标准、关键技术标准、行业应用标准。其中，基础共性标准主要包括通用、安全、可靠性、检测、评价、人员能力六部分，主要用于统一智能制造相关概念，解决智能制造基础共性关键问题。

2．工业互联网体系架构

2020年4月，工业互联网联盟发布了《工业互联网体系架构（版本2.0）》，其在《工业互联网体系架构1.0》核心理念、要素和功能体系的基础上，从业务、功能、实施等三个视图重新定义了工业互联网的参考体系架构，并逐一进行了展开。

3．工业互联网标准体系

2021年12月，工业互联网联盟发布了《工业互联网标准体系（版本3.0）》，其中网络标准包含网络与连接、标识解析、边缘计算三大部分。

4．工业互联网标识管理办法

2020年12月25日，工业和信息化部编制并印发了《工业互联网标识管理办法》。

13.1.2 工业互联网常用技术

网络互联负责实现工业现场设备与企业内乃至行业内信息系统的互联。在一般情况下，使用现有的通用的互联网技术即可实现计算机与信息系统、行业系统的互联。而工业现场设备与工业现场设备的互联可能需要使用一些专用的技术。下面简单介绍几个工业互联网常用的网络连接技术及传统技术在工业互联网的使用方式。

1．无源光网络

无源光网络（Passive Optical Network，PON）可以节省主干光纤资源，缩减网络层次，在长距离传输条件下可以提供双向高带宽能力，支持多种应用场景，其远程管理能力和PON结构可以大幅降低运维成本。

PON 技术因具有低故障率、传输距离长、远程管理等特性，非常适用于工业生产环境中的大量终端控制器、探头接入的场景，因此很多工厂边缘层使用 PON 技术作为链路接入技术。

PON 技术的发展，伴随着光纤通信技术的发展，经历了多个阶段，有 APON、BPON、EPON、GPON 多个标准体系。

就工业互联网场景而言，对于 PON 技术的选择，可以考虑如下几个要点。

- 应确保采用的 PON 技术支持终端控制器或探头的接入，如果终端使用了不支持的协议，那么采用 PON 技术还需要使用额外的协议转换设备，此时应该与其他方案（如现场总线方案）进行充分对比。
- 尽管 PON 技术的可靠性高于一般有源网络设备，但是也应根据系统的可用性需求，充分考虑 PON 技术的冗余需求。
- 目前已经很少使用 APON 和 BPON 了，应用较多的是 EPON、GPON。
- EPON 和 GPON 可以达到 Gbps 级别的网络带宽，可以满足常见场景中的应用需求。
- 对于特殊的需要更高带宽的场景，考虑 10G/10G EPON、XGSPON 等对称的 PON 标准，上行带宽达 10Gbps。需要注意的是，这两个标准大规模商用的时间较短，案例较少，成本较高。
- EPON 和 GPON 的主要区别在于数据链路层采用的封装模式不同，EPON 实现更简单、经济，而 GPON 带宽更大、用户更多、效率更高。EPON 与 GPON 对比如表 13-1 所示。

表 13-1 EPON 与 GPON 对比

标准	EPON	GPON
制定标准机构	IEEE	ITU
下行线路速率/Mbps	1250	1244.16 或 2488.32
上行线路速率/Mbps	1250	155.52 或 622.08 或 1244.16 或 2488.32
分路比	1∶32	1∶32、1∶64 或 1∶128
数据链路层协议	EtherNet	EtherNet over GEM 或 Ethernet over ATM
TDM 支持情况	TDM over Packet	Native TDM 或 TDM over ATM 或 TDM over Packet

续表

标准	EPON	GPON
支持的最大 PON 业务流	取决于 LLIDs 和 ONT	4096
上行带宽（IP 业务）	760～860 Mbps	1160 Mbps 或 1.2Gbps（对称）
单用户成本	更低	更高
主要市场	亚洲、欧洲	美国

EPON 和 GPON 长期共存不利于通信产业发展，因此 ITU-T 和 IEEE 在为两套标准的融合积极行动，未来两套标准可能融合。

2. 时间敏感网络和确定性网络

在工业生产环境中，大量场景对于通信的实时性非常敏感，如信号系统、机器控制等。传统方式一般应用的是专用的总线网络或具有低时延特性的专用网络。在智能工厂内网络需要互联，因此既需要兼容标准以太网，又需要满足低时延、高确定性的解决方案。

时间敏感网络（Time-Sensitive Network，TSN）和确定性网络（Deterministic Networking，DetNet）是工业互联网领域用于实现上述需求的主要技术。

TSN 和 DetNet 均与标准以太网和 IP 网络兼容，并通过不同技术实现网络的时延、抖动等可控。TSN 和 DetNet 的不同之处在于，TSN 主要针对 L2 层网络的时延控制，DetNet 主要针对 L3 层网络的路径选择和质量控制。

（1）TSN。

TSN 是一组以太网标准，是面向工业智能化生产的新型网络技术，为工业生产环境提供了一种既支持高速率、大带宽的数据采集，又兼顾高实时控制信息传输的网络。

与以太网的冲突监测机制不同，TSN 通过一个全局时钟和一个连接各网络组件的传输调度器实现网络内的确定性实时通信。调度器依据相应调度策略控制时间敏感数据流的实际传输时间和传输路径，以免链路争抢导致传输性能下降或不可预测，进而保证时间敏感应用的点对点实时通信。

TSN 凭借时间同步、数据调度、负载整形等多种优化机制，在以太网内具有如下优势。

- 信息通过网络交换的最大时延有限。
- 关键流量和非关键流量可以在一个网络中融合。
- 更高层协议可以共享网络基础结构。
- 原本需要在现场完成的实时控制，可以进行远程操作。
- 可以更容易地与以太网系统集成。
- 可以在不更改异构网络组件的情况下，调整组件或配置。
- 网络结构相对简单，便于更快诊断和修复故障。

（2）DetNet。

DetNet 是 IETF 正在制定的网络层标准，DetNet 工作组关注第 3 层网络，与负责第 2 层网络的 IEEE 802.1 TSN 合作定义了共同的体系结构，提供有边界保障的时延、丢失和抖动，以及高可靠性。

DetNet 主要采用了时钟同步、路径确定、资源预留、无缝冗余、排队整形等技术。

- 时钟同步。DetNet 中的网络设备和主机可以使用 IEEE 1588—2019 精确时间协议将其内部时钟同步到 1μs～10ns 的精度。
- DetNet 流的路径采用相对固定的路由路径计算技术来确定，为资源预留和时延计算提供了可能，是保证确定性时延和抖动的基础。
- DetNet 流流经路由路径的每个节点都会预留足够的缓存和带宽资源，避免因资源不足而丢包。
- DetNet 使用多路径传输方式实现无缝冗余，确保在任何时刻，在工作路径中断时，有备用路径传输数据流。
- DetNet 通过流标识，区分确定性流、非确定性流及 QoS（Quality of Service，服务质量）标准；并通过排队和传输选择算法，计算路径上各节点的时延，更好地应用排队整形技术调度和控制节点和终端系统。

基于上述技术，DetNet 可以向用户提供可控拥塞、可控时延、可控抖动、无缝冗余的网络服务。

3. 软件定义网络

面向未来的数字化工业时代，C2M 等定制化产品可能会出现动态的生产工序，甚至生产设备的调整。在工业互联网的网络规划上，应充分认识到业务发展趋势，并采用动态的网络布局。擅长这种动态网络布局的技术就是软件定义网络（Software Defined Network，SDN）。

SDN 与其说是网络的一种新特性、新功能，不如说是一种网络体系重构思想。SDN 通过增加网络的可编程性，使得原本以硬件方式固定的网络可以敏捷调整，甚至可以和动态的云资源调动同步执行，从而使网络成为一种动态的服务。

智能工厂内的边缘层和设备层利用 SDN 具有如下优势。

- 业务角度：SDN 构建的动态网络架构可以快速响应业务对于网络调整的需求，可以大幅减少网络运维及网络调整带来的中断。
- 技术角度：对于频繁调整及需要根据云资源自动调整的网络需求，使用 SDN 可以大幅简化网络管理，提高接入线路复用水平，使网络监控的粒度更细致，从而降低运维成本。

工厂内的 SDN 主要部署在边缘层与设备层，部署示意图如图 13-2 所示。

- IP 类工业终端、服务器可以直接接入 SDN。
- 非 IP 类工业终端需要经由其他网关接入。
- 虽然目前已经将 TSN 融入 SDN 的相关技术，但是为了降低复杂度，提升可用性，可以考虑 TSN 单独成网。

值得注意的是，目前业界存在一些过度推崇 SDN 的情况。我们认为，对于 SDN，应在如下几个方面进行理性判断。

- SDN 不是一把万能钥匙：如果将一个缺乏规划、分区分层模糊、历史配置混乱的大型网络直接交给 SDN，势必导致更大的灾难。因此，使用 SDN 需要进行合理规划、设计，建立技术标准，遵循运维流程。

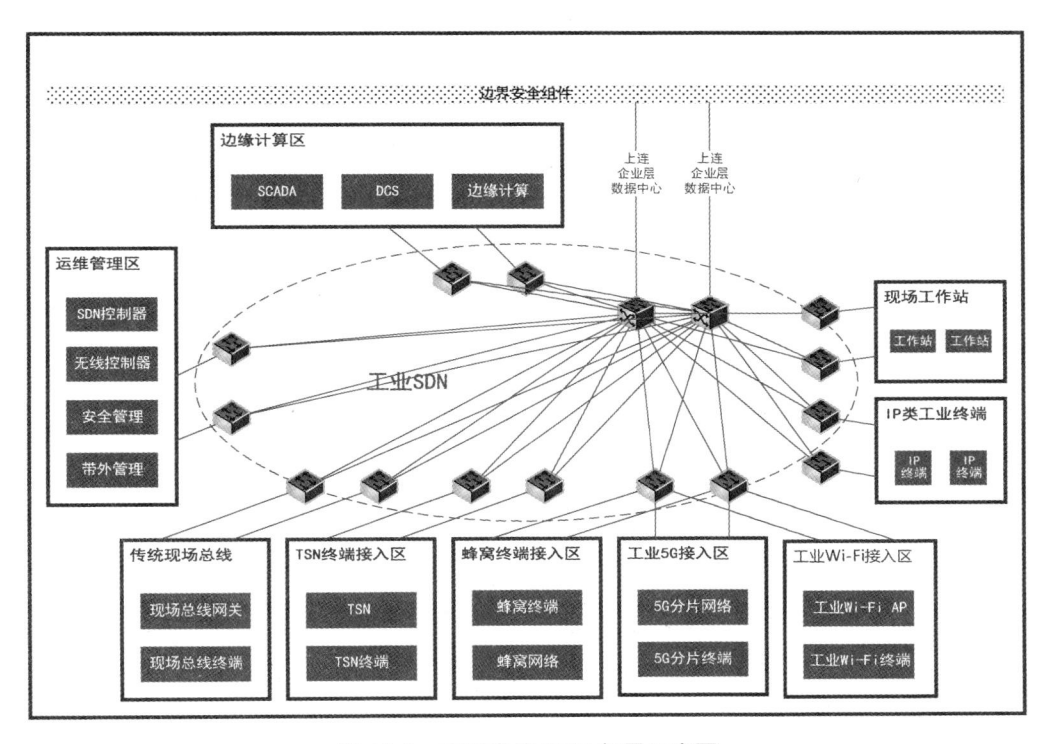

图 13-2　工厂内的 SDN 部署示意图

- SDN 可以集中、动态地管理大量网络设备，在减少运维工作量的同时增加了技术复杂度和变更风险，因此运维人员需要掌握更多底层原理，在操作中需要更加谨慎。
- 某些行业、某些网络区域中的业务对于网络架构的要求是固定的，并非动态的。对于这些场景而言，SDN 的优势并不明显，而成本和运维难度的提升却是显著的。因此，对于静态的网络区域，要慎重评估 SDN 的价值。
- 目前业界支持 SDN 设备的成本略高于普通网络设备。当成本受限时，用户可能会在生产区部署 SDN，放弃在测试区部署 SDN，这种做法可能会使 SDN 的优势无法发挥。例如，某些行业生产区网络全生命周期不进行调整，但测试区网络频繁调整。在成本受限时，SDN 应优先部署在测试区。

综上所述，在智能工厂的边缘层和设备接入层应用 SDN 一般具有巨大优势，但这不是绝对的，因此在网络的规划阶段，要对是否应用 SDN 进行理性分析。

4．低功耗广域网

在工业互联网中及时了解设备或产品的运行情况是至关重要的，因此需要连接大量的控制终端、传感器，这些终端的网络连接往往不要求很高的带宽，却要求较远的传输距离（数百米甚至数千米）、较高的可用性、较低的功耗（可能位于不适于供电的位置）。

低功耗广域网（Low Power Wide Area Network，LPWAN）是解决上述需求的最佳方案。与其他无线技术相比，LPWAN 技术主要指功耗低、传输距离远、带宽低的网络技术，如图 13-3 所示。

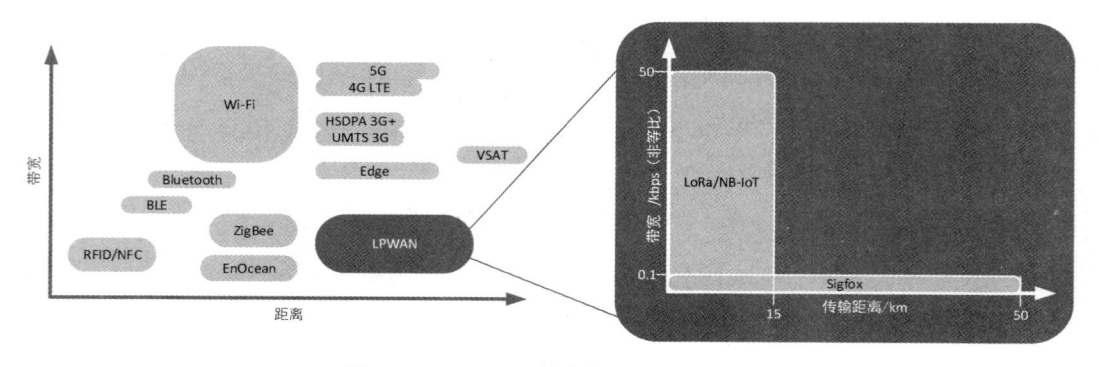

图 13-3　LPWAN 技术与其他技术对比

目前在国内可以落地的技术主要有 NB-IoT 和 LoRa。这两项技术的适用场景不同，存在明显差异。

- NB-IoT 属于运营商建网，投资小，难度低，覆盖范围与运营商覆盖范围一致，但是，需要支付运营成本。因此，NB-IoT 更适合在开放的区域中使用，尤其是

4G、5G 网络覆盖的区域。当然，也可以从投资成本、技术难度角度考虑，在私有区域内应用 NB-IoT。

- LoRa 属于自建网络，其模组单价为 8~10 美元，非授权频段不需要支付额外的频谱成本，但需要自行部署基站并维护、优化等，覆盖的点位、网络质量及安全等需要自己负责。因此，LoRa 更适用于场所固定、使用带宽较高的场景，如厂区、矿区的监控等。

5. 无线技术（5G 技术和 Wi-Fi 6 技术）

在未来的数字化工业体系中，网络需要覆盖各种终端设备，这些终端设备可能分布在巨大的厂区内。对于部分行业而言，终端设备可能位于偏远的矿山，或者是连接到销售后的产品的服务。即便某些行业不存在上述场景，也可能具有低时延无线、无缝漫游等需求。

5G 技术的特性可以很好地支持海量物联网和任务关键性物联网等场景。不仅如此，5G 技术在工业领域的应用涵盖研发设计、生产制造、运营管理、产品服务四大工业环节，主要包括 16 类应用场景，分别为 AR/VR 研发实验协同、AR/VR 远程协同设计、远程控制、AR 辅助装配、机器视觉、AGV（Automated Guided Vehicle，自动引导车）物流、自动驾驶、超高清视频、设备感知、物料信息采集、环境信息采集、AR 产品需求导入、远程售后、产品状态监测、设备预测性维护、AR/VR 远程培训。当前，机器视觉、AGV 物流、超高清视频等场景已取得了规模化复制的效果，实现了"机器换人"，大幅降低了人工成本，有效提高了产品检测准确率，达到了生产效率提升的目的。远程控制、设备预测性维护等预计未来会产生较高的商业价值。

13.1.3 工业互联网常用协议

1. PROFINET

PROFINET 是由 PROFIBUS 国际组织（PROFIBUS International，PI）推出的一种工业总线标准，用于在工业系统中实现实时数据传输（时延可小于 1ms），兼容工业以太网和现有现场总线技术（如 PROFIBUS）。

以下是 PROFINET 的一些特性。

（1）实时通信。

根据响应时间的不同，PROFINET 支持下列三种通信方式。

- TCP/IP 标准通信：PROFINET 基于工业以太网技术，使用 TCP/IP 和 IT 标准，响应时间可达到 100ms 量级，可以满足工厂控制级应用的需求。
- 实时（RT）通信：对于传感器和执行器设备之间的数据交换，系统对响应时间的要求更为严格，需要 5~10ms 的响应时间。目前，可以使用现场总线技术达到这个响应时间，如 PROFIBUS DP。PROFINET 提供了一个优化的、基于以太网 L2 层的实时通信通道。该实时通信通道极大地缩短了数据在通信栈中的处理时间，因此 PROFINET 获得了等同，甚至超过传统现场总线系统的实时性能。
- 同步实时（IRT）通信：现场级通信场景对通信实时性要求最高的是运动控制（Motion Control），PROFINET 的同步实时功能可以满足运动控制的高速通信需求，在 100 个节点下，其响应时间小于 1ms，抖动误差小于 1μs，保证了及时的、确定的响应。

（2）分布式现场设备。

通过集成 PROFINET 接口，分布式现场设备可以通过代理服务器实现与 PROFINET 的透明连接。

（3）运动控制。

通过 PROFINET 的同步实时功能，可以轻松实现对伺服运动控制系统的控制。

在 PROFINET 同步实时通信中，每个通信周期被分成两个不同的部分，一个是循环的、确定的部分，称之为实时通道；另一个是标准通道，标准的 TCP/IP 数据通过这个通道传输。

实时通道为实时数据预留了循环间隔固定的时间窗，实时数据总是按固定的次序插入，因此实时数据在固定的间隔被传送，循环周期中剩余的时间用来传递标准的 TCP/IP 数据。两种不同类型的数据可以同时在 PROFINET 上传递，且互相不干扰，因此通过独立的实时数据通道，可以保证对伺服运动系统的可靠控制。

（4）网络安装灵活。

除总线拓扑外，PROFINET 还支持星型拓扑、环型拓扑，因此降低了布线复杂度，提高了可用性、灵活性。特别设计的工业电缆和耐用连接器满足 EMC（Electromagnetic Compatibility，电磁兼容性）和温度要求，并且在 PROFINET 框架内形成标准化，保证了不同制造商设备间的兼容性。

（5）标准与网络安全。

PROFINET 的一个重要特征就是可以同时传递实时数据和标准 TCP/IP 数据。在传递标准 TCP/IP 数据的标准通道中，可以使用各类主流网络协议（如 HTTP、HTML、SNMP、DHCP、XML 等）。在使用 PROFINET 时，可以使用这些 IT 技术来加强对整个网络的管理和维护，从而降低调试和维护的成本。

PROFINET 实现了从现场级到管理层的纵向通信集成，一方面，方便管理层获取现场级的数据；另一方面，原本存在于管理层的数据安全性问题延伸到了现场级。为了保证现场级控制数据的安全，PROFINET 提供了特有的安全机制，其通过使用专用的安全模块，来保护自动化控制系统，使自动化通信网络的安全风险最小化。

（6）故障安全。

故障安全是指在系统发生故障或致命错误时，能够恢复到安全状态（零态）。PROFINET 集成了 PROFISafe，实现了 IEC 61508 中规定的 SIL3 等级的故障安全，很好地保证了整个系统的安全。

2. EtherCAT

EtherCAT 是一种性能较高、拓扑灵活、配置简单、成本相对较低的工业网络协议，主要特性如下。

（1）兼容性好。

EtherCAT 是用于过程数据的优化协议，其凭借特殊的以太网类型可以在以太网帧内直接传送。

EtherCAT 拥有多种机制，支持主站到从站、从站到从站，以及主站到主站之间的通信。其中，从站到从站的通信有两种可供选择的机制。

- 一种机制是上游设备和下游设备可以在同一周期内实现通信，速度非常快。适用于由设备架构设计决定的从站到从站的通信，如打印或包装应用等。
- 另一种机制更自由，但由于需要数据通过主站进行中继，因此数据通信需要两个周期才能完成。

EtherCAT 从站设备在报文经过时读取相应的编址数据，同样输入数据也是在报文经过时插入报文。由于此过程没有接受后解码再传输的时延，因此报文的时延只有纳秒级。

同时，EtherCAT 不仅限于单个子网的应用。EtherCAT UDP 将 EtherCAT 封装为 UDP/IP 数据报文，这意味着任何以太网协议堆栈的控制均可以编址到 EtherCAT 系统中，甚至通信还可以通过路由器跨接到其他子网中。

EtherCAT 使用标准的以太网帧，完全符合 IEEE 802.3 标准的以太网协议，无须附加任何总线协议就可以访问各个设备，可以经济地进行模块扩展。

（2）拓扑灵活。

EtherCAT 几乎支持任何拓扑类型，包括线型拓扑、树型拓扑、星型拓扑等。通过现场总线而得名的总线拓扑或线型拓扑也可用于以太网，并且不受限于级联交换机的数量。

（3）高精度分布时钟。

EtherCAT 的数据交换完全基于硬件机制。由于通信采用了逻辑环结构（借助全双工快速以太网的物理层），所以主站时钟可以简单、精确地确定各个从站时钟传播的时延偏移，反之亦然。这意味着可以在网络范围内使用非常精确的、小于 1μs 的、确定性的同步误差。跨接工厂等外部同步可以基于 IEEE 1588—2019 标准实现。

此外，高精度分布时钟还可以提供数据采集的本地时间精确信息。EtherCAT 引入时间戳数据类型作为一个逻辑扩展，以太网提供的巨大带宽使得高精度系统时间得以与测量值进行连接。这样，即便采样时间非常短暂，数据计算也不受通信时延影响。

（4）性能优异。

EtherCAT 借助从站硬件集成和网络控制器主站的直接内存存取，整个协议的处理过程在硬件中得以实现。可在 30μs 内处理 1000 个 I/O；单个以太网帧最多可进行 1486B 的过程数据交换，相当于 12 000 个数字 I/O，而传送这些数据的耗时仅为 300μs。

同时，EtherCAT 原理具有可塑性，并不受限于 100 Mbps 的通信速率，甚至有可能扩展为 1000 Mbps 的以太网。

3．OPC UA

在传统的在工业控制领域，通信协议多种多样，遵循相同协议的不同厂商的应用和数据模型也不同，但在工业互联网时代需要一种统一的通信协议。

OPC UA（OLE for Process Control Unified Architecture，用于过程控制的 OLE 统一架构）由 OPC 扩展而来，是一种面向不同协议、不同平台运行的 OT 设备和 IT 设备的通信体系架构。如今 OPC UA 在工业互联网及其他物联网场景中已经有大量应用。

OPC UA 不仅支持不同操作系统（如 Windows、macOS、Android、Linux），还可以部署在不同硬件（传统 PC 硬件、云服务器、PLC、ARM 等微控制器）之上。因此，OPC UA 实现了从工业互联网末端（如传感器和执行器）到 IT 应用系统乃至云端的互通。

4．MTConnect

MTConnect 是美国机械制造技术协会于 2006 年提出的数控设备之间的数据交换协

议（截至 2021 年 10 月，其版本是 ANSI/MTC 1.4-2018，原定 2020 年发布的新版本尚未发布）。

MTConnect 的特点如下。

- 通信基于 HTTP，并支持以 HTTPS 加密。
- 数据基于 XML 定义规范。
- 用建模和组织数据的方法解释来自各种数据源的数据，从而降低了开发应用程序的复杂性和工作量。
- 源代码对 Linux 免费开放。
- 用于各类数控设备（PLC、机械臂、测量设备等），但针对数控机床有标准化的语义定义，就目前推广的应用来看，相对更聚焦于数控机床。
- 单向通信，安全性高，但只能从设备中读取数据，不能将数据写入控制装置。

美国厂商对 MTConnect 的支持较多，德国厂商（尤其是已经支持其他协议的厂商）对 MTConnect 的支持有限，所以 MTConnect 与 OPC UA 等存在竞争与合作并存的关系。

5. NC-Link

2016 年 5 月 17 日，由中国机床工具工业协会牵头组织的数控机床互联通讯协议标准联盟在武汉成立，并借鉴现有的工业控制协议 MT-Connect 和 OPC UA 推出了国内的数控装备工业互联通讯协议标准 NC-Link，该协议于 2020 年 12 月 1 日批准发布，2021 年 1 月 1 日开始实施。

NC-Link 标准框架由七部分组成，如表 13-2 所示。

表 13-2 NC-Link 标准框架组成

标准号	名称	主要内容
T-CMTBA 1008.1—2020	《数控装备工业互联通讯协议 第 1 部分：通用技术条件》	体系架构的总体说明
T-CMTBA 1008.2—2020	《数控装备工业互联通讯协议 第 2 部分：联网参考模型》	NC-Link 联网参考模型 信息交互方式 运行信息交互要求

续表

标准号	名称	主要内容
T-CMTBA 1008.3—2020	《数控装备工业互联通讯协议 第3部分：数控装备模型定义》	数控装备模型组成 对象定义 数控装备模型样式文件、描述示例
T-CMTBA 1008.4—2020	《数控装备工业互联通讯协议 第4部分：数据项定义》	各类对象的定义和说明，包括设备对象、组件对象、数据对象
T-CMTBA 1008.5—2020	《数控装备工业互联通讯协议 第5部分：终端及接口定义》	终端范围、应用终端注册、数控终端发现 接口的访问模式、指令、实现方式 适配器、代理器、应用系统三者之间的交互
T-CMTBA 1008.6—2020	《数控装备工业互联通讯协议 第6部分：安全性》	各模块安全要求，包括代理器、适配器接入、应用系统访问、数据传输
T-CMTBA 1008.7—2020	《数控装备工业互联通讯协议 第7部分：评价规范》	测试与评价的对象、内容、流程、案例

NC-Link标准框架为我国数控机床互联互通建立了一套统一的标准，必将对我国智能工厂、智能车间的建设和智能生产的推进起到促进作用。该标准的进一步深化和生态的形成仍需努力。

6. MQTT

消费互联网连接的主要是人，重视用户体验，网络性能和计算性能较充裕，因此消费互联网使用的技术追求灵活性和敏捷性，而非高效性和低耗性。而在工业互联网中，经常会面临海量的、低性能的边缘OT设备在低质量、低带宽场景下传输小数据包的情况，很多消费互联网相关技术在此场景中并不能取得理想效果。

MQTT（Message Queuing Telemetry Transport，消息队列遥测传输）是IBM开发的一种轻量级的消息协议，其工作在TCP/IP上，基于ISO标准（ISO/IEC 20922:2016）订阅发布模型，特别适用于小型传输，具有很小的开销（包头长度为2B，协议交换最小化）。相较于HTTP等消费互联网协议，MQTT在低资源设备、低带宽网络和高时延场景中具有更好的效果和更低的成本。

MQTT 包含如下几个关键概念。

- 发布/订阅：一种消息范式。
- 消息：发布或订阅的内容，可以是任何数据格式，如 JSON、XML、加密的二进制数或 Base64。
- 主题：MQTT 把主题作为消息的路由，可以理解为一种对象的集合，既可以用来分类发送消息，也可以用来分类获取消息。在 MQTT 中，主题通过"/"分隔多个字符串的形式实现。
- 代理：可以理解为服务器，可以运行在多种低功耗的计算设备、边缘设备、移动设备上。
- 客户端：所有与代理交互的 IT 设备或 OT 设备，可以发布或订阅主题。

如图 13-4 所示，在 MQTT 中，发布者与订阅者之间以代理相隔，因此，发布者与订阅者并不需要相互了解，他们需要关注的只是一个或多个主题。听上去不可思议，但是深入工业互联网场景，面对海量 OT 设备，无论发送信息还是接受信息，面对代理，明确主题，显然比逐一面向客户端更理想。这使得 MQTT 不适用于设备与设备直接通信的场景，实时性一般只能到秒级，对于设备的控制能力有局限。

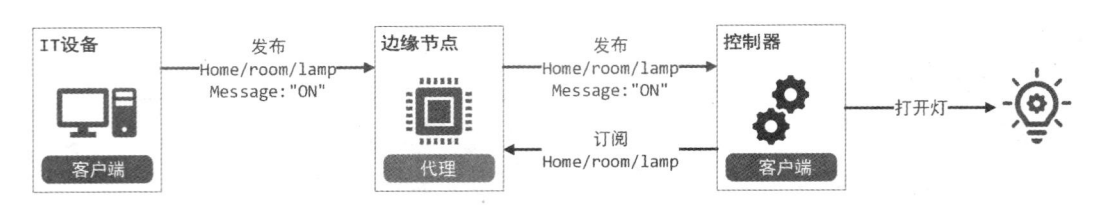

图 13-4 MQTT 示例

在安全性方面，MQTT 可以通过加密的 TLS 连接建立和发布消息。

在可用性方面，MQTT 支持 QoS，可以定义如下三种消息发布质量级别。

- 无 QoS：仅发送一次，客户端不可用则消息丢失。
- 最少一次：消息将被重复发送，直到至少到达客户端一次，可能导致消息重复。
- 最多一次：该消息将仅到达客户端一次。

7. REST 和 CoAP

传统的 Web API 通信有多种方法，如 SOAP、XML-RPC，这些方法对于传统的软硬件而言，并没有什么不好，但是，当通信的各方可能是不确定的异构软硬件平台 [如移动端和 PC 端（如内嵌式设备与传统应用之间）] 时，就会变得复杂。REST（Representational State Transfer，表述性状态传递）针对这个问题而诞生。

严格来说，REST 并不是一种协议，而是针对 Web API 的一种封装、通信风格，其要点如下。

- REST 是一种松耦合的服务调用。
- 客户端与服务器之间的交互是无状态的。
- REST 将服务程序的状态和资源以 URI（Uniform Resource Identifier，统一资源标识符）方式统一定义，并向客户端公开。
- 客户端使用标准的 HTTP 方法（如 GET、PUT、POST 和 DELETE）对这些资源进行操控。

REST 显然比 SOAP 和 XML 更清晰、简洁，有利于工业互联网及与其相关的信息化应用的开发，降低了客户端和服务器之间的交互时延。工业互联网应用非常适合以 REST 方式开放 API，以供信息化应用访问。需要注意的是，要考虑 REST 的无状态特性和安全性。

CoAP（Constrained Application Protocol，受限应用协议）是 IETF 的 CoRE 工作组针对计算和网络资源受限的情况，参照 REST 架构的一种简化实践，定义在 RFC 7252 中。CoAP 是工作在 UDP 之上的类 Web 应用层协议，非常小巧，最小的数据包仅为 4B，支持异步和缓存。

8. DDS

DDS（Data Distribution Service for Real-Time Systems，面向实时系统的数据分布服务）是由 OMG（Object Management Group，对象管理组织）发布的一个以数据为中心

的中间件协议和 API 标准，在国防、自动驾驶等领域应用较多。

DDS 采用发布/订阅体系架构，强调以数据为中心，支持多种 QoS 策略，目标是进行实时、高效、灵活的数据分发，以满足分布式实时通信需求。

DDS 通过 Topic 标识数据，发布者根据 Topic 发布数据，订阅者根据 Topic 订阅数据，如图 13-5 所示。

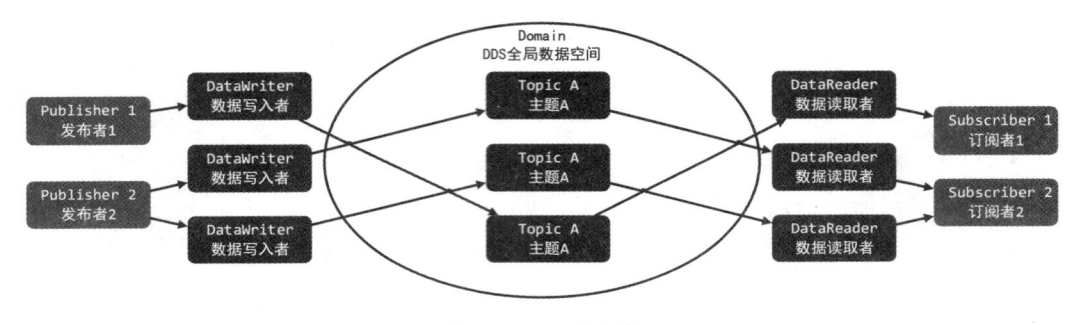

图 13-5　DDS 示例

- **Domain**：代表一个通信范围，以 Domain ID 唯一标识，只有在同一个域内的通信实体才可以通信。
- **Topic**：数据的抽象概念、主题，由 Topic Name 标识。
- **DataWriter**：数据写入者，负责缓存发布者发布的信息，并将信息写入数据空间。
- **DataReader**：数据读取者，负责读出数据空间中的信息，缓存或提供给应用。
- **Publisher**：发布者，发布主题数据给数据写入者。
- **Subscriber**：订阅者，与数据读取者关联，订阅主题数据。当数据到达时，同步或异步获取数据。

DDS 的特点如下。

- 可以支持规模庞大的系统，支持与数十甚至数十万的应用和设备集成在一起。
- 实时效率非常高，能做到秒级内同时分发百万条消息到众多设备。
- 在 QoS 上提供非常多的保障途径。

13.2　工业互联网标识解析

现有的网络应用（包括消费互联网及组织内部的网络）主要通过 DNS 来标识和解析网络内的网站，以帮助用户更便捷地使用。为了实现工业互联网，需要一类类似 DNS 的标准和系统，对工业互联网对象进行标识和解析，需要解析的内容包括工业设备、产品等对象，以帮助工业互联网在各组件间传递各类所需信息。工业互联网的这套解析标准和系统就是工业互联网标识解析体系。

13.2.1　标识解析标准体系

工业互联网标识解析体系一般通过一串唯一代码来标识工业互联网内的对象,这串代码的规范就是工业互联网标识解析标准。

目前，业界存在多种标识解析体系，每种标识解析体系都有自己独特的编码规则和解析机制，例如：

- Handle 体系。
- 泛在识别（Ubiquitous ID，UID）。
- 物联网统一标识（Entity Code for IoT，Ecode）。
- 产品电子代码（Electronic Product Code，EPC）。
- 对象标识符（Object Identifier，OID）。
- UCODE。

上述标识解析标准从实现原理上总体分为两大流派，一类基于对 DNS 的改进，另一类采用全新的体系。

1. Handle 体系

Handle 体系是一套具有较好兼容性和灵活性的标识解析体系，由 TCP/IP 的联合发明人——有"互联网之父"之称的 Robert Kahn 博士发明。在国内 Handle 体系已经成功应用在产品溯源、数字图书馆等领域。

Handle 体系的部署架构以多个根节点为根，各根节点平等且互相连通。这也是大家更重视 Handle 体系的原因之一。

Handle 体系的编码规则采用层次化标识设计，每个 Handle 标识编码都是不定长的字符串，其形式为"前缀/后缀"，前缀表示命名机构，后缀表示本地名称。命名机构相当于 Handle 标识编码的权威域，下设若干个非空子命名机构，各子命名机构按照树状分层结构排列，并用"."分隔。本地名称用户拥有部分编码权限，可以自主定义某些字段中的编码规则。例如，Handle 标识编码 10.200.10000/Haier_COSMO，其中命名机构是 10.200.10000，本地名称是 Haier_COSMO。

自定义解析结果的结构也是一个 Handle 体系的标识解析优势，通过自定义解析结果，企业可以将需要进行解析的主要内容放在 Handle 解析平台上，不只是 IP 或 URL。减少了为解析与应用衔接的数量，对大多数场景而言，解析的灵活性、易用性更高。值得注意的是，Handle 体系提供了自定义的解析结果，但解析结果的维护是不能省的，解析结果访问的安全性也是不可忽视的。完全公开的信息（正常情况下会置于产品外包装上）可以直接放在解析平台上，而部分公开的信息（与上下游合作方共享的信息）在进行相关设置时，则需要充分考虑安全性、权限。

2. OID

OID 是由 ISO、IEC、ITU 共同提出的标识机制，用于对实体及数字等对象、概念或事物进行全球无歧义、唯一命名。一旦命名，该名称终生有效。OID 在医疗卫生领域、信息安全等领域获得较多应用。

OID 可以对所有范围、所有种类的对象进行唯一标识命名。一旦对象被赋予标识命名，该标识名称就一直有效。通过 OID，用户可以查询互联网中的所有经过 OID 注册的对象的详细信息和属性。

OID 编码规则采用树状分层方法，层数支持无限制地扩展，各个层次用"."分隔。

OID 标识编码也是不定长的字符串，分为数字及字母、数字结合两种形式。其中，数字编码是 0～16000000 范围内的整数取值，该编码形式与机器编码相似，检索速度快，但是不便于人工介入。字母、数字结合的编码形式为长度介于 1 个字符到 100 个字符的字符串，该编码形式可人工解读，但是存在信息过量问题，多占用了数据存储空间。我国的 OID 标识编码遵循国家标准 GB/T 16263.1—2006 的命名规则，并且经注册机构分配的 OID 标识编码是永久唯一的。

OID 的解析过程为递归解析，解析架构包括 OID 客户端、国家 OID 注册解析系统和底层解析服务器。首先 OID 客户端把标识编码上传到国家 OID 注册解析系统，国家 OID 注册解析系统根据标识编码注册信息找到相应的底层解析服务器，并把标识编码传递给底层解析服务器。其次底层解析服务器解析标识编码，并查询物体对象的详细信息，把解析结果经国家 OID 注册解析系统传回 OID 客户端。OID 体系的递归解析机制比其他体系更加灵活，可以直接利用已有的网络基础进行部署，既高效、快捷又节省成本。OID 的递归解析过程如图 13-6 所示。

图 13-6　OID 的递归解析过程

3. Ecode

Ecode 是我国自主研制的标识编码技术，由 Ecode 编码、数据标识、中间件、解析系统、信息查询和发现服务系统、安全保障系统等部分组成。在国内 Ecode 已经成功应用于农产品质量溯源等领域。

Ecode 既能对物联网环境中的物体进行唯一编码标识，又能兼容其他标识体系，如 Handle 体系、OID 等。

Ecode 的编码规则采用三段式结构，标识编码为纯数字形式，由版本（Version，V）、编码体系标识（Numbering System Identifier，NSI）和主码（Master Data Code，MD）

构成，其形式为"V 码+NSI 码+MD 码"。其中，V 码表示标识编码的数据结构类型；NSI 码表示标识编码的注册情况；MD 码表示行业或应用场景中的具体对象。Ecode 标识编码现有 V0、V1、V2、V3、V4 五个版本，分别兼容不同的编码体系。其中，V0 按照 ISO/IEC 29161:2016 的编码规则进行编制，V1～V3 都可以稳定兼容主流编码体系（如 OID 等），V4 适配 Unicode 编码。

  Ecode 的解析过程为迭代解析，解析架构由 Ecode 客户端、中间件、编码体系解析服务器、编码数据结构解析服务器、物品码解析服务器组成，解析分为编码体系解析、编码数据结构解析和物品码解析三步。首先进行编码体系解析，Ecode 客户端通过中间件向编码体系解析服务器发送标识编码，编码体系解析服务器将解析得到的标识识别域名传回中间件。其次进行编码数据结构解析，中间件将标识识别域名和主码发送给编码数据结构解析服务器，编码数据结构解析服务器进行解析并将解析得到的主码域名传回中间件。最后进行物品码解析，中间件将主码域名发送给物品码解析服务器，物品码解析服务器进行解析并将解析得到的物品信息经中间件传回 Ecode 客户端。Ecode 的迭代解析过程如图 13-7 所示。

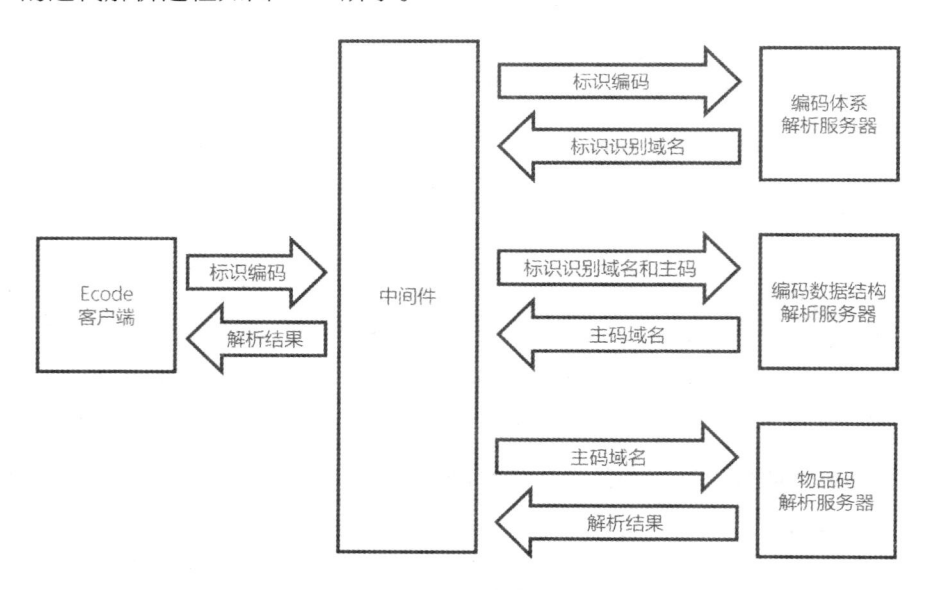

图 13-7　Ecode 的迭代解析过程

4. 标识解析标准对比

主要标识解析标准对比如表 13-3 所示。

表 13-3　主要标识解析标准对比

条目	OID	Ecode	Handle 体系	UID
分类	改良路径	改良路径	革新路径	革新路径
发起者	ISO、IEC、ITU	中国物品编码中心	Robert Kahn	东京大学
标识主体	物理或逻辑对象	任何物联网对象	数字对象	物理、逻辑对象及关系
编码格式	字符串	纯数字	字符串	纯数字
编码长度	不定长	各版本不同	不定长	定长
命名空间	无界命名空间	各版本不同	无界命名空间	有界命名空间
解析方式	递归	迭代	迭代	递归
解析架构	树状；单根	树状；单根	两层；多根	两层
解析结果	URL 或 IP 地址	URL 或 IP 地址	自定义解析结果	环境描述
安全防护	传统 DNS 防护方案	传统 DNS 防护方案；编码支持自认证	权限管理；质询响应协议；公私钥认证	七个等级满足安全需求
应用领域	电子认证证书、医疗、金融、食品追溯等	农产品、成品粮、工业装备、原产地认证等	图书、数字对象唯一标识符项目等	泛在计算、TRON 项目

综上所述，从标准的"出身"和国内外应用情况来看：

- Ecode 是我国自主研发的，由中国物品编码中心主导，主要解决物品编码问题，目前国家和行业标准还很少。
- OID 在国内由工业和信息化部主导，自然资源部、商务部、交通运输部、农业农村部在使用，国家标准和行业标准相对丰富，国际上的 ISO、IEC、ITU 都有与 OID 衔接的标准。
- Handle 体系的核心系统由美国研发，其特点在于解析内容丰富和具有权限管理。对于产品标准（产品规格型号）少、流通环节长（可能多次流通）、节点小（流经大量中小型组织和个人）、对内容关注度高（如图书、药品）的场景而言，Handle 体系具有明显优势。

综上所述，如果选择一个标识解析作为企业、行业采用的标准，需要考虑应用生态、国际形势、技术优势等多个方面，很难稳妥地做出单一选择。因此，在未来一段时间内，工业互联网标识解析标准应该依然处于多种标准体系对等、共存的环境。

13.2.2 标识解析体系架构

工业互联网标识解析体系分为根节点、国家顶级节点、二级节点、企业节点、递归解析节点五个层级，如图13-8所示。

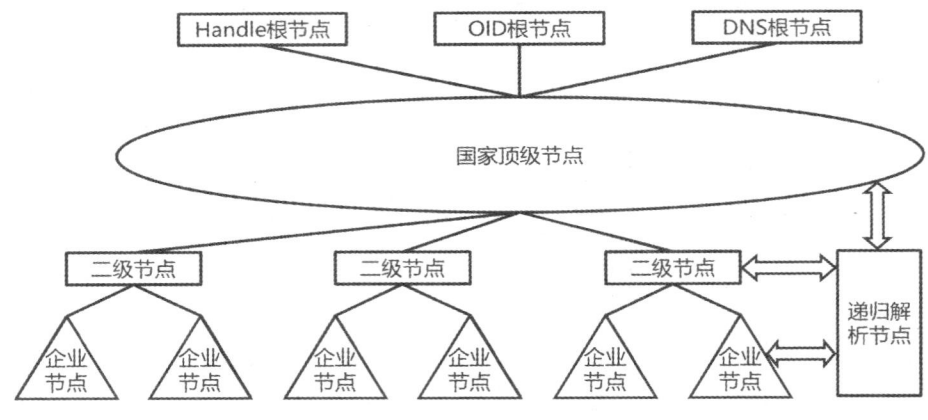

图13-8 标识解析体系架构示意图

标识解析体系层级结构说明如表13-4所示。

表13-4 标识解析体系层级结构说明

层级	说明
根节点	全球有多个根结点，每个根节点都是独立且平等的，每个根节点都由 MPA（Multi-Primary Administrator，多组管理者）负责
国家顶级节点	国家顶级节点是我国范围内最上层的标识服务节点，能够面向全国范围提供融合性顶级标识服务，以及标识备案、标识核验等管理服务
二级节点	面向行业提供标识注册和解析服务。 工业互联网标识二级节点是工业互联网标识解析体系的中间环节，直接面向行业和企业提供服务

续表

层级	说明
企业节点	为特定工业企业提供标识注册和解析服务，可以根据该企业的规模定义工厂内标识解析体系组网的形式及企业内标识数据的格式
递归解析节点	实现公共查询和访问入口，是标识解析体系的关键性入口设施，能够通过缓存等技术手段提升整体服务性能，由运营商参与建设。 当收到来自客户端的标识解析请求时，递归解析节点会先查看本地缓存是否有查询结果，若没有，则会通过标识解析服务器返回的应答路径查询，直至最终查询到标识关联的地址或信息，将其返回给客户端，并将请求结果进行缓存

我国的国家顶级节点为国内工业互联网发展提供标识注册和解析服务，如图13-9所示。

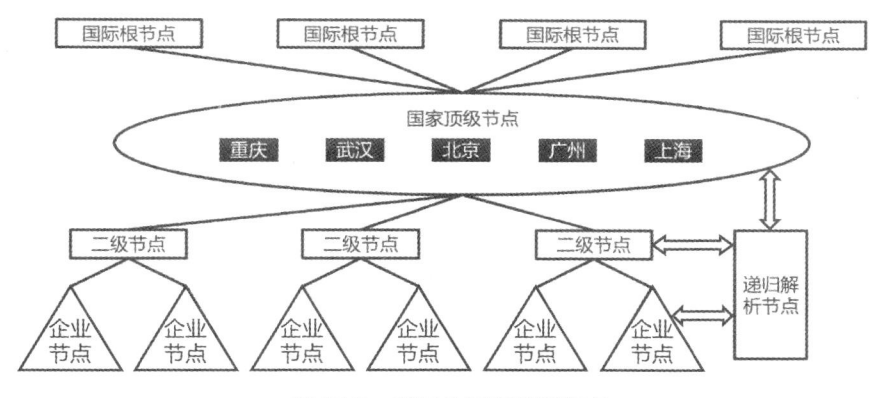

图13-9 我国的国家顶级节点

13.2.3 标识解析体系现存问题和发展趋势

目前工业互联网的标识解析体系存在的主要问题如下。

- 在功能方面，工业互联网的主体对象来源复杂、标识多样，难以解决异构兼容性和扩展性。
- 在性能方面，工业互联网的标识数据将远超现有网络标识数据，这对解析的高效性、可靠性及低时延性提出了很高要求。

标识解析体系的发展趋势表现在如下三个方面。

- 一是私有的标识解析向开放、公共的标识解析演变。
- 二是多种标识解析体系将在一定时期内共存。
- 三是公平对等是标识解析体系的重要发展方向，工业互联网的标识解析需要改变现有互联网 DNS 的治理格局（域名解析长期被少数国家垄断）。

13.2.4 企业建立标识解析体系需要考虑的方面

企业应该从如下几个方面考虑建立工业互联网标识解析体系。

（1）企业级标识解析体系的建立投入相对较小，回报周期相对较短，可以避免企业在未来工业互联网时代与行业脱节。

（2）二级节点的建立，应重点考虑行业特点和企业战略。

- 对于立志成为行业龙头，要把握行业甚至上下游话语权的企业而言，应该由企业主导建立和推广二级节点。
- 对于具有更为广阔、成熟、平衡的行业关系、上下游关系的企业而言，应该以联盟式二级节点作为主要考虑对象。
- 对于以小微型企业为主的行业，企业可以重点基于第三方平台构建二级节点，以降低建设和维护难度。

（3）标识解析体系中的数据与应用投入大，不仅要与企业的生产制造流程的数字化一并开展，甚至可能需要在行业内形成一致标准。标识解析体系中的数据与应用回报周期长，但如果早做、做实，将有利于企业未来在行业内保持优势，甚至借此将企业标准植入、固化到行业标准，帮助企业成为行业主导者。

（4）对于标识解析标准的选择，笔者认为，未来在很长一段时间内多种不同的工业互联网标识解析体系将共存。为此，企业应先考虑行业和上下游企业的具体需求和应用情况，放弃部分标准；对于留下来的标准，短期内应考虑多个标准同步使用。如果条件允许，应在多个标准间建立某种明示的关联（如保持标识的部分后缀一致），以保持易用性，减少标识间转换的难度。

（5）标识编码的注册，类似互联网域名注册（具有品牌价值的域名被抢注后，需要付出高昂代价，为了避免雷同域名误导用户，企业甚至会抢注类似域名）。但是工业互联网标识解析和互联网域名情况有所不同，工业互联网的代码的"读者"是机器不是人，人只关注解析结果，不关注标识本身。因此，工业互联网标识的品牌价值、流量价值、易用性要求远不如域名，抢注和保护的必要性非常有限。唯一值得考虑的是，更短的标识在流量敏感、时延敏感、成本敏感的应用中略有优势，而数字组成的标识对移动端的易用性略有优势。

13.3 工业互联网网络规划

13.3.1 工业互联网网络规划的步骤

1. 模型规划

模型规划是将业务对网络功能的需求抽象为多类可复制的模组，如行政总部、小型行政站点、大型研发站点、大型生产站点等。

定义不同类别站点的功能，规划不同类别站点的网络框架（基本容量、功能和质量要求），并规划不同类别站点的互联和对外连接。

基于模型规划进行网络规划设计和部署，有利于在未来扩展业务时，网络建设更加敏捷，同时可以确保在标准框架下扩展网络，帮助提升网络的易维护性和自动化水平。

2. 功能规划

功能规划基于模型规划中的网络功能（协议、兼容性等）和网络质量（时延、质量等）的定义，为网络定义明确的安全域、网段，明确各区域需要承载的应用，以及未来的扩展方式；并定义各区域间的互联方式、链路带宽。

3．物理规划

物理规划基于逻辑规划定义各个网络设备的参数、物理链路的类型、各层协议的选择、各类配置的实现、建设和运维的实现方式。

4．逻辑规划

逻辑规划定义网络正常运行需要的各项逻辑服务，如 IP 地址规划、域名服务规划、时间服务规划、标识解析等，同时要定义网络的运维流程和工具、安全管理规范等。

13.3.2 典型的工业互联网网络规划模型

在一般情况下，在具有多个站点的组织内，不同的站点具有一个或多个不同功能。在进行多站点组织的模型规划时，要充分考虑当前与未来的需求，合理选择"分"或"合"，以便在满足业务功能需求的同时，对扩展、调整保持良好的敏捷性。

以一个较为典型的工业企业为例，来说明网络从模型规划向物理部署的推演过程。假定该企业具有一个总部、若干个工厂和若干个分支机构，数据中心建设在总部，对应工业互联网网络模型拓扑如图 13-10 所示。

这个示例是一个单总部、多工厂、多分支机构（如销售子公司）的集团型工业企业的网络拓扑概况。利用这个示例，来简单介绍网络规划过程。

1．业务梳理

该示例中的企业的业务应用的分布可以分为如下几类。

- 集合了生产、办公、研发的总部。
- 以生产为主的分厂。
- 负责分销与售后的分支机构。

第 13 章 工业互联网网络体系

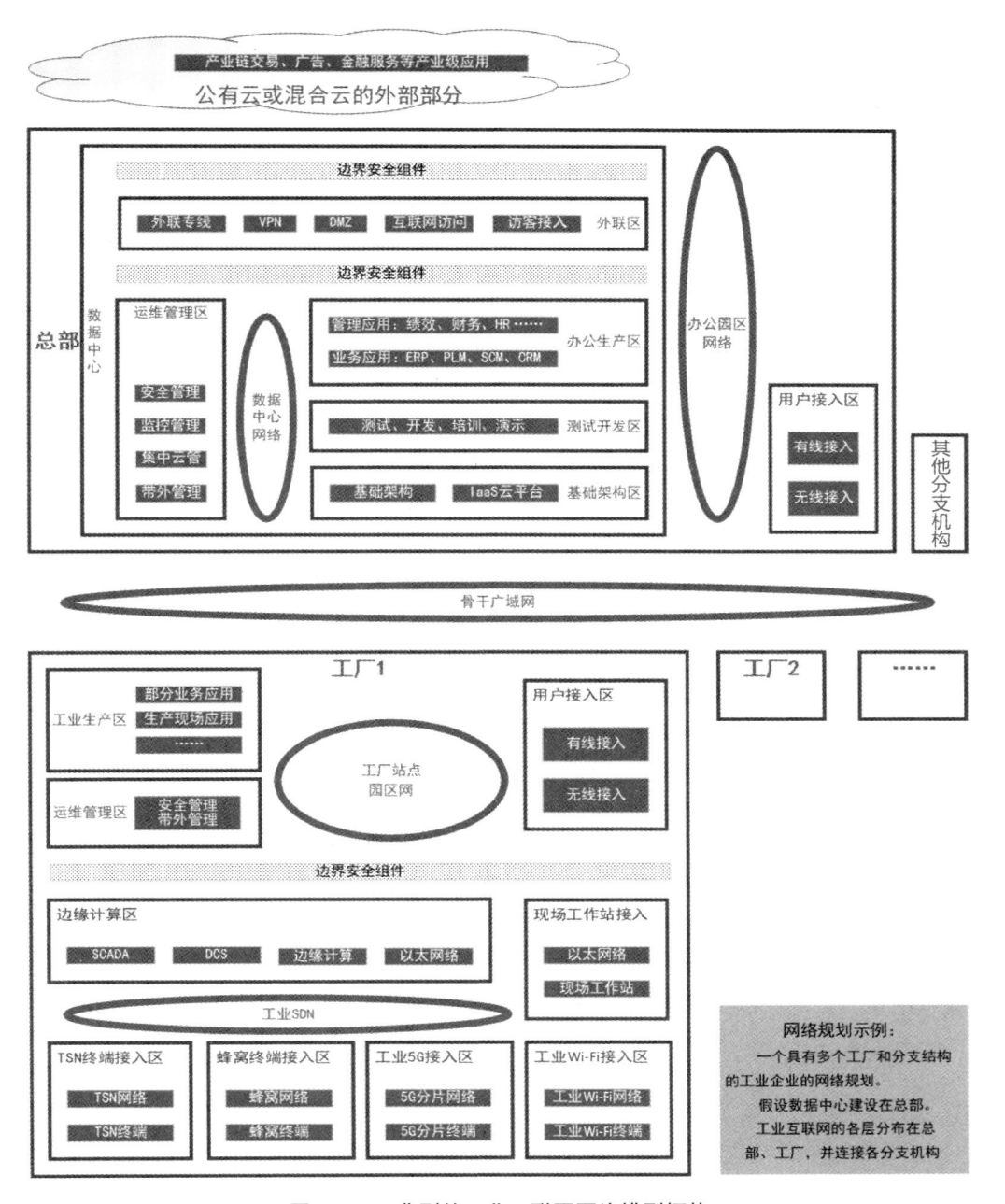

图 13-10 典型的工业互联网网络模型拓扑

2. 模型规划

模型规划需要遵循安全技术架构规划中的安全域规划，因此模型规划应在安全规划后完成或与之同步进行，分为如下几个步骤。

（1）首先，依据一阶安全域划分情况，划分大的网络区块，这些区块划分应满足网络根本的安全需求或相关标准中通过隔离组件进行隔离的要求。例如：

- 生产区。
- 运维管理区。
- 外联区。
- 测试开发区。
- 用户接入区。
- 工业网络区。
- ……

（2）其次，依据二级安全域划分情况，对相关一阶网络区域进行细分，这些细分区块根据不同的应用功能或功能群分区。在一般情况下，紧耦合的在同一区域，松耦合的在不同区域。例如：

- 生产区细分为办公生产区、基础架构区、工业生产区等。
- 工业网络区细分为边缘计算区、TSN 终端接入区、蜂窝终端接入区、工业 5G 接入区、工业 Wi-Fi 接入区等。
- ……

（3）再次，根据各区域的具体功能进行细分。细分主要考虑容量需求，以便不同功能使用性能充足的设备，避免重要等级不同的应用共享网络性能。例如：

- 办公生产区细分为业务应用和管理应用（业务应用的可靠性要求高，容量需求小；相对而言，管理应用的可靠性要求较低，但容量需求大）。
- 测试开发区细分为测试、开发、培训、演示（不同功能不同时共享网络性能，但可以在不同时段分享网络性能）。

- ……

至此，自上而下的三层区域模型划分完成。

（4）最后，根据之前明确的业务需求，考虑当前与未来的需求（如增加工厂或增加子公司），将各区域模型与业务需求进行匹配，形成针对业务的网络模型。例如：

- 私有云平台模型：包含外联区、办公生产区、测试开发区。
- 大型分支（如总部）：包含用户接入区等。
- 工厂模型：包含工业生产区、用户接入区、边缘计算区、终端接入区、运维管理区等。

在这个模型的匹配中，可以看到，网络模型虽然与业务分布类似，但不完全相同，虽然总部存在生产工厂，但考虑未来扩展，将总部工厂从模型剔除，并作为工厂1，与其他工厂（如工厂2）共享同一个模型。

针对不同体量的研发中心、子公司，可以定义若干个标准模型，如大型研发机构、小型研发机构、大型分公司、小型分公司等。

这样的规划一般可以高效地支撑企业3~5年的发展，同时可以避免在企业高速发展过程中，网络物理部署或逻辑部署变得混乱。

3．功能规划

在完成模型规划后，可以对每个标准模型需要的网络功能、性能、容量等进行规划。

在一般情况下，这种规划要同时考虑企业当前和未来需求（对未来需求的考虑可以通过确定如何合理扩展来说明），同时要考虑网络上层（服务器、终端、应用）需求和网络下层（基础布线、数据中心空间）诉求。

明确的功能规划可以作为设备选型的重要依据。

4．物理规划

在完成模型规划和功能规划后，物理规划的主要任务如下。

（1）明确网络模型间的连接方式，链路类型、链路容量、链路可用性、时延抖动限制等。

（2）明确网络模型内部互联的设备的技术指标，如设备背板容量、端口数、设备数等。

（3）形成网络拓扑详细设计图，包含对于网络高可用、运维管理的需求实现。

（4）明确网络下层（基础布线、数据中心空间）的需求。

（5）明确网络上层（服务器、终端、应用）的服务水平及技术约定。

物理规划完成后，可以用于工程预算、采购设备、协调上下层的、制订工程计划等工作。

5．逻辑规划

逻辑规划的主要任务如下。

（1）VLAN 和 IP 地址的划分。

（2）DNS、标识解析等网络服务规划。

（3）路由协议、路由汇聚等规划。

逻辑规划涉及很多单一资源的分配，如 IP 地址、域名等。因为规划是基于标准模型的，因此很容易从宏观角度分配这类资源。例如，选用 10.0.0.0/8 作为 IP 地址范围，很容易从宏观角度确定分配到几个总部、几个工厂、几个分子公司等。完成了宏观分配，也就确定了有限资源可以支持的业务容量，资源池被进一步分割为更小块（如将 10.0.0.0/16 分配给总部），从而可以继续递归，自上而下地完成所有资源的分配。因此，基于标准模型的网络规划的分配更适合自上而下的二分法、四分法，而非自下而上的逐块占用。

本章参考文献

[1] 任涛林,周志勇,孙明,等. 家电行业工业互联网标识解析应用研究——标识解析二级节点的体系建设研究[J]. 中国仪器仪表,2020,(8):40-46.

[2] 工业互联网产业联盟. 工业互联网体系架构(版本2.0)[S/OL]. 2020[2022-08-01].

第 14 章 工业互联网安全体系

14.1 工业互联网安全概述

14.1.1 工业信息安全

工业信息安全在 2016 年《国务院关于深化制造业与互联网融合发展的指导意见》被首次提出，该文件明确规定："实施工业控制系统安全保障能力提升工程，制定完善工业信息安全管理等政策法规，健全工业信息安全标准体系，建立工业控制系统安全风险信息采集汇总和分析通报机制，组织开展重点行业工业控制系统信息安全检查和风险评估。组织开展工业企业信息安全保障试点示范，支持系统仿真测试、评估验证等关键共性技术平台建设，推动访问控制、追踪溯源、商业信息及隐私保护等核心技术产品产业化。以提升工业信息安全监测、评估、验证和应急处置等能力为重点，依托现有科研机构，建设国家工业信息安全保障中心，为制造业与互联网融合发展提供安全支撑。"

工业信息安全是工业领域信息安全的总称，是指对工业领域信息的可用性、完整性、保密性等的保障，涉及工业领域生产和运营的各个环节的安全，包括工业互联网安全和非联网工业控制系统安全。工业信息安全概念关系图如图 14-1 所示。

工业信息安全的本质是确保完成工业生产任务的流程不被篡改或破坏，实现正常的生产过程，完成既定的生产目标，且生产执行过程的要素流动不被监控或盗取。工业信息安全防护的目标是确保工业企业生产所需通信网络和互联网服务不中断，工业生产设备、控制系统、信息系统可靠正常运行，贯穿其中的数据不因偶然的或恶意的原因遭受破坏、更改、泄露，工业生产和业务的连续性得到保障。工业信息安全保护需求往往包括信息安全、功能安全和生产安全等多种安全需求，侧重于维护生产运行过程的可靠稳定。

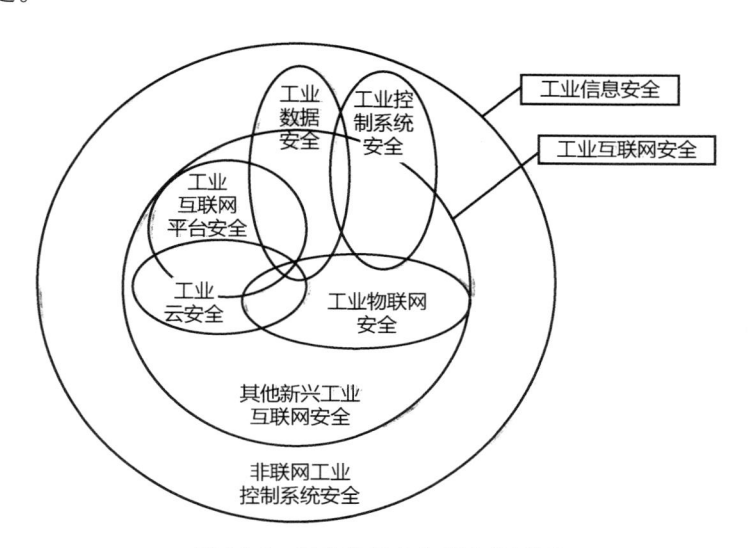

图 14-1 工业信息安全概念关系图

14.1.2 工业互联网安全

工业互联网安全是工业信息安全的子集，是工业安全的核心。工业互联网的两大属性是"工业"和"互联"，在实际工业生产经营过程中，无论离散工业还是流程工业，均存在未接入工业互联网的工业系统和设备，其信息安全属于工业信息安全范畴，但不属于工业互联网安全范畴。工业互联网覆盖工业云、工业数据、工业控制系统、工业物联网及其他新兴工业互联网。因此，对于未接入工业互联网的工业系统和设备将不在本章进行介绍。

工业互联网安全从防护对象、防护措施、防护管理三个维度构建。针对不同工业互联网防护对象部署相应防护措施，根据实时监测结果发现工业互联网中存在的或即将发生的安全风险并及时做出响应，通过加强防护管理，明确基于安全生产目标的可持续改进的管理策略，保障工业互联网的安全。

1. 工业互联网安全与传统消费互联网安全的区别

工业互联网安全与传统消费互联网安全的区别如下。

（1）工业互联网与传统消费互联网的最大区别是连接对象不同。

传统消费互联网通过电脑、手机等数字产品连接普通消费者，而工业互联网利用大数据、物联网、人工智能等新兴科技力量把工厂、工业生产线上的人、机器、物品连接起来，从而将所有生产环节统筹起来。因此，工业互联网的防护对象由人扩展到机器、厂房、设备等物理设施。

（2）工业互联网与传统消费互联网的网络连接量级不同。

传统消费互联网连接的是人，而工业互联网连接的是生产设备。二者对网络的实时响应要求也不一样。人们在日常上网时出现卡顿影响并不大，而工业互联网需要实时响应以保障生产线不间断运行，有时甚至需要精确到毫秒。因此，二者对安全的可用性要求不一样。

（3）工业互联网与传统消费互联网中的安全事件或故障导致的后果不同。

传统消费互联网设备一旦出现问题，造成的后果是信息丢失或损坏、个人资产被转移、通信不畅等。由于工业控制系统广泛应用于人们生活的各个方面，如城市供电、供水、供气，交通控制，楼宇自动控制，生产制造，等等，因此工业互联网一旦出现问题，轻则生产停滞，造成巨大经济损失，重则城市生活瘫痪，甚至危及人们的生命，后果非常严重。

（4）工业互联网与传统消费互联网的目标优先级顺序不同（见图14-2）。

传统消费互联网安全一般是实现三个目标，即保密性、完整性和可用性。通常将保密性放在首位，并配以必要的访问控制，以保护数据安全，防止数据泄露事件发生；将完整性放在第二位；将可用性放在最后。工业互联网目标优先级的顺序与传统消费互联网正好相反。工业互联网安全首先考虑的是所有工业系统和设备的可用性；其次考虑的是完整性，最后才考虑保密性。因为工业数据都是原始格式，需要配合有关使用环境进行分析才能获取其价值；而工业系统的可用性直接影响企业生产，生产线停机或误动作都可能造成巨大经济损失，甚至人员伤亡。

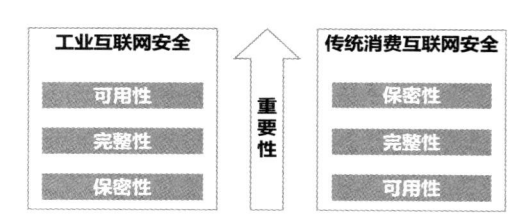

图 14-2 工业互联网与传统消费互联网安全目标优先级区别

2. 工业互联网安全与传统消费互联网安全特点的区别

工业互联网安全与传统消费互联网安全在网络架构、通信协议、网络时延、应用范围、保护数据、接入设备等方面有所区别，如表 14-1 所示。

表 14-1 工业互联网安全与传统消费互联网安全特点对比

项目	传统消费互联网安全	工业互联网安全
网络架构	简单，网络层级少	复杂，泛在连接
通信协议	TCP、IP	控制协议超过1000种，大多缺乏安全机制
网络时延	要求低，响应时延为秒级	连续性、实时性要求高，控制网络时延为微秒级，控制周期为 20~500ms
应用范围	保障传统行业网络平台、信息系统	关注工业互联网平台安全，保障范围广、环节多、难度大
保护数据	信息数据、网络数据	工业数据，流动方向和路径较复杂
接入设备	传统网络设备	多种工业设备，防护需求多样化

与传统消费互联网安全相比，工业互联网安全除防护对象更多、安全场景更丰富、连接范围更广、安全事件的危害更严重外，其实时性指标更重要。大多工业控制系统要求响应时延在 1ms 以内，而传统消费互联网应用系统能够接受的响应时延为秒级。工业互联网信息安全要求必须保证持续的可操作性及稳定的系统访问、系统性能，以及全生命周期的安全控制。

14.2 工业互联网面临的安全风险

工业互联网被广泛应用于能源、交通及市政等关系国计民生的重要行业和领域，已成为国家关键信息基础设施的重要组成部分。

工业互联网打破了传统工业相对封闭的制造环境，使得互联网安全风险与工业安全风险交织，同时带来了工业控制系统安全、工业互联网平台安全、工业数据安全等多个方面的安全风险与挑战。病毒、木马、高级持续性攻击等安全风险对工业生产的威胁日益加剧，工业互联网一旦受到攻击，将造成巨大经济损失，甚至引发环境灾害或造成人员伤亡，进而危及公众安全和国家安全。工业安全可控是工业互联网在各生产领域能够落地实施的前提，也是产业安全和国家安全的重要基础保障。

与传统的工业控制系统安全和消费互联网安全相比，工业互联网安全面临的挑战更艰巨。

一方面，工业互联网安全打破了以往相对明晰的责任边界，其范围更广、复杂度更高、风险产生的影响更大，其中工业互联网平台安全、数据安全、工业设备安全等问题越发突出。

另一方面，工业互联网安全工作需要从制度建设、国家能力、产业支持等角度来统筹安排。目前很多企业还没有真正意识到工业互联网安全保障的必要性与紧迫性，安全管理与风险防范控制工作亟须加强。

14.2.1 工业互联网安全事件

2010年10月，Stuxnet病毒席卷工业界，在短时间内影响了众多企业的正常运行。Stuxnet病毒被多个国家的安全专家形容为"超级工厂病毒"，该病毒感染了全球超过45 000个网络，伊朗、印尼、美国等多地受到了影响。其中，伊朗受到的攻击最为严重，该病毒使得伊朗布什尔核电站不得不推迟发电。

2014 年 12 月，德国一家钢铁厂受到 APT 攻击，受到重大物理伤害。APT 攻击导致工业控制系统的控制组件和整个生产线被迫停止运转，炼钢炉非正常关闭，给钢铁厂造成了巨大损失。

2015 年 12 月，黑客利用 SCADA 漏洞非法入侵乌克兰一家电力公司，对配电管理系统进行了远程控制，导致 7 台 110kV 变电站与 23 台 35kV 变电站中断了 3 小时，造成 22.5 万个用户停电。

2016 年 4 月，德国核电站负责燃料装卸系统的 Block BIT 网络遭到攻击。安全人员在对这套系统进行安全检测时发现了远程控制木马，虽然该木马还没有执行非法操作，但操作员为防不测，临时关闭了核电站。

2018 年 8 月，台湾积体电路制造股份有限公司被病毒入侵，300mm 晶圆和 7nm 晶圆的工艺生产线的正常运行受到影响，损失约 1.7 亿美元。

2019 年 3 月，挪威海德鲁公司受到大规模网络攻击，IT 系统无法正常使用，以致生产中断、多个工厂临时关闭，最终导致公司股价下跌约 2%，全球铝价格上涨 1.2%。

2020 年 4 月，以色列国的废水处理厂、泵站、污水处理设施的 SCADA 多次受到网络攻击，各能源和水行业企业紧急更改所有联网系统口令，以应对网络攻击的威胁。

2021 年 5 月，美国燃油管道公司 Colonial Pipeline 遭到勒索软件定向攻击。此次勒索攻击涉及国家级关键基础设施，引起全球震动。

以上一系列工业互联网攻击事件表明，大多攻击事件都会造成工业系统不可用，工业企业停工、停产，使国家和企业遭受重大损失。

在我国，工业互联网被广泛应用于生产制造、物资分配、工程建设、医疗救治、疫情防控等场景，发挥了积极显著的作用。工业产业的高速发展和工业互联网在经济社会发挥的重要作用让工业互联网成为网络攻击的重要目标。

国家级工业互联网安全面临的挑战如下。

- 攻击专业化、复杂化：攻击手段日趋复杂多变，网络攻击工具化、规模化，攻击类型从短时、突发攻击向高级别、持续性攻击转变，从单一攻击向多种复杂技术结合的方式转变。
- 行为组织化、国家化：工业互联网攻击形式定向化，以往多为获取利益、没有固定目标，而现在 APT 攻击成为主要攻击方式，多为定向攻击，长期潜伏难以发现。工业互联网作为国家重要基础设施，受到世界各国重视。针对国家重要能源、电力等领域的攻击行为频繁发生，这为工业生产、人民生活、国家经济社会稳定运行及国家安全带来威胁。
- 破坏巨大、影响深远：从 2010 年 Stuxnet 事件到 2021 年 Colonial Pipeline 遭受勒索病毒攻击事件，工业领域安全事件的破坏性、毁灭性、威胁性对国家经济和社会安全的影响愈发严重。

14.2.2 工业互联网存在的安全风险

工业互联网产业联盟组织撰写的《工业互联网标准体系（版本 2.0）》表明，工业互联网安全风险主要包括设备安全风险、控制系统安全风险、网络安全风险、应用程序安全风险、数据安全风险、平台安全风险等内容。

1. 设备安全风险

工业互联网中的前端设备是重要的数据收集端。智能设备数量日渐增多，且其自身安全防护手段薄弱，许多设备直接暴露在互联网中，导致设备非法受控，为承载 DDoS 功能的恶意样本进行扫描和传播提供了便利。工业互联网智能设备固件安全风险增加，成为工业互联网其他系统和网络的突破口。许多智能设备的安全问题与厂商在开发生命周期中忽略公开漏洞的排查和修复密切相关，产品质量良莠不齐，各智能设备暴露出各种漏洞，从而被攻击者恶意利用。

2. 控制系统安全风险

控制系统具备极大的安全隐患，绝大部分工业企业安全事件源于此。控制系统安全风险源于工业控制系统中使用的工业控制主机、工业控制网络、工业控制设备及控制协议,主要关注的安全风险包括缺乏输入验证或输入验证不当,许可、授权与访问控制不严格,配置维护不足,凭证管理不严,加密算法过时等问题。许多工业控制系统在研发时缺乏安全性,自身存在设计漏洞,投入应用流后未及时更新修复,造成可被利用漏洞较多。例如,企业利用的操作系统陈旧且缺乏防护边界,容易被黑客利用;厂家对系统和设备进行远程维护,导致生产网直接暴露在互联网中。

3. 网络安全风险

工业互联网的核心是互联互通,在此过程中会有网络连接过程中的安全风险。数控系统、PLC、应用服务器相互连接形成工业网络,工业网络与办公网络相互连接形成企业内部网络,企业内部网络与外部设备也会相互连接。在这样的背景下,攻击者可能利用研发、生产、管理、服务等环节对工业互联网进行网络攻击和病毒传播。工业互联网网络安全风险概述如表 14-2 所示。

表 14-2 工业互联网网络安全风险概述

网络安全类别	网络安全风险
工业企业内网安全	内部工业生产网络缺乏安全机制
制造资源接入安全	用户企业内部的恶意代码通过接入层网络进入工业互联网平台
网络边界安全	内网和外网纵向互通,控制区域横向互联
网络通信安全	物理攻击、消息篡改、信息泄露、数据监听、侧信道攻击等
身份认证安全	弱口令、未授权访问、权限绕过等

4. 应用程序安全风险

随着工业互联网不断催生新的商业模式和工业产业生态,工业互联网相关应用无论数量还是种类将会迅速增长。支撑工业互联网智能化生产、网络化协同、个性化定制、服务化延伸等服务的应用程序也具有安全防护与检测需求,包括支撑各种应用的软件、App、Web 等。

5. 数据安全风险

工业互联网数据种类和保护需求多样,数据流动方向和路径复杂,设计、生产、操控等各类数据分布在云平台、用户端、生产端等多种设施上，仅依托单点、离散的数据保护措施难以有效保护工业互联网中流动的工业数据的安全。工业互联网承载着事关企业生产、社会经济命脉乃至国家安全的重要工业数据，一旦被窃取、篡改或流至境外，将对国家安全带来严重威胁。

6．平台安全风险

工业互联网平台安全风险主要来自工业平台与企业接入过程中的数据采集、协议转换、边缘计算等。在这些环节工业互联网容易遭受数据篡改、数据窃取、终端漏洞被攻击等。

14.3　工业互联网安全框架

工业互联网产业联盟发布的工业互联网安全框架是借鉴国内外传统网络安全框架和工业互联网的安全标准，结合国内工业互联网的特点设计的，也是目前指导中国互联网企业展开工业互联网安全体系建设的重要框架和权威指南。工业互联网安全框架统筹考虑信息安全、功能安全与物理安全，聚焦信息安全，主要解决工业互联网面临的网络攻击等新型风险，还考虑其信息安全防护措施的部署可能对功能安全与物理安全带来的影响。

工业互联网安全框架从防护对象、防护措施及防护管理三个视角构建，针对不同的防护对象部署相应的安全防护措施，根据实时监测结果发现网络中存在的或即将发生的安全问题并及时做出响应，同时加强防护管理，明确基于安全目标持续改进的管理方针，以保障工业互联网的持续安全。工业互联网安全框架如图 14-3 所示。

防护对象视角涵盖设备、控制、网络、应用、数据五大安全重点。

防护措施视角包括威胁防护、监测感知和处置恢复三大环节。威胁防护环节针对五大防护对象部署主动安全防护措施、被动安全防护措施，监测感知环节和处置恢复环节通过信息共享、监测预警、应急响应等一系列安全措施、机制的部署增强动态安全防护能力。

防护管理视角根据工业互联网安全目标对其面临的安全风险进行安全评估，并选择适当的安全策略，实现防护措施的有效部署。

工业互联网安全框架的三个防护视角之间相对独立，但彼此关联。从防护对象视角来看，安全框架中的每个防护对象都需要采用一组合理的防护措施并配备完备的防护管理流程来进行安全防护。从防护措施视角来看，每一类防护措施都有适用的防护对象，并在具体防护管理流程指导下发挥作用。从防护管理视角来看，防护管理流程的实现离不开对防护对象的界定，并需要对各类防护措施进行有机结合，以顺利运转。工业互联网安全框架的三个防护视角相辅相成，形成一个完整、动态、持续的防护体系。

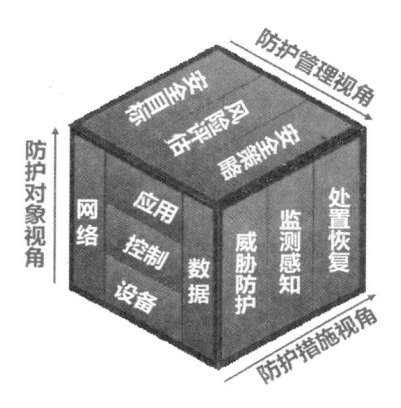

图 14-3 工业互联网安全框架

与工业互联网安全框架相比，美国工业互联网安全框架对于安全防护的呈现视角虽有不同，但二者的设计思路有共通之处，在防护内容上也具有一定的对应关系。

工业互联网安全框架与美国工业互联网安全框架的映射关系如图 14-4 所示。

工业互联网安全框架防护对象视角中的五大防护对象对应美国工业互联网安全框架中的端点保护、通信和连接保护、数据保护界定的防护对象。

工业互联网安全框架防护措施视角中的三类安全技术手段与美国工业互联网安全框架中的端点保护、通信和连接保护、数据保护、安全监测和分析、安全配置和管理中的防护技术手段相对应。

工业互联网安全框架防护管理视角中的内容与美国工业互联网安全框架中的安全模型和策略具有对应关系。

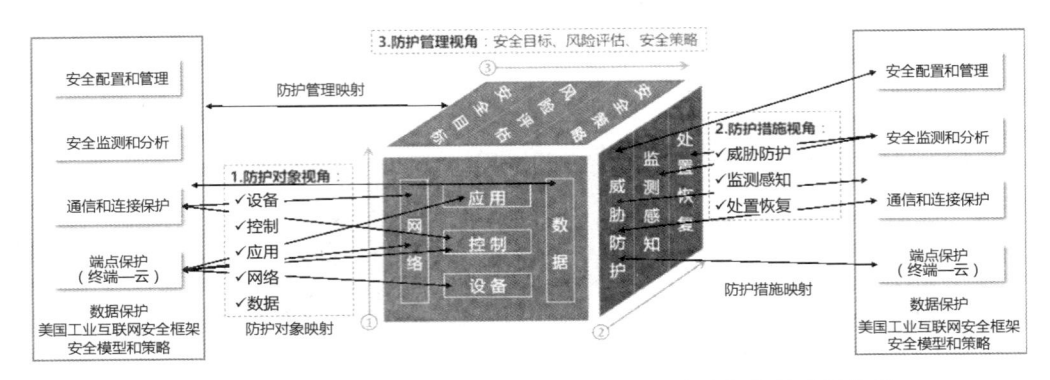

图 14-4 工业互联网安全框架与美国工业互联网安全框架的映射关系

由此可以看出,工业互联网安全框架与美国工业互联网安全框架都从指导企业开展工业互联网安全实施工作出发,强调技管结合、动静互补。

14.3.1 防护对象视角

防护对象视角的内容如图 14-5 所示。

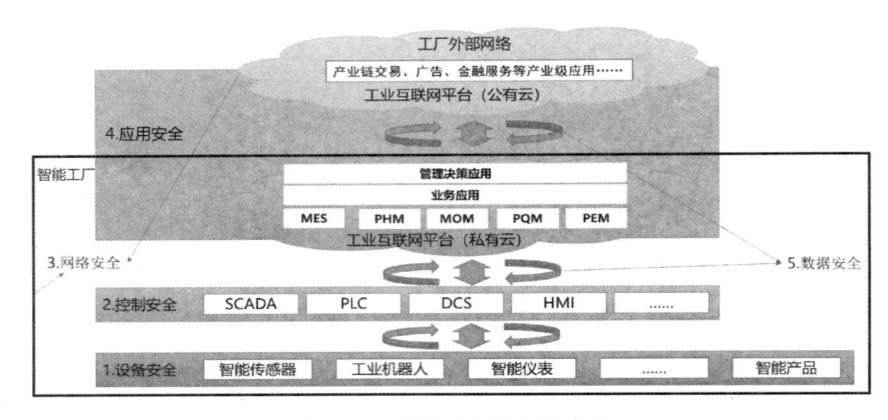

图 14-5 防护对象视角的内容

设备安全：包括工厂内单点智能器件、成套智能终端等智能设备的安全，以及智能产品的安全，具体涉及操作系统/应用软件安全与硬件安全两个方面。

控制安全：包括控制协议安全、控制软件安全及控制功能安全。

网络安全：包括承载工业智能生产和应用的工厂内部网络、外部网络及标识解析体系等的安全。

应用安全：包括工业互联网平台安全与工业应用程序安全。

数据安全：包括采集、传输、存储、处理等环节的数据安全及用户信息安全。

14.3.2　防护措施视角

为帮助相关企业应对工业互联网面临的各种挑战，防护措施视角从生命周期、防御递进角度明确安全措施，实现动态、高效地防御和响应。防护措施视角主要包括威胁防护、监测感知和处置恢复三大环节，如图 14-6 所示。

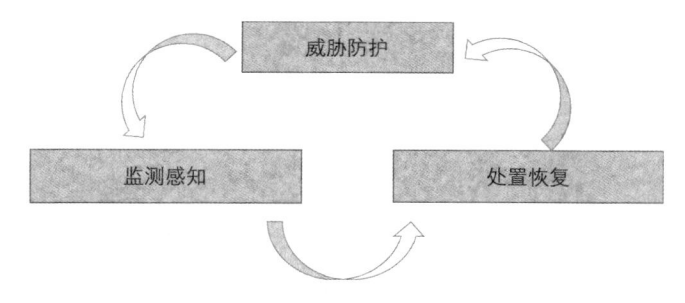

图 14-6　防护措施视角的内容

威胁防护：针对五大防护对象，部署主动防护措施、被动防护措施，阻止外部入侵，构建安全运行环境，消减潜在安全风险。

监测感知：部署相应的监测措施，实时感知内部、外部的安全风险。

处置恢复：建立响应恢复机制，及时应对安全威胁，并及时优化防护措施，形成闭环防御。

14.3.3　防护管理视角

设立防护管理视角旨在指导企业构建持续改进的安全防护管理方针，在明确防护对象及其需要达到的安全目标后，对其可能面临的安全风险进行评估，找出当前情况与安全目标间的差距，制定相应的安全防护策略，提升安全防护能力，并在此过程中不断改进管理流程。防护措施视角的内容如图 14-7 所示。

1. 安全目标

为确保工业互联网的正常运转和安全可信，应对工业互联网设定合理的安全目标，并根据相应的安全目标进行风险评估和安全策略的选择实施。工业互联网安全目标并不是单一的，需要结合工业互联网不同的安全需求来明确。**企业工业互联网的安全目标必须遵从企业整体的信息安全目标，或者说企业在制定整体信息安全目标时必须考虑工业互联网的特点。**

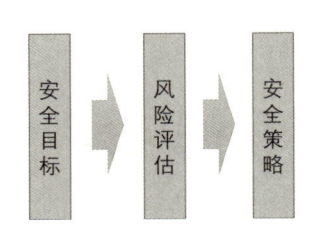

图 14-7 防护管理视角的内容

工业互联网安全包括保密性、完整性、可用性三个核心目标，以及可靠性、弹性和隐私等扩展目标，这些目标相互补充，共同构成了保障工业互联网安全的关键特性。

保密性：确保信息在存储、使用、传输过程中不会被泄露给非授权用户或实体。

完整性：确保信息在存储、使用、传输过程中不会被非授权用户篡改，同时防止授权用户对系统及信息进行不恰当的篡改，保证信息内部、外部表示的一致性。

可用性：确保授权用户或实体对信息及资源的正常使用不会被异常拒绝，允许其可靠而及时地访问信息及资源。

可靠性：确保工业互联网系统在其寿命区间内及正常运行条件下能够正确执行指定功能。

弹性：确保工业互联网系统在受到攻击或破坏后恢复正常功能。

隐私安全：确保工业互联网系统内的用户的隐私安全。

2. 风险评估

为管控风险，必须定期对工业互联网系统的各安全要素进行风险评估。根据工业互联网整体安全目标，分析整个工业互联网系统的资产价值、脆弱性和威胁，评估安全隐患导致安全事件的可能性及影响。结合资产价值，明确风险处置措施，包括预防、转移、接受、补偿、分散等，确保在工业互联网数据私密性、数据传输安全性、设备接入安全性、平台访问控制安全性、平台攻击防范安全性等方面提供可信服务，并最终形成风险评估报告。

3．安全策略

工业互联网安全防护的总体策略是构建一个覆盖安全业务全生命周期，以安全事件为核心，实现对安全事件的"预警、检测、响应"的动态防御体系。安全策略在攻击发生前能进行有效预警和防护，在受到攻击时能进行有效检测，在受到攻击后能快速定位故障，进行有效响应，避免实质损失的发生。安全策略中描述了工业互联网总体的安全考虑，并定义了保证工业互联网日常正常运行的指导方针及安全模型。结合安全目标及风险评估结果，明确当前工业互联网各方面的安全策略，包括对设备、控制、网络、应用、数据等防护对象应采取的防护措施，以及监测响应及处置恢复措施等。面对不断出现的新的威胁，为打造持续安全的工业互联网，需要不断完善安全策略。

14.4 工业互联网安全防护对象

工业互联网安全的防护对象主要包含设备、控制、网络、应用、数据，其对象特点、安全威胁和可采取的防护措施如下。

14.4.1 设备

1．对象特点

工业互联网的发展使得现场工业物理设备由机械化向高度智能化转变，并产生了嵌入式操作系统+微处理器+应用软件的新模式。尤其是在工业互联网领域内具备灵敏准确的感知能力及行之有效的执行能力的工业智能化设备，如智能终端、边缘网关、智能机器人等。作为工业互联网的神经末梢，海量智能设备是连接现实世界和数字世界的关键节点，承担着感知数据精准采集、协议转换、边缘计算、控制命令有效执行等重要任务。

2．安全威胁

工业互联网智能设备行业应用正处于爆发性发展阶段，智能设备制造厂商往往只注重产品的可用性和易用性，受限于计算资源，很难实现细粒度的系统安全措施，使得智能设备存在众多安全缺陷。未来海量智能设备可能会直接暴露在网络攻击中，面临攻击范围扩大、扩散速度增加、漏洞影响扩大等威胁。

工业互联网智能设备自身安全防护手段薄弱，设备直接暴露在互联网中，可能导致设备被非法受控。开发人员因安全意识薄弱而引入的设备固件安全漏洞，将可能被利用作为工业互联网攻击的突破口。

工业互联网智能设备一旦被用作跳板，将向工业互联网平台、网络发起攻击。智能设备数量的爆发式增长加强了 DDoS 大流量网络攻击的效果。设备一旦被恶意代码感染，多系统、跨平台将为恶意代码感染提供便利，恶意代码的扩散速度将更快，威胁平台安全。

3．防护措施

具体应分别从硬件承载的操作系统/应用软件安全与硬件本身安全两方面出发部署安全防护措施。可采用的安全措施包括固件安全增强、恶意软件防护、设备身份鉴别与访问控制、漏洞修复等。

14.4.2 控制

1．对象特点

工业控制系统是由各种自动化控制组件和实时数据采集、监测的过程控制组件构成的，包括 SCADA、DCS、PLC 等。工业互联网使得生产控制由分层、封闭、局部逐步向扁平、开放、全局方向发展，在控制环境方面表现为 IT 与 OT 融合，控制网络由封闭走向开放；在控制布局方面表现为控制范围从局部扩展至全局，并伴随控制监测上移与实时控制下移。

2．安全威胁

随着 IT 和 OT 的快速融合，工业控制系统面临的安全威胁也随之发生变化，从传统的可信的内网隔离封闭环境到外网开放的互联互通，攻击从 IT 层逐步渗透到 OT 层，从工厂外逐步渗透到工厂内。工业控制主机、工业控制网络、工业控制设备及控制协议在设计之初缺失安全机制及 0DAY 漏洞不断暴露，造成工业控制安全事件危害范围扩大、危害程度加深、信息安全与功能安全问题交织等严重后果。

3．防护措施

主要从工业控制协议安全、控制软件安全及控制功能安全三个方面考虑，可采用的安全机制包括协议安全加固、软件安全加固、恶意软件防护、补丁升级、漏洞修复、安全监测审计等。

14.4.3 应用

1．对象特点

工业应用主要包括工业互联网平台与运行在平台上的工业应用程序两大类，覆盖智能化生产、网络化协同、个性化定制、服务化延伸等方面。工业互联网平台是面向制造业数字化、网络化、智能化需求构建的基于海量数据采集、汇聚、分析服务体系，支撑制造资源泛在连接、弹性供给、高效配置的工业云平台。目前，业界已基本形成智能终端（边缘）+云架构+工业 App 的工业互联网平台技术架构。工业互联网平台一方面承载工业知识与微服务，向上支撑工业 App 和云化工业软件的开发和部署，为企业客户提供各类应用服务；另一方面向下实现海量的多源设备、异构系统的数据采集、交互和传输，支持软硬件资源和开发工具的接入、控制及应用。

2．安全威胁

目前工业互联网平台面临的安全威胁主要包括数据泄露、篡改、丢失、权限控制异常、系统漏洞利用、账户劫持、设备接入安全等。对工业应用而言，最大的威胁来自安全漏洞，包括开发过程中因编码不符合安全规范而导致的软件本身的漏洞，以及因使用不安全的第三方库而引起的漏洞。

3．防护措施

工业互联网应用安全应从工业互联网平台安全与工业应用程序安全两个方面进行防护。对于工业互联网平台，可采取的安全措施包括安全审计、认证授权、DDoS 攻击防护等。对于工业应用程序，建议采用全生命周期的安全防护，在应用程序的开发过程中进行代码审计并对开发人员进行培训，以减少漏洞的引入；定期对运行中的应用程序进行漏洞排查，对应用程序的内部流程进行审核和测试，并对公开漏洞和系统后门加以修补；对应用程序的行为进行实时监测，以发现可疑行为并进行异常阻止，从而减少未公开漏洞产生的危害。对于应用层的防护，通用的技术手段基本都适用，但需要针对与工业应用相关的特定应用层协议采用特定的技术手段。

14.4.4 网络

1．对象特点

工业网络是安装在工业生产环境中的一种全数字化的、双向的、多站的通信系统。工业互联网的发展使得工厂内部网络呈现 IP 化、无线化、组网方式灵活化与全局化的特点，工厂外网呈现信息网络与控制网络逐渐融合、企业专网与互联网逐渐融合，以及产品服务日益互联网化的特点。

2．安全威胁

工业系统网络与互联网的安全边界日益融合渗透，面临着新型安全问题。传统互联网中的网络安全问题开始向工业互联网蔓延，具体表现如下：工业互联协议由专有协议向以太网/IP 协议转变，极大降低了攻击门槛；工厂现有 10Mbps/100Mbps 工业以太网交换机性能较低，难以抵抗日益严重的 DDoS 攻击；工厂网络互联、生产、运营逐渐由静态转变为动态，安全策略面临严峻挑战；等等。此外，随着工厂业务的拓展和新技术的不断应用，今后还会面临 5G/SDN 等技术引入、工厂内网和外网互联互通进一步深化等带来的安全风险。

3．防护措施

工业互联网网络安全防护应面向工厂内部网络、外部网络及标识解析体系等方面，具体包括融合网络结构优化、边界安全防护、接入认证、通信内容防护、通信设备防护、安全监测审计等多种防护措施。**具体防护措施除通用的网络防护手段外，还有针对工业互联网网络专用的协议采用的特定技术手段。**

14.4.5 数据

1．对象特点

工业互联网数据按照其属性或特征可以分为设备数据、业务及管理应用数据、交易数据、知识库数据、用户个人数据等。根据数据敏感程度的不同，可将工业互联网数据分为一般数据、重要数据和敏感数据。工业互联网数据涉及数据采集、传输、存储、处理等环节，同时具备"工业"属性和"互联网"属性。与传统网络数据相比，工业互联网数据种类更丰富、形态更多样。随着工厂数据由少量、单一、单向向大量、多维、双向转变，工业互联网数据体量不断增大、种类不断增多、结构日趋复杂，并出现数据在工厂内网与外网间双向流动共享的现象。

2．安全威胁

随着 IT 层和 OT 层的融合，工业互联网数据急剧增长，工厂内网和外网间的隔离被打破，传统的单向数据流动向双向数据流动转变，新技术的应用，等等因素使数据生命周期的各个流转环节存在的安全威胁增多，数据丢失或泄露、非授权分析、用户个人信息泄露等风险增大，海量异构数据保护难度加大，跨境数据的风险溯源追踪难度加大，大数据分析催生的商业价值等因素促使工业数据被保护。

3．防护措施

对于工业互联网的数据安全防护，应采取明示用途、数据加密、访问控制、业务隔离、接入认证、数据脱敏等多种防护措施，覆盖数据收集、传输、存储、处理等在内的全生命周期的各个环节。除了通用的数据安全防护手段，还需要重点针对 OT 层数据采用特殊防护手段。

14.5　工业互联网安全体系建设指南

14.5.1　工业互联网安全框架建设

基于上述工业互联网安全框架，工业互联网企业在数字化转型建设过程中可结合国家工业产业发展战略及企业所处行业特点对信息进行安全治理；**在企业整体信息安全目标指引下**，围绕工业互联网安全方针及策略，针对工业互联网安全防护对象进行安全管理体系、安全运营体系、安全技术体系的建设和实施，以保障工业互联网安全。工业互联网安全框架建设如图 14-8 所示。

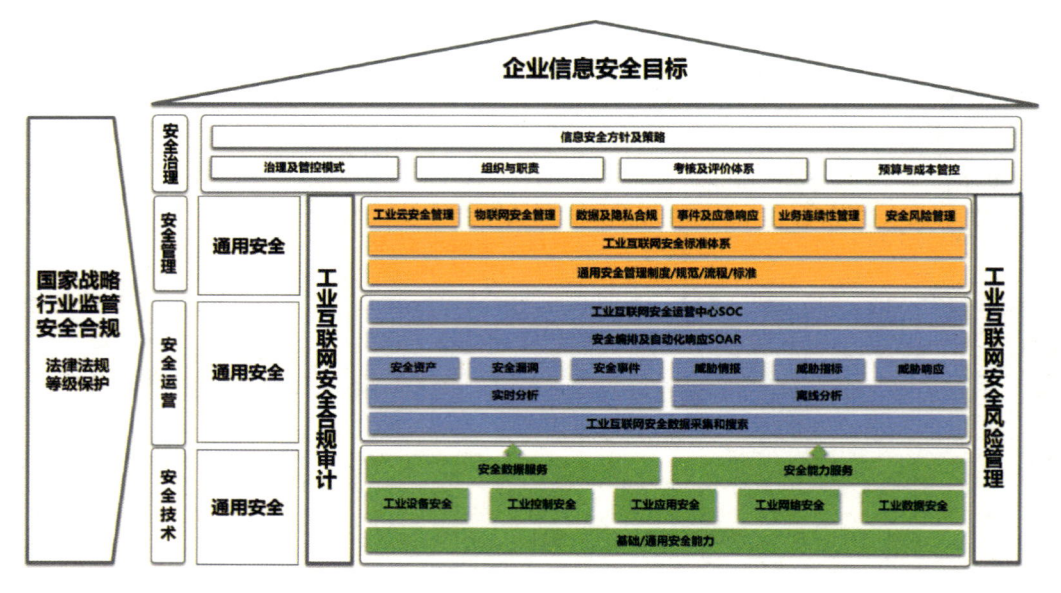

图 14-8　工业互联网安全框架建设

安全治理体系：以国家工业安全战略及行业安全监管要求为依据，以国家法律法规为底线，以等级保护要求为指导，**在企业整体信息安全治理体系下针对工业互联网的特点细化工业互联网的治理**，建立符合工业企业自身特点的工业互联网信息安全目标、安全方针及战略，明确企业安全治理及管控模式、安全组织与职责、安全考核及评价方式、安全预算与成本要求。

安全管理体系：基于国家及行业对工业互联网的管理和监管要求，以及等级保护对工业互联网的管理控制要求，**在企业整体信息安全管理指导下建立企业工业互联网安全管理体系**，建立企业工业云安全管理、工业物联网安全管理、工业业务连续性管理和工业安全风险管理控制措施，以及与工业互联网相关的网络、系统、设备、应用、数据等工业防护对象和业务领域的安全管理控制细则和安全标准。

安全运营体系：对已部署的安全技术设备输出数据及各工业应用风险场景数据进行实时采集和分析，实现覆盖工业互联网资产的安全漏洞、风险及指标的实时监控、告警和响应。实时展示工业互联网整体安全态势，管理安全漏洞和事件全生命周期，结合威胁情报实现安全编排和自动化响应。通过事前安全预防、事中威胁检测、事后响应处置，最终实现企业工业互联网安全的数字化高效运营。

安全技术体系：参照工业互联网安全框架、防护对象特点，以及面临的安全威胁，在传统互联网安全防护能力的基础上，重点建设与工业设备、工业控制、工业应用、工业网络、工业数据相关的技术防护能力。在安全技术能力建设过程中，重点考虑将所有安全技术能力转换为安全数据服务，为安全运营体系提供数据服务支撑，并为安全运营分析决策结果提供安全能力服务调用，为实现安全数字化运营提供服务能力保障。

14.5.2 工业企业 IT 层和 OT 层安全体系建设的关系

企业必须建立整体的信息安全体系，包括通用的安全（一般指 IT 层安全）和工业互联网特定的安全（一般指 OT 层安全）（见图 14-9）。传统的消费互联网注重敏捷性、可伸缩性和弱实时性，首要保护目标是数据安全。工业互联网安全重点是保证流程持续稳定、安全可靠的运行，优先考虑实时性、确定性、安全性和可用性。二者在人员、技术、流程上存在差异，如果不能很好地融合，最终将无法达到企业信息安全目标。

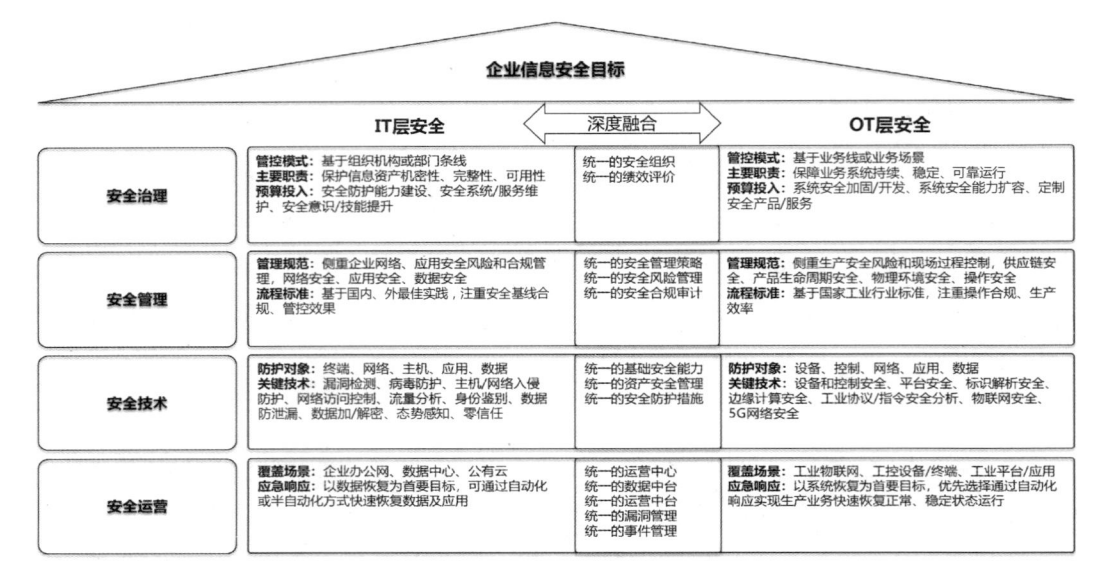

	IT层安全	深度融合	OT层安全
安全治理	管控模式：基于组织机构或部门条线 主要职责：保护信息资产机密性、完整性、可用性 预算投入：安全防护能力建设、安全系统/服务维护、安全意识/技能提升	统一的安全组织 统一的绩效评价	管控模式：基于业务线或业务场景 主要职责：保障业务系统持续、稳定、可靠运行 预算投入：系统安全加固/开发、系统安全能力扩容、定制安全产品/服务
安全管理	管理规范：侧重企业网络、应用安全风险和合规管理、应用安全、数据安全 流程标准：基于国内、外最佳实践，注重安全基线合规、管控效率	统一的安全管理策略 统一的安全合规审计	管理规范：侧重生产安全风险和现场过程控制，供应链安全、产品生命周期安全、物理环境安全、操作安全 流程标准：基于国家工业行业标准，注重操作合规、生产效率
安全技术	防护对象：终端、网络、主机、应用、数据 关键技术：漏洞检测、病毒防护、主机/网络入侵防护、网络访问控制、流量分析、身份鉴别、数据防泄漏、数据加/解密、态势感知、零信任	统一的基础安全能力 统一的资产安全管理 统一的安全防护措施	防护对象：设备、控制、网络、应用、数据 关键技术：设备和控制安全、平台安全、标识解析安全、边缘计算安全、工业协议/指令安全分析、物联网安全、5G网络安全
安全运营	覆盖场景：企业办公网、数据中心、公有云 应急响应：以数据恢复为首要目标，可通过自动化或半自动化方式快速恢复数据及应用	统一的运营中心 统一的数据中台 统一的运营中台 统一的漏洞管理 统一的事件管理	覆盖场景：工业物联网、工控设备/终端、工业平台/应用 应急响应：以系统恢复为首要目标，优先选择通过自动化响应实现生产业务快速恢复正常、稳定状态运行

图14-9　工业互联网企业IT层安全和OT层安全体系建设关系

因此，在工业互联网安全体系建设过程中，应围绕企业整体安全目标，从安全治理、安全管理、安全技术、安全运营层面将IT层安全和OT层安全深度融合，并在不同领域或场景分别建设。本书重点介绍工业互联网特定的安全，不涉及通用的安全。

14.5.3　工业互联网安全管理体系建设

工业互联网安全管理体系的建设和落地应按照国家及产业的工业互联网安全战略规划及监管要求自上而下地逐层推进，保持与国家级、省级、产业级安全管理及合规要求高度一致。

工业互联网企业安全管理体系可参照如图14-10所示的四阶管理文件架构建设。

1. 一阶文件体系建设

一阶文件用于描述企业整体安全战略，明确工业企业的信息安全整体目标及战略，

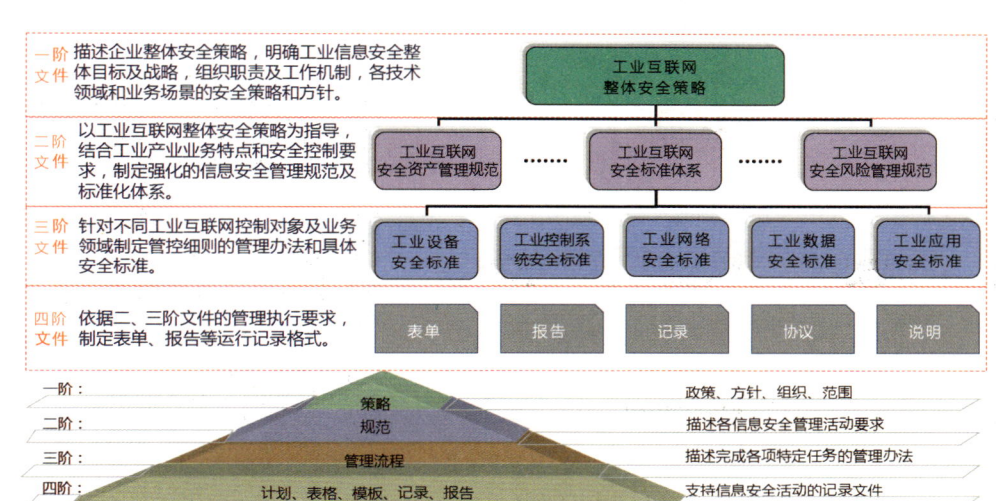

组织职责及工作汇报机制，以及各技术领域和业务场景的安全策略和方针。

图 14-10　工业互联网安全管理体系文件架构

工业信息安全整体目标及战略来自国家及相关产业的工业互联网战略、企业自身的整体战略及企业的 IT 及数字化转型战略。工业信息安全整体目标及战略应围绕工业互联网可用性、完整性、保密性、可靠性、弹性和隐私性等关键特性制定，尽可能清晰、简洁、明确，是所有安全工作的指导方向，也是确保工业互联网正常运转和安全可信的管理保障。

完备的安全组织和有效的工作机制是管理体系执行的可靠保障。可以从指导、控制和执行三个层面建立工业互联网企业安全组织，并明确各安全组织的职责（见图 14-11）。

- 指导层：由企业管理层构成，负责审核重大安全事件、风险及合规评估结果，决策信息安全架构、蓝图、风险处置方案，指导信息安全战略、方针和体系建设，支持信息安全投入和跨部门资源协调。
- 控制层：由企业信息化及安全部门管理者、法务及内控部门管理者、业务生产部门管理者构成，负责管理制定和执行信息安全策略、标准、规范，体系架构及蓝图规划；控制风险管控和合规遵从；监督信息安全体系的执行；汇报重大安全事件、风险、审计结果及应对措施。

指导层
- 企业管理层
  - 审核：重大安全事件、风险及合规评估结果
  - 决策：信息安全架构、蓝图、风险处置方案
  - 指导：信息安全战略、方针和体系建设
  - 支持：信息安全投入和跨部门资源协调

控制层
- 信息化及安全部门管理者
- 法务及内控部门管理者
- 业务生产部门管理者
  - 管理：制定和执行信息安全策略、标准、规范，体系架构及蓝图规划
  - 控制：风险管控和合规遵从
  - 监督：信息安全体系的执行
  - 汇报：重大安全事件、风险、审计结果及应对措施

执行层
- 企业内部员工及外包人员
  - 执行：信息安全标准、规范
  - 监控：信息安全事件和态势
  - 评估：安全风险和处置风险
  - 响应：安全事件

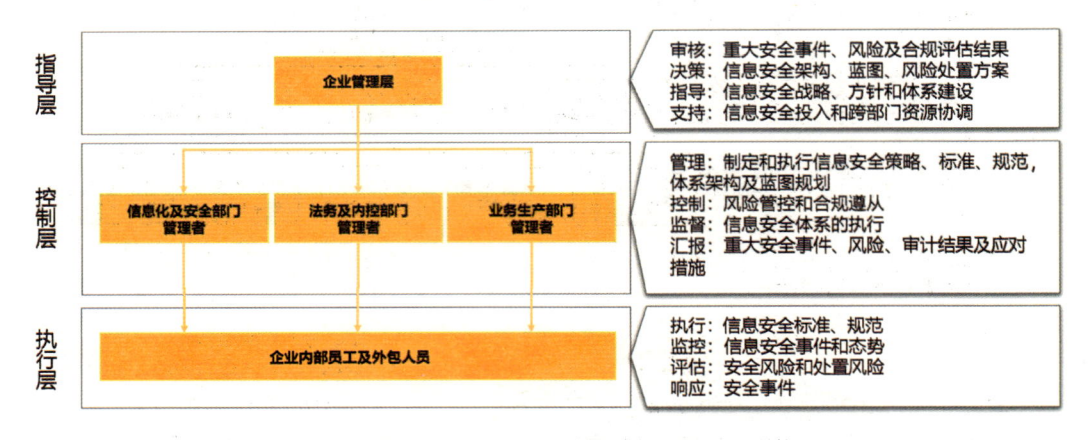

图 14-11　安全组织及管控模式

- 执行层：由企业内部员工及外包人员构成，负责执行信息安全标准、规范；监控信息安全事件和态势；评估安全风险和处置风险，以及响应和处置安全事件。

2. 二阶文件体系建设

二阶文件是以工业互联网整体安全策略为指导，结合工业产业业务特点和安全控制要求，制定强化的信息安全管理规范及标准化体系。

二阶文件主要包含描述各信息安全活动的要求，以及如何控制和记录活动；通常包含活动的目的与范围（Why）、做什么（What）和谁来做（Who）、何时做（When）、何地做（Where）、如何做（How），即我们常说的 5W1H。

对于工业控制安全、工业云安全、工业物联网安全的管理可参照 GB/T 22239—2019《信息安全技术　网络安全等级保护基本要求》（又称"等级保护 2.0"）的扩展要求内容，以及企业所处产业特点和场景进行。

（1）工业控制安全扩展要求。

基于工业控制系统构成的复杂性、组网的多样性，以及等级保护对象划分的灵活性，

"等级保护 2.0"按照工业控制系统的功能层次模型和各层次功能单元映射模型规范了网络安全等级保护安全基本要求、安全扩展要求,以及层次映射关系,如表 14-3 所示。

表 14-3 网络安全等级保护安全基本要求和安全扩展要求

功能层次	技术要求	
	安全基本要求	安全扩展要求
企业资源层	安全物理环境 安全通信网络 安全区域边界 安全计算环境 安全管理中心	—
生产管理层	安全物理环境 安全通信网络 安全区域边界 安全计算环境 安全管理中心	安全通信网络 安全区域边界
过程监控层	安全物理环境 安全通信网络 安全区域边界 安全计算环境 安全管理中心	安全通信网络 安全区域边界
现场控制层	安全物理环境 安全通信网络 安全区域边界 安全计算环境	安全物理环境 安全通信网络 安全区域边界 安全计算环境
现场设备层	安全物理环境 安全通信网络 安全区域边界 安全计算环境	安全物理环境 安全通信网络 安全区域边界 安全计算环境

(2)云计算安全扩展要求。

云平台/系统由设施、硬件、资源抽象控制层、虚拟化计算资源、软件平台和应用软件等组成。SaaS、PaaS、IaaS 是三种基本云计算服务模式。在不同服务模式中,云服务商和云服务客户对计算资源拥有不同控制范围,控制范围决定了安全责任的边界。云计算服务模式与控制范围的关系如图 14-12 所示。

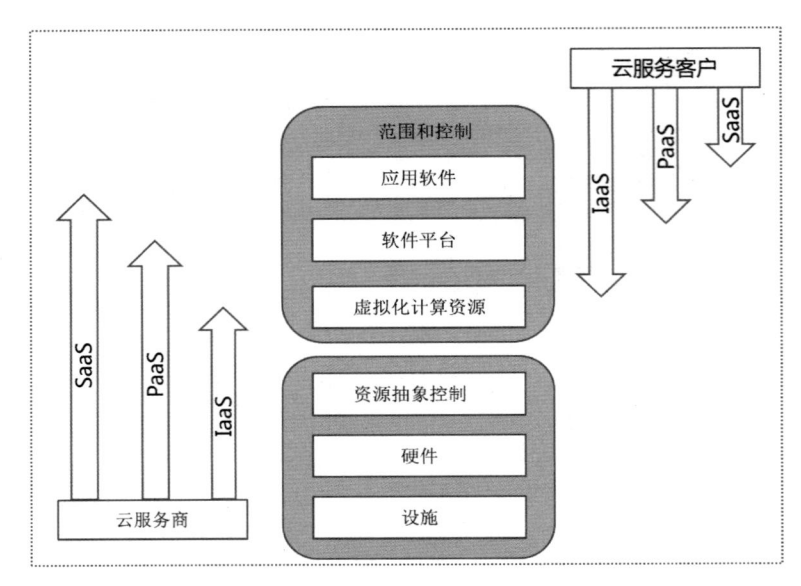

图 14-12　云计算服务模式与控制范围的关系

"等级保护 2.0"云计算安全扩展要求的保护对象与传统信息系统保护对象在各安全控制域存在差异，如表 14-4 所示。

表 14-4　保护对象对比

安全控制域	"等级保护 2.0"云计算安全扩展要求保护对象	传统信息系统保护对象
物理和环境安全	机房及基础设施	机房及基础设施
网络和通信安全	网络结构、网络设备、安全设备、虚拟网络结构、虚拟网络设备、虚拟安全设备	传统网络结构、网络设备、安全设备
设备和计算安全	网络设备、安全设备、虚拟网络设备、虚拟安全设备、物理机、宿主机、虚拟机、虚拟机监视器、云管理平台、数据库管理系统、终端	传统主机、数据库管理系统、终端
应用和数据安全	应用系统、应用开发平台、中间件、云业务管理系统、配置文件、镜像文件、快照、业务数据、用户隐私、鉴别信息等	应用系统、中间件、配置文件、业务数据、用户隐私、鉴别信息等
系统安全建设管理	云平台接口、云服务商选择过程、SLA、供应链管理过程等	—

（3）物联网安全扩展要求。

"等级保护 2.0"对物联网的安全防护要求覆盖物联网感知层、网络传输层和处理应用层，由于网络传输层和处理应用层通常是由计算机设备构成的，因此这两部分按照安全基本要求进行保护，物联网安全扩展要求主要针对感知层提出特殊安全要求，与安全基本要求一起构成对物联网的完整安全要求。"等级保护 2.0"物联网安全扩展要求针对感知层的要求如表 14-5 所示。

表 14-5 "等级保护 2.0"物联网安全扩展要求针对感知层的要求

安全控制域	类别	一级	二级	三级	四级
物理和环境安全	感知节点设备物理防护	增加	增加	增加	增加
网络和通信安全	入侵防范	—	增加	增加	增加
	接入控制	—	增加	增加	增加
设备和计算安全	感知节点设备安全	—	—	增加	增加
	网关节点设备安全	—	—	增加	增加
应用和数据安全	抗数据重放	—	—	增加	增加
	数据融合处理	—	—	增加	增加

3．三阶文件体系建设

三阶文件是针对不同工业互联网控制对象及业务领域制定管控细则的管理办法和具体安全标准，主要由具体管理办法、技术标准、操作规程等构成，是二阶文件的支持性文件，包含描述完成各项特定任务的具体方法，如设备维护规程或维护手册等。

企业的工业互联网安全标准体系建设可参照 2021 年工业和信息化部批准发布的《工业互联网安全标准体系（2021 年）》，基于企业所属工业产业特点。

工业互联网安全标准体系架构如图 14-13 所示。工业互联网安全标准体系包括分类分级安全防护、安全管理、安全应用服务 3 个类别、16 个细分领域，以及 76 个具体方向，对加快建立网络安全分类分级管理制度，强化工业互联网企业安全防护能力，推动网络安全产业高质量发展具有重要指导作用。

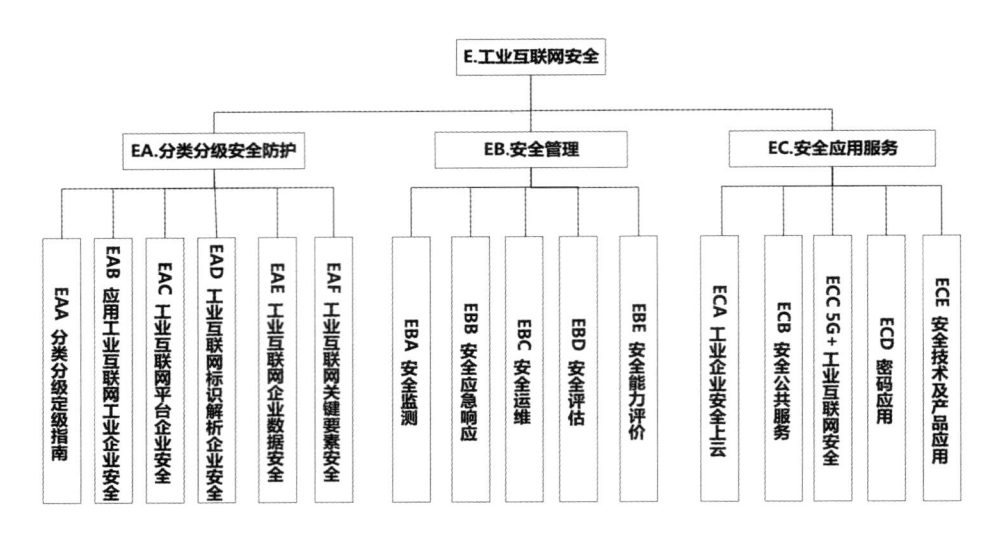

图 14-13 工业互联网安全标准体系架构

4. 四阶文件体系建设

四阶文件是支持信息安全活动的记录文件。记录可以是书面记录，也可以是电子媒体或数据记录。应对每一种记录进行标识，记录应有可追溯性。

5. 信息安全管理工作机制建设

信息安全管理体系的建设和发布只是管理体系建设的一部分，要确保管理控制要求充分落地，还需要明确安全管理工作机制，确保管理体系的有效运转和持续改进。

- 问责考评机制：通过形成信息安全岗位职责分配表，明确信息安全组织及人员的职责与要求，并建立绩效考核指标，实现信息安全事故可问责，信息安全绩效可评价。
- 审计监控机制：通过事前、事中、事后的动态监督与控制，确保信息资产得到有效保护，信息安全管理体系得到有效执行。通过信息安全控制措施的有效性测量，评价信息安全管理体系的执行效果，并从不同视角展示和反馈给相关人员，从而进行分析和改进。
- 沟通汇报机制：在信息安全管理体系执行过程中，制定明确的沟通汇报机制，确保在发生信息安全事件或业务中断时能够及时且有效地与相关组织联系，向管理层汇报。
- 持续改进机制：面对威胁的不断增加、技术的不断发展、组织环境的不断变化，建立并形成动态改进机制，时刻确保信息安全管理体系得到更新和优化。

工业互联网安全管理的核心是风险管理，应围绕工业互联网安全保护对象（设备、网络、系统、应用、数据），建立工业互联网安全管控要求及相应安全标准。同时，应该将安全管理与安全技术体系和安全运营体系融合，以确保工业互联网安全实现事前检测防护、事中监控响应、事后快速恢复，以防范工业互联网安全事件的发生，并将业务生产影响降到最低。

14.5.4 工业互联网安全技术体系建设

传统的工业系统处于封闭可信环境中，采用的是分层分级的防御体系、分层分域的隔离思路，网络攻击防护能力普遍不足。随着工业互联网的发展，工业设备逐渐智能化，相关业务上云、行业协作等不断推进，互联网与工业企业中的生产组件和服务深度融合，传统互联网安全威胁，如病毒、木马、高级持续性攻击等，蔓延至工业企业内部。不同于传统互联网中的信息安全技术防护，工业互联网安全与传统工业控制安全和互联网安全交织，因此更复杂。

工业互联网安全技术体系建设的目的是在工业产业层、企业层、边缘层、设备层中建立安全、可靠、完备的技术防护能力，支撑企业安全管理控制要求，提供企业安全运营需要的安全数据分析和安全响应处置能力，实现国家及产业工业安全平台的对接和联动，为工业互联网企业业务的持续、稳定、可靠的数字化运营提供安全技术能力保障。工业互联网安全技术体系及能力架构如图 14-14 所示。

1. 通用安全技术防护能力

通用安全技术防护能力是指对工业互联网 OT 环境与 IT 环境中的终端、网络、主机、应用、数据等信息资产的基础安全保护能力，用来抵御来自外部和内部的攻击。通用安全技术防护能力架构如图 14-15 所示。

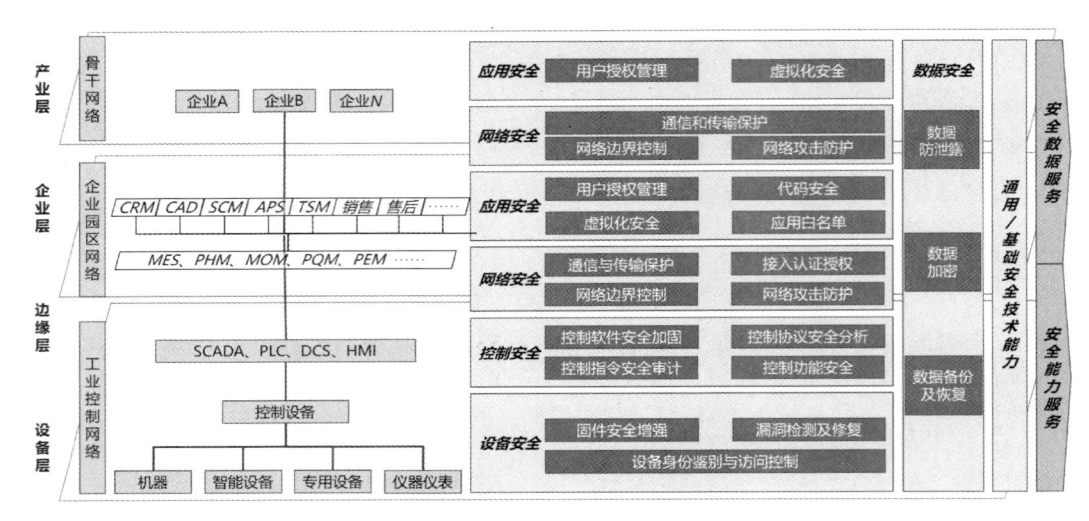

图 14-14 工业互联网安全技术体系及能力架构

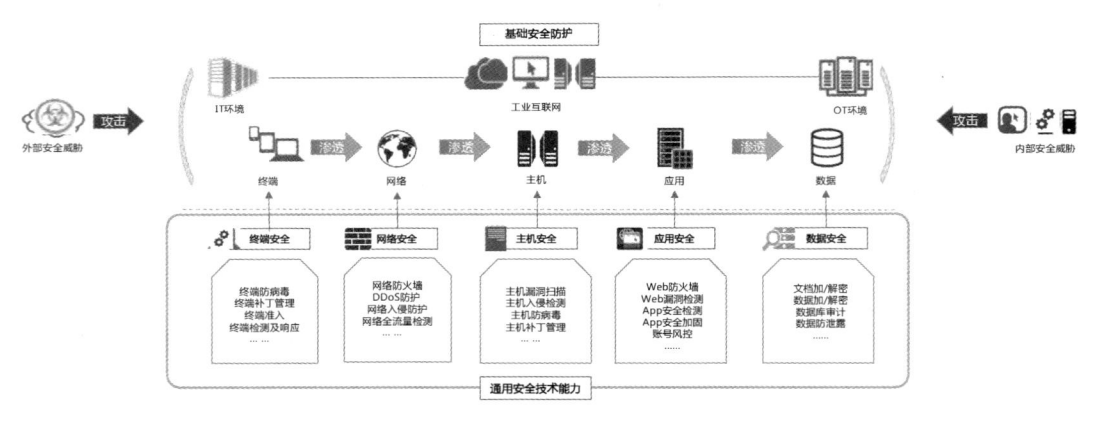

图 14-15 通用安全技术防护能力架构

通用安全技术能力可借鉴传统信息安全方案实施，在此不做过多介绍。需要注意的是，通用安全技术防护能力一定要融合 OT 环境与 IT 环境，并基于不同环境或场景进行相应技术产品部署。例如，漏洞检测能力不仅要具备检测常见的系统及 Web 漏洞的能力，还要具备工业应用程序的特有的工业协议及程序漏洞检测能力；防火墙边界防护能力除了常见的 TCP，还需要具备工业协议检测及工业操作命令的访问控制能力；主机安全能力需要针对工业控制主机的特定威胁进行检测和防护。

对于通用安全技术能力的建设需要对外提供数据输出服务，以及接口调用服务，确保通用安全能力建设完成后可为后续安全运营提供数据分析和响应处置服务。

2．工业互联网安全专项技术能力

工业互联网安全专项技术能力主要围绕工业互联网的设备、控制、网络、应用、数据五大防护对象，以及其在工业互联网设备层、边缘层、企业层、产业层的威胁场景进行建设，以确保工业互联网业务安全、可靠、稳定地运转。

（1）设备安全。

固件安全增强：对于工业互联网设备，供应商需具备设备固件安全增强能力，阻止恶意代码传播与运行。可从操作系统内核、协议栈等方面进行安全增强，尽量采用对设备固件自主可控的工业互联网设备。

漏洞检测及修复：对于设备来说，设备操作系统与应用软件中出现的漏洞是最直接、最致命的威胁。对工业现场中常见的设备与装置进行漏洞扫描与挖掘，以发现操作系统与应用软件中存在的安全漏洞，并及时对其进行修复。密切关注重大工业互联网现场设备的安全漏洞及发布的补丁，及时采取补丁升级措施，并在补丁安装前对补丁进行严格的安全评估和测试验证。对于难以修复或修复影响巨大的漏洞应采取补偿性控制，最大限度地避免漏洞被利用。

设备身份鉴别与访问控制：接入工业互联网的现场设备应支持基于硬件特征的唯一标识符，为包括工业互联网平台在内的上层应用提供基于硬件标识的身份鉴别与访问控制能力，确保只有合法的设备才能接入工业互联网，并根据既定访问控制规则向其他设备或上层应用发送数据或从中读取数据。

（2）控制安全。

控制软件安全加固：通过在工业软件投入使用前采取代码测试、完整性校验、代码加密等措施防止软件被篡改，确保控制软件根据不同对象实现最小权限分配。通过采取恶意代码检测及防护、产品白名单等措施，实现恶意软件防护。要求控制软件的供应商及时对控制软件中出现的漏洞进行修复或提供其他替代解决方案，并在补丁升级前进行严格测试。需要说明的是，当前工业现场还存在大量不安全控制协议、不安全工业设备、不可靠工业控制网络、不安全工业软件等，这些系统的更新周期特别长，且更新系统是不现实的，同时完全采用内生安全防御在设备层面通过对设备芯片与操作系统进行安全加固的方式。在某些情况下并不是经济高效的。因此，工业控制软件安全漏洞和补偿性安全控制措施将长期并存。

控制协议安全分析：为了确保控制系统执行的控制命令来自合法用户，必须对使用系统的用户进行身份认证，未经认证的用户发出的控制命令不被执行。在控制协议通信过程中，要加入认证方面的约束，以免攻击者通过截获报文获取合法地址建立会话，为控制过程带来安全威胁。不同操作类型需要不同权限认证用户来操作，如果没有基于角色的访问机制，没有对用户权限进行划分，就会导致任意用户可以执行任意功能。在设计控制协议时，应根据具体情况采用适当加密措施，以保证通信双方的信息不被第三方非法获取。控制协议在应用到工业现场前应通过健壮性测试。测试内容包括风暴测试、饱和测试、语法测试、模糊测试等。

控制指令安全审计：通过对控制软件进行安全监测审计，可以及时发现网络安全事件，避免发生安全事故，并可以为安全事故的调查提供翔实的支持数据。目前许多工业安全产品厂商推出了各自的监测审计平台，可以实现协议深度解析、攻击异常检测、无流量异常检测、重要操作行为审计、告警日志审计等功能。

控制功能安全：控制功能安全用于确保工业控制系统处于既定功能正常运转的"稳定状态"，实现控制系统逻辑功能可验证、异常故障可处置、标准规范可保障。确定控制软件与其他设备或软件，以及与其他智能化系统间相互作用产生的意外事件；确定引发事故的事件类型。明确操作人员在对智能化系统执行操作的过程中可能产生的、合理可预见的误操作，以及智能化系统对于人员恶意攻击的防护能力。智能化装备和智能化系统需要具备对于外界实物、电、磁场、辐射、火灾、地震等情况的抵抗或切断能力，以及发生异常扰动或中断时的检测和处理能力。

（3）网络安全。

通信与传输保护：通信与传输保护是指采用相关技术手段保证通信过程中的机密

性、完整性和有效性，防止数据在网络传输过程中被窃取或篡改，并保证合法用户对信息和资源的有效使用。在标识解析体系的建设过程中，需要对解析节点中存储的数据及在解析过程中传输的数据进行安全保护。

网络边界控制：根据工业互联网中网络设备和业务系统的重要程度，将整个网络划分成不同安全域，形成纵深防御体系。安全域是一个逻辑区域，同一安全域中的设备资产具有相同或相近的安全属性，如安全级别、安全威胁、安全脆弱性等，同一安全域内的系统相互信任。在安全域间采用网络边界控制设备，以逻辑串接的方式部署，对安全域边界进行监视，识别边界上的入侵行为，并进行有效阻断。

接入认证授权：接入网络的设备与标识解析节点应具有唯一性标识，网络应对接入的设备与标识解析节点进行身份认证，以保证合法接入和合法连接，对非法设备与标识解析节点的接入行为进行阻断与告警，形成网络可信接入机制。网络接入认证可采用基于数字证书的身份认证等机制来实现。

网络攻击防护：提高网络设备与标识解析节点自身的安全性，对登录网络设备与标识解析节点的用户进行身份鉴别，并确保身份鉴别信息不易被破解与冒用；对远程登录网络设备与标识解析节点的源地址进行限制；对网络设备与标识解析节点的登录过程采取完备的登录失败处理措施；启用安全的登录方式（如 SSH 或 HTTPS 等）。通过漏洞扫描工具等方式探测网络设备与标识解析节点的漏洞情况，并及时提供预警信息。通过镜像或代理等方式分析网络与标识解析体系中的流量，并记录网络与标识解析体系中的系统活动和用户活动等各类操作行为及设备运行信息，发现系统中现有的和潜在的安全威胁，实时分析网络与标识解析体系中发生的安全事件并告警。记录内部人员产生的错误操作和越权操作，并进行及时告警，减少内部非恶意操作导致的安全隐患。

（4）应用安全。

用户授权管理：使用工业互联网平台，需要采取严格的认证授权机制以保证不同用户访问不同数据资产。需要采用更加灵活的方式进行认证授权，以确保用户间可以通过多种方式将数据资产分模块分享给不同的合作伙伴。

虚拟化安全：虚拟化是边缘计算和云计算的基础，为避免虚拟化出现的安全问题影响上层平台安全,在平台安全防护中要充分考虑虚拟化安全。虚拟化安全的核心是实现不同层次及不同用户的有效隔离,其安全增强可以通过采用虚拟化加固等防护措施来实现。

代码安全:通过代码审计检查源代码中的缺点和错误信息,分析并找到这些问题引发的安全漏洞,并提供代码修订措施和建议。

应用白名单:采用具有白名单机制的应用软件产品,构建可信环境,抵御 0DAY 漏洞和有针对性的攻击。

(5)数据安全。

数据防泄露:为防止数据在传输过程中被窃听,工业互联网应根据不同数据类型及业务部署情况,采用有效手段防止数据泄露。例如,通过 SSL 保证网络传输数据信息的机密性、完整性与可用性,实现工业现场设备与工业互联网平台间、工业互联网平台中的虚拟机间、虚拟机与存储资源间,以及主机与网络设备间的数据安全传输,并为平台的维护管理提供数据加密通道,保障维护管理过程中数据传输的安全。

数据加密:根据工业数据敏感度采用分等级的加密存储措施(如不加密、部分加密、完全加密等)。按照与国家密码管理有关规定使用和管理密码设施,并按规定生成、使用和管理密钥。针对数据在工业互联网平台外加密之后再传输到工业互联网平台中存储的场景,应确保工业互联网平台运营商或任何第三方无法对企业的工业数据进行解密。

数据备份及恢复:应采取技术措施实现在发生或可能发生敏感数据信息泄露、毁损、丢失的情况时立即进行补救,按照规定向有关主管部门报告。根据业务需求制定数据备份策略,定期对数据进行备份。当发生数据丢失事故时,能及时恢复可接受时间前备份的数据,从而降低业务损失。

3. 工业互联网安全技术能力建设参考

工业互联网安全技术能力的建设可以为工业互联网构建一个可信的 IT 环境和 OT 环境,并抵御来自内部和外部的攻击和威胁。

在规划工业互联网安全技术架构时,可以借鉴"持续验证,永不信任"的零信任理念，在工业互联网网络安全边界防护的基础上，把访问控制从粗粒度的网络边界层面，迁移到细粒度的所有主体、客体和业务层面，为工业互联网构建设备、用户、应用、流量全信任链路。

同时，在工业互联网平台、工业互联网数据安全、工业互联网边缘计算安全、工业互联网标识解析安全领域的技术能力建设可以参考国家工业信息安全发展研究中心和国家工业信息安全产业发展联盟发布的与工业互联网安全相关的白皮书。

（1）零信任架构。

零信任的本质是以身份为中心进行动态访问控制，对访问主体与访问客体之间的数据访问和认证进行处理，将一般访问行为分解为作用于网络通信控制的控制平面及作用于应用程序通信的数据平面。访问主体通过控制平面发起访问请求，经由信任评估引擎、访问控制引擎实施身份认证及授权，获得许可后进入数据平面。访问代理接收自主体的数据，建立一次可信的安全访问链接。在这个过程中，信任评估引擎将持续进行信任评估工作，访问控制引擎对评估数据进行零信任策略决策运算，以判断访问控制策略是否需要做出改变。若需要做出改变，则及时通过访问代理中断此前连接或再次请求主体进行身份验证，从而有效实现对资源的保护。

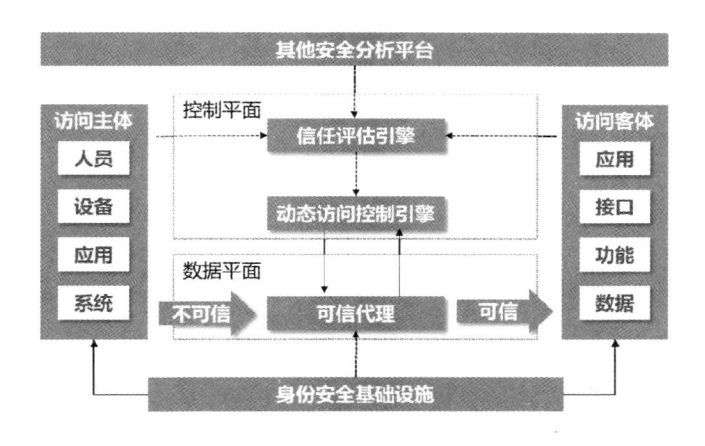

零信任架构如图 14-16 所示。

图 14-16 零信任架构

实现零信任的三大关键技术（SIM）如下。

- SDP（软件定义边界）：SDP 是由云安全联盟（Cloud Security Alliance，CSA）开发的一个安全框架，主要包括 SDP 客户端、SDP 控制器、SDP 网关三个组件。其中，SDP 客户端负责验证用户身份，将访问请求转发给网关；SDP 控制器负责身份认证及配置策略，管控全过程；SDP 网关负责保护业务系统，防护各类网络攻击，只允许来自合法客户端的流量通过。SDP 可以将所有应用程序隐藏，访问者无法知道应用的具体位置，同时所有访问流量均通过加密方式传输，并在访问端与被访问端间点对点传输，其具备的持续认证、细粒度的上下文访问控制、信令分离等防御理念可以有效解决企业业务拓展中的安全问题。
- IAM（身份管理系统）：全面身份化是零信任架构的基石，IAM 围绕身份、权限、环境等信息进行有效管控与治理，从而保证正确的身份在正确的访问环境下基于正当的理由访问正确的资源。数字化转型的不断深入，以及业务的云化和终端的激增使得企业 IT 环境或 OT 环境变得更加复杂，传统静态且封闭的身份与访问管理机制难以适应这种变化。IAM 更加敏捷、灵活且智能，可以适应各种新兴的业务场景，采用动态策略实现自主完善，通过持续调整来满足实际的安全需求。
- MSG（微隔离）：微隔离通过细粒度的策略控制，可以灵活地实现业务系统内部和外部主机与主机的隔离，让内部主机之间交互的流量可视可控，从而更加有效地防御黑客或病毒持续性、大面积的渗透和破坏。微隔离的三种主要技术路线分别是云原生微隔离、API 对接微隔离、主机代理微隔离。

（2）工业互联网平台安全。

工业互联网平台是面向制造业数字化、网络化、智能化需求而构建的，基于云平台的海量数据采集、汇聚、分析和服务体系，支持制造资源实现泛在连接、弹性供给、高效配置。

国家工业信息安全发展研究中心和国家工业信息安全产业发展联盟发布的《工业互

联网平台安全白皮书（2020）》从安全防护对象、安全角色、安全威胁、安全措施、生命周期五个视角对工业互联网平台的安全框架进行了分析，并介绍了工业互联网平台在接入安全、通信安全、系统安全、应用安全、数据安全领域的关键安全技术能力。工业互联网平台安全防护措施如图 14-17 所示。

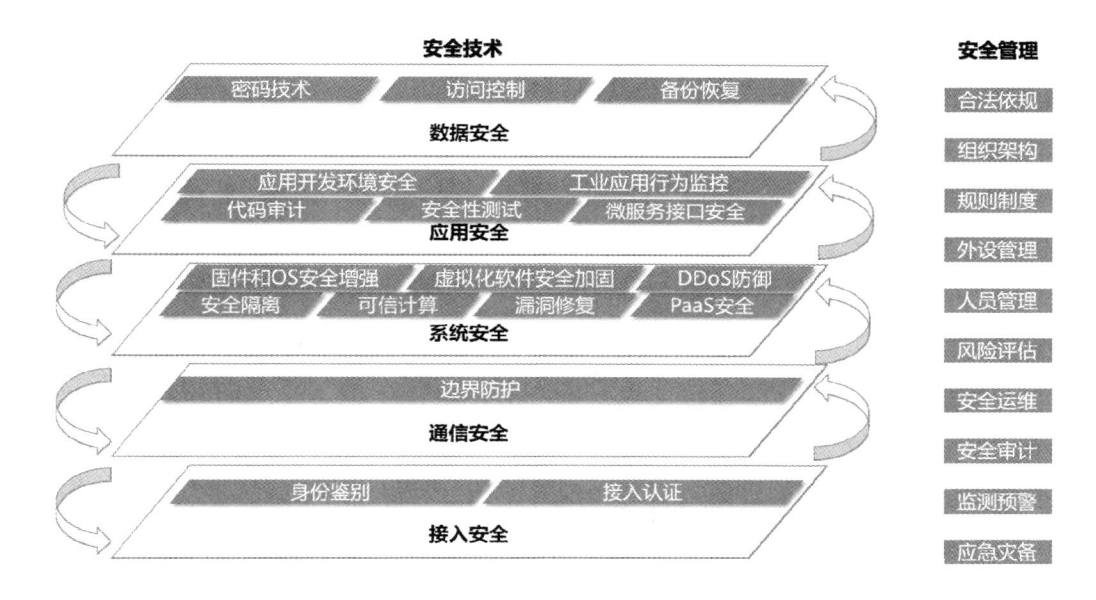

安全技术

数据安全：密码技术、访问控制、备份恢复

应用安全：应用开发环境安全、工业应用行为监控、代码审计、安全性测试、微服务接口安全

系统安全：固件和OS安全增强、虚拟化软件安全加固、DDoS防御、安全隔离、可信计算、漏洞修复、PaaS安全

通信安全：边界防护

接入安全：身份鉴别、接入认证

安全管理

合法依规、组织架构、规则制度、外设管理、人员管理、风险评估、安全运维、安全审计、监测预警、应急灾备

图 14-17　工业互联网平台安全防护措施

（3）工业互联网标识解析安全。

随着工业互联网的快速发展，工业互联网标识数量将以千亿计，并发解析请求可达千万量级，如此大量级的标识解析服务需求对安全保障能力提出了非常高的要求。标识解析安全是工业互联网安全的重要建设内容。为了保证工业互联网的稳定运行，标识解析体系中的数据在传递过程中需要提供完整性和一致性保护，对于敏感数据需要提供机密性和隐私性保护，对于标识解析体系数据的更新需要具备数据源认证能力及对标识解析数据的访问控制能力。

国家工业信息安全发展研究中心和国家工业信息安全产业发展联盟发布的《工业互

联网标识解析安全白皮书（2020）》提出的工业互联网标识解析安全框架，以标识解析流程为主线，从防护对象、安全角色、脆弱性与威胁、防护措施及安全管理等视角全面梳理了工业互联网标识解析安全的各方面内容，并对工业互联网标识解析关键技术进行了分析介绍，可对工业互联网标识解析安全能力建设提供重要参考。工业互联网标识解析安全关键技术框架如图 14-18 所示。

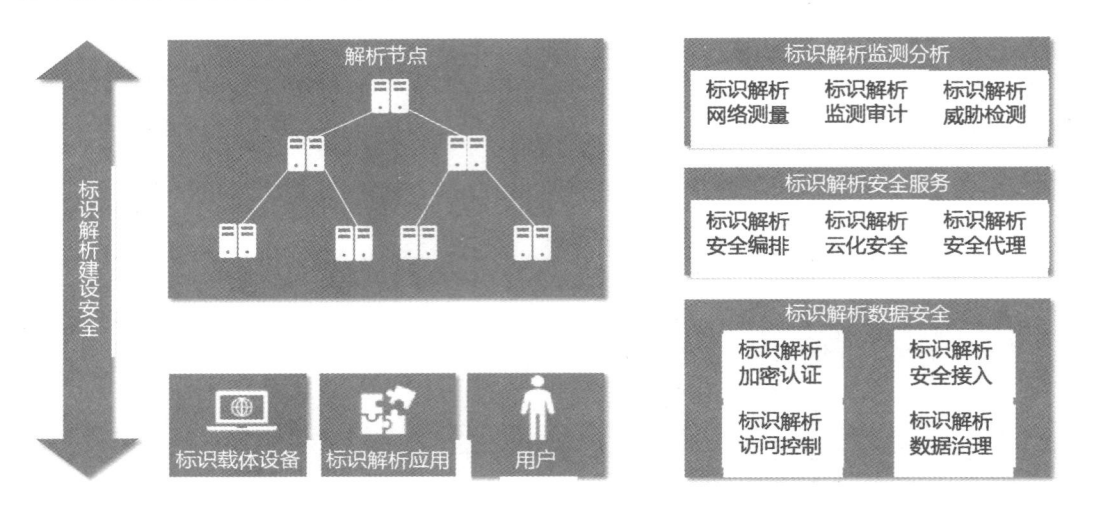

图 14-18 工业互联网标识解析安全关键技术框架

（4）工业互联网数据安全。

工业互联网数据是指在工业互联网这一新模式、新业态下，在工业互联网企业开展研发设计、生产制造、经营管理、应用服务等业务时，围绕客户需求、订单、计划、研发、设计、工艺、制造、采购、供应、库存、销售、交付、售后、运维、报废或回收等工业生产经营环节和过程，产生、采集、传输、存储、使用、共享或归档的数据。

工业互联网数据贯穿工业互联网，已成为提升制造业生产力、竞争力、创新力的关键，是驱动工业互联网创新发展的重要引擎。随着工业互联网的发展，工业互联网数据增长迅速、体量庞大，数据安全成为工业互联网安全保障的主线，数据一旦被泄露、被篡改、被滥用等，将威胁生产经营安全、国计民生甚至国家安全。

国家工业信息安全发展研究中心和国家工业信息安全产业发展联盟发布的《工业互联网数据安全白皮书（2020）》分析了全球工业互联网数据安全态势、风险挑战及工业互联网数据安全技术应用，并介绍了以"技管结合、动静相宜、分类施策、分级定措"为工业互联网数据安全防护的总体思路，从工业互联网数据分类安全防护要求、工业互联网数据安全防护通用要求、工业互联网数据分级安全防护要求、三个维度提出的工业互联网数据安全防护框架（见图14-19）。该框架为工业互联网企业开展数据安全防护能力建设提供了指导和参考。

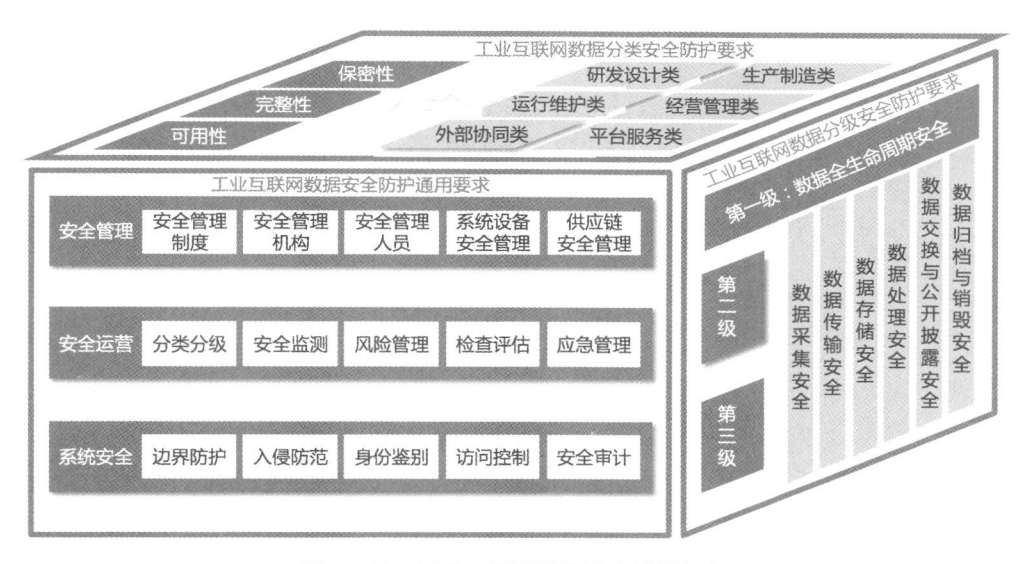

图 14-19 工业互联网数据安全防护框架

（5）工业互联网边缘计算安全。

工业互联网边缘计算是一种将部分数据处理和数据存储放在工业互联网边缘节点的分布式计算方式，通过融合工业互联网边缘侧的计算、通信和存储能力，就近提供边缘智能服务，可以通过云边协同机制为工业互联网平台提供数据支撑，从而满足工业互联网泛在互联、实时业务、可靠服务、数据优化、边缘应用智能、安全和隐私保护等多方面应用需求。

工业互联网边缘计算安全框架（见图14-20）是在工业互联网中部署应用边缘计算

服务的基础，主要包括安全角色、安全防护对象和安全防护措施三个维度。

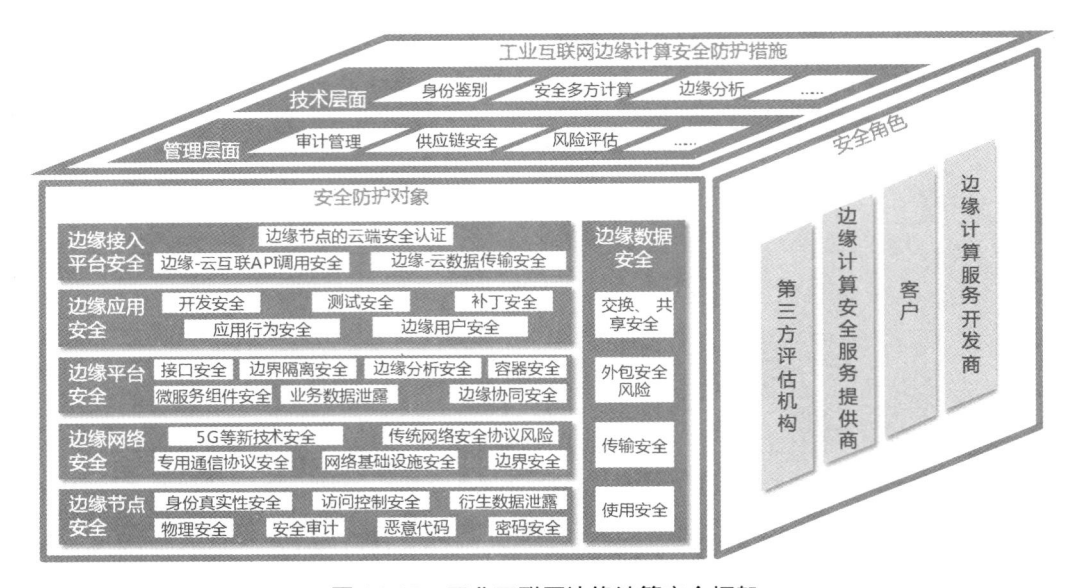

图 14-20　工业互联网边缘计算安全框架

国家工业信息安全发展研究中心和国家工业信息安全产业发展联盟发布的《边缘计算安全白皮书》介绍了工业互联网边缘计算在边缘应用、边缘平台、边缘网络、边缘节点、边缘数据等方面面临的安全风险与挑战，以及对应的安全技术防护能力和措施，可作为工业互联网边缘计算安全能力建设的重要参考。

14.5.5　工业互联网安全运营体系建设

随着企业工业互联网安全技术能力的建立，工业互联网企业在 OT 环境和 IT 环境中部署了大量安全设备或系统，逐步建立并形成了一系列安全检测点及防护屏障。如果不能统一、集中地管理这些分散的安全系统，及时、准确地处理产生的海量安全告警，快速、高效地进行安全事件的应急响应，就可能出现安全防护遗漏，安全能力失效或未充分发挥作用，安全事件仍然频发的情况，造成安全状况得不到有效改善。

因此，在安全管理措施和技术能力逐步建立并逐步完善后，各项安全防护能力进入安全运营阶段，需要结合实际工业互联网风险场景，确立统一、集中的安全运营平台及全面高效的安全运营机制，以保障工业互联网安全防护工作得到全面、高效、持续运转。

1. 数字化安全运营体系介绍

无法衡量的东西是难以改进的，工业互联网安全工作是否有效，不是看安全能力是否全，安全系统是否多，而需要用数据来验证和说明安全效果，通过持续地发现风险和处置风险，不断调整和优化安全防护策略，以实现既定的工业互联网安全目标。

数字化安全运营是以数据为核心驱动的智能化安全运营，通过统一、集中管理安全服务能力，实时检测和分析海量安全数据，对各类安全风险场景的威胁检测结果进行及时准确预测和告警，并对发生的安全攻击事件进行快速高效响应和处置，最终实现工业互联网整体安全态势感知、安全防护、威胁检测、响应处置的安全运营闭环管理。工业互联网安全运营体系架构如图 14-21 所示。

数字化安全运营体系的基础是数据，主要是已建立的安全防护能力及其相关安全系统产生的安全告警或审计数据，以及关键业务场景下的网络流量数据、业务访问操作数据、用户行为数据等。通过安全运营中心（Security Operations Center，SOC）的实时数据采集和分析，将数据分析结果形成风险监控指标、安全运营指标，并基于此预测安全趋势，并可视化地提供给管理层、信息化或安全部门、业务生产部门，以帮助决策者掌握企业当前工业互联网安全态势并协助决策。通过安全应急响应中心（Security Response Center，SRC）监测来自内部和外部的安全漏洞及事件，以实时告警方式和工单流程，确保将安全团队已确认的安全威胁实时传递给业务、产品、运维等相关人员，相关人员及时进行人工处置，或者采用安全编排的方式对置信度高的安全威胁通过调用安全服务能力接口进行自动化响应处置。通过 SaaS 协助业务、产品、运维人员查看其管理的相关资产安全能力防护情况、安全服务状态、安全风险，以及安全运营关键指标。

需要强调的是，工业互联网数字化安全运营体系的建设应当是跨对象的（设备、控制、网络、应用、数据）、跨数据的（告警、审计、流量、行为等数据）、跨系统的（安全系统、业务系统、网络系统）、跨产品的（不同厂商产品）、跨平台的（公有云或私有云平台），只有这样才能做到集中、统一、全面、高效的安全预防、监测和响应。

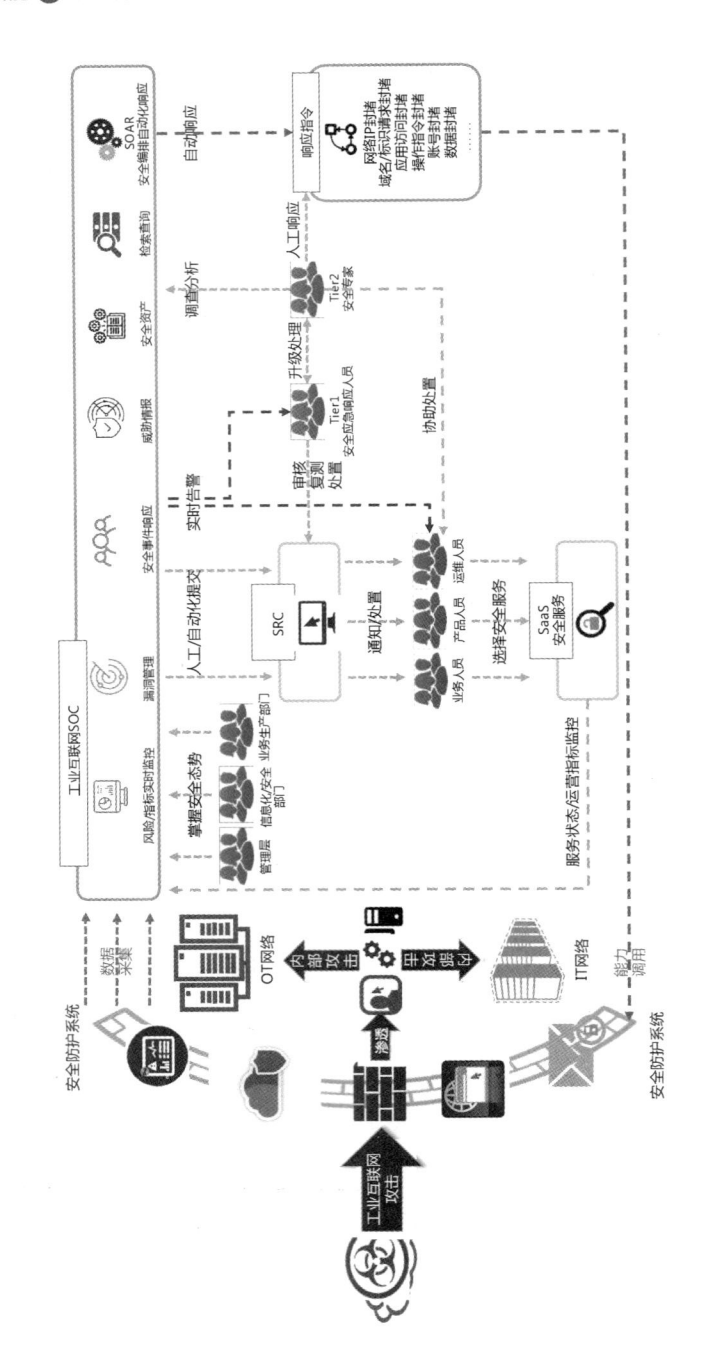

图 14-21 工业互联网数字化安全运营体系架构

2. 安全运营的产品化思维

工业互联网数字化安全运营体系的运转需要适合的平台或产品支撑，面对众多安全风险场景和不同角色对安全功能的需求，不论采用开源解决方案还是商业产品，都需要考虑如何将分散的安全能力、海量的安全数据、众多的安全模块构建成一个统一的、集中的、适合业务场景的、高效便捷的工业互联网安全运营平台。

在此，可以针对不同角色和用户的不同功能需求，借鉴产品化的思维对安全运营体系应具备的能力进行产品化设计，形成以 SaaS、SOC、SRC 为核心的安全运营产品。

工业互联网安全产品架构如图 14-22 所示。

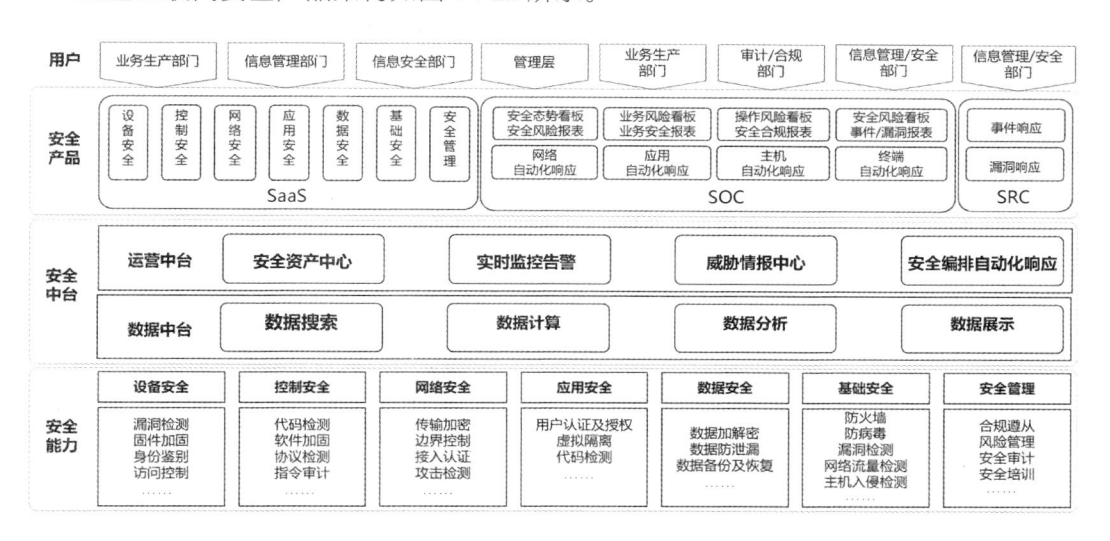

图 14-22 工业互联网安全产品架构

（1）SaaS

SaaS 整合设备安全、控制安全、网络安全、应用安全、数据安全、基础安全和安全管理，通过相关安全能力的服务介绍、功能介绍、应用场景、服务申请、常见问题等，为不同角色用户提供集中的安全服务能力引导，让企业内部用户可以快速了解并快捷接入企业已具备的安全能力，同时在安全能力接入后可通过 SOC 实时监控安全服务能力的状态。

（2）SOC。

SOC 作为工业互联网安全的统一安全运营管控平台，通过实时采集和分析安全相关数据，编排和调用安全能力，为不同角色企业内部用户提供实时的安全态势感知和预警、安全风险及运营指标监控、安全威胁检测和响应、安全事件调查分析等运营能力，帮助其实时掌握相关业务资产的安全态势和风险，及时采取相应安全措施，提升安全应急响应能力，实现工业物联网数字化安全运营，保障工业互联网安全。

（3）SRC。

与传统互联网公司的 SRC 不同，工业互联网 SRC 不仅需要接收和处理来自外部互联网平台或白帽子、国家安全管理机构、安全厂商通报的安全漏洞或情报，同时需要通过工单系统对 SOC 检测到的安全漏洞和事件进行跟踪记录和闭环管理，实现统一的安全漏洞/事件的快速响应、处置和追溯，并沉淀形成安全知识。

3. SOC 架构

SOC 是基于最初的安全事件管理系统 SIEM 功能需求产生的。人们对它的理解是多样的，有厂商将它称为安全大脑、安全总线、安全管控平台等，甚至融入了扩展检测和响应（XDR）功能需求。不论如何称呼，在这里我们统一称之为 SOC。SOC 基于工业互联网安全场景及安全需求构建，作为工业互联网安全的统一运营和管控平台。SOC 架构可参照如图 14-23 所示的架构并融合 SRC 和 SaaS 建设。

SOC 除了通过实时数据分析和离线数据分析进行安全风险监控，实现态势感知和预测、运营指标监控、安全预防检测、威胁检测识别、紧急响应处置等功能，还需要数据中台和运营中台的有效支撑。

（1）数据中台。

数据中台通过对安全告警/审计数据、网络流量数据、业务操作数据、用户行为数据等基础数据进行采集、过滤、格式化、归并、存储，并通过规则及算法进行在线和离线统计分析，将检测分析结果与安全资产和威胁情报关联，为 SOC 提供数据搜索、数据计算、数据分析、数据展示服务能力。

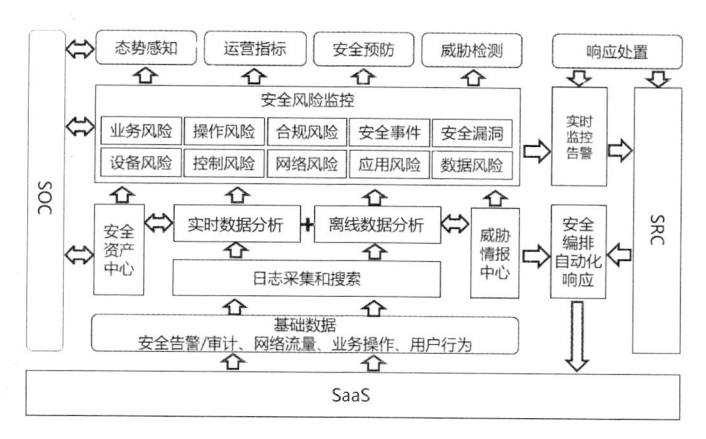

图 14-23　SOC 架构

（2）运营中台。

安全资产中心：集成 CMDB（Configuration Management Database，配置管理数据库）和安全审计数据，提供工业互联网静态资产（主机、终端、设备、域名、标识、网段等）和动态资产（端口、进程、网络连接、漏洞等）信息，与业务和组织信息关联，以便在发生安全告警时快速定位和分析。

威胁情报中心：集中管理内部和外部威胁情报，提供基于 IP、域名、标识、文件 Hash 等交叉验证和查询。可以通过将商业威胁情报或开源威胁情报与内部的安全告警检测到的 IoC（Indication of Compromise，失陷指标）融合，形成覆盖内部网络和外部网络的全面威胁情报信息。

实时监控告警：集中管理工业互联网检测到的安全告警级别、方式、频率、发送渠道，将通过规则或算法检测到的安全威胁告警实时、准确地传达给相关人员，以提升应急响应效率。

安全编排自动化响应：通过编排引擎按照预先设计的剧本自动化编排威胁检测数据分析结果，将执行的响应指令通过安全能力接口自动化部署到相关安全防护系统，提升安全防护人员的响应处置效率。

4. 安全运营核心工作

工业互联网安全不只是安全团队的工作，需要全员参与。针对不同的安全角色和安全需求，可以通过数字化安全运营平台帮助工业互联网企业提升安全运营的自动化和智能化能力，实现态势感知、智能决策和自动化响应。安全运营的核心工作主要包含事前的安全预防、事中的威胁检测、事后的响应处置，这也是SOC应提供的核心能力。

（1）安全预防。

安全预防的主要目的是在事前确保安全能力实现全面覆盖，对安全漏洞进行充分识别，并通过实时监控安全威胁指标和运营指标，及时感知和预测风险，保障安全防护效果，降低被攻击的可能性，降低攻击带来的影响和损失，争取更多应急响应时间。

安全资产管理：对工业互联网环境中的主机（物理机、虚拟机、容器）、网络设备、域名/标识、设备/终端、网段等重要资产及责任人，按组织或项目进行及时更新和维护。将基于安全漏洞、基线合规、安全事件、防护措施等因素的资产安全评分反馈给资产相关人员，以采取措施并主动提升资产安全防护能力。在发现安全漏洞或受到攻击时，快速评估业务影响，及时推进相关人员进行修复或处置。

安全漏洞检测：对于通过安全漏洞检测能力检测到的来自设备固件、工业应用或组件、主机操作系统的漏洞进行分类分级，对于严重漏洞人工或自动化生成漏洞工单，并对漏洞进行跟踪和处置，推进漏洞修复。

威胁指标监控：对工业互联网防护对象的安全风险场景及威胁指标进行梳理，并建立威胁指标监控告警规则，实时监控其异常变化，当产生威胁指标告警时及时进行分析和处置。OT环境边界对外暴露的攻击面需要重点进行监控，减少攻击面暴露可以极大降低OT网络被入侵的风险。

安全运营指标监控：对安全运营的关键指标进行梳理和目标设定，分析安全运营指标的变化趋势，并基于指标数据对现有安全系统防护策略进行调整和优化，推进安全运营指标向目标持续挺进。例如，当前安全防护能力的覆盖率、检测误报率和漏报率、安全状态评分等；安全资产严重漏洞的数量和基线合规率；安全事件发生的数量和及时关闭率等。

态势感知：对工业互联网相关数据监控到的资产、漏洞、攻击等进行评估和预测、预警结果分析，及时发现潜在的安全威胁，提前进行研判并制定应对措施，防患于未然。

（2）威胁检测。

威胁检测是基于规则的关联分析，或者基于机器学习算法的行为分析，实时和离线分析基于各项安全能力检测出的安全告警数据、全流量数据、应用或数据访问审计等相关数据，以识别事中发生的已知的或未知的安全威胁，并将威胁检测结果及趋势形成可视化看板，并生成不同等级的实时安全告警，以便相关人员及时对安全告警进行应急响应和处置。威胁检测模块可以根据工业互联网防护对象进行划分，也可以根据工业互联网业务风险场景设计，并在实际运营过程中不断丰富和完善威胁检测项。可供参考的威胁检测项如下。

设备威胁检测：未认证或未授权访问的工业设备或终端、暴露在互联网或 IT 网络环境中的工业设备、感染病毒的设备或终端、失陷的设备或终端、异常流量的设备或终端等。

控制威胁检测：失陷的工业控制主机、未授权访问的工业控制设备或系统、工业主机的异常登录、可疑操作、后门检测、反弹 shell、本地提权等。

网络威胁检测：网络攻击类型、等级、数量；成功的网络攻击、蜜罐访问攻击、暴力破解；OT 层到 IT 层及互联网的暴露面和高危端口访问；异常网络协议及流量；等等。

应用威胁检测：应用攻击类型、等级、数量；成功的应用攻击；账号登录失败的访问源、原因、数量；应用后门检测、异常访问检测、异常应用协议检测；等等。

数据威胁检测：未脱敏的敏感数据检测、敏感数据的超量查询或导出访问、敏感数据泄露、异常数据访问源、异常数据流向等。

业务场景威胁检测：基于工业互联网平台、工业云平台、物联网等；设备层、边缘层、企业层，以及 IT 环境、OT 环境等各类业务场景构建威胁检测模型，实时检测业务安全威胁。

（3）响应处置。

响应处置是在安全攻击或事件被触发后，采取的以最快恢复业务、最大降低业务影响为目标的一系列应对措施，可参照应急响应的准备、检测、抑制、根除、恢复、总结等标准阶段工作展开。以下重点说明针对威胁检测及态势感知结果实时产生的安全告警进行分类、分级和筛选后形成的安全事件，在抑制和根除阶段针对安全事件的应对措施。

安全告警：SOC 经过基于规则的关联分析和基于机器学习算法的行为分析后生成的安全告警（不同于安全系统自身生成的告警）可基于告警类型、置信度、影响资产/业务的优先级等因素对安全告警进行评分。基于评分结果对告警定级，可将其划分为红色、橙色、黄色三个等级（或紧急、重要、一般等级别）。针对不同等级的告警选用不同的告警方式、告警频率和响应处置时间。安全告警等级定义如表 14-6 所示。

表 14-6 安全告警等级定义

告警级别	级别定义	告警方式	告警频率	响应处置时间
红 （90~100分）	攻击成功、系统已失陷，直接威胁业务核心功能	邮件、短信、微信/钉钉、电话	电话、短信：3min/次，接通即停 微信/钉钉：确认已读，不再呼叫 邮件：1次	响应：5min 确认：10min 解决：1h
橙 （70~90分）	攻击正在发生、系统未失陷，间接威胁部分业务功能	邮件、微信/钉钉	邮件：1次 微信/钉钉：确认已读	响应：30min 确认：2h 解决：8h
黄 （0~70分）	行为异常，尚未威胁业务功能	邮件	邮件：1次	响应：2h 确认：4h 解决：24h

安全事件：针对来自内部和外部的事件通报及 SOC 的紧急告警，应通过事件管理流程采用工单的方式确保事件得到及时有效处置和关闭。事件工单的建立可采用人工方式和自动化方式进行。对于置信度较高的红色安全告警，应自动生成事件工单或触发自动化响应，确保所有紧急告警都得到响应。对于安全事件，应基于其影响因素进行分级，投入主要精力处理最严重的紧急事件。安全事件处置流程如图 14-24 所示。

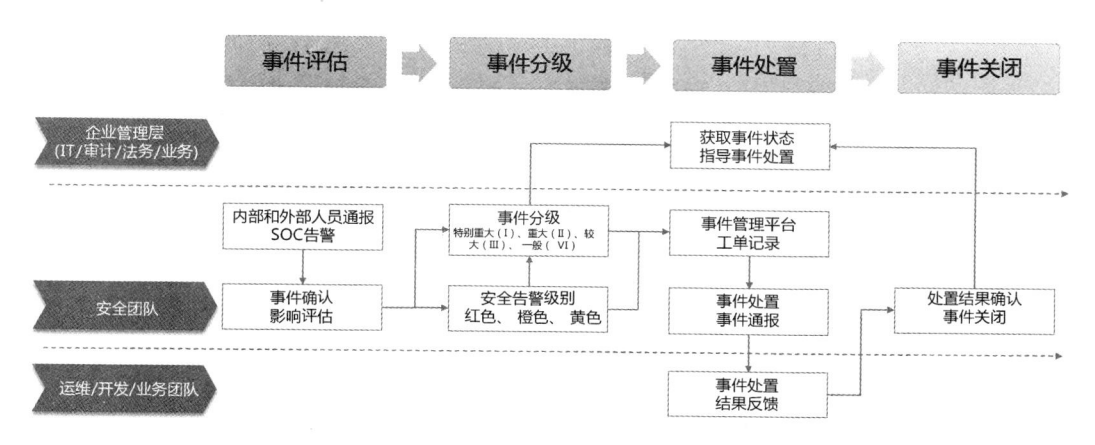

图 14-24　安全事件处置流程

安全编排：安全编排的目的是提高安全自动化响应效率，集成各类安全设备/系统接口，将安全运营流程和逻辑规则通过剧本进行编排和自动化响应处理。通过安全能力的集成与编排，实现不同设备和系统的协同联动，为安全运营的自动化和智能化执行提供支撑。可基于安全运营过程中频繁处理的告警和事件，结合实际威胁场景编排剧本，采取人工响应或自动化响应相结合的方式降低误报率。安全编排过程如图 14-25 所示。

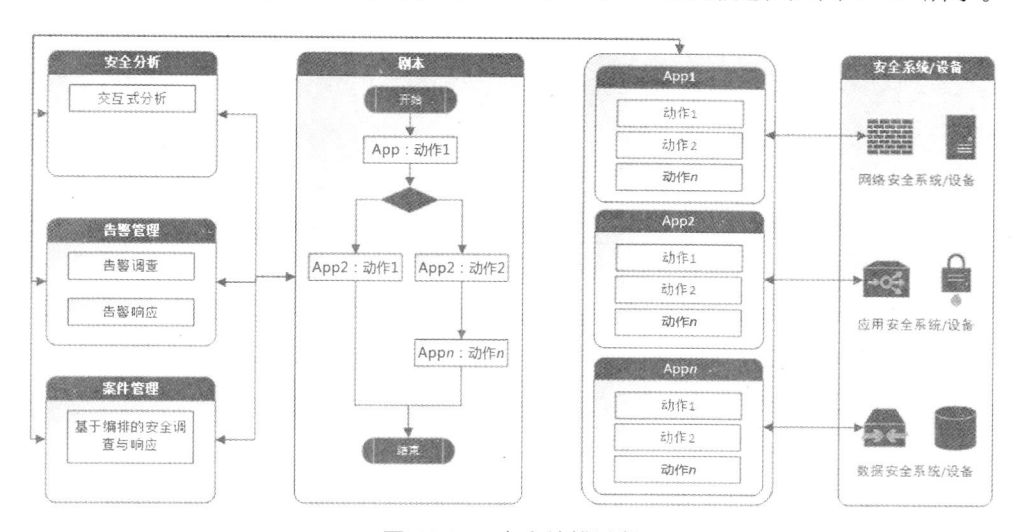

图 14-25　安全编排过程

调查分析：对于检测到的安全威胁告警或已发送的安全事件，除了一线安全人员的人工标准化响应处置和安全编排自动化的响应处置，有时还需要二线安全专家进行人工调查和分析，以发现威胁根源并根除。通过安全大数据平台对所有相关数据进行全面检索，以为二线安全专家提供实时或离线的数据搜索、计算、分析、展示服务。

本章参考文献

[1] FreeBuf 咨询. 2020 工业互联网安全研究报告[R/OL]. 2021[2022-08-01].

[2] 国家工业信息安全产业发展联盟. 工业信息安全标准化白皮书（2019 版）[R].2019.

[3] 国家工业信息安全发展研究中心，国家工业信息安全产业发展联盟. 边缘计算安全白皮书[R/OL]. 2019[2022-08-01].

[4] 国家工业信息安全发展研究中心，国家工业信息安全产业发展联盟. 工业互联网标识解析安全白皮书（2020）[R]. 2020.

[5] 国家工业信息安全发展研究中心，国家工业信息安全产业发展联盟. 工业互联网平台安全白皮书（2020）[R]. 2020.

[6] 国家工业信息安全发展研究中心，国家工业信息安全产业发展联盟. 工业互联网数据安全白皮书（2020）[R]. 2020.

[7] GB/T 22239—2019 信息安全技术 网络安全等级保护基本要求[S].

[8] 工业和信息化部. 工业互联网安全标准体系（2021 年）[S/OL]. 2021[2022-08-01].

[9] 工业互联网产业联盟. 工业互联网体系架构（版本 2.0）[S/OL]. 2020[2022-08-01].

第四篇

数字化转型之实践

第 15 章 工业互联网应用案例介绍

15.1 美的集团数字化转型之路

15.1.1 美的集团数字化转型之实践

美的集团的数字化转型是积极跟随第四次工业革命技术浪潮的追光之旅。从 2012 年起,美的集团数字化累计投入超过 170 亿元,逐渐完成数字化 1.0、数字化 2.0 到数智驱动的转型。

2012 年,美的集团启动 "632 变革" 项目;自主构建了集团级的整体解决方案,统一了集团的主要数据、主要流程,实现了公司全价值链流程端到端、数据端到端的连通;建立了 "一个美的集团,一个体系,一个标准",即 "三个一" 基石。在 "互联网+"的浪潮下,仅实现内部 "三个一" 对美的集团来说是不够的。美的集团把握时代机遇、主动变革,把互联网技术融入业务。2016 年,美的集团把以自己为主的模式完全转变为以用户为主的模式,大力推进以 "T+3" 和 C2M(Customer to Manufactory,客户定制)为牵引的大规模柔性化交付,并取得显著效果。

"T+3" 的推广使得美的集团由库存生产模式转变为按客户订单生产模式;在实现 "按需生产" 的同时,倒逼企业在价值链的所有活动环节主动适应客户需求,精简产品型号、扁平渠道、缩短交货周期。

美的集团通过数字化建设,取得显著的提质增效成果,生产能力得到大幅提升。2011 年,美的集团年产值为 1300 多亿元,2021 年美的集团年产值达 3400 多亿元,10 年内年产值增加了将近两倍。2018 年起，美的集团开始探索和建设工业互联网平台，在原有数字化基础上，进一步把机器、人、物料、设备、产品等连接起来，打通了全价值链的数据运营体系。2018 年 10 月 19 日，美的集团正式发布 M.IoT 美的工业互联网平台。

M.IoT 美的工业互联网平台充分发挥企业自身优势，结合在数字化转型建设中积累的自主研发的软件和硬件，整合旗下 KUKA、美的楼宇科技事业部、安得智联科技股份有限公司等的能力，构建了产业链上下游企业协作共赢的产业生态。M.IoT 美的工业互联网平台是国内首家自主研发建设的，集"制造业知识、软件、硬件"三位一体的工业互联网平台。

美的集团通过建设 M.IoT 美的工业互联网平台，全面自主研发工业软件，构建了研发、仿真、计划、供应链等，基本摆脱了对国外商业套件的依赖，并成功孵化了美云智数科技有限公司（以下简称美云智数），开始对外赋能，并打造行业集成解决方案。

美云智数是美的集团基于自身数字化转型实践孵化的控股子公司，致力于成为全球领先的"数字智造"、产业互联软件、云服务供应商。美云智数把美的集团在智能制造、研发、营销及服务、经营等方面多年积累的经验融入软件产品，通过大数据、物联网、人工智能、云计算等技术，为智能制造及产业互联提供工业软件及 SaaS。

自成立以来，美云智数基于美的集团的经验对外赋能，其平台和解决方案被广泛应用于汽车汽配、电子半导体、农牧食品、家居建材、日化与短流程、装备制造等领域，目前已经赢得 40 多个细分行业、1000 多家企业的认可，包括中国长安汽车集团有限公司（以下简称长安汽车）、比亚迪股份有限公司、华为、隆基绿能科技股份有限公司、四川铁骑力士实业有限公司、安徽古井集团有限责任公司、爱玛科技集团股份有限公司、永辉超市股份有限公司等众多行业头部企业。

美云智数将数字化价值带进每家企业，以"数字化落地+数字工厂建设"能力为底座，成就产业互连。2022 年，美云智数全新策略升级，开放六大合作模式全渠道招募 1000 多个生态伙伴，计划触达企业超过 20 000 家，共同打造智能制造的数字生态。

15.1.2 美的集团数字化转型之组织变革

纵观美的集团的数字化转型之路，美的集团始终在通过组织优化支撑、赋能自身、行业的数字化转型。

从 2012 年进入数字化转型之路开始，美的集团为适应并支持数字化转型需求，对组织不断调整，最终形成"IT+IoT+数字办+软件工程院+AI 创新中心+楼宇科技研究院+美的金融+安得智联+美云智数等"多方协同的联合团队。

2012 年，为适应美的集团"三个一"战略，美的集团整合数字化团队，成立集团 IT 部门。其作为统一的、专业化的数字化团队，全面负责美的集团数字化需求落地与实施。

2019 年，美的集团牵头成立广东粤云工业互联网创新科技有限公司，承载广东省工业云制造创新中心，基于标杆示范企业经验，积极赋能中小型制造企业数字化转型，推动传统制造业高质量发展。

为了给用户创造更加丰富的智慧生活场景，打造一个"多场景、多入口、多应用"的开放生态平台，美的集团成立了 IoT 部门。为向用户提供更加便捷、简单、实惠的产品与服务，美的集团成立了数字化办公室，通过大数据、智能化等技术手段，推动数智驱动战略。

为夯实技术，落实美的集团云战略，美的集团整合技术人员，成立软件工程院和 AI 创新中心，负责数字化、智能化领域技术预研、落地应用及需求实现。

为支撑数字化创新业务、打造全链路数字化能力，美的集团内部各业务单元成立数字化研究团队，进行行业内数字化创新的探索和实践。

在支撑内部数字化转型的同时，美的集团积极将数字化实践经验对外赋能，成立美云智数，负责对外输出和赋能优秀实践经验，以更好地赋能产业、共建互利共赢生态。

CIO 作为集团执行委员会成员，把控数智驱动战略方向。通过将数字化人才纳入科技人员范围、薪酬待遇对标互联网企业、加大软件人才引入与能力建设等一系列措施，为数字化转型提供支持。

15.2 首钢股份利用工业大数据分析进行全流程过程质量管控

15.2.1 公司介绍

北京首钢股份有限公司（以下简称首钢股份）是世界500强首钢集团所属上市公司。

首钢股份下设首钢股份公司迁钢公司、首钢智新迁安电磁材料有限公司，控股首钢京唐钢铁联合有限责任公司、北京首钢冷轧薄板有限公司等钢铁实体单位，具有焦化、炼铁、炼钢、轧钢、热处理等完整生产工艺流程。

首钢股份拥有国际一流装备和工艺水平，具有品种齐全、规格配套的冷/热系全覆盖板材产品序列。其中，电工钢、汽车板、镀锡板、管线钢、家电板，以及其他高端板材产品处于国内领先地位。其汽车板产品更是实现了铝镇静钢、IF钢（无缝隙原子钢）、高强IF钢、烘烤硬化钢、低合金高强钢、双相钢、相变诱导塑性钢和热成型钢等全系列整车供货产品全覆盖，强度级别达到1000MPa，成为包括日系、德系等重点车企的供应商，并连续三年成为宝马、长城汽车股份有限公司、北京汽车集团有限公司等车企的第一大供应商。

15.2.2 业务痛点

随着市场竞争日益激烈，钢铁行业的用户对产品质量的要求越来越高，其中汽车、高端家电等行业对钢材产品的质量要求更严格。钢铁产品的质量管理包括质量设计、质量判定、评审处置、质量分析等多个环节，流程长、环节多、数据量大。采用事后抽检方式得到的结果片面且滞后，无法准确识别跨工序缺陷，质量异议发生率较高。以往的信息化系统无法满足质量管控的要求，主要问题如下。

（1）产品质量的评价只是基于概率统计和检测人员的经验形成的事后抽样检验结果，具有一定的片面性，一旦发生质量事故就涉及批量产品，损失不可挽回。

（2）客户对产品表面质量要求较高，热轧工序和冷轧工序表面质量缺陷数量和种类较多，传统表面质量在线检测系统（表检仪）分类准确率不足 80%，需要人工评审，严重影响后工序的生产，跨工序的质量缺陷追溯异常困难。

（3）产品质量数据来源众多，存在大量异构数据，不同粒度数据分布在不同平台，数据收集和整合耗费大量时间，缺少统一平台和方法对数量庞大的质量数据进行有效开发和利用。

15.2.3　主要解决方案

首钢股份以"追求零缺陷、实现高精度、提高客户满意度"为目标，基于工业大数据平台，将质量控制规则数字化；利用在线检测、机器学习、图像识别、数据建模等先进技术，实现工艺过程在线判定与监控、表面质量智能检测与判定、全工序质量缺陷追溯、质量缺陷评审辅助，以及过程能力评价分析等。首钢股份以机器辅助决策代替事后抽检，提升了产品过程质量的管控能力，在快节奏和大规模生产下，提高了产品的稳定性，降低了成本损失，满足了客户个性化需求。

产品全流程过程质量管控流程图如图 15-1 所示。

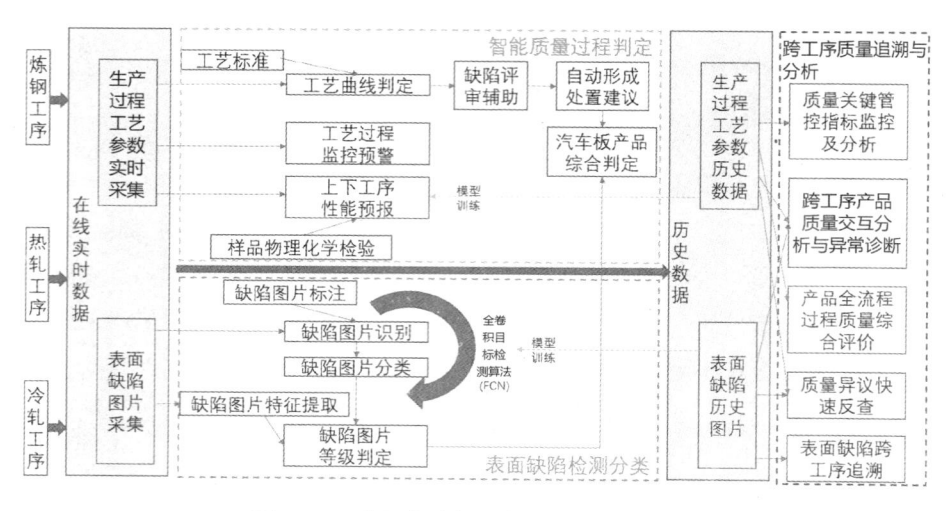

图 15-1　产品全流程过程质量管控流程图

全流程过程质量管控包括智能质量过程判定、跨工序质量追溯与分析两部分。

智能质量过程判定实现了对过程、表面及性能的判定与监控。首钢股份将多源异构数据融合，结合数字化的产品质量控制规则，实现了在线实时监测产品制造工艺过程波动情况和自动判定产品等级；实现了表面质量缺陷的采集、识别、归类、判定及上下工序缺陷的传递并自动推荐处置意见；实现了性能管控的自动预测、分析与异常推送。

跨工序质量追溯与分析实现了跨工序质量缺陷统计探索性分析、智能化追溯及快速定位。首钢股份利用统计分析工具，对工艺过程控制和表面缺陷相关数据再次进行分析和挖掘；利用过程能力指数、SPC 统计分析、聚类算法等高级分析工具和方法实现快速定位，实现产品质量的持续改进。

产品全流程过程质量管控功能架构图如图 15-2 所示。

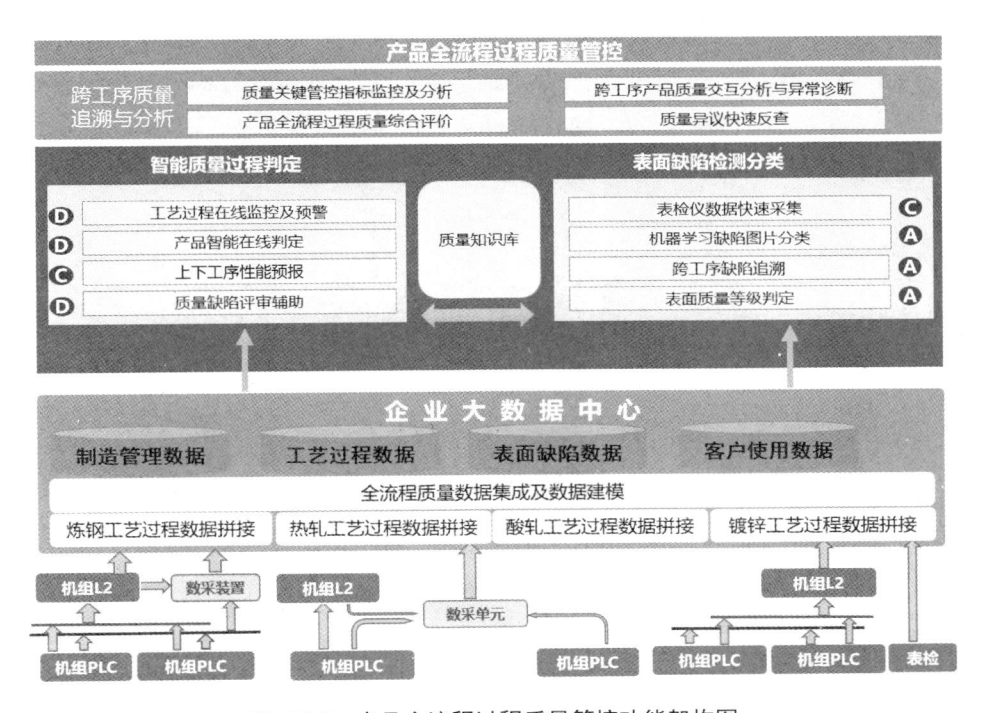

图 15-2 产品全流程过程质量管控功能架构图

1. 智能质量过程判定

为实现炼钢、热轧、冷轧全流程质量一体化管控,首钢股份利用实时数据流处理、多源异构数据整合、特征提取、关联分析与预测、人工智能卷积神经网络等技术,构建质量模型库、知识库、规则库、约束库,实现板带钢性能、表面、尺寸、板型、成分、工艺等在线质量自动判定与监控预警,为质量问题定位、产品质量提升提供依据和途径。

(1)实时数据采集与整合。

通过工业大数据平台,首钢股份利用实时数据流处理和多源异构数据融合技术,对 L1、L2、L3 及 L4 系统中的数据进行毫秒级采集,实现跨工序、多数据源、差异结构、不同粒度的工艺质量数据的实时数据流处理及数据融合,实现统一集中信息共享,对物料生产过程中的时间、位置、事件、状态、图片等数据进行跨时空融合转换。数据处理技术示意图如图 15-3 所示。

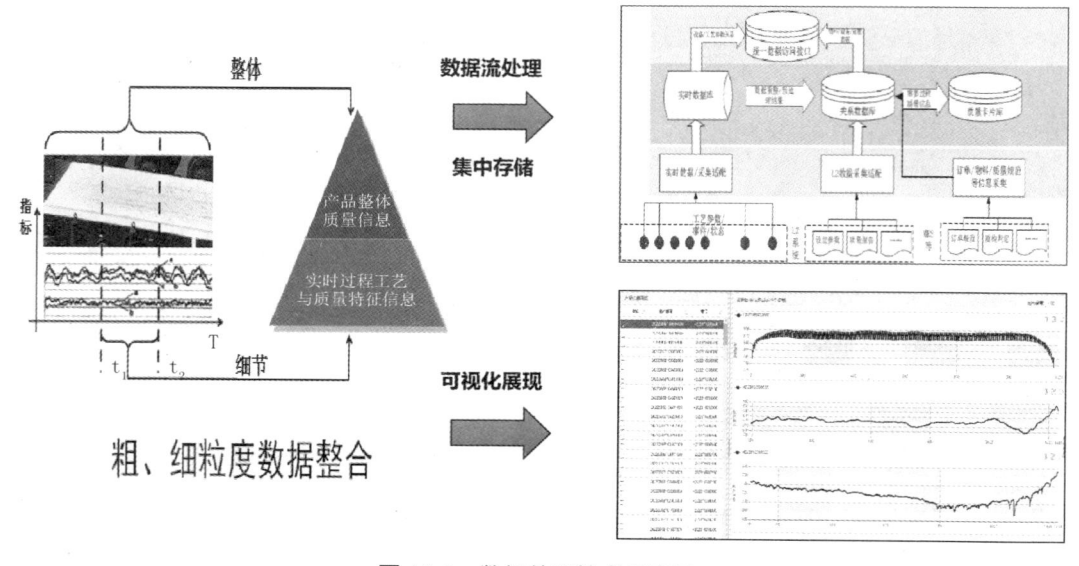

图 15-3 数据处理技术示意图

(2)过程质量监控及预警。

为实现工艺过程参数的实时预警和机组判定,保证产品质量全程一致,首钢股份对重要工艺过程参数、质量参数进行实时在线监控、预警和判定,向操作人员提供作业预警信息,保证批次内产品质量的稳定性。预警方法主要有简单的参数超限报警方法、SPC 统计控制方法、神经网络模型预测方法等,各工艺参数控制可根据企业技术标准或设定参数等灵活配置。

为了保证产品过程质量的一致性,首钢股份研发了基于规则推理的产品质量在线判定引擎(见图 15-4)。产品质量在线判定引擎可以根据过程工艺参数和质量参数进行物料全长评级,评级结果可以作为质量判定的重要依据。

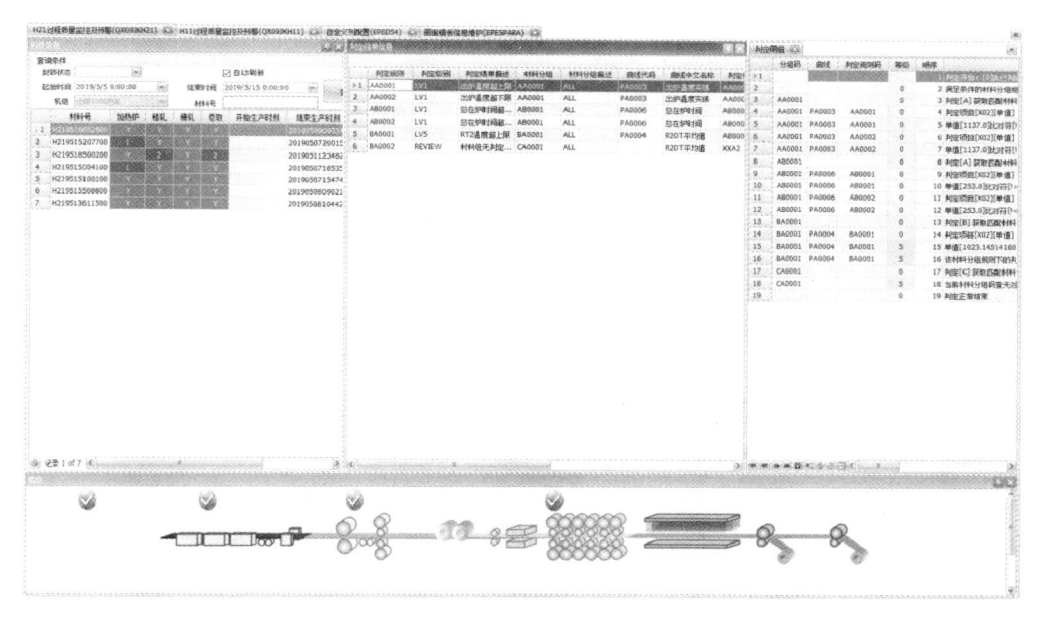

图 15-4 过程质量监控功能

(3)精准质量在线判定。

① 基于客户需求的分段判定。

基于工业大数据平台采集和整合后的数据,首钢股份通过特征提取技术,针对不同客户需求、不同品种牌号,以生产过程各工序质量控制要求为基准建立了可配置、可分类分段的在线判定规则库,实现了炼钢、热轧和冷轧全流程质量在线判定,通过定时、在线评估方式，对产品质量做出的判断为产品的降级处理或分段销售打下了基础。

精准质量在线判定流程图如图 15-5 所示；精准质量在线判定核心功能示意图如图 15-6 所示。

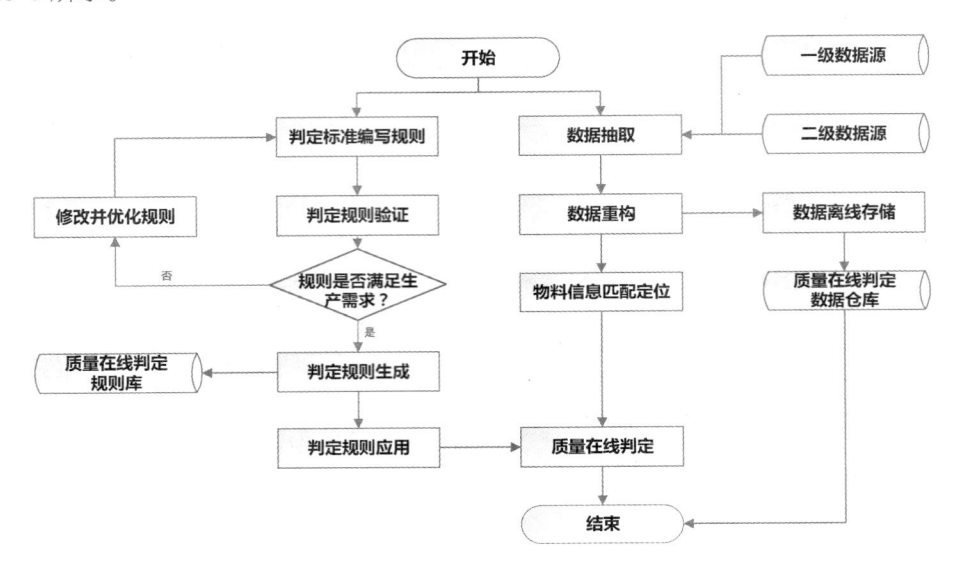

图 15-5　精准质量在线判定流程图

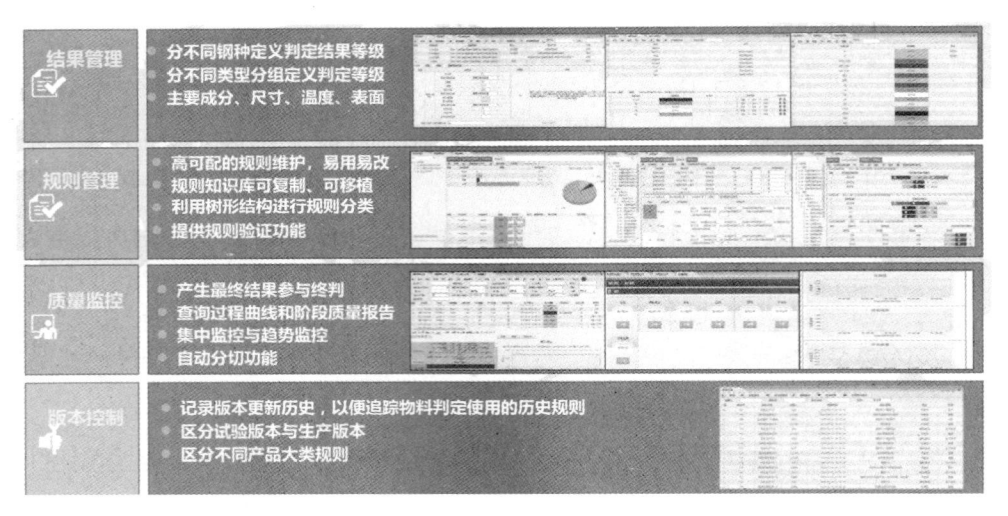

图 15-6　精准质量在线判定核心功能示意图

② 基于图片识别的表面缺陷检测分类。

板带钢产品的表面质量是重要的评价指标之一。板带钢表面夹杂物、氧化皮、孔洞等缺陷不仅影响产品的外观质量，还会降低产品的抗腐蚀性、耐磨性和其他强度性能。目前，我国大多钢铁企业采用闪频光检测、基于 CCD 成像检测等表面质量在线检测系统判定产品的表面质量，但这些系统的表面缺陷识别准确率均不高，检出率和分类率约为 80%，亟待实现高精度表面识别及在线表面判定。

表面判定系统利用高效的数据采集技术、精准的数据标注技术、人工智能卷积神经网络、缺陷特征提取、依据配置规则的缺陷合并、依据规则的缺陷分级，实现板带钢表面缺陷识别及在线判定，提高缺陷整体的识别率。针对细小缺陷特征丢失现象，首钢股份采用多尺度特征金字塔融合算法将自顶向下的上采样特征图与自底向上的下采样特征图按像素融合，对 Faster R-CNN 算法进行改进，提高对细小缺陷的检出率和分类率。表面判定系统界面如图 15-7 所示。

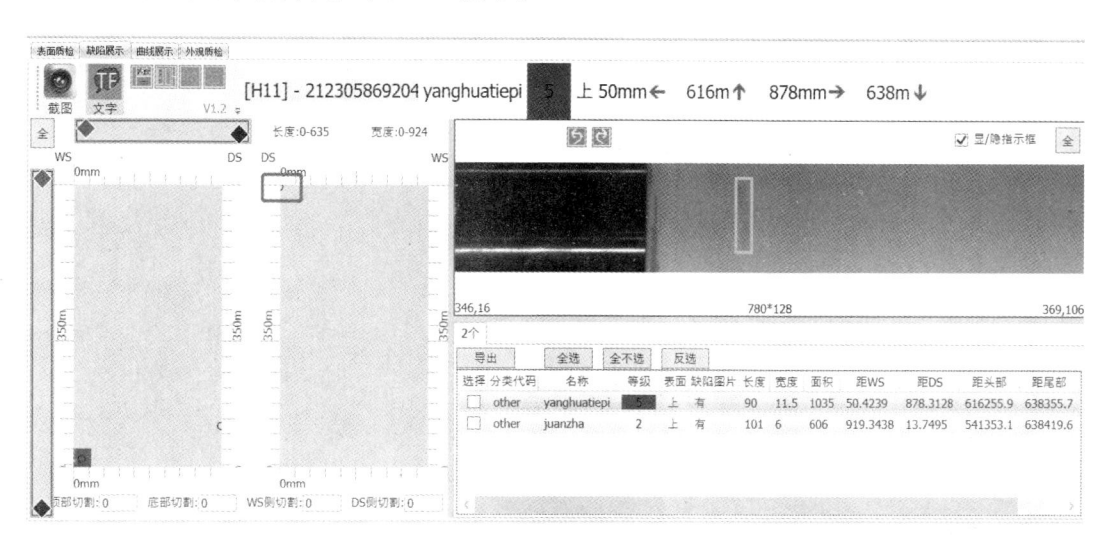

图 15-7 表面判定系统界面

带钢表面缺陷识别技术方案实施步骤示意图如图 15-8 所示。

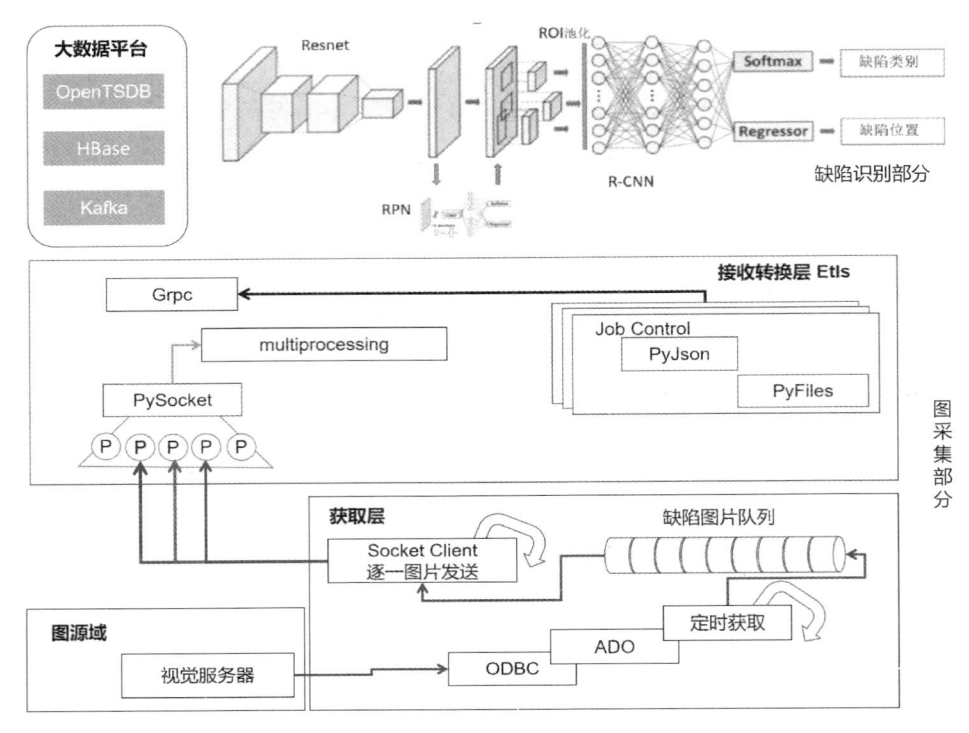

图 15-8　带钢表面缺陷识别技术方案实施步骤示意图

③ 基于多元回归的性能预测。

首钢股份利用相关性分析及特征值预测在海量数据中查找与产品性能相关的关键影响因子，挖掘现有工艺方案、工艺标准中的生产工艺规律和生产指标特性；利用物理冶金学模型和信息技术，对生产过程中各种物理冶金现象进行综合数值模拟；依据各关键指标间的复杂关系和作用机制，推导稳定可靠的品种各工艺环节的性能预测模型。

通过自动收集数据，并对其进行模型运算，预测轧后的产品性能，并将预测结果作为轧线"余材充当"和"精准选样"的依据。通过取消牌号的开卷、取样及性能检验，降低取样成本，提高成材率。

虚拟数据预测示例如图 15-9 所示。

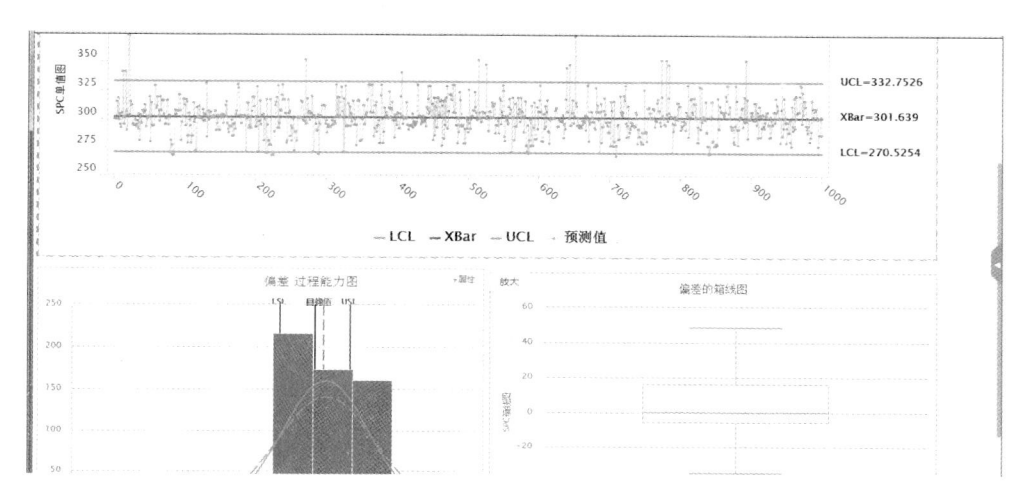

图 15-9 虚拟数据预测示例

单值预测示例如图 15-10 所示。

图 15-10 单值预测示例

④ 基于决策模型的智能分切。

面向质量缺陷处置环节,依据物料规格、订单要求、尺寸、性能、表面类综合判定结果等数据，进行多维度的综合分析及推理。构建质量处置决策模型，引用时空转换技术、关联分析及预测算法，考虑物料质量异常部位、分切后产品的完整性、设备计长误差、工序位置平移、表面缺陷、外观缺陷、性能缺陷、分切后订单的兑现等诸多因素，一键式得出缺陷处置指令。构建智能分切知识库，根据质量判定规则，挖掘曲线特征值和钢种大类、中类、小类、厚度、宽度规格的评审结果对应关系，确定缺陷点。技术人员根据连续标准将缺陷合并，给出曲线处置意见及缺陷距头尾距离。该结果可指导后工序任务，为连退、镀锌、重卷等工序智能分切提供支撑，降低各生产环节产生的质量缺陷对成品的影响。

2. 跨工序质量追溯与分析

跨工序质量追溯与分析将智能质量过程判定和表面缺陷检测分类形成的结构数据和非结构数据存储到工业大数据平台中，用于支撑表面质量缺陷遗传性追溯、质量关键管控指标监控及分析、跨工序产品质量交互分析与异常诊断、质量异议快速反查等。

（1）表面质量缺陷遗传性追溯。

基于多工序工艺质量数据协同处理方法，根据不同工序、不同设备的工艺参数和质量缺陷等指标的对应关系，进行数据的统一处理和分析，以提高质量追溯和缺陷定位的准确率，尤其是进行工艺质量遗传性分析。通过传统规则设定和大数据模型计算两种方式，对带钢厚度检测、表面缺陷分布、工序平移、规格变化、开卷次数、翻面次数等与质量相关的信息进行综合处理，以满足跨工序快速定位缺陷的要求，自动给出前工序缺陷与后工序缺陷的对应位置和最佳匹配缺陷，实现缺陷的一贯制快速反查。技术路线图如图15-11所示。

例如，板坯、热轧钢卷、冷轧钢卷的表面缺陷间存在位置、大小等对应关系，如果板坯上的表面缺陷经热轧、冷轧后仍然存在，那么该缺陷在热轧卷和冷轧卷上的位置、大小等均会发生变化，对应表面质量缺陷追溯系统界面如图15-12所示。

（2）质量关键管控指标监控及分析。

通过数据的清洗及数据主题的构建，实现跨工序工艺参数、质量数据的交互式正向追踪、逆向追溯，形成供业务人员分析的基础主题数据，并最终通过可视化组件进行图形化展示,以很好地满足业务人员的自定义分析需求。另外,对关键指标进行自动统计、原因自动定位及异常主动推送,以便业务人员及时发现异常问题,调整现场工艺。质量分析示意图如图15-13所示。

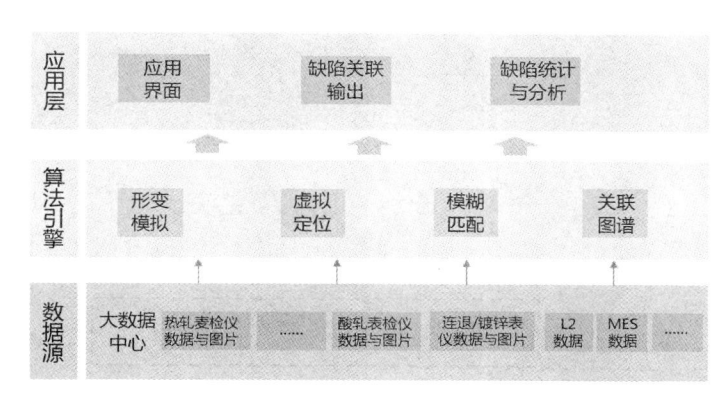

图 15-11 技术路线图

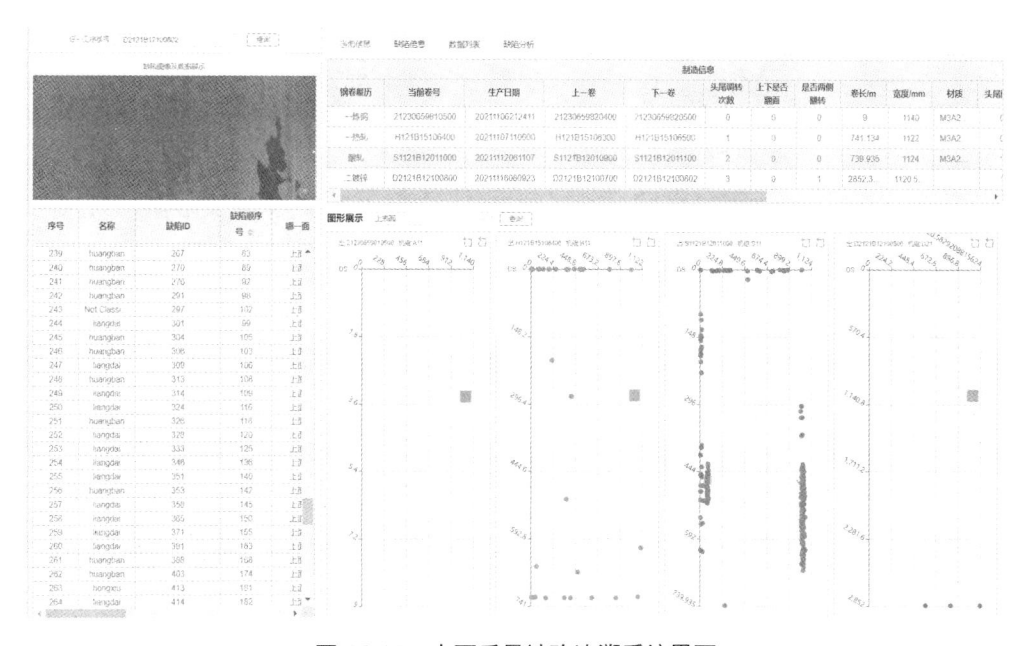

图 15-12 表面质量缺陷追溯系统界面

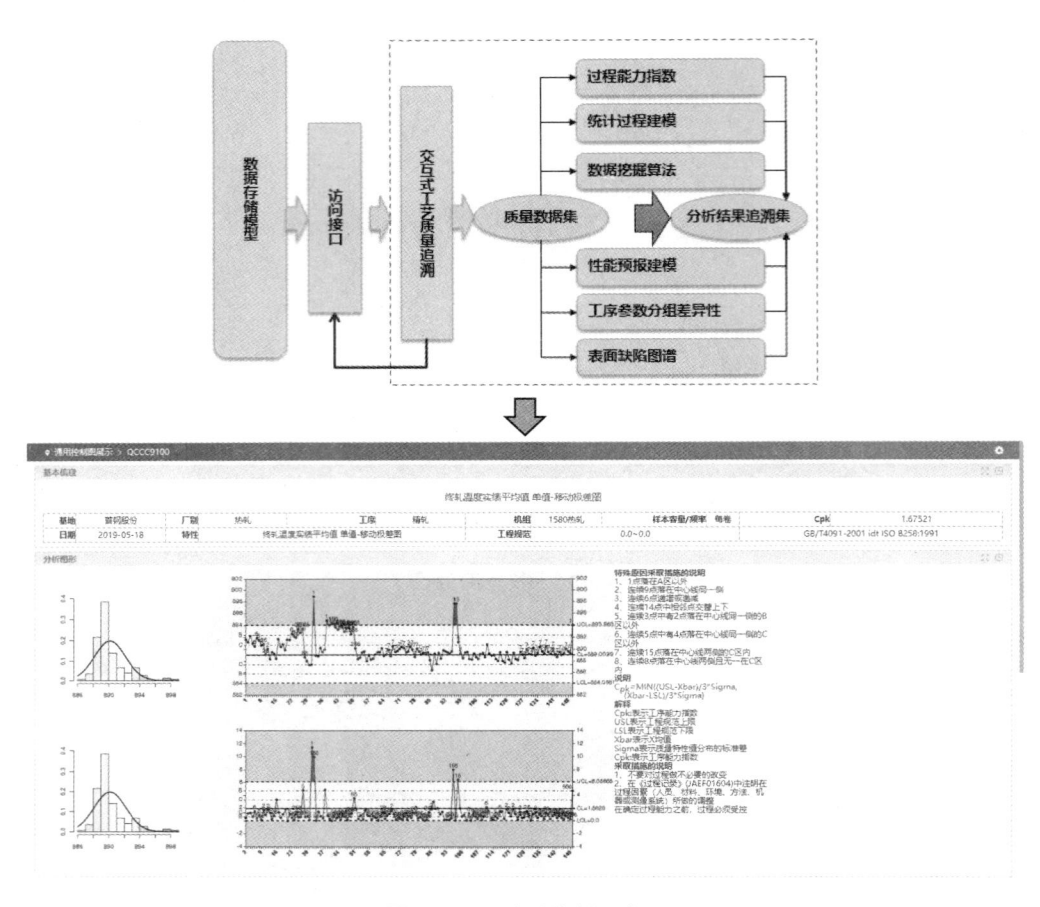

图 15-13　质量分析示意图

（3）跨工序产品质量交互分析与异常诊断。

跨工序产品质量交互分析与异常诊断是指对产品工艺过程参数进行全流程跨工序全面分析的过程，对把握质量控制水平和进行异常诊断具有重要指导意义。

跨工序工艺参数曲线与表面缺陷联合分析是按物料树将材料经过钢后工序的工艺参数曲线和表面缺陷缩略图集成到一个界面中进行对照分析，如图 15-14 所示。通过单卷分析和多卷查询对比（针对不同物料的同一工艺参数进行对比），可以找出异常或差异，如图 15-15 所示。

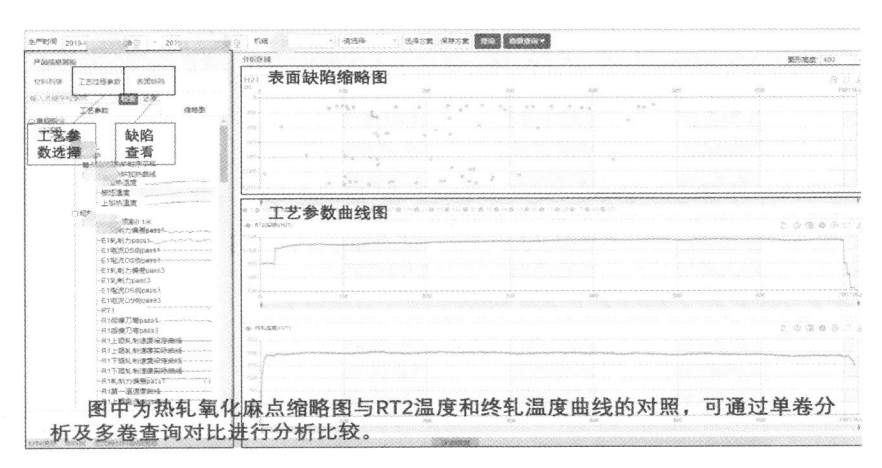

图 15-14　表面缺陷缩略图与跨工序工艺参数曲线联合分析界面

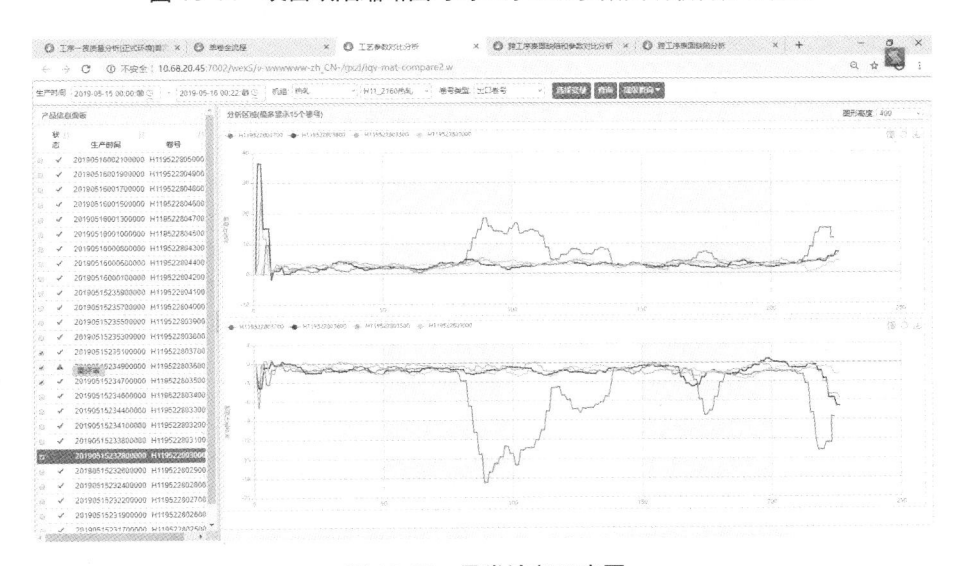

图 15-15　异常诊断示意图

（4）质量异议快速反查。

质量异议快速反查是进行客户质量异议原因分析的主要过程，针对表面、尺寸、板型和性能这几类异议，集成可能影响异议产生的材料基本信息、过程参数信息、质检判定信息，即可通过材料号快速查询到异议卷的生产信息、质检信息，从而为质量异议综合分析提供依据。质量异议反查系统功能图如图 15-16 所示。

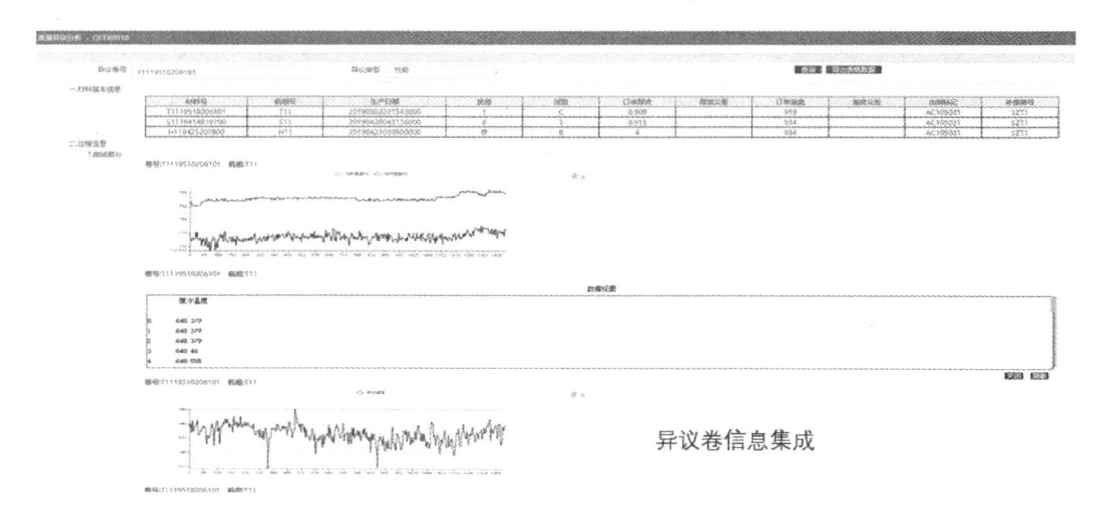

图 15-16 质量异议反查系统功能图

15.2.4 实施效果

该项目的实施，使产品缺陷分类的准确率由 80%提高到 92%。通过集成各工序的表检数据，实现了对全流程表面缺陷演变情况的快速、准确、便捷地对应和追溯，有助于快速锁定缺陷来源工序和产生原因，对提升产品质量起到了重要促进作用。智能质量过程判定实现了用机器替代人工判定，以及由事后抽样分析到全流程自动过程质量控制的跨越，提高了质量过程控制的效率和精度。智能质量过程判定的自动判定率达 100%，判定周期由 30min 缩短为 5min，临时封闭率由初期的 33.75%降低到 16.91%，现货发生率由实施前的 14.35%下降到 9.45%，返修率由初期的 10.03%降低到 9.14%。

（1）实现了质量闭环控制。

全流程过程质量管控为质量设计和改进提供支撑，帮助首钢股份实现了从钢水投入到成品产出整个过程的监控、调整、判定、预测、检验和处理，实现了全流程一体化闭环质量管控，并优化了客户服务、质量异议等处理流程，大大提高了客户满意度。

(2)重构业务流程,化繁为简。

产品全流程过程质量管控以过程控制系统的数据为基础,利用统计方法对生产过程进行监控、诊断、分析,帮助首钢股份优化了业务流程,完善了质量一贯制管理体系内涵,提高了工作效率,提高了客户满意度。

(3)工序服从,业务协同。

产品全流程过程质量管控为首钢股份不同部门间的质量交接提供了很好的依据,有效解决了部门与部门间的质量纠纷,促使上下游质量信息实现了共享(上游可以更直观、快捷地了解下游质量问题,并做出相应改善;下游可以根据判定及时调整工艺,降低质量问题发生的概率)。质量报告为销售人员和生产管理人员了解产品生产情况、解决质量问题提供了依据,有效提高了客户对产品质量的信心。

15.3 美擎工业互联网平台驱动智能制造

15.3.1 公司介绍

美的集团是一家集智能家居、楼宇科技、工业技术、机器人与自动化、数字化创新五大业务板块为一体的全球化科技集团。该集团在全球拥有 28 个研发中心和 34 个主要生产基地,产品及服务惠及来自全球 200 多个国家和地区的约 4 亿个用户,形成包括美的、小天鹅、东芝、华凌、布谷、COLMO、Clivet、Eureka、KUKA、GMCC、威灵、菱王、万东在内的多品牌组合。

为更好地支撑产品提升和科技创新,美的集团构建了由统一数据中台、技术中台支撑的美云销平台、美擎工业互联网平台和美的 IoT 平台。美的集团一方面将数字技术与业务深度融合,改造全价值链,成为数字化标杆企业;另一方面,布局规划以智能化技术、产品和场景为核心的全新产品、服务和业务模式,紧跟物联网时代发展潮流。

美擎工业互联网平台于 2018 年开始建设,在数字化制造方面做了大量试点和创新。

利用 5G 等先进技术，美擎工业互联网平台把机器、人、物料、设备、产品连接起来，将所有业务环节在线化，实现了数字驱动。在打通研发、营销、制造、物流、售后等企业价值链的基础上，美擎工业互联网平台实现了产品定制个性化、制造全程可视化，以及生产和物流的智能化，现已成了跨行业、跨区域的工业互联网平台。

15.3.2　业务痛点

美的集团经过五十多年的不断实践和探索，从以产品满足基本需求，迈向产品安全、易用、耐用、智能化，向用户提供了值得信赖的产品和服务，塑造了口碑。然而，其发展过程并不是一帆风顺的。随着国内外市场环境的变化，产能过剩、市场收缩的现象出现，传统增长方式乏力，成本优势和规模效益逐渐消失，美的集团遇到了发展瓶颈，传统经营模式遇到极大挑战。传统经营模式遇到的挑战如图 15-17 所示。

图 15-17　传统经营模式遇到的挑战

由于美的集团是面向终端客户的企业，所以美的集团需要面向客户，解读客户需求，切实解决企业在产品研发、生产制造、供应链、客户服务等全价值链中面临的众多痛点。例如，产品研发如何更多地满足用户需求？从制造到销售再到服务如何全面提速？如何让产品品质更高？产品服务综合性价比如何做到更高效？如何达到成本最优、柔性交付的目标？

15.3.3　主要解决方案

为了更好地支撑产品提升和科技创新，美的集团积极拥抱数字化时代，自主研发了美擎工业互联网平台。

美擎工业互联网平台在打通研发、营销、制造、物流、售后等企业价值链的基础上，实现了用户个性定制，全程可视化、智能化的生产物流，实现了全球研发协同、全球订单协同、生产产能协同、材料采购协同等全球化运作，并形成了跨行业、跨领域、跨区域专业的解决方案，成功入选工业和信息化部跨行业、跨领域工业互联网平台，并拥有了数百家不同行业的客户。

目前，美擎工业互联网平台（见图 15-18）已集软件、硬件和工业知识体系三位一体，拥有美的集团特色的工业互联网体系，旨在承接"人机新世代"创想，以用户为中心进行全价值链创新变革，实现数智企划、数智研发、数智制造、数智营销、数智服务，通过数智驱动的智能质量管理，让美的集团的产品与服务更优质、高效，让人们的生活更美好。

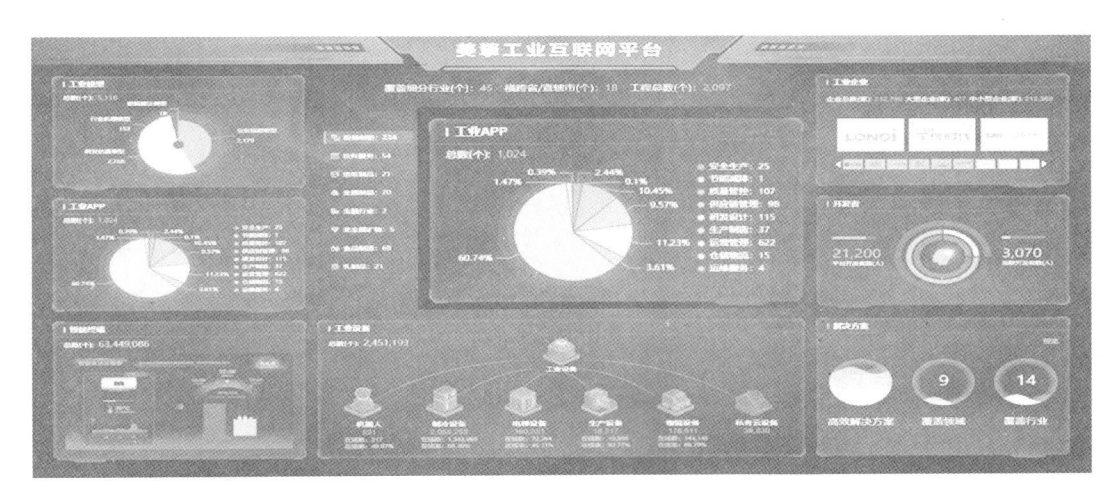

图 15-18　美擎工业互联网平台

在边缘层，美擎工业互联网平台通过设备模板模式实现了设备的便捷式接入，完成了设备数据采集配置的初始化，提供了打通设备采集/控制链路的基础条件。数据采集基于微服务的开发模式，集成了 PLC、PC、CNC 等各类驱动，支持基于 SDK 的自定义驱动开发。美擎工业互联网平台采用基于模板化的设备采集配置方式，支持同一类型的设备使用相同模板，降低了客户设备接入工作量。美擎工业互联网平台创新优势如图 15-19 所示。

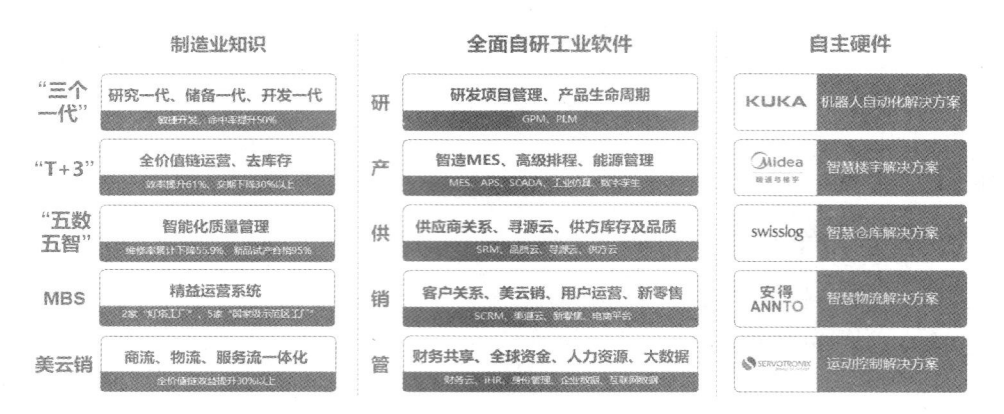

图 15-19　美擎工业互联网平台创新优势

在 PaaS 层，美擎工业互联网平台提供了平台化的服务网关、服务编排和应用集成能力；帮助企业打通、整合了其内外新旧业务系统，提高了开放能力，实现了跨系统的互通集成和管控；提供了面向 API 微服务网关和 Connect 应用集成的特色能力集。美擎工业互联网平台具有多服务协议适配和开放管控能力，可以实现跨协议的服务能力互通，主要针对应用系统能力对外开放、API 管理、服务组合编排和系统互相访问的场景，提供统一的安全授权、流量限制等管理和控制。美擎工业互联网平台边缘计算架构如图 15-20 所示。

图 15-20　美擎工业互联网平台边缘计算架构

同时，基于对多云架构的容器云技术研究，美擎工业互联网平台实现了多云统一资源池、多云协同、业务跨多云部署、业务突发自动伸缩、统一运维管理、异地多活、云容灾等。美擎工业互联网平台 iPaaS 架构如图 15-21 所示。

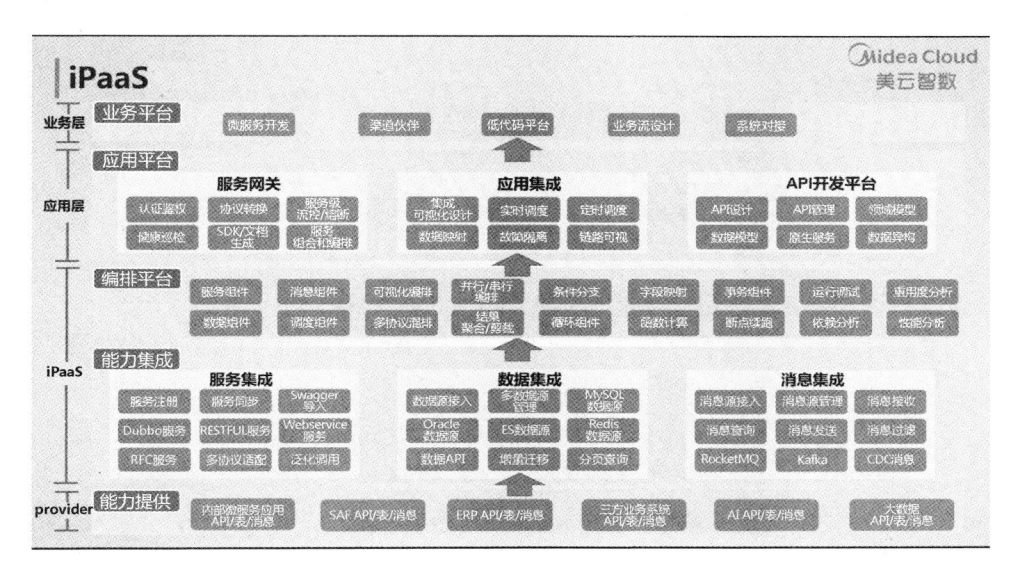

图 15-21 美擎工业互联网平台 iPaaS 架构

美擎工业互联网通过跨云跨域负载均衡算法，在多机房多云环境中部署容器集群，实现多云协同应对突发流量，当应用负载出现突发情况时，从各私有云、公有云中将资源充足的云环境资源动态扩容到资源不足的云环境，实现资源的充分利用，避免形成多云环境资源孤岛。多云架构的容器云技术如图 15-22 所示。

在应用层，美擎工业互联网平台孕育了众多撒手锏 App（见图 15-23），包括高级计划排产系统（M.APS）、制造执行系统（M.MES）、采购云（M.SRM）、产品生命周期管理（M.PLM）、工业仿真（MIoT.VC）等。这些 App 支撑了美的集团所有业务领域，是美擎工业互联网平台强大服务能力的具体体现。

美擎工业互联网平台在顶端应用上实现了横向、纵向、端到端全价值链信息集成。

企业与代理商之间、企业与售出产品（客户）之间的协同将企业内部的业务信息向企业以外的供应商、经销商、用户延伸，实现了企业与产业链上下游之间的集成；实现了现场层、车间层、企业层等所有层次的信息和研发、生产、销售等所有环节的信息的无缝连接，包括一个环节上的集成（如研发设计内部信息集成），也包括跨环节集成（如研发和制造环节的集成）；实现了贯穿整个价值链的工程化数字端对端集成；实现了数字化工程（MBD）和基于模型的企业（MBE）/虚拟企业构建。

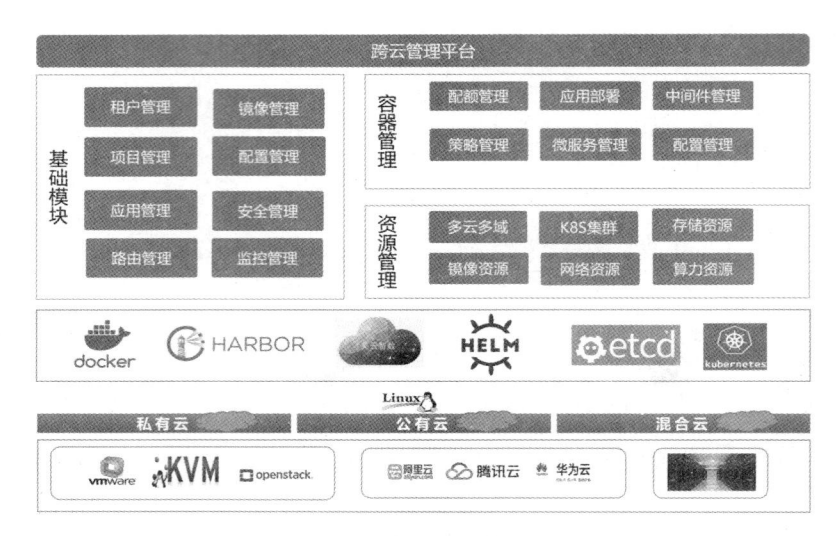

图 15-22　多云架构的容器云技术

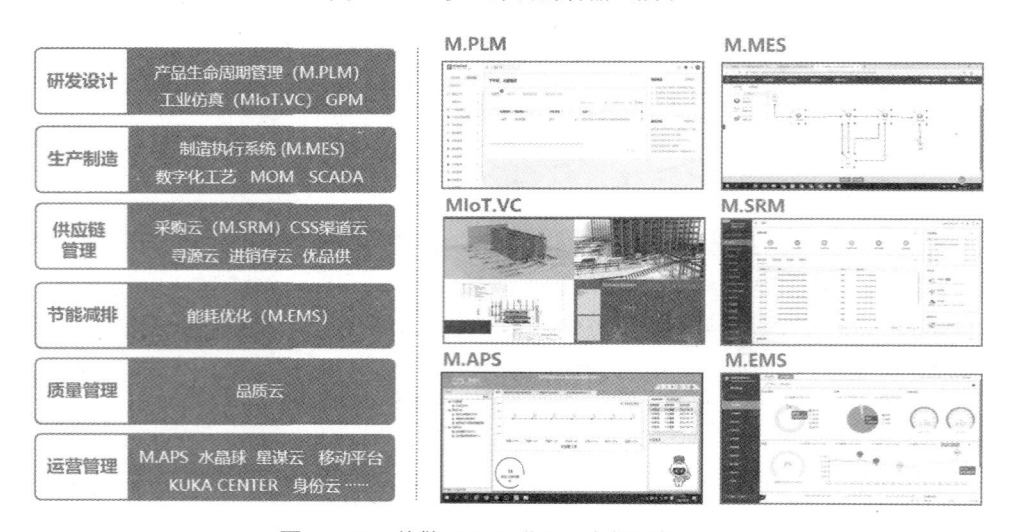

图 15-23　美擎工业互联网平台撒手锏 App

15.3.4　实施效果

以美擎工业互联网平台为基础，美的集团通过数字化智能运营系统和创新管理工具方法，围绕"科技领先、用户直达、数智驱动、全球突破"四大战略主轴，坚持以用户为中心，通过管理创新连接供、需两侧，构建端到端全价值链业务场景的数字化管理模式，据此打造了四家 WEF（World Economic Forum，世界经济论坛）"灯塔工厂"，并荣获第四届中国质量奖。该模式可广泛应用于制造型企业，具有显著示范性、推广性。

在端到端全价值链业务场景的数字化管理模式的推动下，美的集团从满足用户、企业、社会需求出发，践行国家供给侧改革，对产业结构、产品结构、流通结构和消费结构等进行优化，成功向高质量发展转型。2012—2021 年，美的集团营业收入提升 232%，净利润提升 301%，这受益于以下几项数字化核心能力。

- 美的集团基于美擎工业互联网平台的平台化产品研发模式，缩短研发周期和复杂度，提高产品可制造性，提高产品竞争力，提高开发和制造效率，新品试产合格率超过 95%。
- 美的集团通过数字化生产闭环管理、KPI 优化提升、会议及点检等流程固化、责任清晰及有效响应，进行事前、事中、事后管理，减少异常损失，制造损失降幅超过 30%，2019—2021 年市场维修率累计降幅为 55.9%。
- 美的集团独创美云销中台模式，构建集商流、物流、服务流为一体的中台，通过营销变革，快速打造新业务模式和系统平台，让用户、渠道、合作伙伴数字化协作更简单、高效，全价值链效益提升超过 30%。
- 美的集团通过美擎工业互联网平台的物联能力，与用户建立长期良好的关系，提升产品用户体验，2019—2021 年电商差评率累计降幅为 55.9%。

在对外赋能方面，美擎工业互联网平台精耕 40 多个细分领域，服务企业总数超过 21 万家，其中包含 400 多家大型企业、各行业的龙头代表。美擎工业互联网平台针对头部客户主要提供个性化定制服务，打造行业级标杆，进而实现行业内复制推广。此外，美擎工业互联网平台针对广大中小型企业，提供"平台+SaaS 公有云"服务。美擎工业互联网平台业务蓝图如图 15-24 所示。

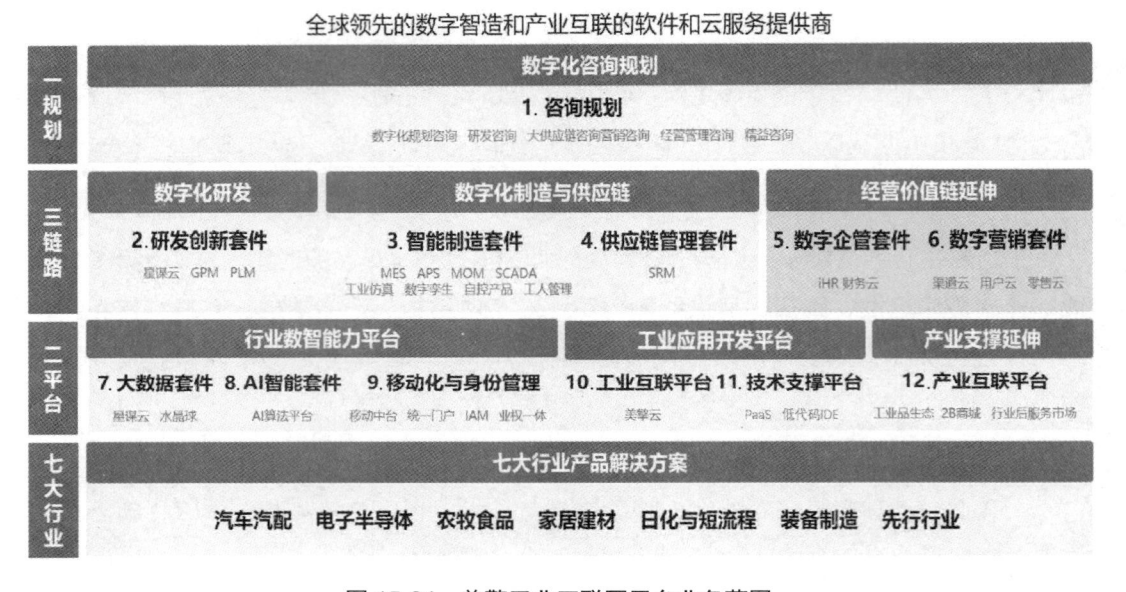

全球领先的数字智造和产业互联的软件和云服务提供商

一规划	数字化咨询规划
	1. 咨询规划
	数字化规划咨询　研发咨询　大供应链咨询营销咨询　经营管理咨询　精益咨询

三链路	数字化研发	数字化制造与供应链		经营价值链延伸	
	2. 研发创新套件	3. 智能制造套件	4. 供应链管理套件	5. 数字企管套件	6. 数字营销套件
	星课云　GPM　PLM　工业仿真　数字孪生	MES　APS　MOM　SCADA 自控产品　工人管理	SRM	iHR　财务云	渠通云　用户云　零售云

二平台	行业数智能力平台			工业应用开发平台		产业支撑延伸
	7. 大数据套件	8. AI 智能套件	9. 移动化与身份管理	10. 工业互联平台	11. 技术支撑平台	12. 产业互联平台
	星课云　水晶球	AI 算法平台	移动中台　统一门户　IAM　业权一体	美擎云	PaaS　低代码 IDE	工业品生态　2B 商城　行业后服务市场

七大行业	七大行业产品解决方案
	汽车汽配　电子半导体　农牧食品　家居建材　日化与短流程　装备制造　先行行业

图 15-24　美擎工业互联网平台业务蓝图

美擎工业互联网平台通过内外赋能，积累沉淀了 75 个有效解决方案，从安全生产、供应链协同、研发设计、节能减排等九大领域解决不同行业问题，覆盖包含家电、汽车、农牧、机械在内的 14 个行业，实现了跨行业、跨领域的复制和推广。

未来，美的集团将持续以数智驱动战略为基础，坚持"突破、创新、布局"的指导方针，不断创新产品服务和商业模式，持续提升美擎工业互联网平台的创新力和影响力，更好地赋能产业、共建生态，建立以用户为中心、数据驱动的物联网时代的全球领先科技集团。

15.4　基于数字孪生的热处理车间远程运维解决方案

15.4.1　公司介绍

某公司主要产品为风电、矿山机械用大型传动齿轮，经营范围涵盖研发、制造、销售工程用大直径齿轮，销售五金交电、化工产品，以及货物进出口等业务。

15.4.2　业务痛点

该公司拥有一套国内最大的热处理炉，其客户包含通用汽车公司、德国采埃孚股份公司、罗伯特·博世有限公司及国内的重齿等企业。客户对齿轮的韧性、硬度和耐磨性等性能要求很高，这对热处理过程的工艺控制提出了很高要求。该公司在热处理炉的设备运维、工艺参数管控及安全巡检方面存在以下三大问题。

（1）热处理炉监控点位少。

热处理设备采用热辐射加热，当时每个炉膛只有一个温度监控点位和一个碳势监控点位，监控点位少，无法控制温度及碳势分布均匀性，工艺稳定性差，导致产品合格率低。

（2）加热炉内部生产环境、产品状态不可视。

热处理炉属于高温、密封设备，加热炉在生产时内部为高温且密闭环境，内部温度可达到1200℃，在抽真空时绝对压力可达到0.64kPa。加热炉在生产时，内部生产环境不可视，无法获取炉内温度、气体、碳势等分布情况，产品状态难以检测，无法预知产品渗碳厚度、洛氏硬度、金相组织等情况。由于工艺参数获取困难，当时该公司成品合格率只有92.8%，成品报废率较高，每年给公司带来数千万元的经济损失。

（3）人工巡检效率低、风险高、不及时。

人工巡检效率低，热处理炉在生产过程中处于高温、高压状态，存在爆炸等危害人身安全的风险；原定的 2 小时一次现场巡检也经常出现员工未按时巡检的情况。

车间热处理炉局部图如图 15-25 所示。

图 15-25　车间热处理炉局部图

15.4.3　主要解决方案

为解决上述问题，实现设备及时维护、工艺参数精准管控及远程安全巡检，该公司通过深度融合"5G+VR+数字孪生"技术与工业互联网，借助数字孪生制作工厂环境、设备内部状态的 3D 模型，制订了基于数字孪生的热处理车间远程运维解决方案，实现了工厂环境、设备生产过程全貌展示，有效提高了产品合格率。另外，技术人员通过 VR 终端可以对工厂环境进行远程巡检，保障了技术人员的生命安全，降低了安全事故发生率。

方案具体包括以下内容。

- 搭建 5G 虚拟专网，使工厂内的海量生产设备及关键部件互联，提升生产数据采集的实时性。
- 利用数字孪生建立工厂设备数字模型，结合大数据分析算法高效识别异常数据。

- 建立远程运维专家系统，对采集到的设备互联数据进行分析、计算和模拟操作，实现设备运维智能化和工艺控制精准化。
- 基于 5G 技术的 Cloud VR，结合眼球跟踪渲染、GPU 定点渲染、LED 高 PPD 屏幕技术，实现实时可视化巡检工厂环境、设备运行状态，大大提高作业安全规范性，降低人员安全事故发生率。

本方案通过搭建云、边、端一体化架构，如图 15-26 所示，将生产现场数据传输至边缘服务器，实现数据筛选、数据清洗、模型加载、质量预测、远程运维；将数字孪生体、行业专家知识系统、机理模型存储在云端，基于海量数据进行机理模型计算、分析及生产优化，并将计算结果返回终端；在终端通过 VR 眼镜进行车间 3D 模型的可视化展示及人机交互操作，实现远程运维目标。

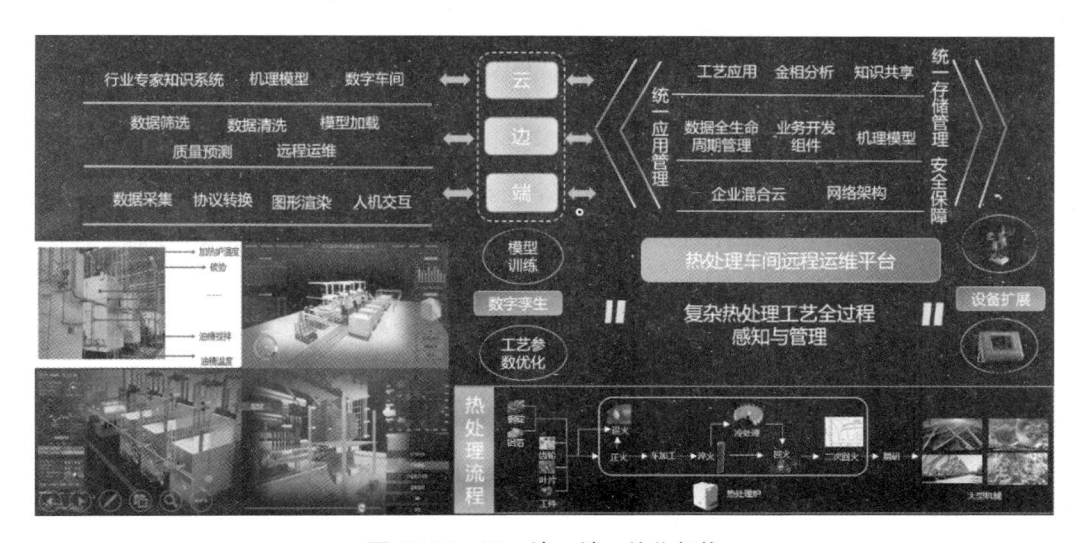

图 15-26 云、边、端一体化架构

15.4.4 方案详细介绍

1. 云、边、端一体化平台

边缘操作系统不仅具有边缘设备上的任务调度、存储网络管理等传统操作系统职责,还具有 VR 端数字孪生模型的可视化、人机交互、数据预处理等功能。这使得图像传输距离大大缩短,解决了集中云化部署不能压缩的传输时延问题,满足了高清晰、低时延的业务需求,同时可以卸载终端设备的智能数据处理、图像渲染等功能,在降低终端设备成本、提升计算处理性能的同时,并没有显著增加业务时延。云端负责复杂的模型分析计算、数据持久化存储,以及专家系统模型库存储等。云、边、端一体化平台主要包含以下功能模块。

- 应用服务模块:提供对外服务接口,控制内部数据流传输,主要包括算法模型调用接口、可视化接口(计算结果的可视化)、信息管理接口等。
- 数据管理模块:对整个系统的数据进行管理,支持系统各模块的数据存储、调用。
- 模型计算模块:内置各种算法模型,负责计算任务的运行与调度。
- 运行管理模块:监控维护系统各模块的稳定运行,包括整个系统的计算性能、网络性能、IO 性能等。

2. 热处理车间数字孪生体

热处理是金属加工过程中的关键工艺过程,该过程工艺参数的稳定性直接影响最终产品的质量,是实现智能制造的重要基础和关键技术。传统的升温曲线是一个监控点以一定时间间隔监控热处理的温度/碳势变化的曲线。大量研究显示,空间温度分布、产品受热均匀性、含碳气体浓度都对产品的金相组织和最终硬度有直接影响。传统的单点监控无法达到理想监控效果,这严重制约着热处理工艺技术的提高。通过数字孪生对热处理生产线进行虚拟映射,构建一个数字世界中的虚拟生产线,可以实现以下效果。

(1) 热处理车间及工件的虚拟展示。

虚拟模型主要包含几何模型、物理模型、行为模型和规则模型。

- 几何模型描述了设备的形状、尺寸,以及工件的形状、尺寸、位置等几何参数。
- 物理模型在几何模型的基础上增加了物理属性、约束、特征等信息,可真实反映热处理设备的温度、压力、温度分布,以及工件温度、形变、应力、渗碳厚度等参数。

- 行为模型描述了不同时空尺度下设备内部的温度分布、气体浓度分布及工件受热均匀性、气体扩散速度等。
- 规则模型描述了从热处理实时数据、历史数据中提取的规则，包括数据关联、隐性知识归纳、工件设计与加工相关标准与规范约束等。

（2）通过对热处理车间进行仿真建模，可以实现热处理车间设备工作、工件加工变化全过程的虚拟展示。

（3）生产过程实时监控及产品质量预测。

通过将虚拟模型与实时数据库连接，虚拟世界和实际空间可以不断进行数据传输和信息交互，从而保证虚/实系统同步演进。

- 物理模型将数据库提供的各采集点的温度和气体成分作为载荷信息。
- 行为模型计算模拟当前炉腔内的温度场及碳势场分布，同时模拟在当前工况下，工件的微观渗碳过程，计算工件的渗碳速度和渗碳厚度。
- 规则模型根据历史数据模拟预测工件当前工况下的产品质量。

（4）通过对生产过程进行实时模拟，可以对设备工作时的气体扩散运动、热辐射原理、金相组织变化、软件与控制算法等信息进行全数字化的模拟，实现热处理车间设备工作、工件加工变化全过程的实时监控。

（5）在新产品工艺验证阶段，可以利用数字孪生模拟实际生产过程，对各个生产单元内的工作流程进行过程建模与仿真，对多个协同的工艺条件进行虚拟调试，验证新产品的最优生产工艺，降低试错成本，缩短新产品开发周期，保证生产顺利进行。

（6）建立专家系统，实现行业知识积累。

在对生产过程进行持续监控的过程中，模型不断结合实际数据，经过计算、优化、完善后形成一套针对实际生产中出现的各种问题的模拟和应对方法的专家系统，在长期积累后，形成专业的行业知识库。

技术路线实施图如图15-27所示。

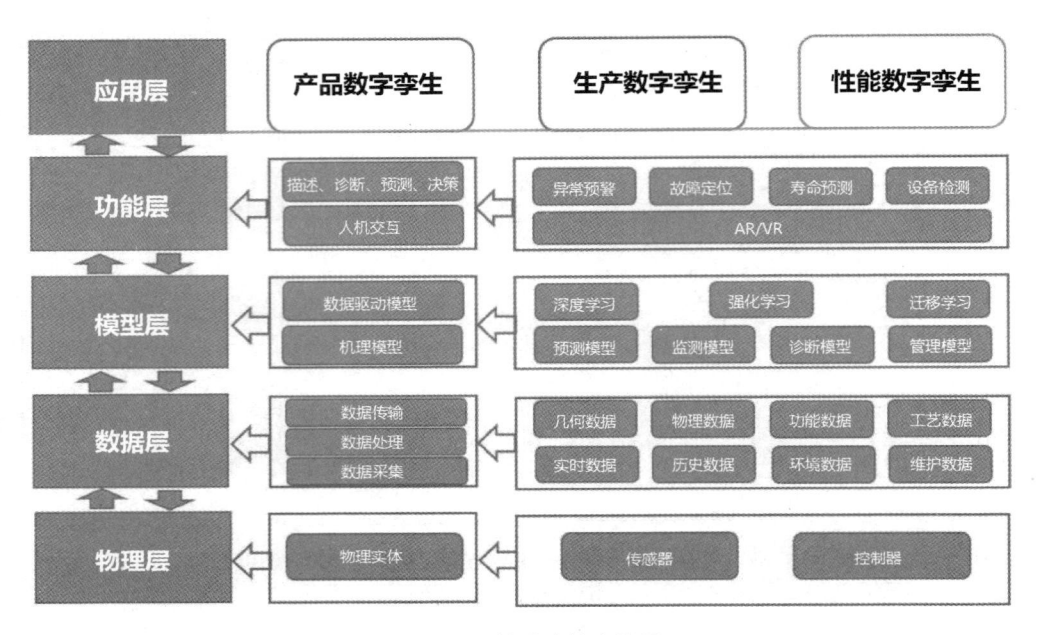

图 15-27 技术路线实施图

运用数字孪生，该公司实现了实时数据驱动，预测了碳势分布，降低了产品报废率，提升了产品质量，积累专家数据形成了行业知识库。借助 5G 技术和数字孪生，该公司实现了对实时数据、超高清视频模型的实时传输。

3. 基于"5G+VR"技术的远程运维系统

依托云、边、端一体化平台，基于"5G+VR"技术，该公司实现了生产工艺精准可视控制、设备沉浸式运维，以及产品质量预测分析；实现了传统工厂向 5G 智能工厂转型升级。基于"5G+VR"技术的远程运维系统设计总体架构如图 15-28 所示。

基于"5G+VR"技术的远程运维系统主要由感知层、数据层、网络设施层、应用展示层、用户表现层组成。

- 感知层：由温度传感器、压力传感器等传感设备组成，用于实现对工厂内场景与设备及设备工艺数据的可视化沉浸式体验。

- 数据层：是整套系统最基础且最关键的部分，主要包括模型数据、设备数据、业务数据。模型数据包括工厂内生产场景的搭建、设备内部与外部模型的建立及产品模型的建立；设备数据包括温度表、压力表等数据；业务数据包括生产的产品的属性数据、点检数据等。
- 网络设施层：包括三个方面内容，即互联网络、物联网、5G 虚拟专网。互联网络主要为操作者接入系统提供信息通道；物联网是指将各种传感设备与互联网结合起来形成的一个巨大网络，用于实现在任何时间、任何地点，人、机、物的互联互通；5G 虚拟专网用于实时传输数据，使呈现的画面更加稳定、高效。
- 应用展示层：包括工厂场景及设备展示、点检数据汇总展示、产品形态展示、设备温度曲线等展示。
- 用户表现层：是指能够通过 VR 设备进行交互，用于实现在 VR 设备中呈现的画面在大屏端同步显示，并能在 PC 端显示。

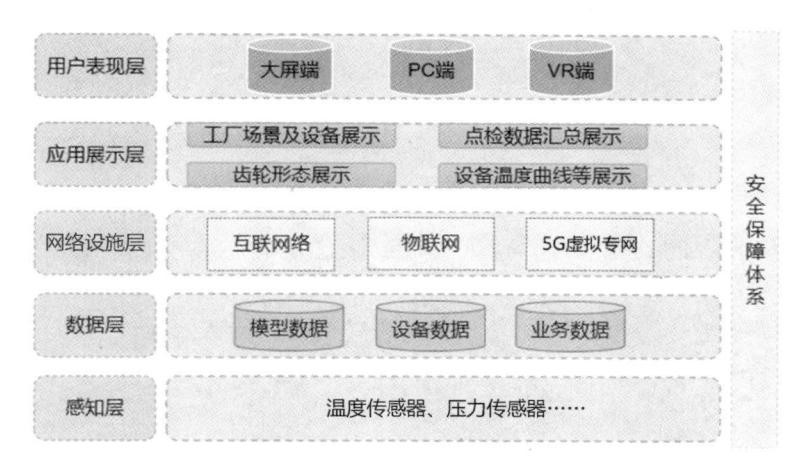

图 15-28 基于"5G+VR"技术的远程运维系统设计总体架构

4. 行业专家系统

热处理过程涉及的机理过程多且模型复杂。对于热处理企业来说，新产品初始工艺条件设置需要结合工艺设计人员的经验，并进行多次工艺导入验证，才能确定最优生产工艺，这需要花费大量时间，且报废成本很高。热处理设备在生产过程中一旦出现故障，对产品影响极大，需要快速响应，快速恢复生产。针对热处理过程中的这些问题，该公司引入了专家系统，实现了在生产产品前根据产品材料、渗碳厚度要求、硬度要求等智能给出工艺条件建议；同时实现了设备故障自动化、智能化诊断，并给出维修建议。

专家系统采用 NLP 技术从文本中提取实体和关系，基于知识图谱整合实体抽取、关系抽取、实体融合等算法，最终形成一个完善的系统。该公司在比较基于生成式模型和基于检索模型后，选择的模型是基于检索模型，其实现被划分为六个步骤，即语义理解、知识检索、知识抽取、知识融合、数据综合块、知识应用。

15.4.5 方案实施过程

1. 搭建工厂 5G 虚拟专网

通过搭建覆盖整个工厂的 5G 虚拟专网，依靠 5G 网络低时延、高可靠性、泛在连接的特性，确保热处理炉数据传输的及时性、安全性、可靠性。同时 5G 虚拟专网可作为工厂的业务网络。图 15-29 中的框内为 5G 虚拟专网的覆盖范围，总覆盖面积约为 11 900m²，厂房层高为 20 米。

图 15-29 5G 虚拟专网布局示意图

本方案采用5G室内分布式基站点系统,在三个车间顶部每15m安装一个分布天线,确保均匀布点;每八个天线通过一个室内射频单元控制。5G网络覆盖完成后,现场测试的下载速度大于220Mbps,上传速度大于65Mbps(见图15-30)。

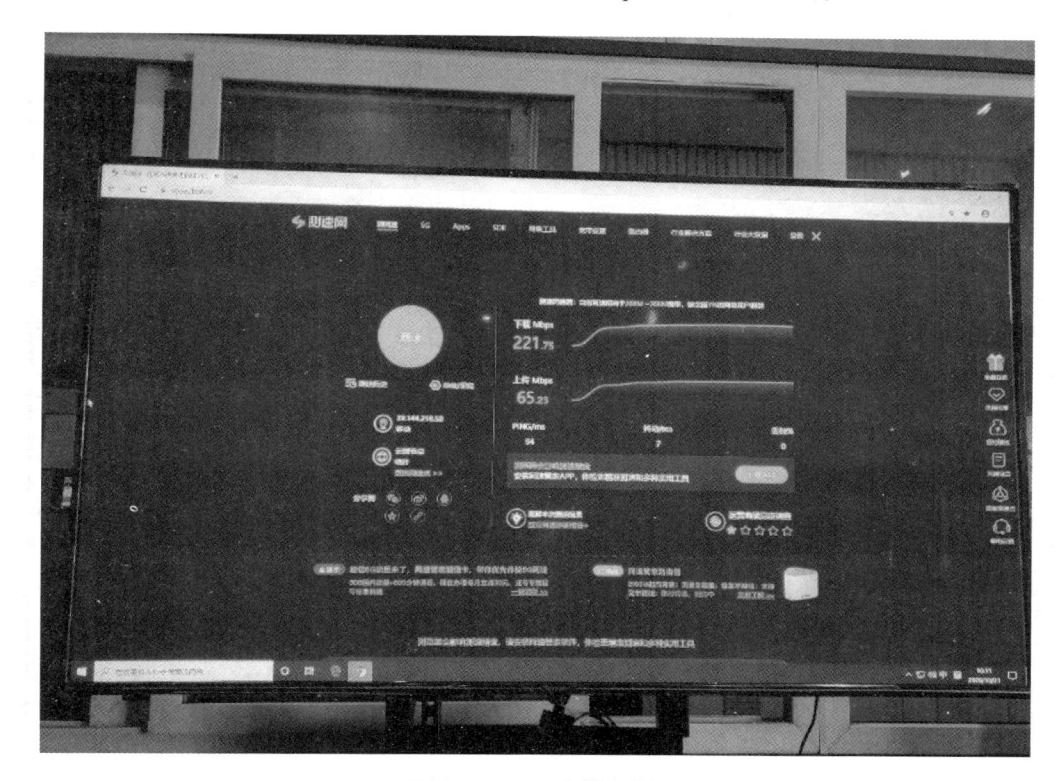

图 15-30 5G 网络测速

2. 增加热处理炉内数据采集点

热处理炉内的数据采集点由 20 个增加到 510 个,并加装 5G 模组,以便采集到的数据通过 5G 网络传输至服务器。此外,在热处理炉内增加热电偶,以便采集设备内部的温度分布;增加气体探测传感器,以便监测设备内部产品的碳势情况。在热处理炉外部安装摄像头,记录车间设备的周围环境和仪表、进气阀、流量仪装置的状态,以便后期技术人员使用 VR 眼镜远程巡检车间环境,并对仪表参数、工艺参数进行及时控制。通过提升热处理炉内环境感知能力，增加数据采集点数量级，来提高对温度及碳势分布均匀的控制性，提升工艺稳定性。设备监控点位图如图 15-31 所示。

3. 建立设备连接

将 5G CPE 接入 5G 网络，并将 5G 网络转换为 Wi-Fi 信号。AP 通过和 5G CPE 相连，实现了网络信号覆盖整个车间。5G CPE 安装效果图如图 15-32 所示。终端设备通过接入无线网络来利用 5G 网络进行数据传输。该系统建设方案支持设备在不改装的情况下连入 5G 网络，节约了设备采购成本，同时保证了现场信息的安全、可控传输。

图 15-31　设备监控点位图　　　　图 15-32　5G CPE 安装效果图

4. 建立车间数字模型

对车间内的热处理炉内温度、气体浓度及成分等数据，以及控制工艺生产条件的升温曲线、渗碳时机及渗碳浓度数据分别建立相关数字建模。此外，针对控制检测结果参数的金相组织、洛氏硬度，模拟工艺过程建立数字模型，分析产品在不同温度梯度、加热时间及碳浓度分布工况下的热应变。建模清单如表 15-1 所示。

表 15-1 建模清单

建模项	详细描述
设备 3D 建模	需要对生产环境、设备内部和外部及齿轮进行高精度建模，真实还原设备结构。 建模范围包括 5 个加热炉、6 个回火炉、2 个风冷台、1 个清洗机、2 个中继台、1 套脱硫装置、2 个 RX 气体发生器，以及其他附属装置。其中，加热炉和回火炉要进行内部建模，其他部分只需进行外部建模。 建模范围同时包含当前生产产品的真实还原及在设备内部的摆放方式还原。 模型在真实还原设备的基础上兼具科技感
设备工艺数据可视化	接入实际生产工艺数据，在 VR 眼镜及拼接屏中展示设备工艺数据。 数据包含升温曲线、碳势曲线、压力曲线、设备内监控点分布、设备内部温度场分布及其他关键工艺参数。 齿轮在当前生产环境下模拟的产品特性参数可视化展现。 工艺参数展示应包含上限、下限及超限报警提醒。 凸显 5G 技术应用场景
生产工艺流程展示	演示动画真实还原设备的生产工艺流程，包含自动上料、升温、控温、降温、冷却、自动下料等一系列生产流程。 模拟生产环境中齿轮的微观变化，包括渗碳、应力释放等过程

5．"5G+VR" 远程巡检

借助"5G+VR"进行远程巡检，可以及时调整热处理设定参数，保证生产正常进行及产品质量稳定。技术人员可以不在实际高温作业现场巡检及处理异常事故，降低了安全事故发生率。通过"5G+VR"实现远程巡检和产品质量监控如图 15-33 所示。

视角移动：通过按键盘上的 W 键、A 键、S 键、D 键控制屏幕中心的十字准心前、后、左、右移动，与 3D 场景中的模型进行交互，当视口中心对准交互模型时单击，出现如图 15-34 所示界面。

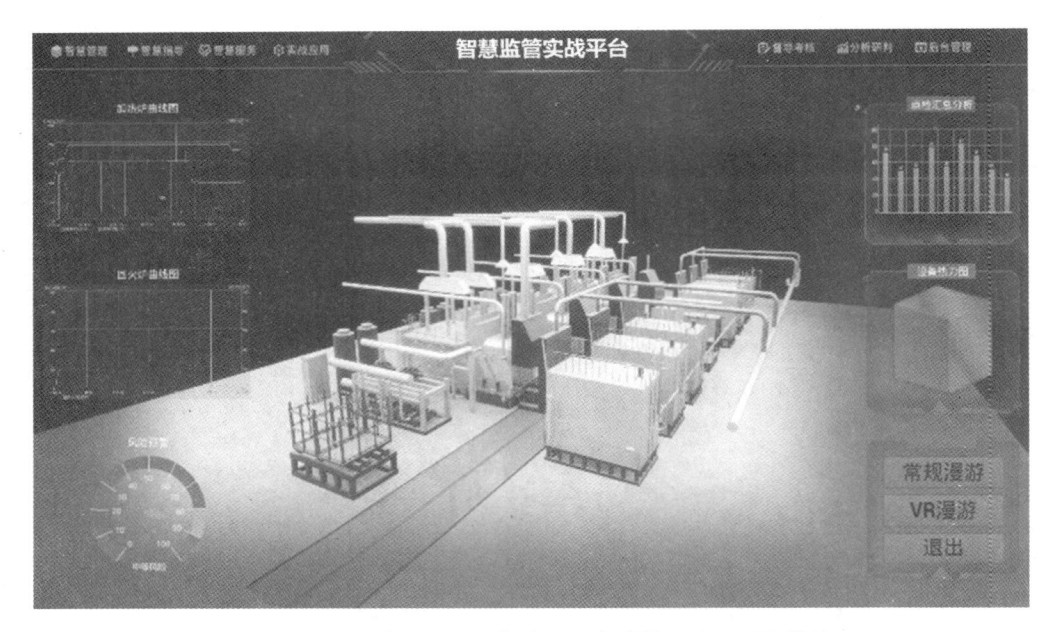

图 15-33 通过"5G+VR"实现远程巡检和产品质量监控

图 15-34 数字孪生模拟车间观察界面示意图

数据监控：单击场景中的压力表，窗口中会出现当前压力表显示的数据，如图 15-35 所示，可利用数据正常或异常标记功能，将情况反馈至主界面点检数据。

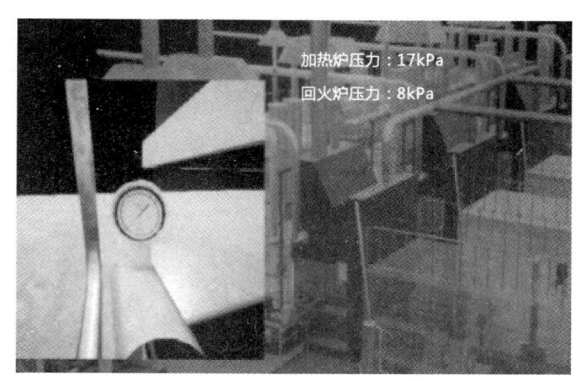

图 15-35　VR 巡检：查看压力表示意图

模型交互：单击回火炉，视口聚焦到如图 15-36 所示的窗口，可半透明地查看内部产品、产品热力分布。单击加热炉，视口聚焦到加热炉，可半透明地查看内部产品、热力场分布、温度表、产品热力分布、产品碳势、金相组织。

图 15-36　VR 设备查看内部产品及产品热力分布示意图

6. 数字孪生应用实现

利用数字孪生，可以实现炉内生产状态可视化处理，具体实施过程步骤如下。

（1）构建热处理炉设备、齿轮产品数字模型。

（2）将热电偶采集到的设备内部温度数据，基于数字孪生机理模型（如升温曲线、温度场、碳势场等）对产品表面热力分布、产品表面碳势分布、渗碳厚度等进行计算、预测、模拟及展现。

（3）结合 5G 技术对设备数据进行实时计算，预测设备内部生产产品的金相组织、洛氏硬度等工艺指标。

（4）将质量结果通过 VR 终端进行反馈。

（5）根据数字孪生模型反馈结果提供工艺调整建议，技术人员通过佩戴 VR 眼镜，操作 VR 控制手柄实时调控工艺参数，提高产品合格率。

该公司基于工业互联网平台，借助 5G 技术实现了实时数据驱动；通过积累专家数据，形成了行业知识库；利用数字孪生预测碳势分布，实现了炉内温度场分布及产品渗碳过程的可视化，更加立体化地让车间人员观察炉内生产环境，便于预测当前生产环境下的产品质量，降低了产品报废率，提升了产品质量。此外，该公司利用 5G 网络传输的高带宽、低时延的特点，实时将数字孪生模拟形成的三维模型传输至 VR 端，达到了真实模拟生产现场的效果。

15.4.6 实施效果

该公司基于数字孪生的热处理车间远程运维解决方案实现了如图 15-37～图 15-41 所示的模块。

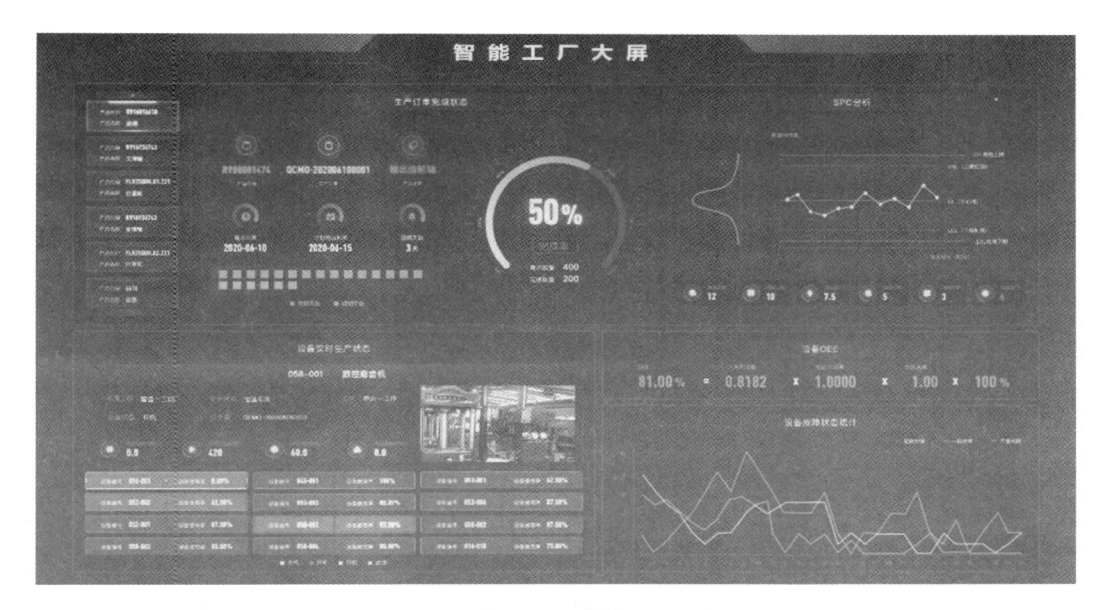

图 15-37　智能工厂监控大屏示意图

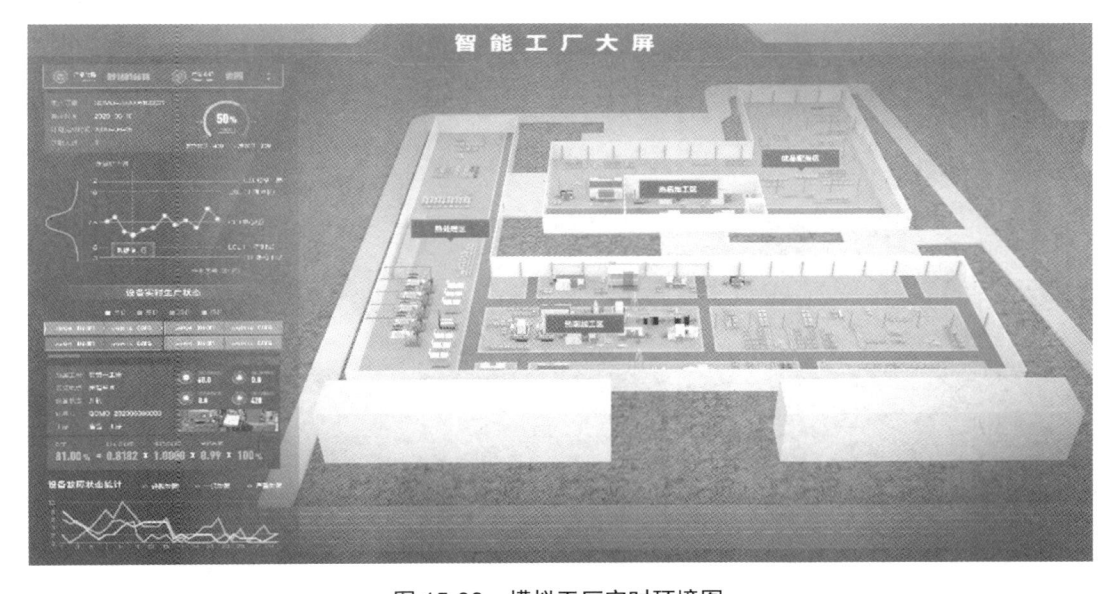

图 15-38　模拟工厂实时环境图

图 15-39　模拟设备运行状态实时监控示意图

图 15-40　热处理炉相关参数监控示意图

图 15-41　VR 设备查看内部产品及产品热力分布示意图

该公司通过深度融合"5G+VR+数字孪生"技术与工业大数据技术，其作业人员能远程、实时地对设备进行点检及维护，有效地缩短了人员作业时间，将设备运维效率提高了 25%。

该公司通过对工艺数据进行可视化展现及对产品质量进行实时分析，预测报警，作业人员能精准控制热处理过程的工艺参数，将产品一次检验合格率提升至 98%。

该公司通过实时监控、远程异常处理，避免了炉膛异常爆裂，极大降低了安全隐患，安全事故发生率下降了 95%。

该公司通过分析工艺升温曲线，减少了不必要保温时间；通过提高产品良率，降低了产品报废率和返修率，降低了能耗，节约金额达 5 万元/月。

该方案得到了有效实践验证。"5G+VR+数字孪生"技术创造性地解决了齿轮制造行业的共性难题，可被复制推广至行业内其他企业，以提高行业整体工艺水平，实现车间环境、设备状态、生产全过程的实时性远程巡检监控和管理。

该公司通过新技术、新模式，促进了传统制造业转型升级；打造了数据驱动的企业新型能力；促进了制造业高质量发展；推动了制造业高质量发展；打造了先进的工业场景应用，使其在产业竞争中取得优势；提升了企业国际竞争力；稳定了其在世界产业链中的地位。

15.5 工业互联网赋能,点亮全球重工行业首座"灯塔工厂"

15.5.1 公司介绍

三一集团建于 1994 年,是全球装备制造业领先企业之一,公司产品包括混凝土机械、挖掘机械、起重机械等。

三一集团北京桩机工厂共有 8 个柔性制造工作中心,16 条自动化生产线。桩机产品连续十年市场占有率为中国第一。三一集团北京桩机工厂是重工行业首家 5G 网络全连接工厂,是北京市智能制造标杆企业。2021 年,根云工业互联网平台助力三一集团北京桩机工厂被评为全球重工行业首家世界"灯塔工厂"。三一集团北京桩机"灯塔工厂"内部如图 15-42 所示。

图 15-42 三一集团北京桩机"灯塔工厂"内部

15.5.2 业务痛点

传统桩机工厂生产主要依赖人工作业，特别是焊接、涂装、装配、物流等环节主要由人工现场操作，作业强度大、效率低，质量不稳定，作业环境差，不能保证人身安全，存在瓶颈设备、低效设备、冗余设备，厂内设备综合效率有待提升，设备管理与维护需进一步优化。

桩工机械作为重型装备，其生产模式属于典型的离散制造模式，具有多品种、小批量、工艺复杂的特点，更大的挑战在于工件复杂，又大又重又长。例如，170多种钻杆中最长的钻杆长达27米，重达8吨；20多种动力头中最重的达16吨。为提升生产效率和保证质量一致性，三一集团需要进行升级改造，以实现桩工机械产品的智能化柔性生产；通过全厂生产要素全连接，打通数据，实现精益生产管理和生产优化。

15.5.3 主要解决方案

当工业互联网遇上重工机械，会产生怎样的"化学反应"呢？在占地约 $40\,000m^2$ 的三一集团北京桩机工厂中，改变显而易见：这里机器轰鸣、焊花四溅，但是工人很少，上料、下料、分拣、成型、焊接、喷涂等10多道工序都由AI机器人完成，劳动生产率提高85%，生产周期从30天缩短至7天，使重工机械实现了"大象跳舞"。

在树根互联股份有限公司的助力下，三一集团率先探索出实践工业4.0的道路——推动工业互联网、大数据、人工智能和制造业深度融合，致力成为"全球智能制造的先驱"。依托根云工业互联网平台，凭借先进的工业互联网、5G、人工智能、人机协同等技术，三一集团北京桩机工厂被评为全球重工行业首家"灯塔工厂"，代表了"重工行业，中国制造"的硬核实力。

图15-43所示为三一集团北京桩机云平台解决连接与透明化示意图。

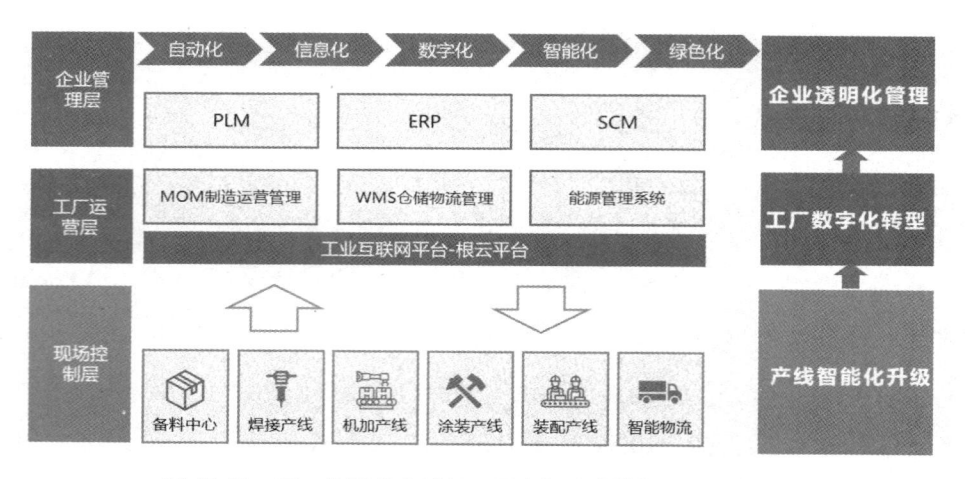

图 15-43 三一集团北京桩机云平台解决连接与透明化示意图

三一集团北京桩机云平台主要实现了如下功能。

- 实现了单工位数智化和生产线数智化：三一集团北京桩机云平台利用工业互联网、大数据分析、人工智能、人机协同等技术，在柔性装配工作中心通过 2D/3D 机器视觉定位，完成了多品种重型零部件智能化柔性装配；基于根云工业互联网平台打造焊接过程分析系统，将焊接技艺转化为工艺机理模型，实现了工匠经验软件化传承；立体库和生产线联动打造了智慧物流。
- 实现了全厂数智化：三一集团北京桩机云平台通过"5G+工业互联网"，完成了生产要素全连接，实现了设备全生命周期管理、能源精益管理，建立了工厂"智能大脑"FCC（Factory Control Center，工厂控制中心）。

图 15-44 所示为三一集团北京桩机 IIoT 架构图。

通过 FCC，订单可被快速分解到每条柔性生产线、每个工作岛、每台设备、每个工人，实现从订单到交付的全流程数据驱动。沿着数据流程，产品能够"了解"自己被制造的全过程和细节。在工厂内，基于"5G + AR 设备"的人机协同技术已得到广泛应用。物料分拣、销轴装配等传统体力活、危险活不再需要人工执行，全部由机器人高效完成，具体如下。

1. 场景 1　工匠技术赋能机器人：能够智能化柔性焊接的"双手"

通过对工匠技术和实践经验的参数化及软件化，三一集团北京桩机工厂借助激光传感技术及自适应算法，实现了机器人对重型装备厚管的柔性焊接，解决了工匠技术传承难、重型装备厚管人工焊接效率低、质量一致性差等难题。柔性焊接岛场景如图 15-45 所示。

图 15-44　三一集团北京桩机 IIoT 架构图

图 15-45　柔性焊接岛场景

2. 场景 2 "机器视觉+工业机器人":给工厂安上一双"慧眼"

机器视觉系统是工厂内无处不在的"慧眼"。借助 2D/3D 视觉传感技术、人工智能算法及高速的 5G 网络,三一集团北京桩机工厂实现了 AI 机器人在大型装备自适应焊接、高精度装配等领域的深入应用,并解决了"16 吨动力头无人化装配""厚 40mm、宽 60mm 钻杆方头多层单道连续焊接"等多个世界难题。柔性装配岛场景如图 15-46 所示。

图 15-46 柔性装配岛场景

3. 场景 3 双 AGV 联动重载物流:物料搬运的"飞毛腿"

在精准授时、低时延的 5G 无线工业专网的保证下,行业首创重载 AGV "双车梦幻联动",实现 27m 超长、超重物料的同步搬运和自动上/下料,堪称聪明的物料搬运"飞毛腿"。双 AGV 联动重载场景如图 15-47 所示。

图 15-47 双 AGV 联动重载场景

4．场景 4　人机协同：机器人也能成为"老师傅"

通过强大的人机协同，充分融合人的灵活性和机器人的大负荷特性。AI 机器人免编程即可学习熟练工人的技能和手法，并作为教具实现"以老带新"，最终实现技能传授并传承工厂"老师傅"的工匠精神。

5．场景 5　AI+IIoT："算"出设备作业效率最优解

在后台，根云工业互联网平台在日夜不停地计算。三一集团北京桩机工厂中有近 36 000 个数据点在不断采集数据，结合人工智能分析，进行大数据建模，从而为每一道工序，每一种机型，甚至每一把刀具等匹配最优参数，优化生产节拍。工业互联网应用场景如图 15-48 所示。

图 15-48　工业互联网应用场景

15.5.4　实施效果

如今，三一集团北京桩机工厂人均产值超过 1000 万元，碳排放减少 30%，生产交付周期从 30 天缩短为 7 天。

经过自动化、数字化、智能化升级后，三一集团北京桩机工厂共有 8 个柔性工作中心、16 条智能化生产线、375 台全联网生产设备。实现了生产制造要素全连接，整个工厂已成为深度融合互联网、大数据和人工智能的"智慧体"。目前，在这家工厂中，小到一块钢板的分拣，大到十多吨桅杆的装配，全部可由机器人自动化完成，具体取得的成效如下。

第一座全球重工"灯塔工厂"：三一集团北京桩机工厂从 2019 年启动工厂升级改造到被认证为"灯塔工厂"，仅用时两年。两年间，三一集团北京桩机工厂的生产效率提高了 85%；生产周期从 30 天缩短为 7 天。

提高智能生产水平：全厂生产设备作业率从 66.3% 提升到 86.7%，平均故障时间缩短 58.5%。目前，该工厂可生产近 30 种机型，"柔性智造"水平全球领先。

降本增效：产业工人由 1200 名减少到 300 名，人均产值突破千万元。

节能减排：一方面，通过"5G+工业互联网"将工厂中上千台水、电、油、气仪表和生产制造设备全部连接起来，实现了实时监控和预警；首创能源拓扑图数字化看板，将能源消耗情况可视化，攻破了能耗核算难、管理难两大难关。截至 2021 年 8 月，年节水 4.74 万吨，用水量下降了 58.9%，节电 38.63 万千瓦·时。另一方面，"灯塔工厂"对每一道生产制造工艺的能效进行"精打细算"，并结合工业机理对相关工艺、设备进行节能优化，截至 2021 年，减少二氧化碳排放 3977.25 吨，同比下降 30.5%。

15.6 汉云工业互联网平台助力泰隆减速机加速数字化转型

15.6.1 公司介绍

江苏泰隆减速机股份有限公司（以下简称"泰隆"）创办于 1982 年，从一个 18 人的作坊式小厂发展为中国减速机行业排头兵企业，现为中国减变速机行业协会理事长单位、全国减速机标准化技术委员会秘书处单位，拥有总资产 22 亿元，占地面积近 800 000m²。

15.6.2 业务痛点

核心零部件市场以"种类多、批量小"为主，对生产的柔性要求高。如何在激烈的市场竞争环境中抢占风口，核心零部件企业面临着内部、外部双重压力，需要通过革新管理模式、优化研发生产建设智能化的现代工厂为企业带来新的生命力。

核心零部件行业的业务痛点主要包括以下几个方面。

(1) 业务标准化难度高。

一方面，产品种类多，部件数量更多，数据整理任务比较重，中大型企业的物料可能超过十万种。另一方面，业务流程梳理难度大，各部门针对相关业务流程已形成业务习惯，调整的难度很大。

(2) 核心零部件行业生产模式为典型离散模式，以机器加工和装配两大板块为主。

生产订单以多种类、小批量为主，生产现场无法实时跟踪订单加工情况，订单交付存在延期；生产质量信息由人工录入，过程加工信息无法跟踪，无法实现全流程质量追溯。

(3) 一方面，企业每年采购大量设备，即使全天开动，仍然无法满足产能需求；另一方面，设备利用率不足，企业却无法确定产能瓶颈在哪里，并进行相应改进。

(4) 生产作业强度大，招聘工人困难，人员流失率居高不下；人力成本居高不下。

15.6.3 主要解决方案

项目以建设"核心零部件行业工业互联网标杆工厂"为目标，依托汉云工业互联网平台，将云计算、大数据、物联网等新一代信息技术与泰隆的制造生产技术相结合，创新泰隆传统生产、经营、决策模式，实现企业转型升级。项目具体包括如下内容。

- 利用平台 IoT 接入能力，在边缘层感知设备、能耗、环境等生产现场数据并将数据传输至平台。
- 搭建业务中台和数据中台，实现数据的融合、治理和共享，业务流程的融合、贯通和应用。
- 从优化研发设计能力、优化生产管控、优化运营管理、优化供应链角度出发，建设 PLM、MES、ERP、设备画像、能耗管理等应用系统。
- 建立智能立体仓库和 WMS，实现数字化设计到数字化研发、数字化生产、数字化检测、数字化经营管理、智能化仓储和物流管理的落地应用。
- 基于搭建的网络和信息安全体系，实现企业内部数据和业务的安全流转。

项目总体架构图如图 15-49 所示。

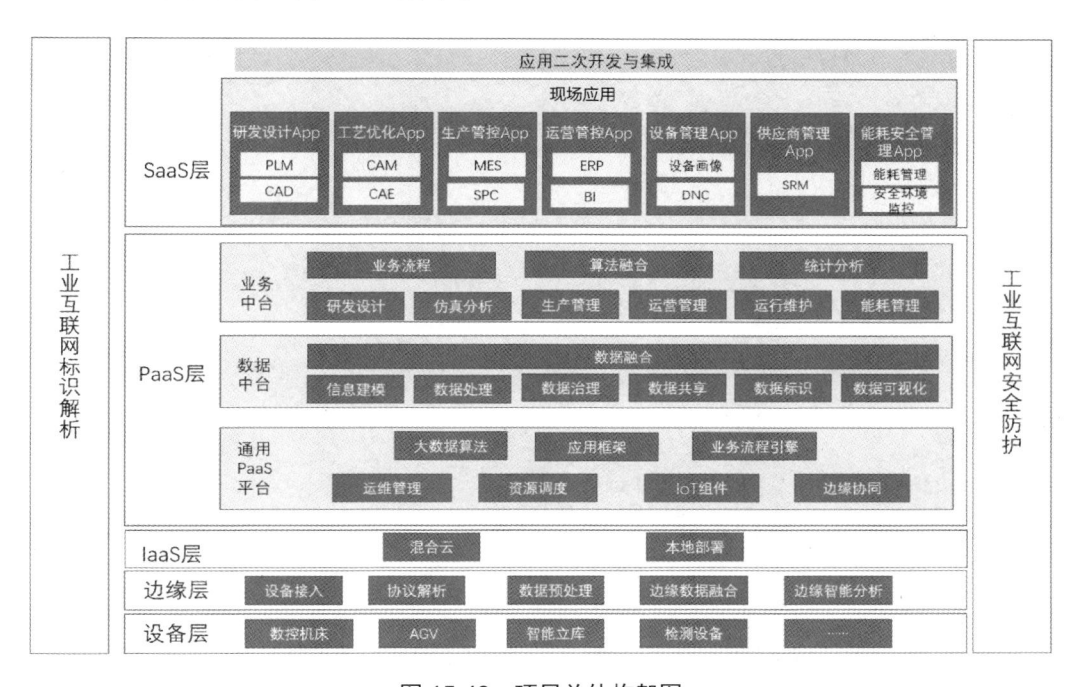

图 15-49　项目总体构架图

主要模块如下。

（1）基于标准化的产品模型库和多人协同仿真设计的产品研发模块。

产品研发模块针对产品多种类、小批量的特点，为非标产品创建产品 BOM，建立标准化的零部件管理库，结合已有产品模型案例库（见图 15-50），进行快速调用和调整，缩短研发周期。多人协同仿真设计产品方式适应仿真日益复杂的情况，可使研发设计过程效率更高，可视化效果更好。

（2）以设备联网管理为基础的生产现场执行管理模块。

生产现场执行管理模块打通设备实时数据，为企业提供包括制造数据管理、计划排程管理、生产调度管理、质量管理、生产进度管理等能力，可实现现场电子看图、NC

（Numerical Control，数字控制）程序的在线挂起和下发、生产任务的下发和报工、质量的全流程管理（包括追溯）。设备联网管理场景如图 15-51 所示。

图 15-50　产品模型案例库

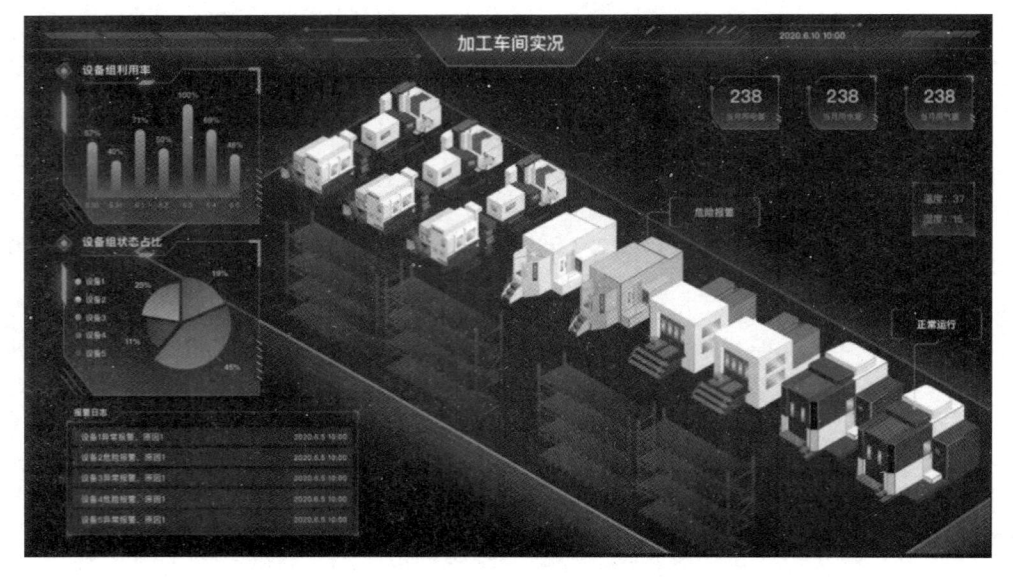

图 15-51　设备联网管理场景

（3）智能立体仓库和 WMS。

智能立体仓库和 WMS 采用现代化仓库管理手段，帮助建立自动化立体仓库。以托盘为单元，以条形码为标识，以 ERP 为依托，每一个货物的产生都来自上道工序的信息，可实现仓储数据的准确记录、查询、汇总统计等。智能立库场景如图 15-52 所示。MES 可视化看板图 15-53 所示。

图 15-52　智能立库场景

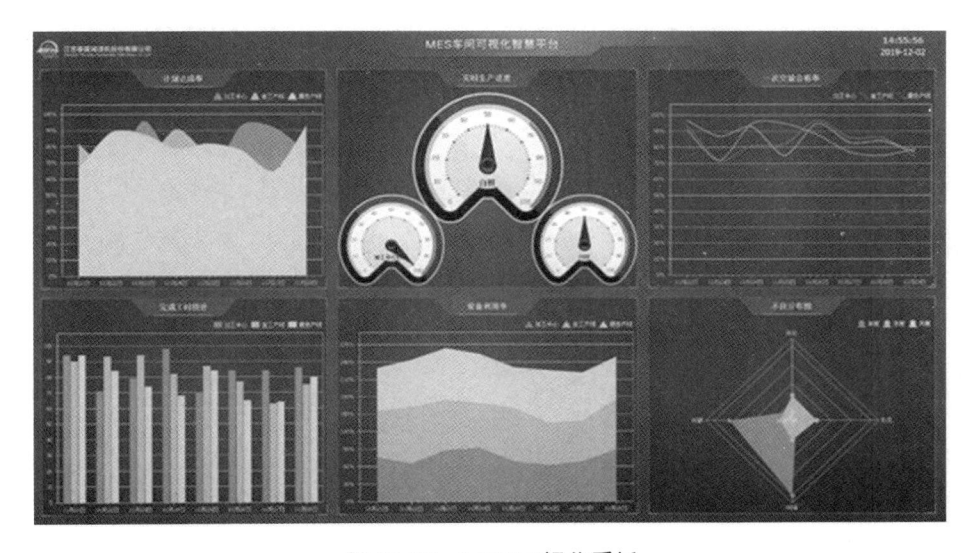

图 15-53　MES 可视化看板

（4）SRM 平台。

SRM（Supplier Relationship Management，供应商关系管理）平台对接 ERP，将采购流程前置。供应商由统一的 SRM 平台管理，在线获取采购订单。供应商可根据我方需求和要求的规格准备物料并发货，以保证不同供应商基于统一标准提供物料，避免规格、编码、计量方式不统一造成的在采购入库过程中再核对、重新编码的情况的发生，实现与供应链上游的协同。

图 15-54 所示为 SRM 平台总体架构。

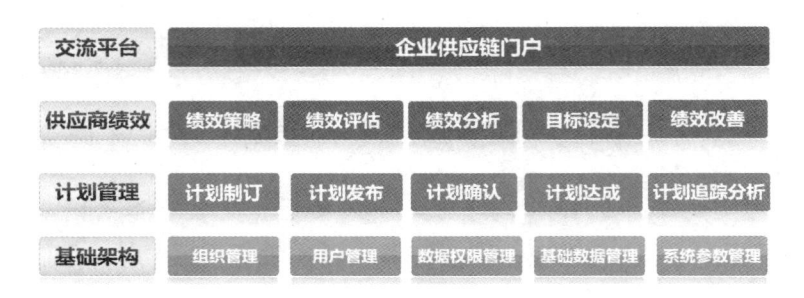

图 15-54　SRM 平台总体架构

通过实施 MES 和设备联网系统，实现以订单为中心的生产进度和质量的把控。

将订单的生产进度实时反馈给销售人员，可以帮助客户掌握订单进度。

（5）基于云组态技术实现低成本的工厂全数字仿真。

全数字仿真系统通过三维云组态技术实现工厂全数字仿真，结合生产现场数据的采集和联动，实现从云端管理整个工厂，实现管理人员随时随地访问生产现场，让整个生产车间透明化。车间三维云组态场景如图 15-55 所示。

（6）基于数据中台技术和标识解析技术，实现异地、异主、异构数据的全流程管控。

该方案充分利用数据中台技术，对生产全流程数据进行有效集成、分类存储和复用，同时结合网络传输技术，将产品全生命周期的信息数据传输至企业数据服务中心，进行集成统一化管理，打通订单、研发、工艺、生产、质量、管理、物料等多方位的横向数据通道。通过管理产品全生命周期信息,深度管理产品制造全流程,结合数据中台的大数据处理和分析技术动态管理产品制造全流程,实现产品的追溯,提高产品质量和生产效率。

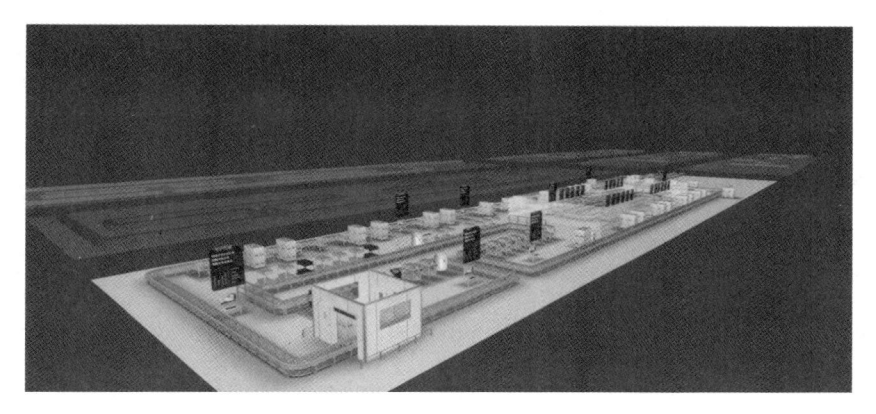

图 15-55 车间三维云组态场景

15.6.4 实施效果

1. 项目实施的主要可量化成效

项目实施的主要可量化成效如下。

- 工厂产能提高 5%。
- 良品率提高 0.7%。
- 库存周转率提高 5%。
- 生产效率提高 12%。
- 企业生产运营成本降低 7%。

2. 项目实施其他主要成效

(1)基于 CPS 的工艺优化。

针对产品结构件多、组成复杂、要求高等特点,泰隆面向核心零部件应用数字化设计仿真模拟技术，深度分析优化产品结构，构建装配仿真模拟过程，对部件结构设计进行在线分析和工艺优化，在生产现场通过 IoT 的接入能力将订单匹配的工艺直接下发给生产设备，并实时获取生产现场数据，基于 CPS 实现工艺和生产现场的综合评估，全面推进工艺的优化。

（2）基于异构数据融合和业务中台技术为数字化工厂提供决策支持。

针对产品的多品种、变批量、柔性化特点，泰隆基于汉云工业互联网平台的业务中台快速搭建 ERP、MES、PLM、设备管理等 App，实现管理控制层、生产运营层、车间管理层多元异构数据的融合，打通数据流和业务流，按照各部门对生产现场、经营决策的管理目标和要求，为数字化工厂提供决策支持。

（3）基于云组态技术实现低成本的工厂全数字仿真。

泰隆通过三维云组态技术，实现了工厂全数字仿真；结合生产现场数据的采集和联动，实现了管理人员随时随地从云端访问生产现场乃至管理整个工厂，让整个生产车间透明化。

15.7 贵州磷化工业互联网应用

15.7.1 公司介绍

贵州磷化（集团）有限责任公司（以下简称贵州磷化）主要业务包括磷矿采选、磷复肥、精细磷化工、硫煤化工、氟碘化工、建筑建材、科技研发、贸易物流、国际工程总承包、现代农业产业、环保技术输出等，在贵州福泉、息烽、开阳，以及甘肃金昌、四川达州、福建上杭、江苏瑞阳建设有磷肥、磷化工及涂料化工生产基地。

贵州磷化的工业互联网建设以满足集团内部应用为前提，立足贵州磷化实际情况和行业未来发展趋势，结合当下需求和长远规划，打造以磷化工为起点，带动整个磷化工产业链，辐射全球磷资源综合利用的产业生态。贵州磷化构建了涵盖磷化工上下游、合作伙伴在内的全流程行业生态圈，实现了生态圈内的良性循环、优势互补、资源共享、协作共赢，以及圈内、圈外的柔性连接。

15.7.2 业务痛点

贵州磷化信息系统建设时间较早，基本建立了覆盖采购、生产、销售、财务的管理信息系统，与众多制造企业类似，主要存在以下痛点。

（1）数字化转型思维没有形成广泛共识。

（2）业务数据化程度不充分，安全、法务、风险管理等业务还在使用传统线下模式开展工作，不能实现业务数据在线可查、可溯。

（3）底层基础信息系统不足，生产现场信息化程度参差不齐，部分生产现场自动化程度、信息化程度有待提升、改造。

（4）系统间信息不互通，存在大量数据烟囱、信息孤岛。

（5）系统中的数字资源没有得到充分发掘和利用，空有大量业务数据，没有通过数据模型对业务起到较好地支撑。

（6）业务数据在不同系统间空转，重复录入，形成非必要数据冗余。

15.7.3 主要解决方案

1．磷化工业互联网赋能与公共服务平台

磷化工业互联网赋能与公共服务平台是依托贵州磷化建设的。该平台是基于贵州磷化旗下的瓮福集团、贵州开磷（集团）有限责任公司（以下简称贵州开磷）在磷化工行业的企业地位和先进生产管理经验，梳理并总结磷化工行业知识和共性标准，结合生态合作伙伴优势构建的。它整合了生产运行、运营管理、设备维护等数据，挖掘数据核心价值，形成了微服务组件和工业 App。磷化工业互联网赋能与公共服务平台架构如图 15-56 所示。

图 15-56 磷化工业互联网赋能与公共服务平台架构

（1）数据采集层通过全要素的资源接入、深层次的数据采集、异构数据的协议解析与边缘智能处理，以及网络和信息安全防护，构建磷化工业互联网赋能与公共服务平台的资源接入能力。

- 完成瓮福集团及贵州磷化下属企业、同质化企业的工业现场网络和设备智能化改造。
- 依托协议解析技术实现磷化工业设备数据、工业产品信息、工业系统等海量异构资源的接入。
- 通过对工业总线协议、新一代网络通信协议进行转换，实现海量数据采集。
- 利用边缘计算与容器化技术实现数据的实时汇聚，构建边缘智能环境，实现云边协同模式。
- 通过标识解析服务接口，全面实现全产业链企业和其他平台的数据交互。

（2）通用 PaaS 层和工业 PaaS 层用于构建可扩展的开放式磷化工行业工业互联网操作系统。

- 建设基础服务，提供分布式数据库、弹性伸缩与容器化环境、微服务、标识解析、区块链等通用组件服务，为制造中台、业务中台、数据中台提供统一运行环境。
- 构建数据中台支撑系统，用于提供从数据采集到对外数据服务的一整套组件化服务；构建业务中台支撑系统，用于提供用户、需求、采购、交易等一系列业务组件服务，以满足不同用户个性化业务定制需求；构建制造中台支撑系统，用于提供产品从设计、研发到销售的整个全生命周期组件服务。
- 打造核心工业引擎，为磷化工人工智能、大数据分析、流程构建和仿真运算提供基础支撑。
- 构建平台开发者支撑环境，为平台生态伙伴提供工业 App 开发、大数据开发、模型开发、算法开发、知识图谱开发的工具、组件，以及部署、运行、管理环境。

2. 强化数据采集，促进底层应用

近年来，为挖掘数据资源价值，实现便捷、高效、智能化管理，贵州磷化投入 6500 万元开展信息化一期和二期项目建设，研发出集磷化工生产数据采集、分析、集成、传递、共享于一体的 MES。该系统将所有数据串联起来，实现了调度可视化监控、生产装置优化运行、全方位在线实时管理、准时敏捷高效生产，生产过程中的物质流、能量流、业务流、信息流实现了"四流合一"。

以前上级管理部门需要打电话询问才能知道的生产数据，在使用 MES 后打开相关页面就可以获得，并且获得的信息更加完整准确；以前靠人工收集整理数据，在使用 MES 后可以由 MES 自动采集、传输数据，并进行对标分析，形成报表；以前基层处理问题不及时，在使用 MES 后由 MES 实时监督，考核升级，倒逼基层及时处理问题。

在设备管理上，MES 集中并共享设备的检修任务，合理安排时间表，提高检修效率和检修质量，实现备件超市信息共享和管理可视化，提高备件配送效率和准确率，每年盘活呆滞备件价值超过 165 万元；提前发现设备异常 3217 项，通过及时安排检修计划，避免突发性事故维修，实现设备"预维修"管理；通过生产工艺指标分级报警，及时分析处理报警数据，确保设备安全、稳定、高负荷生产。

在质量管理上，MES 自动生成近 600 个产品质量数据，并同步生成灵活多样的生产报表。及时提供的生产数据信息让统计工作量至少减少 90%。

3. 数字销售开创磷肥销售新格局

贵州开磷在"开磷互联网综合服务平台"的基础上开发了"开磷通"App。在安装该 App 后，通过手机即可完成下单、交易、物流配送。

"开磷互联网综合服务平台"是贵州开磷倾力打造的以销售、物流为主要业务的农资业务综合性电子业务平台。

该平台涵盖 Portal、OMS EPR、TMS（Transportation Management System，运输管理系统）、WMS、CRM（Customer Relationship Management，客户关系管理）、B2B 等 11 个系统模块，以及"开磷通""开磷营销助手""驻外移动仓储"3 个 App。平台覆盖原开磷板块全部国内业务，截至 2019 年 8 月 1 日，平台累计来款 133 亿元，累计支付订单 131 亿元，物流发运 3 140 000 吨，销售收入 109 亿元。截至 2019 年 12 月 4 日，平台实现 2019 年度国内化肥发货 1 861 800 吨，资金收入 46.2 亿元。同时，平台已经获得 4 项软件著作权授权。

15.7.4　实施效果

磷化工业互联网赋能与公共服务平台结合具体业务应用持续优化迭代，已沉淀 472 个机理模型和微服务组件、217 个工业 App。各生产基地的 MES 推广正在有序进行，已接入可检测行业设备 64 551 台，工业数据采集点 22 756 个。

1. 生产制造

贵州磷化对内考虑化工生产的特殊性、连续性，实现了装置生产运行的"安、稳、长、满、优"。

贵州磷化通过 MES，对生产现场的控制进行再管理，以关注异常为导向，规范现场管理行为，实现了精益化管理。

贵州磷化对工艺指标异常进行分级报警，改变了以往较粗放的放任管理模式，异常工艺指标得以及时调整，提高了产品优品率，降低了消耗。

MES 的投用使工艺指标执行率从 90%提升到 96%，对核心生产装置、重要设备进行点巡检，并利用巡检数据分析判断设备健康变化趋势，并触发检修，实现了设备的预测性维护，有效降低了设备故障停车率，使装置可长周期稳定运行。MES 在各子公司被推广应用，未来将建成贵州磷化层面的生产调度指挥系统，将各子公司的重要工艺指标及核心设备运行参数接入系统，以实现各生产装置对标管理和最佳工艺实践方案的推广应用。

2. 物资采购

贵州磷化在集团内部建立了统一的电子采购平台，实现了流程数据的标准化，充分引入竞争机制，集团范围内的供应商资源共享、库存共享，有效降低了库存，提高了资金使用效率,同时通过系统实现了自动选商、历史采购价格推送,降低了人为因素对采购环节的影响。让采购行为的监督由事后变成事中,实现了过程可控、行为可见,降低了风险。

3. 产品销售

针对磷化工行业的特殊性,贵州磷化构建了具有行业特色的产品交易系统,实现了"资金风险管得住,业务数据看得见",辅助了决策支撑。从产品下单、订单执行、物流发运、产品跟踪、货款回收到后续服务,实现了全链条支撑,形成了具有农资行业特点的应用系统。

4. 数据支撑

贵州磷化以数据为核心构建了数据采集、数据存储、数据应用、数据决策的全流程应用。其对 ERP 进行了升级,实现了更细粒度的数据维护,打通了数据壁垒,实现了事前、事中的智能化控制。贵州磷化结合不同应用自主开发具有个性化需求的电子报表超过 400 张,开发数据填报类应用超过 10 种。磷化工业互联网赋能与公共服务平台数据资源如图 15-57 所示。

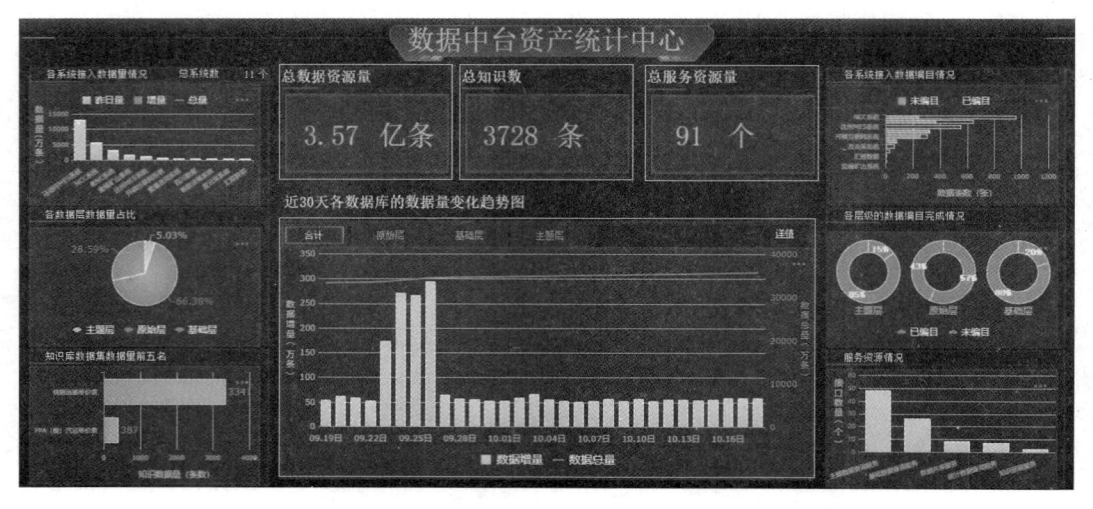

图 15-57 磷化工业互联网赋能与公共服务平台数据资源